思想への根源的視座

Studies on Legal and Political Ideas

笹倉秀夫 著
Hideo Sasakura

北大路書房

はしがき

　本書は，筆者がこれまでに執筆した諸論文から思想史に関連する7編を選んで，それぞれにかなりの改訂を加えたうえでまとめたものから成り立っている。もっとも古い論文は，第3章「家族をめぐる「全体性」と「個人」──ドイツ観念論法思想の一断面──」である。これは，1971年12月20日に東京大学大学院法学政治学研究科に提出した修士論文である。もっとも新しい論文は，第7章「良寛の生──その作品から考える」（2017年3月に『早稲田法学』第92巻3号に発表）である。

　上記修士論文には，今日にいたるまでの筆者の根本的な問題意識や手法がすでに出ているので，ここで簡単に取り上げておく。この修論は，西洋の家族史・家族思想史の長い歴史の中で，ドイツ観念論の3高峰，カント・フィヒテ・ヘーゲルの家族思想がどういう位置にあるか，西洋の家族構造は1800年をはさんで激変を見せるのだが，その変化が3人にどう反映し，相互に異なった家族像をそれぞれどう表出させているか，といった家族史・家族思想史の一端を明らかにするとともに，3人の家族論において，自立し主体化した個人が共同体とどのように結びつけられているか（「自由人の連帯」がどう形成されていったか）を，それぞれの哲学体系との関連で考察したものである。社会史との関連において精神史・哲学原理を扱うこと，およびそうした作業を比較史的におこなうことが，これ以降も筆者の主たる手法であり，そうした思想史研究において「自由人の連帯」のあり方を考えることが中心的な理論的関心事である。

　筆者のこうした思想史の方法・社会認識の水脈となっている諸先達がどういう人びとであったかも，この修論には鮮やかに出ている。一人ひとりの名を挙げることは割愛するが，研究のスタート時点において，法律学，政治学，社会史，経済史，思想史のかくも多くの巨匠たちに直に学ぶことができた筆者は，本当に恵まれた環境にあったと思う。思えば筆者が大学で学び始めた1960・70年代は，戦中の深い雪の中でつぼみをふくらませていた人文・社会科学の花々が，戦後の春の到来を迎えて一斉に開花し実を結んでいった時代だった。先達たち

が咲かせたその花の蜜と実とを存分に摂取して，筆者は学び続けることができた。自分がこれまでに書いたものの一つひとつに，筆者はその恵みを感謝しつつ確認する。

　『法への根源的視座』のはしがきで述べたことではあるが，本書の出版に関しては，このような採算の合わない学術書の出版を快く引く受けてくださった北大路書房の皆様に厚く御礼を申し上げる。編集作業を担当して下さり，その過程で貴重なご教示を賜った出版工房ひうち《燧》の秋山泰氏に，深い感謝の意を表したい。秋山氏には，氏が法律文化社に勤務されている時期からお世話になり，かつ色々励まされて来た。今回の出版に際しては，企画の成立から仕上げに至るまで，本当にいろいろご尽力いただいた。

　2017年9月

笹倉　秀夫

■思想への根源的視座————目次

はしがき

第1章 「自由」の形成史 —————————————— 1

1.1—はじめに ………………………………………………… 1

1.1.1 「自由」の誕生（1）　1.1.2 「自由」の歴史の流れ：淀川水系のメタファー（2）

1.2—古典古代の「自由」 ………………………………………… 3

1.3—キリスト教の「自由」 ………………………………………… 9

1.4—中世の「自由」 ……………………………………………… 13

1.5—近代の「自由」 ……………………………………………… 16

1.5.1 ホッブズ（16）　1.5.2 イギリス古典派経済学（17）　1.5.3 契約的構成（18）

1.6—現代の「自由」 ……………………………………………… 21

第2章 二つの「近代」：人文主義的近代/理科主義的近代 ——————— 23

2.1—はじめに ………………………………………………… 23

2.2—二つの「近代」とその混同 …………………………………… 24

2.2.1 〈マキァヴェッリとホッブズ〉（25）　2.2.2 マキァヴェッリ思考のルーツ（33）　2.2.3 マキァヴェッリと人文主義（37）

2.3—理科主義 ………………………………………………… 39

2.3.1 演繹論理による切り捨て（39）　2.3.2 理科主義のメリット・デメリット（44）　2.3.3 理科主義は近代に特有か（46）

2.4—人文主義 ………………………………………………… 47

2.4.1 個々の担い手（47）　2.4.2 人文主義のメリット・デメリット（52）

目　次　iii

2.5──理科主義と人文主義のその後：**19**世紀以降の消長 ……………… 55

2.6──まとめ ……………………………………………………………… 57

第**3**章　家族をめぐる「全体性」と「個人」：
ドイツ観念論法思想の一断面 ────────── 58

3.1──はじめに ……………………………………………………………… 58

　3.1.1　なぜ共同体思想を問題にするか（58）　3.1.2　なぜドイツ観念論を中心に論じるか（60）　3.1.3　なぜ焦点を婚姻論・家族論に当てたか（60）　3.1.4　基本的な分析方法について（62）

3.2──カントの家族思想 …………………………………………………… 63

　3.2.1　序（63）　3.2.2　カントの婚姻思想（63）　3.2.3　カントの夫権論（78）　3.2.4　カントの家父長権（親権）論（82）　3.2.5　3.2のまとめ：カントの家族法論における「全体性」と「個人」（87）

3.3──フィヒテの家族思想 ………………………………………………… 89

　3.3.1　序（89）　3.3.2　フィヒテ法思想の展開における婚姻・家族思想の位置（90）　3.3.3　フィヒテの婚姻・家族観（93）　3.3.4　3.3のまとめ：フィヒテの家族論における「全体性」と「個人」（107）

3.4──ヘーゲルの家族思想 ………………………………………………… 108

　3.4.1　序（108）　3.4.2　ヘーゲル共同体思想の発展と婚姻・家族思想の展開（111）　3.4.3　『法哲学』における家族の構造（129）　3.4.4　3.4のまとめ：ヘーゲルの家族論における「全体性」と「個人」（140）

3.5──議論の歴史的位置づけのために ………………………………… 142

　3.5.1　はじめに（142）　3.5.2　古代・中世前期の家族構造（143）　3.5.3　中世後期の家族と家族思想（148）　3.5.4　ルターの家族思想（154）

3.6──結語 ………………………………………………………………… 158

第4章　近代的所有権の考察 ————————————— 162

4.1—近代的所有権とは何か ···································· 162

4.1.1　近代的所有権と自由（162）　4.1.2　近代的所有権の社会的規制（164）

4.2—近代的所有権観念発生の思想史的背景 ··············· 165

4.2.1　古代ローマ（165）　4.2.2　ゲルマン的中世（168）　4.2.3　中世における，近代的土地所有権の形成（169）　4.2.4　法学的加工（171）　4.2.5　（グロティウスと）ロックの所有権論（172）　4.2.6　近代的土地所有権とシヴィック＝ヒューマニズム（174）　4.2.7　近代的土地所有権と近代資本主義（175）

第5章　日本における「立憲主義」 —————————— 178

5.1—明治前期の立憲主義 ·································· 178

5.2—明治憲法 ··· 181

5.3—大正期の立憲主義 ·································· 182

5.4—戦時下 ··· 184

5.5—戦後の立憲主義 ····································· 185

5.6—立憲主義とリベラリズム・デモクラシー・社会契約論 ········· 188

5.6.1　立憲主義・リベラリズム・デモクラシーの関係（188）　5.6.2　立憲主義と社会契約論の関係（192）

第6章　東洋の古典軍事学：政治的思考の水脈 ————— 195

6.1—はじめに ··· 195

6.2—古代中国の軍事学 ·································· 196

6.2.1　『孫子』（196）　6.2.2　孫臏兵法書（208）　6.2.3　『呉子』（212）　6.2.4　『韓非子』（218）　6.2.5　『六韜』（230）　6.2.6　『三略』（239）　6.2.7　おわりに（243）

目　次　v

6.3──近世日本の軍事学 ···································· 244

 6.3.1 はじめに（244） 6.3.2 「浅倉敏景十七箇条」（245） 6.3.
 3 『朝倉宗滴話記』（247） 6.3.4 『甲陽軍鑑』（252） 6.3.5 『兵
 法家伝書』（260） 6.3.6 『五輪書』（266） 6.3.7 素行・徂徠・
 常朝（273）

6.4──おわりに ···································· 277

第7章 良寛の生：その作品から考える ──────── 280

7.1──問題提起 ···································· 280

7.2──人間味 ···································· 287

7.3──無一物と孤独・不安 ···································· 289

7.4──社会との関わり ···································· 299

7.5──行禅・求道 ···································· 304

7.6──悟境の射程 ···································· 307

7.7──むすび ···································· 324

 人名索引 327
 事項索引 329

第**1**章
「自由」の形成史[*1)]

1.1——はじめに

1.1.1 「自由」の誕生

　本章では，古代ギリシャ以来の3000年間の西洋史の中で，「自由」の概念・観念[*2)]がどのように次々と生まれていったかを，時代比較に重点を置きつつ見ていく。

　歴史のなかで「自由」が展開していった態様を興味深く論じたのは，ヘーゲル（Georg Wilhelm Friedrich Hegel, 1770-1831）である。かれによれば，世界史には法則が働いており，それは自由が拡大するところにあった。「自由」は，世界史を通じて成長してくる：あたかも地球の夜明けのように，東から西へと舞台を移すごとに成長していった。すなわち，最初は，オリエントで，ただ一人（専制君主）だけが自由だった。次に，（その西の）古代ギリシャ・ローマで，かなりの数の自由人が出てきた。次に（相対的にさらに西の）宗教改革期のドイツで，内面においてすべての人が自由となった（直接に神と対話できる関係を得て，精神史的自由を獲得した）。最後に（その西隣の）フランスでの革命で，すべての市民が外部の世界でも，すなわち政治的・社会的にも自由となった。ヘーゲルの時代は，その完成した自由の時代であり，歴史の黄昏であった。かれは，「自由」を省察する自分の哲学は——あたかもミネルヴァの梟が夕方になって飛び立つ

---

*1)　「歴史の中の〈自由〉」（『比較法学』42巻2号，2009年，所収）を改訂したもの。樋口陽一・石川健治両氏とのシンポジウムでの講演を基にする。

*2)　　本書で概念とは，明確に定式化されて使われている語を指し，観念とは，漠然とした認識を前提にして使われている語を指す。これら両者はともに今日でもしばしば，存在認識と当為とを混在させつつ使われる。また，本書で扱う「自由」に関しては，ルソー・モンテスキューやカント・ヘーゲルらが登場するまで長らく概念化されず，観念のレヴェルに留まったかたちで使われていた。「責任」や「良心」についても，概念化は遅れた。

ように——この完成の時点で歴史を反省することによって，運動を上のようにとらえることができた，と位置づけたのである[*3]（興味深いことに，さらには19世紀中期にはフランスの西に位置するイギリスで経済的自由がいち早く開花し（産業革命の成就），20世紀にはイギリスのさらに西にあるアメリカで自由主義国家が開花した）。

しかし本章では——ヘーゲルの上の見方のように「自由」が量的に拡大していったとするのではなく——相互に異なった多様な「自由」が，時代ごとにそれぞれ生まれていった；この点で自由の歴史は，多数の支流を合流させつつ流れ下ってくる河のようなものだ，という点を主軸におく[*4]。

1.1.2 「自由」の歴史の流れ：淀川水系のメタファー

京都を貫いて鴨川が流れている。その流れは，今出川通りの加茂大橋のすぐ上手で賀茂川と高野川とが合流するかたちで始まる。その流れがずっと下っていき，やがて嵐山の方から（保津川・大堰川と名を変えて）落ちて来た桂川と合流する。そして，次に琵琶湖の水を運んで来た宇治川と合流し，そのすぐ後，木津川と合流する。流れはこうして巨大な川（淀川）となり，途中，毛馬の閘門のところで新旧二つの淀川に分かれ，大阪の街を貫いて，大阪湾に流れ出す。こうした川の流れを考察するとき，大切なのは，(a) それぞれの川が，ど

---

*3) 世界史には発展法則があるというこの見方は，まもなくマルクス（Karl Marx, 1818-1883）によって自然史的法則の方向に客観化された。史的唯物論の誕生である。生産力の増大によって生産関係に変化が生じ，両者が帰結する生産様式が変容していく。この動きには法則があり，それが歴史を規定しているという見方である。この立場からすれば，ヘーゲルが言う「自由の拡大」も，より根底的な法則の発現にすぎないものとなる。

*4) 歴史の描き方として，定規上に，順に古代，キリスト教，中世，近代，現代を割り当てる描き方がある。

古 代	キリスト教	中 世	近 代	現 代

しかしこれではたとえば，古代は，その後のキリスト教や中世によって断絶させられたものとして描かれることになる。古代が，その力を中世や近代にどう伝えてきたか，古代が中世や近代をどう規定しているかは，このやり方では描けない。「歴史は川の流れのようだ」との見方は広くあるものの，その場合の「川」は，定規を縦にして，上から流れを，古代，キリスト教，中世，近代と区分していくものだから，定規を横にした上記の図と同じ発想のものになる。本章冒頭で示したような，支流にそれぞれの時代を割り当てる川の図であって初めて，それぞれが後の時代をどう規定したかが，明確になる。

ういう水源から流れ出し、どのような支流を集めて流れてきたかという点と、(b) 本流に支流が合流した時、流れにどういう変化が起こったかという点とである。

「自由」についても、同様な見方でその歴史の流れを追っていくことが重要である。「自由」だけでなく、他のさまざまな概念・観念を考えるときにも、同じくこの視点が重要である（図表1.1参照）。

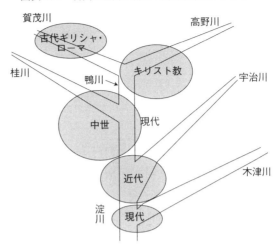

図表1.1　自由の歴史の流れ：淀川水系のメタファー

この点に関して、ここであらかじめ押さえておきたいのは、現代とは歴史の到着点ではないという点である。結論的に言えば西洋近代とは、鴨川の流れ全体に対する宇治川の合流点付近だという事実である。西洋近代とは、流れの終着点＝目的地である大阪湾そのものではなく、琵琶湖からあふれ出た水の流れであり、またそれが鴨川に合流した、その合流点近くで現出する流れだという事実である。それだけに、西洋近代の「自由」は、多様なルーツからきた自由を秘めている。日本は、西洋から「自由」を移入したが、移入に際しては対象物を「完成品」であるかのようにして移入するので、対象物のもつ歴史性、それゆえの複合構造は顧慮されない。この点で、われわれが「自由」について何を見落としているかも、重要な検討事項となる。

1.2——古典古代の「自由」

人類史において「自由」は、どこでどう発生したか。すなわち人びとが、〈自分たちにとって自由は大切なものであり、それを原理（の一つ）にして営まれ

第1章　「自由」の形成史　　3

る社会こそ，善い社会なのだ〉と考え始めたのは，どこにおいてであったか。これを探っていくと，ギリシャの紀元前5世紀頃に定着したeleutheriaという語に行き着く。この語は，紀元前9世紀から使われていたeleutherosという形容詞の名詞化として出て来た。なぜ紀元前5世紀頃かと言うと，それはペルシア戦争に関係する。300万人の大軍で攻めてきたペルシャに対するこの防衛戦争を，ギリシャ人たちは，「奴隷の大軍に立ち向かう自由な市民の戦い」（ヘロドトス）と位置づけた。「自由」は，このようにその反対物（東洋的専制君主制）との対決のなかで，原理的に自覚化されたのである。

　ところで，eleutheriaという語は，leuthという語幹を含んでいる。この語幹は，「仲間」とつながっている。同じインド=ゲルマン語系に属するドイツ語のLeute（人びと，仲間）という語がそれを物語っている。

　　おもしろいことに，「自由」と「仲間」の連関は，上記のドイツ語もが属するゲルマン系の語の中にも，見られる。すなわち，ここでもfreedomは，friend，それからドイツ語で平和を意味するFriedeとともに「fri-」をもっている。さらにFridayも，「fri-」をもっている。
　　このなかでFridayは，一見他のものと無関係のようだが，しかしこの語も，平和や友と関係している。というのもFridayとは「Friaの日」という意味だが，Friaとは，ローマのVenusに当たる平和・愛の女神である（イタリア語で金曜日は，venerdì，すなわち「Venusの日」）を指す）。この「愛」は，ドイツ語ではLiebeで，これは，ラテン語の「自由」libertasを連想させる。Liebeはfriendと同様，仲間の緊密な関係，友愛を意味するので，これらの間には関連がありそうである。

　こうしてこれら一連の語の連関から明らかになってくるのは，〈仲間と堅く結束して自分たちを守る；それが自由だ〉という思想の覚醒である。これは，もともとは，血縁共同体のメンバーである人びとが，その相互の団結によって守りあったことと関連していた。それがやがて，より大きな共同体，最終的にはポリス（都市国家）における共同防衛に関連して使われるようになった。

　ポリスにおける「共同防衛」，すなわち「自由」は，第一には，外部勢力（異民族の国家ないし他のポリス）によって奴隷にされることを免れている状態を意味した。そしてそれは，第二には，内部の一部勢力（とくに君主・僭主）に隷属させられてはいない状態を意味した。自由人と非自由人のちがいは，この共同

防衛体のメンバーとして相互にまもられているか否かのちがいであった。

　こうした「自由」を確保する道は，①強い団結，そのための共同体的統制で自分たちの独立を確保すること，②遵法ないし「法の支配」を重視すること，③統治者が一部の人びとに集中しないよう，役職者を抽選にしたり，任期を短かくしたり，複数の人間を同じポストに就けたりすること，④民会によるコントロールを制度化すること，⑤その民会をも別の機関によってコントロールすること，などであった。

　〈結束して自分たちを守る〉姿勢を模範的に維持したポリスは，スパルタであった。スパルタは，一方では，反専制としての自由を大事にしていた。すなわち国政は，①2名の王（basileia），②王を含め30名から成る長老会（gerousia。アテネのbouleに当たるが，名門の60歳以上の者から成り，終身制だった），③5名の執行部（ephoroi），そして④全スパルタ市民の集会（民会。apella）によっていた。王は世襲で（ヘラクレスの子孫だとされた），内政上は飾りで，ただ国外での戦役には一人が参加し最高の指揮官となった（戦いの場にいても，戦士たち全体での話し合いが大切だった）。長老会は，60歳以上の名門の人びとが終身で構成し，王の相談役であり民会決定に対し拒否権を発動できた。執行部（1年任期）は，民会で選ばれ，行政・司法・外交等を担い，かつ王や市民を監視した。民会（30歳以上の男子による）では，執行部の提案をめぐって投票がおこなわれた（集会参加者に発議権・討議権はなかった）。すなわち，かなり共和制期のローマに近い国制（一種の混合政体）であった。

　スパルタは，他方では，強力な団結を重視し，共同体による個人統制の体制を維持した。スパルタは，アテネとはちがって個人的自由の余地を狭くした。たとえば，スパルタは，家族制度を発達させなかった。ポリス的結束が決定的だったからである。スパルタは，そもそも一切の部分権力を認めなかった。国家権力は機構としては確立していなかったが，〈構成員の団結している共同体としての，この共和国がすべてである〉として，それに構成員が固く結束していった。その結束を妨害するような部分権力（団体）は排除した。スパルタにあった政治団体は，共同食事団体だけだった。これは，15人くらいの男性が毎日いっしょに食事する団体で，これがポリスの基礎団体になっていた。スパルタでは，これが擬似家族（第二の家族）として重要な意味をもったのである。

スパルタは，これを基盤として，そこで相互に結束し陶冶しあった市民をポリスに動員した。スパルタはこの国制をペロポンネーソス戦争（紀元前404-395年）終結後まで維持し続けた。

　このようなかたちでスパルタが体現しているのが，〈強力な共同体による独立性の確保〉という，古代ギリシャ的「自由」である。ギリシャでは，この関係の中から，一人ひとりの人間の生き方に関しても，共同体のルールや習俗，倫理が，強力なかたちで働くということが起こった。

　この〈自由な共同防衛集団〉としての国家は，ギリシャだけでなく，その後，ローマにおいても，また，ゲルマン人の中世的世界においても，永く維持された（ゲルマン人の「自由」の観念は，ローマのそれに影響を受けている。すなわち，ゲルマン人も，「自由人」と「非自由人」を峻別し，「自由」の中身を仲間による共同防衛に求めていた[5]）。

　ギリシャはその後，さらに別のかたちの戦争，すなわち対外戦争とは異なる内戦に入っていくなかで，また別の「自由」の観念をも経験していく。とくに紀元前5世紀後半のペロポンネーソス戦争は，アテネ 対 スパルタという関係を鮮明にした。このときアテネ人は，〈スパルタとはちがうものが，アテネにはある；アテネの自由な個人生活が，それだ〉と考えた。ここでの「自由」は，もはや上述の共同性を軸とした観念ではない。それは，今日的に言えば〈アテネでは一人ひとりが，自分の私的自由を大切にして生きている；それでいて，全体主義のスパルタと互角に戦える。われわれは，自由主義を原理にしつつ愛国心に燃える国家を築きあげたのだ〉という——アメリカ人が戦前の日本軍国主義や旧ソ連に対して言いそうな——自負である。ペリクレスの有名な紀元前

---

*5) Clausdieter Schott, *Thesaurus Historiae Iuris*, 2011, S. 102. ゲルマン人の間では，自由人だけでなく，国王・有力者の共同体に組み込まれることによって自分を守れる人びとも「自由」だとされた。この後者を「国王自由人」（Königsfreie）と呼ぶ。そもそも中世の町の構造からして，古典古代との連続性，あるいは近似性がある。すなわち中世人も，城壁に囲まれた中に集住し，自己防衛と自己統治によって暮らす生活を選んだ。そしてその町の中央部には共同の広場をつくり，そこで，ないしそこにつくられた建物内で，市民が集まって政治・宗教・文化・交易上で交流しあった。国家権力は，その都市の外にあって，都市には介入できなかった。〈共同防衛の施設としての都市〉という構造は，中世においても変わっていない。この点からして，eleutheriaの語の構造とfreedomの語の構造とが上述のように同じであるのは，偶然ではない。

431年の葬送演説に，こういう「自由」の観念がはっきり出ている。

　そしてこの戦争では，アテネが，スパルタに敗れた。さらにはギリシャ全体が，マケドニアの制覇によって自由を失い，そもそもポリスをも失ってしまった。こういう状況下で，「自由」の観念には，第三の転機が訪れる。すなわち今や国家を意識しない個人中心の自由ないし，「自由」のマイホーム的観念に変わっていく。これがヘレニズムの時代のさまざまな思想家に見られる自由観念である。典型的には，ディオゲネス，エピクロス，ピュロンらにそれが見られる。

　ところで，以上のようなギリシャの共同体は，個人に対して強い規制力をもつとともに，——とくにアテネにおいて——さまざまな自由主義的制度によって権力集中を排除してもいた。この後者の点をバックアップしたのが，「家」（oikos, das ganze Haus）である。先述したように「家」が発達しなかったスパルタ等は別として，それ以外のポリスでは，家長が自ら支配する「家」が重要であった。古代ポリスでは国家権力が相対的に弱く，このため——農業社会一般がそうだが——「家」が経済的にだけでなく政治的にも独立性を保持し続けた。そして「家」は，宗教的にも大きな意味をもった。このため「家」（とくに農村部の）は，権力や外部のものが介入しえないサンクチュアリーとしても機能した（「家」ないし家長の支配は，中世に入るとさらにその意味を強める）。

　「家」のなかで家長がもっている権利のことをギリシャ語ではkyriaと言う。この語やラテン語のdominium, proprietas, ゲルマンのMuntという語は，所有権を意味すると同時に家族員に対する絶対的支配権を意味している。〈家長が自分の「家」のなかで支配している妻子，奴隷，召使いは，家畜や農地と同様，家長の完全な所有権に属している〉という観念と結びついた語である。ここからも「家」が，外に対して強力なサンクチュアリーだったことが分かる。こうした家長権の伝統が，今日問題となっている家庭内暴力（DV）の基盤ともなっていく。

　他家のメンバーとの間に紛争が生じたときにはどうするか？——そのときには，家長間で話しあう。埒が開かなければ，報復行為にでる。したがって「家」同士の私闘が，古代のギリシャやローマでもごく初期には展開した。これは，ゲルマン的世界でも同様で，ここではそうしたやり方がとりわけ永く続

第1章　「自由」の形成史　　7

いた。フェーデ（Fehde）による紛争処理である。フェーデも，場合によってはBlutrache（敵討ち）という私的制裁に発展する。しかし，こうした紛争処理法によっていると暴力が蔓延し，周囲の人びとが迷惑する。

　そこで，これを共同の力で収束させる装置，裁判制度の整備が進む。この場合においても，国家権力は，初期においてはまだ弱く，裁判の過程でイニシアティブを発揮できない。そこで裁判の場では，基本的に個人のイニシアティブが前面に出，当事者主義的に展開していく（なぜ国家権力が弱いかというと，国家というものは，古代においては，結局のところ素人による総会と一年交替のボランティア役員とで——今日の町内会やマンションの管理組合のように——おこなわれていたからである。また，中世においては，部分権力の勢力が旺盛で，王の支配が確立しえなかったからである）。

　しかもこの裁判制度をめぐって注意すべきなのは，法の構造上，特殊ヨーロッパ的なものが出ている点である。土地や家畜を奪われたとか家族員が殺された・傷つけられたとかといった，今日では刑事事件として処理されるべき不法行為は，家長同士が当事者となって裁判で争い，かれらの仲間が裁判員となってこれを決裁した。この集団を法共同体と呼ぶ。この法共同体は，古代ギリシャ・ローマでもゲルマン的中世でも発達していった。この関係からは，法というものはどう現出するか？

　ここでは法というものは，第一に，——後のイギリス法・アメリカ法の実務がそうなったように——紛争解決の結果が蓄積されて形成されていく。そしてまた，民会においてつくられたルールが，法として積み上げられていく。したがってここでは，みんなでつくった法をみんなで遵守すべきだ，という観念が強くなる。また，法というのは，みんなの意志の表明であり，それに公職者も服する。法が，すべての関係者の上にある，ということになる。これが「法の支配」である。こうした思想が古代ギリシャにおいて強調されていた点は，拙著『法思想史講義』（東京大学出版会, 2007年, 上巻11頁注5）に示したとおりである。そこに見られるように，プラトン，ヘロドトス，アリストテレスなど多くの著作家が，口をそろえて言っているのが，「人ではなく法が支配することが大事である」，「理性である法こそが，われわれの専制君主であるべきだ」ということである。

8

ここでは第二に，法とは，みんなの紛争解決のためのルール，つまり，第一義的には民事法だということになる。それはまた，市民の公共関係（市民社会）の秩序化の法としては公法性をも帯びているが，市民に対し屹立する国家の法としての公法ではない。では，そのような屹立の公法は，いつの時代から形成され始めるか？　——それは，国家権力が確立し始め，その力で紛争を防止し，また紛争処理し始める時期（ローマの専制的な帝政期）においてであり，刑罰の法，すなわち刑法というかたちによってである（さらに国家が整備され，官僚制や軍隊が発達すると，行政法も蓄積されていくが，これには近世を待たなければならなかった）。すなわちまずは民事法が先行して，その後，刑法や行政法は後付で展開していく。この2点が，ヨーロッパの特徴である。

　以上，一方での，強力な集団防衛による共同体の維持と，他方での，一人ひとりの家長の独立・自由が頑固にぶつかりあう関係，この両ベクトルの力学において，ギリシャ的，ローマ的，とりわけゲルマン的世界の「自由」の観念が展開した，という認識である。

　　これに対してアジア的世界は，一人の君主が全体を掌握し，官僚制と軍隊，それらで地方をも掌握する「郡県」制の下で文明化を進めた。したがって，法とは君主が支配のためにつくるルールだということになる。したがってまた，法というのは，「〜してはならない・したら罰す」という刑罰法規（「律」）と，「〜せよ/するな」という行政法・行政命令（「令」）とのことであった。

　　ここではまた，法というものは〈権力者の支配のための道具〉であるから，法が支配するのではなく，人が法を使って支配することになる。〈法は権力者が人民を支配するための道具だ〉という観念の強いところでは，法の運用は——最近の日本の最高裁判所の判決や政府の法解釈を連想するが——権力の行為については甘く，人民の行為については厳しく解釈・適用しがちとなる。われわれ日本人は，こうした伝統が続いたこの国で，戦後になって初めて「法の支配」というものを採用したのだが，この日本で，「法の支配」の典型の一つであるところの違憲立法審査権がどう展開しているかという点を見ただけでも，やはりどこかに古いアジアの遺伝子がなお働き続けていることを感じざるをえない。

1.3——キリスト教の「自由」

　上に述べたように，上賀茂神社のそばを流れてきた賀茂川は，糺の森のそば

を過ぎてまもなく，高野川と合流する。今出川通りの加茂大橋から北を見ると
すぐ向こうに見える美しい光景がそれである。西洋の「自由」史では，これが
古典古代のキリスト教との出会いとしてあった。

　キリスト教は，本来的には，人間が自由であるとか，個人が大切だとかかとい
う観念をもっていなかった。キリスト教は，むしろそれを否定するようなかた
ちで，人間に自分たちの弱さ，それに対する神の偉大さを説いた。古代社会に
おける自立の中核であった，家長の世界をもまた，イエス（Iesus, B. C. 4頃-A.
D. 30頃）は否定した。イエスは，自分は「人をその父に，娘を母に，嫁をしゅ
うとめに」敵対させ，「こうして，自分の家族の者が敵とな」って争うように
するためにこの地にやって来たのだ，と言っている（「マタイによる福音書」第
10章34-36節）。これは，家族内で小さくまとまるのでなく，神の世界の人間と
して，もっと広い結びつきに向かえ，人間は法的な制度である家族や国家を超
えた，愛による結びつきに入るべきだ，ということの逆説的な表現である。こ
の愛というものは，自己犠牲であるから，惜しみなく自分を捨てるということ
にあり，本来，自由——自分に固執すること，すなわちself love（自愛）を軸
とする——とは結びつかない。

　ところが歴史は，パラドックスに満ちている。上のようにして自由を否定し
たその思想が，そのことによって「自由」を育てていったのである。自由否定
の思想が，すぐれて近代的な自由をさまざまなかたちで生み出していった。と
いっても，イエス自身がそういうことを暗に目指したということではなく，か
れの死後，キリスト教の運動と，それを位置づけた思想家たちとをつうじて，
独自の「自由」が結果的に固まっていったのである。そうした自由の契機は，
次の8点に見られる（図表1・1参照）。

　第一に，強力な「自我の覚醒」というものが出てくる。神の前に，一人ひと
りが立つ。そのことによって各人が自分を徹底的に反省する。そして，自分が
いかに弱いかを自覚し，神に救いを求める。各人は，このことによって自分を
見つめる。ここから強力な自我が出てくる，という構造である。

　第二に，良心の覚醒である。自分が一人で神と向かいあうということは，神
が常に自分を見つめていることである。このことは，やがて神が自分の心に入
り込むことをもたらした。ミシェル=フーコー的に言えば，外の権力がわれわ

れのなかの権力となったのである。そのようなものとして内面化された権力は，われわれを四六時中，きわめて有効にコントロールすることになる。これが良心である。こういうかたちでの良心の覚醒は，すでにイエスにおいて見られた。隣人の奥さんを色欲の目で見た場合は，たとえ姦通の実行行為には出なかったとしても，すでに姦通を犯しているのだ。今日的に言えば，〈万引しようとしたが，監視カメラに気がついて止めた〉は，すでに万引きしたことを意味するのだ（「マタイによる福音書」第5章27節)，と。これは，強烈なメッセージである。

第三に，「個人の尊厳」である。今や神と一人ひとりとが，直結しあうことになった。きわめて矮小な人間たちであるが，しかし各人は，神と向き合え対話しうる存在である。各人は心のなかに神を擁す…。こういう論理によって，「個人の尊厳」の確信が育っていくことになる。これこそ，先に扱ったヘーゲルに出てくる，〈宗教改革は一人ひとりの人間が自由であることを確立した〉という見方と関係することがらである。

第四に，「内面の自由」の覚醒である。これは，自分たちの信仰を守ろうとするところから出てくる。ギリシャ的世界の意識とは異なった，〈共同体的世界がすべてではなく，それとは別の，それを超えた独自の信仰の世界がある。各人がもつその世界には，外部者——共同体（国家）も王も教会も——介入できない〉という確信の登場である。

第五に，「教会の自由」である。これは，信者が連帯して自分たちの信仰を守るという運動に関係する。先に古代について，〈自由の共同防衛〉という固い団結であるところの「連帯」を問題にした。同じようなかたちで，キリスト教の信者集団の中にも「連帯」が成長する。キリスト教はさらに，〈神によって救われた人間のあいだの連帯〉，つまり，〈神がわれわれに注いで下さる愛を，われわれもお互いに注ぎあおう〉という隣人愛の思想をも発達させた。

第六に，「制度にかなった生き方をしようとする主体性」。これはカルヴァン派に典型的である。それは，「神の道具」になりきるところに出現する。神の道具として活動するためには，自分を自分でコントロールし紀律ある人間となる必要がある。また，神の道具となって，この世の栄光を輝かせるためには，積極的にさまざまな活動を，しかも創意工夫で高める必要がある。こういう活動の中から，今まで，のんべんだらりと伝統の支配下で毎日同じことをやって

図表 1.1 「神」観念の進化史

第一段階	第二段階	第三段階	第四段階	
山 山 山 山 木 木 木 木 泉 泉 泉 泉 泉 岩 岩 岩 岩 岩 [説明：特定の山や大木，重要な泉，不思議な岩，旧い魚（沼・河の主）等が，それ自体，神だとされる。まだ人格神ではない。アニミズムである。]	太陽神 風，雨，雷の神 大地である神 山・森・海の神 川の神 村の神 家の神， 出産の神 竈の神 悪霊 鬼・魔物 [説明：神は，次第に，①抽象的な対象（森一般，海一般，空や大地，雷，春など）と結びつけられるようになるとともに，②動物や人間の姿をし始める。動物の姿をしている場合も，人間的に思考し，行為するようになる。やがて，豊穣（稔り），天災，戦争などと結びつけられるようになっていく。]	最高の神 （太陽神が多い） 月の神 愛の神 知恵の神 戦争の神 実りの神 技術の神 芸術の神 正義の神 神々の争いも [説明：人格神が圧倒的となり，しかも，神の階序構造がはっきりし始める。たいていは，太陽神が支配者となる（日本神話，真言仏教，ゾロアスター教，など）。神話が発達し，支配神と，その末裔としての政治的支配者・集団の連続も，祖先崇拝と重なりながら神話となることもある（氏神信仰）。]	全知全能の神	
			[説明：ある個人（教祖）によって，人格神が発明される（紀元前6世紀頃からの革命）。その個人が神，神の子，ないし預言者となる。これには，二つの段階がある：]	
			[最初は，その神と各個人（信者）との間に，祭司階級が介在し，大きな教会組織ができ，信者は，かれらを媒介して信仰する。祭司階級も階序構造下に置かれる（ユダヤ教，カトリック）。] 神 ○ ○ 祭司階級や儀式が介在 ○ 個人	[やがて，宗教改革に見られるように，神と信者は直接に向かい合う関係となる。キリスト教の場合，これは元々の，イエスの関係であった。ここでは，教会は，サークルのようなものとなる。] 神 向かい合う 個人

いた自分を克服し，心を入れ替えて新生活を生きていこうとするのである。こうしてつくり変えられた人間が，その勢いで，もう一度世界そのものをつくり変えていく。これが近代の社会的自由の根柢を成している。マックス＝ヴェーバーが「プロテスタンティズムの倫理と資本主義の精神」で説いたのは，この論理である。

　第七に，「神による権力の相対化」である。キリスト教によって，（家長の自

立とは異なる）権力のもうひとつの相対化が出てきた。神というのは，国家や現世を超えた，空のかなたの価値物であるので，それに照らして現世を見ると，現世の国家や権力，諸制度は相対化される。ここから来る，「人に従うより，神に従え」という強力なメッセージによって，キリスト教はここでも，新しい自由の芽生えをもたらした。

　第八に，一人ひとりが尊厳を自覚したプロテスタントの間では，近世に入るとその団体を共同運営していく気運が強まる。これが，やがてデモクラシーの一つの核となる。これはとりわけ，大機構である教会（カトリック教会やアングリカン＝チャーチ）に対抗した分離派（Separatists）のプロテスタント（とりわけ会衆派）のなかで強まり，かれらがアメリカに移住したことによって，アメリカの政治的風土となった。

　以上が，キリスト教に見られる〈自由の否定が，逆に強力な自由をつくり上げていく〉パラドックスである。ルター（Martin Luther, 1483-1546）もまた，〈人間は神の道具であり，そのような人間に自由意志はない〉と言っている。ルターはこの点をめぐってエラスムスと論争したが，結果としては，開けてびっくり，その自由否定の論理から自由が成長していったのだった。キリスト教は，こういうかたちで「自由」の歴史に大きい軌跡を残したのであった。

1.4 ── 中世の「自由」

　前節では，古典古代・キリスト教の，二つの川の物語をした。鴨川の場合，その流れにはこのあとさらに，亀岡から流れてきた桂川が合流する。かつて鳥羽離宮があった当たり（酒処・京都伏見の西南1キロの地点）においてである。西洋における「自由」史では，これが中世的世界の展開である。中世における「自由」に関して，われわれが重視しなければならないのは，部分権力・諸中間団体の動きである。これらの語は，後ほど登場される樋口陽一氏の中間団体論を連想させるために，ここであえて使っている。中世では，さまざまな中間団体が，自らの自由を堅持し権力を相対化していく。

　たとえば，「家」を例にとって考えてみよう。「家」の独立性は，古代から存在していた。しかし「家」の自由は，中世に入るともっと強く前面に出てくる。

というのも，「家」の独立性は，古典古代にはまだ全面開花はしえなかった
からである。典型的には，上述のスパルタがそうであった。スパルタの共同食
事団体体制は，「上からのコルポラティズム」とも言うべき，人びとを支配・
統制するための基礎単位であった。アテネも，部分権力（中間団体）に対して
警戒していた。ローマでも，法人のようなものは，これをきわめて消極的に見
る伝統が強かった。

　すなわち古典古代には，樋口陽一氏が描き出された〈中間団体を解体して全
体をつくっていくフランス革命後のフランス国家〉ときわめて近似した世界が
あったわけである。それは，けっして偶然ではない。なぜなら，フランス革命
がめざしたのは，まさにこの古代共和制モデルでの国家建設だったからである。
とりわけルソー（Jean-Jacque Rousseau, 1712-78）は，スパルタをモデルとした。
かれは，自分たちは，古代の共和制を，中世を乗り越えてもう一度再現してい
こうとするシビック＝ヒューマニズムの流れを汲んでいた（Civic Humanismとは，
ルネサンスから始まった，自由な古代共和制再興の精神運動である。「政治的人文主義」
と訳す）。

　こうした古典古代の論理に対して，中世はもう一つの独自なものを打ち出し，
そのことによって「自由」の歴史に新しいものを加えた。それこそ，中世に見
られた，一連の中間団体，その自治としての「自由」である。

　その第一が，上述の「家」である。「家」は家長の自治権に属する一種のサ
ンクチュアリー（聖域。家屋敷の中には，権力も勝手に立ち入ることができなかった。
また，家長による家の統治に，権力は介入できなかった）として，「家の平和」を堅
持していった。

　第二が，紛争は基本的に「家」単位，家長同士で解決していく，という原則
である。これは，その後，この自力救済・私闘をやめさせる「神の平和」・「ラ
ントの平和」の運動というものによって制約されだす。しかしそれでも，「平
和」の運動は私的権力行使を抑えきれず，自力解決・強力な自己主張は残っ
た。19世紀，20世紀まで続いた決闘が，その典型例である。

　第三が，教会の独立である。これについては，先にキリスト教に関して述べた。

　第四が，都市や農村がコミューンをつくって，そのなかで独自の自治をも
ったことである。自治団体は，強力で，自らを城壁で囲って防衛する。自ら軍

隊をもち，裁判をおこない，税金を徴収する，さまざまなルールを自らつくって
いく，というものであった。そういうかたちで部分権力が強力な力を発揮
したのである。加えてこの都市や農村のなかでも，諸自治団体，ギルドが結
成され生産活動を管理した。都市の中には大学があったが，この大学も独自
の裁判権，懲罰権をもっていた。そもそも，この「大学」の原語universitasや
collegiumは，「自治団体」を意味している。ボローニャ大学の核となった学生
自治組合，パリ大学の核となった教員団体は，中世の自治的職業団体のモデル
で自分を組織化したのである。

　中世においては，こういうかたちの自治団体が展開していった。このように，
権力が成立する以前から，あるいは権力が成立しても，権力がまだ弱いために，
権力と交渉して，give and takeで自由を確立していくということを重ねながら，
ブドウの房のようなかたちで自立しつつ結合しあい，全体としての自由をつく
り上げていったのである。

　以上の他にも，中世においては——古代共和制とかなり似た——それぞれの
当事者の独立性が，次のようなかたちで見られた。

　(a)双務契約　　中世では，自由人が誰かに服従する関係の形成も，双務契約
でおこなわれた。これがレーン契約の問題である。このレーン契約という関係
も，皮をむけば，家長である二人の騎士身分，大きな貴族と小さな貴族の相互
尊重に立った関係である。かれらはともに，それぞれの「家」をサンクチュア
リとしてもった自立者同士であり，それら両者が出会い，お互いの世界の安全
を相互に確保しあうという，先ほどの古典古代の論理と同じ市民社会の論理で
関係しあったのである。それが双務契約だ。ただ異なるのは，その際に一方が
他方の傘下に入る，という点であった。

　騎士間だけでなく，都市と君主，等族と君主，都市のなかのコルポラチオン
構成員同士も，みな双務契約によって関係しあった。この双務契約が意味して
いるのは，契約違反に対しては他方の側から契約破棄や契約を理由にした抵抗
がありうることである。ここでは，服従する者が自分たちを支配する者を相対
化するという強力な自立の意識が出てきたのである。

　(b)世襲制　　王の官僚も，国によっては世襲化し，その地位が財産化してい
った（売官制）。このため，近世になっても，たとえばフランスの高等法院判事

第1章　「自由」の形成史　　15

職のように，官吏ではあったが，王が自由にはできない独立性をもち，王に対抗する動きを示すこともあった。

(c)枢機卿制度　教皇は，大きな権限をもっていた。しかし，〈教皇は枢機卿たちによって選出されるのだから，その選出母体の合議にしたがって行為すべきだ〉という見解が出てきた（民主主義の一つの萌芽である）。

(d)「法の支配」の観念　共同体の法は，昔から伝えられきた神聖なものであり，それゆえ支配者の上にあり，支配者が勝手に変えられないという観念が強まった。〈支配者の上に，神の意志ないし世界の普遍法則に直接もとづく正しい法があり，これに反した支配者の行為は無効であり，臣下は場合によっては反抗する権利ないし義務がある〉という観念だ。上述の双務契約も，ともにルールに従うという意識を欠かせないものとしている。

以上のうち，(a)は，そのことによって最高権力を相対化した点で，古代に見られたものとも似ている。ただ，中世においては，王位は世襲的で血統がそれ自体として権威をもっていた点では古代とは異なる。また，(b)も古代とも共通しているが，中世においては，「法」の観念が伝統（慣習法）に結びついており，古代のように民会での立法としてはイメージされなかった。

1.5 —— 近代の「自由」

1.5.1　ホッブズ

鴨川の流れは，桂川との合流の後，琵琶湖の南端に発する宇治川（これが淀川の本流である。この観点から見ると，「鴨の流れ」もまた，実は淀川の支流（の桂川のさらに支流）だったということになる）に，かつては淀の地で，今日では石清水八幡宮の丘の北麓で，合流し，淀川の一部になる。「自由」の歴史では，これが近代である（宇治川は現在は，桂川と合流する直前に，木津川=現代と合流する）。

この新しい合流点においてもわれわれは，宇治川の源泉はどこにあり，その特徴は何か，この宇治川の水が合流した後，鴨の流れはどういうものになるのか，というように流れを見なければならない。こういうかたちで，「自由」史上の特殊近代的自由はどこから発したのかと水源を探っていくと，われわれは最終的にはホッブズ（Thomas Hobbes, 1588-1679）に行きつく。

ホッブズが出したのは，それまでとまったくちがうもう一つの自由，すなわち，自然状態のなかで一人ひとり独立して生きている諸個人の自由である。これは，伝統的な家長（自給自足の農業経営体を担う）のイメージを連想させる。家長は，自分を守るために，最終的には契約しあって国家をつくる（社会契約）。自然法や，国家をつくるのも家長たちであり，それぞれの意志の合致による。自由意志は，アウグスティヌスやオッカムなど中世から湧出してくるのだが，これがこういうかたちで，ホッブズにおいて社会論上の実りをもたらす。

　古代ギリシャやローマでは，家長の上には（共同体として把握された）ポリスがあり，中世では家長たちは自分の上に，最終的には王の権力（まだ弱い）を置いたのだが，ホッブズにおいては，家長は結合し国家をつくり，それを強力な統治者として自分たちの上に置いた。この国家が，共和国なのか君主国なのかには，ホッブズはこだわらなかったようだ。とにかく，各人を守る強い国家統合が重要だったのである。

　ホッブズで単位となったこの自己目的的な個人，孤立的で，self love（自分を保存すること，ないしエゴイズム）だけを動因として動く個人，この水の一滴が宇治川＝近代の原点である。そして宇治川は，それらを集めて流れていくなかで，さまざまな近代的な自由をつくっていくわけである。

1.5.2　イギリス古典派経済学

　このホッブズ的個人像を引き継ぎ，ショッキングなかたちで先鋭化させたのが，イギリスのマンデヴィル（Bernard Mandeville, 1670-1733）である。かれはいわば，self loveに居直った議論をした。古代ギリシャ・ローマ，キリスト教，さらに中世の倫理学では，〈人は共同体の価値に奉仕すべきで，そのためには利他主義が大切である；これに対してself loveは，悪しき我執であり，それ自体としても，その帰結においても，悪と結びつくものでしかありえない〉としてきた。これに対しマンデヴィルは，それとは反対方向に，self love，私利追求はそれ自体では善でも悪でもないとして中性化し，さらに社会のメカニズムによって，それこそが共同体の維持・発展に奉仕する結果をもたらす面を強調した。

　すなわちマンデヴィルは，『蜂の寓話』（1714）において，個々人の無駄遣いという悪徳が社会の善（繁栄）を生むとした。

第1章　「自由」の形成史　**17**

これとは一線を画しつつ，アダム＝スミス（Adam Smith, 0723-90）は，『国富論』（1776）において，個々人の無計画の利潤追求こそが，分業の活性化をつうじて社会を豊かにし，また予定調和によって安定させるので，社会に貢献するとした。スミスは，相手に共感する道徳要素をももった，公徳心ある個人をも他方では措定し，self loveとの調整をはかった。

これらには新種の自由，自由放任的自由が登場している。この自由が，やがて新しい社会のさまざまな制度・活動の原理となる。それまでの歴史において一貫して否定的に位置づけられてきたエゴイズムが公共的な肯定的意味をもつことが確認されたのは，革命的なことであった。

1. 5. 3　契約的構成

ホッブズ的個人像を引き継ぎ，ショッキングなかたちで近代原理を提示したもう一つの思考が，近世自然法論による，社会の契約論的構成である。ホッブズがそうだったが，これによって社会は，利己的個人が相互にその意志を合致させあう利己的な取引関係で説明できるようになった。また，ロック（John Locke, 1632-1704）がそうだったが，個人はまず所有権を自分の絶対的な支配の下に置く（これが，フランス人権宣言等で確認されていった所有権の絶対性である）。そして所有物を交換するために，当事者間で自由に契約しあう。契約にもとづく関係をどう運用していくかも，個人同士の話し合い・取引で決める。これが私的自治である。国家もまた，そうした自己ないし自己の所有物の保全・管理のために形成する。個人はすでに成熟しているから，外からの教育的ないし倫理的介入は不要である。

---

*6）　それでは，ジョン・ロックの——ホッブズとは一線を画すところの——〈理性的・ジェントルマン的な自然人〉は，思想史的にどう位置づけられるか。ロックの場合，自然人はその理性を使った労働によって資源を拡大再生産して生存を確保し，それゆえホッブズ的な資源をめぐる闘争から自由で，社会においても協調的に生きている。これこそが，近代市民の姿であると言える。しかしこの場合，ロック的自然人の理性性は思想史的には古代・中世の〈規範・共同体を内在化させた個人〉の系列に属している。実際の近代市民は，古代・中世の〈伝統の尊重〉と近代の〈欲望の解放としての自由〉との混合の中で生きているのだから，このロック的人間像に近い。しかし，〈特殊近代的な要素〉は何かといえば，それはやはり，ホッブズが出した〈欲望によって動く自然人〉である。

以上に見てきた近代的な自由は，基本的には個人の尊重，および民主主義を原理にしている。近代制度の中には，こうしたかたちで，ホッブズ・ロック・マンデヴィル・スミス，および近世自然法論・近代法学的な，孤立的で自己中心的人間を基軸にした自由が，一方では大きな位置を占めているのである。[*6]

　しかし問題は，この宇治川が，鴨川（桂川）と合流したそのすぐ下でどういうことになっているのか，である。そこまで上流から流れて来た諸自由は，この近代の地点でどういう姿をとったのだろうか？

　第一に，賀茂川（古代）から流れてきた水は，近代との合流地点において，シヴィック=ヒューマニズムとなって，近代の共和主義的自由ないし民主主義原理を支えることとなった。古代共和制が謳歌していた政治的自由を，絶対主義に対する闘争の武器にしようとしたのだ。イギリス王権に抵抗した独立戦争期以降のアメリカや，絶対王政に対抗した革命フランスは，自分たちの国家を〈古代共和政の再現〉だと位置づけた。首都ワシントンやパリに見られる，古代ギリシャ・ローマ風の建築物がその精神を語っている。またアメリカ独立運動は，〈自分たち，武装した独立自営の農民の力で祖国の自由をまもる〉という市民軍の思想をその出発点にもっている。この思想は，今でも合衆国憲法に，武器保有権の保障というかたちで，その痕跡を留めている。

　第二に，高野川（キリスト教）から流れてきた水は，近代との合流地点において，前述のようにとりわけプロテスタンティズムによって，個人の良心・内面的自立性の原理をもたらし，また民主主義の核となる思想をももたらした。

　第三に，桂川（中世）から流れてきた水は，近代との合流地点において，さまざまな自由な制度を支えることになった。この点に関して重要なのが，石川健治氏が『自由と特権の距離』（日本評論社，2007年）のなかで鮮明にした「制度体保障」の問題である。すなわち，先ほど述べた，さまざまな中世的な自由は，近代との合流点付近で，近代の流れに染められて新しい色彩（位置づけ）になりつつ，しかし実態としては残存して重要な機能を呈するのである。「事実の規範力」ということばがあるが，歴史的に積み上げられて来た自由の重みが，合流点で，近代的なものに作用しまた作用されて，その中身を変え近代を支える伝統となるのである。こういうかたちで近代に取り入れられたのが，「家庭の不可侵」，「地方自治」，「結社の自由」，「大学の自治」，「法の支配」，「司法の

独立」などである。

　たとえば「家庭の不可侵」は，先ほど述べたように，かつて「家」としてあった団体のサンクチュアリと対応している。後者の伝統が，家宅捜査の制限，民事不介入，プライバシーの尊重や，〈愛の世界は，政治や取引の世界とは異質の繊細な世界だから，特別の仕方で保護する必要がある〉といった観念，〈家族生活は子供の人格形成・教育にとって欠かせない〉といった論理に内容を替え，近代的な意味づけをされながら，働き続ける。このことを背景として，家への侵入者に対する実力行使が刑法上で認められたり，刑事訴訟法で〈国家権力が恣意的に入ってはならないサンクチュアリ〉としての家庭保護が原則になったりするのである。

　『自由と特権の距離』で，もっとも重視してあつかわれているのが，政教分離，すなわち信仰団体をどう国家に位置づけるかの問題である。日本の憲法学は従来，政教分離を「制度的保障」の対象の一つとして位置づけてきた。これに対して石川氏は，「制度体保障」と「制度的保障」とを区別し，また教会の国家的保護や国教会と政教分離とを区別し，政教分離を「制度体保障」から切り離した。確かにヨーロッパなどにおいては，教会の国家的保護や国教会が存在する。とりわけ北欧などでは国教会制度がまだ存続しており，ようやく2000年にスエーデンで廃止が始まった，という状態である。これらは，宗教改革以来の伝統にもとづく。これが制度体保障である。これに対して，石川氏が鮮やかに位置づけたように，政教分離は，特殊近代的なものである。というのも，政教分離がなぜ必要かというと，それは，一人ひとりがもつ信教の自由を確保する上で，それが不可欠だからである。これが制度的保障である。この点で，政教分離の制度的保障と，教会の国家的保護や国教会の制度体保障とは，歴史的ルーツ，源泉が異なる。

　こうして，宗教改革以来の伝統は，19世紀に入って，近代的な〈信教の自由〉とぶつかる。その合流点において，伝統も自己変容に迫られる。しかし，それでも変容しつつも自己保持をし続けている，ということである。こういうかたちの事実・伝統の重みというものが，やはりあるのである。

1.6 ——現代の「自由」

　最後に，近代的自由は，近代の高度化のなかでどう変容していったのかを，見ておこう。木津川との合流問題である。ヨーロッパでは，レッセ＝フェールにつながっていくような自由が，1873年頃までは強い規定力をもった。しかしやがて最初の世界的恐慌が起こり，また労働運動や社会問題が起こっていくなかで，近代はさらに別の流れと合流して変容した。そこではどういう混合水ができていくかというと，社会連帯を原理にした「社会法」・「社会保障」・「社会主義」に特徴が見られる。これらには共通して「社会」という語が使われているが，これらで「社会」は何を意味するか？〈国家が面倒を見るから，社会保障と言うのだ〉というものではない。そうではなく，ここで「社会」とは——「国家」を指すのではなく——「socii=仲間」に関わる。困っている人たちに仲間的連帯の立場から手をさしのべる，あるいは，お互いが困ることになるときのために仲間の協力で助けあう体制を準備しておこうということである。環境を守ることも，みんなにとって大切なものをみんなの力で守りあうことなので，「連帯」の一環だということになる。EUの（フランスとオランダの導入反対で頓挫してしまった）欧州憲法条約中の第4章が，「連帯」をタイトルとしその中に環境保護をも位置づけているのは，この思想による。

　そして「連帯」と言えば，とりわけ中世の諸団体の共同生活，さらには古典古代の共同体としての団結の伝統，それにキリスト教の教徒間の連帯の伝統を思い出さずにはおれない。19世紀後半以降の近代に強まった新しい連帯の運動は，古代・キリスト教・中世共通の社会（共同体）志向的自由による，近代的＝ホッブズ的エゴイストの自由の修正の動きなのである。われわれはつい最近まで，この伝統を活かして生活してきた。賀茂川，高野川，桂川の水は，このようにして確かに淀川の水を色濃く規定しているのである。

　ところで，1980年代以降，こうした「連帯」に対し，さらに新しい動きが出てきた。すなわち，新自由主義が強まり，マンデヴィル・スミス的近代，宇治川の水質の力がここで再び強くなったのである。

　とはいえ，今日において新自由主義が前提にする人間像は，少なくともスミ

第1章　「自由」の形成史　　21

ス的近代人の像とは異質である。スミスたちが想定していたのは、罪をおそれる人間だった。「金を儲けることは、キリスト教徒として本当によいことなのか」と不安になり、あるいは町を歩いていて思わず貧しい人に目が向き心が痛んでしまう、そういう〈感情をもった、自然人としての個人〉だったのである。かれらにおいては、個人は自分で自分にブレーキをかけられる、節度をもって儲け、また儲けてもそれを社会に還元する人間だった。だから、かれらの経済活動を放任していても、予定調和が期待できたのである。こういう倫理的個人、ジェントルマンが、スミスらの根柢を成していたわけなのである。

　ところが新自由主義の世界においては、そういう自然人ではなく、儲けるためだけにつくられた機械・人造人間（＝会社法人）——利益拡大のプログラムだけが設置されたロボット——である企業が主軸だ。このロボットが、他者や公共、キリスト教の原理を配慮して自分を制御することは、期待できない。〈儲けるためには、何をしてもかまわない〉、〈競争には、労働者や国民にしわ寄せしてでも、勝たなければならない〉という発想が規定的である。新自由主義とは、このようなロボットに無制約の自由を与えよ、という主張である。機械には、儲ける運動の効率化のための自己制御はあっても、儲けることそのものの自己制御は、ない（機械＝企業法人の中で働く企業家は、ロボットの一部品であり、したがってロボットの動きを内から調節はできる人ではあっても、外から社会全体のことを考えて制御する人ではない）。ただ、ロボットたちが全体としてぶつかりあって弱いほうが壊れていく、ないしは、他のものにぶつからないよう同調しあって動くことによって、自ずとまとまりができると信じられているだけである。「神の見えざる手」による調和である。しかし、これが日常的に、調整でいけるのか、それとも激しいぶつかりあいとその破局（雇用の不安定・解雇や法・倫理違背や公害や恐慌）の力でいくのか、というと、どうも後者による場合が決定的のようである。ここに、現代の自由のもつ深刻な問題の一つがある。

第2章

二つの「近代」： 人文主義的近代／理科主義的近代[*7]

2.1 ——はじめに

　今日は「近代」という概念・観念の分析，なかでも近代法思想の特徴の考察を，「人文主義的近代・理科主義的近代」と副題して話す。課題は，近代思想を支えた，人文主義と理科主義とを対置し，それぞれの功罪・その後の関係を考える中から，われわれの思想の営みを再考するヒントを得ることにある。

　「人文主義的」が何を意味するかは，想像できると思うが，対する「理科主義的」が何を意味するかは，想像できないだろう。後者は，本当は「理科馬鹿」としたいところだが，大学の正式な講演案内の看板に「理科馬鹿」という語を出してもらうのは差し障りがあると考え，「理科主義」という，上品に響く語を使った。ここで「理科主義」＝「理科馬鹿」は，理系の研究者に対する蔑称ではなく，むしろわれわれ文系の人間に多い或る傾向を自己反省するための語である。すなわち，問題処理のための理科的手法（＝とくに単一原理から演繹論理で結論を出したり，（目に見え手に触れられるので）実証（反証）可能だとされるものだけに思考対象を限定したり，明晰・確実なものを求め蓋然性を否定的に扱ったりする態度）を，本来それが適用できない文科の対象物に強引に適用することによって，短絡的把握・ことがらの単純化の誤りを犯してしまう傾向である（科学主義ということばもあるが，これはどちらかというと，本講演で問題にする演繹論理重視の傾向とは異なり，実験と実証を重視する科学（経験科学）を指す概念である）。社会論や哲学・文学の世界では，単一原理からの演繹や実験による検証が不可能であり，矛盾したものや多様性が避けられないし，また結論は蓋然的なもので

---

*7)　「人文主義的近代・理科主義的近代」（『法科大学院時代における法理論の役割』日本評論社，2009年，所収）を改訂したもの。長谷部恭男氏と早稲田大学でおこなった講演を基にする。

年表　人文主義と理科主義の出現の時間差

理科主義		人文主義	
		1509	エラスムス『愚神礼賛』
		1513	マキァヴェッリ『君主論』
		1516	モア『ユートピア』
		1580	モンテーニュ『エッセー』
		1589	リプシウス『政治学』
		1605頃	シェークスピア「ハムレット」・「マクベス」・「オセロ」等
			セルヴァンテス『ドン=キホーテ』
		1625	グロティウス『戦争と平和の法』
1633	ガリレオの宗教裁判		
1634-37	ホッブズ——パリでデカルトの仲間たちと交流・フィレンツェ近郊でガリレオと会談。		
1637	デカルト『方法序説』		
1640-60	ピューリタン革命		
1640-51	ホッブズ，パリで執筆活動。デカルトに会ったと言われる。		
1651	ホッブズ『リヴァイアサン』		
1685	ニュートンの引力説		
1688	名誉革命		
1690	ロック『人間悟性論』・『統治二論』		
		1709	ヴィーコ『今日の研究方法について』

あることが多いのに，理科主義に侵されると，人はその認識を欠いたまま，すなわち非人文主義的に，作業してしまうのである。

2.2 ——二つの「近代」とその混同

　上の年表を見ると分かるように，思想史の世界では「近代」は大きく二つに分かれる。1500年から100年間の人文主義者（とくにモラリスト＝古代の人間観察に学びつつ，人間の多様な傾向や人生上の問題について考察した人文主義者たち）的近代と，1600年代以降ずっと支配的になっていく理科主義者的近代とである。

　もちろん理科主義的近代に入っても，人文主義的な思考の人は出現する。また，そこでは人文主義は，思想の世界の表面からは後退したものの，エリート教育の場では今日まで持続してきている（これは後述する）。それゆえヨーロッ

パでは，理科主義の人びとの多くも，人文主義の素養をもっている。しかし逆に，年表で「ガリレオ」と書いてある時代よりも前には，理科主義者，理科馬鹿はいなかった。ところが近代では，現在にいたるまで理科主義が圧倒的である，という前提的認識なのである。

2.2.1 〈マキァヴェッリとホッブズ〉

まず，議論の出発点として，〈マキァヴェッリとホッブズ〉という問題枠組みによって，上の区別問題を鮮明にしよう。ここで言いたいのは，マキァヴェッリ（Niccolò Machiavelli, 1469-1527）とホッブズを連続的にとらえる，政治思想史のこれまでの学説は，(a)〈人文主義的なマキァヴェッリ〉と〈幾何学的・理科主義的な思考のホッブズ〉とのちがいを見ていない，(b)〈人文主義的なルネサンス〉と〈理科主義的なバロック〉とのちがいを見ていない，という点で欠陥をもっている，というものである。

マキァヴェッリとホッブズとは，現代にいたるまでさまざまな思想史学で，とくに政治思想史学で，ほとんど同質で，連続した関係にある思想家だとされてきた。その見方によると，マキァヴェッリはホッブズの先駆者である。長谷部恭男氏が論じたレオ＝シュトラウス（Leo Strauss, 1899-1973）の思想史論もそうである。かれにとってはホッブズが主敵だが，〈そのホッブズの前に，悪い奴がもう一人いた：それがマキァヴェッリだ〉となるのである。

どういう点で両者を同質・連続だとするか？　それは，第一に，君主主権の確立に貢献したという点である。『君主論』（1513年）は，そういう本の第1号，ホッブズの『リヴァイアサン』（1651年）は——それの第2号であるボダンの『国家』（1576年）に続く——第3号としてとらえられる。それから第二に，法ないし政治と道徳を切り離した，という点である。マキァヴェッリが，さまざまな善とか善の構想とかを，政治・法の世界から追放していく思想傾向の第1号，ホッブズが第2号だとするわけである。第三に，マキァヴェッリとホッブズは，「性悪論的人間」ないし「利己的な人間」を初めて鮮明に打ち出したという点である。人間のリアルな把握の先駆者だとするのである。第四に，マキァヴェッリ・ホッブズは調和的世界観と訣別したという点である。世界に秩序があるというアリストテレス的・古代・中世的世界観から訣別した第1号だとするの

第2章　二つの「近代」：人文主義的近代／理科主義的近代　25

である。そして第五に，マキァヴェッリ・ホッブズは，人間が社会をつくるのだとした；すなわち丸山眞男的意味での「作為」の契機を前面に押し出したという点である。これらが，今日の政治学史・政治理論史の常識として語られている見方である。

　こうした見方はまったくのまちがいだとは言えないが，筆者自身は，それらはマキァヴェッリの思想のごく一部分にあてはまるに過ぎない；また，この観点からマキァヴェッリとホッブズを見て，同じ立場，あるいは同じ思考方法だとし，マキァヴェッリを「近代的な政治的思惟の人」とするのは，時代差を見ないアナクロニズムだ，と考える。

(1) ホッブズ

　この点の検討のために，まずホッブズを見ておこう。ホッブズは，どういう思考タイプの人なのか？　上述の年表から分かるが，ホッブズは，ガリレオ（Galileo Galilei, 1564-1642）・デカルト（René Descartes, 1596-1650）の同時代人である。かれは，幾何学や自然科学，経験論がいかに大事か，これらの手法がいかに可能性をもっているかを自覚しその方法を活用した。

　(a)幾何学については，かれはそれを，デカルトから学んだというよりも，偶然に独自に発見した。すなわちかれは，第二回目の大陸旅行中，ある町の図書館に入って，誰かが幾何学の本を開いたままで置いている机の傍を通りかかり，それを覗き見たら非常に面白かった。その叙述をたどっていくと，自分の推論どおりの展開が続いていた。「なんとすばらしい学問なのか」と感激したのである。ここからかれの幾何学研究が始まったそうである。

　そういうわけで，学生・院生の諸君に忠告しておきたいのだが，ひんぱんに図書館にいき，誰かが広げている本をちらっと見るのも，すこぶる良い勉強方法なのである。それを契機に，ホッブズのように，革命的な新しい思考に覚醒するかもしれないからである。

　(b)ホッブズの世界観も，デカルトとは異なり，むしろガリレオ=ガリレイの科学を発想の根柢にした唯物論だった。

　(c)加えてホッブズは，フランシス=ベーコン（Francis Bacon, 1561-1626）の秘書だったわけで，そういう点でもデカルトとかなりちがう要素をもっていた。

　ホッブズの議論は，具体的にどういうものだったか？

第一に，かれは，幾何学的手法，すなわち根底的な一つの原理から出発して全体を論理的に構築する手法を駆使した。デカルトの〈疑う自分〉＝〈考える我〉に当たるこの出発点，端緒範疇は，ホッブズの場合は，社会・歴史から切り離された原子的な個人——自然との間で物質代謝関係にのみある——だった。かれはここにおいて，〈各個人の本源的自立＝自由・平等〉を措定している。

　第二に，人間の単純化をベースに置いた。デカルトが人間を〈考える存在〉に還元したように，（しかし内容的には別方向に）ホッブズは人間を〈快を求め不快を避ける利己的存在〉に還元する。極端な性悪論である。

　第三に，調和的世界観との訣別である。闘争しあう（＝各人の各人に対する闘争）諸個人を放置していてはカオスが帰結する；このカオスが社会には付きものだ；そのカオス下では，道徳というものは無力であるし，必要ではない；秩序は主権者の実力によって確保するのだ，とする。〈世界全体に客観的な善の秩序が満ちているのだ〉とし，それまでの思想は破棄される。唯物論的で脱宗教の徹底である。

　第四に，国家の装置性・権力性の認識である。主権者は，秩序維持のため強制力を行使することを求められる。国家も法も，秩序維持のための道具であり，強制力を背景にして機能する。この認識の結果，国家や法と宗教・道徳との原理的区別が，鮮明になった。

　第五に，意志主義的社会論・契約的国家観の提示である。社会の無秩序化を避けるため，社会契約によって国家をつくり，統治する主権者をも選ぶ。これは中身において，民主主義的な発想である。それはまた，人間が主体的に社会を構成していくという思考，前述の「作為」の論理の提示である。

　ホッブズはこれらの新しい発想を，きわめて鮮明に展開しているわけである。

(2)　マキァヴェッリ

　これに対しマキァヴェッリはどうだろうか？　確かにマキァヴェッリには，①「マキァヴェッリズム」と呼ばれるような，暴力と詐術の活用という面がある。②政治・法と道徳の，局面局面での切り離しを強調している面もある。③性悪説的な言辞も，ちりばめられている。④社会について，とりわけ君主が用意周到であるべきこと，運命のさまざまな到来に対して十分備えているべきこと，を強調している。⑤それからかれは，国家を装置的なもの，秩序維持の道

具としてもいる。⑥とりわけ君主が実力，とくに暴力をもたなければならない，と強調してもいる。

　しかし，マキァヴェッリをこれらの要素によってホッブズと直結させることはできない。ここでは講演時間の関係で，マキァヴェッリの若干の発言を引用しつつ要点を示すだけにとどめる。

　(a)　人・キツネ・ライオン　　たとえば，『君主論』の第18節には，こう書いてある。

　　「あなた方は，したがって，闘うには二種類があることを，知らねばならない。一つは法に拠り，いま一つは力に拠るものである。第一は人間に固有のものであり，第二は野獣のものである。だが，第一のものでは非常にしばしば足りないがために，第二のものにも訴えねばならない。そこで君主たる者には，野獣と人間とを巧みに使い分けることが，必要になる」（川島英昭訳・岩波文庫）。

　この言辞をしばしば思想史家は，引用文中の「第一は」の部分を無視し，「第二は」の部分だけに着目し，〈マキァヴェッリという人物は，君主は野獣でなければいけない；そして野獣のなかでも，君主はキツネとライオンでなければいけない，と言っている。それ見ろ，かれはここで君主に，マキァヴェッリストたれと言っているではないか〉とするわけである。

　しかし引用箇所から明らかなように，マキァヴェッリはここで，第一には，闘うためには君主は，まず法に拠る道を採らなければならない，と述べている。（筆者が言うところの）法とは何かというと，それは，ただ法律を支配の道具として使うということではなく，法や契約，道徳をきちんと守る，臣民の権利を尊重するということである。法律の背後にある「ルール正義」と「帰属正義」，そして道徳を君主は大切にしなければならない，と言うのである。これが「人間」たれ，ということである。一般に人間というものは，正義を尊重しない者を信頼しない。そんな君主には，尊敬の念をもてない。この点は，後でも論じる。

　他方，ここでの「野獣」は，何を意味しているのだろうか？　　ここではキツネが人を騙すとか，ライオンが平気で人を殺すとかが問題になっているのではない。マキァヴェッリが「キツネ」に関してここで言っているのは，〈キツネのように賢くなって，悪い奴らの罠を見つけよ〉ということである。その

ためには君主は，洞察力，相手を見抜く鋭い感覚をもたなければいけない，との主張である（ヨーロッパではキツネは，賢明さの象徴である。日本のように〈人をだます動物〉という発想は，あまりない。賢いから時にはズルをする，という程度である。ヨーロッパで〈人をだます動物〉は，『イソップ』で羊の皮を被るオオカミや，『グリム童話』でおばあさんを食べ，赤ずきんちゃんをも食べようとおばあちゃんに変装してそのベッドに入ったオオカミのように，オオカミである）。

　またマキャヴェッリが「ライオン」に関してここで言っているのは，ライオンとなってオオカミを脅かせということである。つまりこれは，悪い者を抑制するような強力な国家的秩序・権威の強調なのだ。

　君主は，正義・道徳と知と実力とを備えていなければならない，ということだ。

　こういうことは，簡単に言えば日本やアメリカなどの現代国家が心がけていることと同じである。そういう国家は，国内的にも国際的にも正義や道徳を大義名分にして行動する。大義名分にするだけではなくて，自分も世の大義名分に従う。そうしないと他国から支持されないからだ。しかし，正義や道徳を唱えるだけでは不十分なので，（様々な強制力や威嚇を使うなど）実効性ある動き方をし，問題点・危険を見抜き，必要なときには実力で違反者を掣肘する。そのための情報収集力・判断力と実力とを備えているのが，国家の条件である。

　とにかく，ここでマキャヴェッリが君主に向かって発しているのは，〈単なるマキャヴェッリストにはなるな〉という警告だ。しかもそれは，統治の効率化の観点からのことではなく，人間が正義・道徳を大切にするものであることをマキャヴェッリが重視しているからである。

　(b)　キュロス王・スキピオ　　それ以外にも，たとえば次のような言明が注目に値する。

　　「さらにまた，クセノフォンの記したキュロスの伝記を読めば，スキピオの一生はどんなにりっぱにキュロス王を模倣したかがわかる。またスキピオが，どれほどクセノフォンの描いたキュロスに，節制や物腰の柔らかさ，人間味，寛大さの面で合致しているかもわかることであろう。聡明な君主はこうした態度をこそ当然尊重すべきなのである」（『君主論』（第14節）。中央公論社『世界の名著』21巻。以下同じ）。
　　「クセノフォンはきわめて熱心〔……〕にキュロスの人間味あふれ物腰の柔らかな態度がどれほどの名声をもたらし，幾度となく勝利を導き，りっぱな評判を呼び起こ

第2章　二つの「近代」：人文主義的近代／理科主義的近代　　29

したかを論証しようとしたのである。またかれは，キュロスは傲慢，非道，ぜいたくなど一生の汚点となる悪徳は自戒して，後世に悪例を残さないようにつとめたと解説した」（『リヴィウス論』第3巻20節）

　これらからは，マキァヴェッリがとくに尊敬していたのが，古代ペルシャのキュロス王（KurosⅡ，在位 B. C. 559-529）と，古代ローマのスキピオ＝アフリカーヌス（Scipio Africanus，B. C. 236-183）だったことが分かる。しかも二人は，マキァヴェッリの認識のなかで結びつく。すなわちマキァヴェッリは，スキピオがキュロス王の生き方を一生懸命勉強して立派になった，と言っている。

　キュロスが，マキァヴェッリにとってどういう人かは，上の下線部を読むだけで分かる。ここでマキァヴェッリは，立派な君主というのはこういう人だ，そういうかたちで行動しない君主には人びとはついてこないのだと，道徳主義的な，まじめな立場から述べている。

　スキピオの正義・道徳性をも，マキァヴェッリは高く評価する。マキァヴェッリは別の箇所で，スキピオがスペインを占領したときに，いかに正義を守り，人情味のあるかたちで征服民に対して臨んだか，そしてそのことが，スペインの人びとが〈むしろローマに従った方がこういう善き政治を生きられる〉と判断してすすんで服従して来る結果を招いた，とする（『戦術の技術』II-XI-5）。マキァヴェッリは，君主の道徳性・徳性が重要だと，まじめに考えているのである。かれには，そういう素直なところがある。[8)]

　(c)　マキァヴェッリの思考　　では，かれの人間像は，全体としてどういう構造であったか？　簡単に言うと，マキァヴェッリは，一つの原理原則に固執しつつ論理だけで思考する人ではなかった。人間には悪い面がある；しかし人間は，「性悪」ですべてを説明できる存在ではない；人間は，置かれている環境や相互関係によって変化する；人間だけでなくあらゆるものが，流動的であり，多様な局面ごとに多様な機能を見せるのだ，とかれは考えた。

　君主についても，一つのことだけに固執するのではなくて――ということは

---

*8)　加えてマキァヴェリは，古代ローマをモデルとした〈市民軍による自由な共和国〉の再建を求める理想主義者であったし，道徳を真に尊重する面をも見せているし，キリスト教会を批判しつつも，他面では敬虔なカトリックであった。

ホッブズとは正反対に――柔軟に，酸いも辛いも（甘いも）を兼ね備えた複合的な人間としてあらねばならない；そうであってはじめて，移り変わる状況においてもっとも有効なものを選んで対応していける，とする。

　法と道徳の関係においても，同様である。法と道徳を一体化するのでも，原理的に切り離すのでもなく，〈場合によっては法と道徳の結合も大事になる。しかしそれだけでやっていけない場合もある。だから君主は，その両方の可能性に備えなければいけない〉とするのである。

　マキァヴェッリは，こういう多元的・動態論的・機能論的な思考の持ち主だった。〈性善説か性悪説か〉の二者択一だとするような思考ではない。したがって〈君主はマキァヴェッリストたるべきか，たらざるべきか〉と単純な二者択一でいこうとすることもない。

　マキァヴェッリのこの柔軟思考こそが，それまでの伝統的な一面的思考を崩すものだった。すなわちそれは，これまでの，法と道徳の直結・一体化論（政治論・国家論・君主論を道徳で縛る立場），一面的な性善説や，マキァヴェッリズムを一方的に拒否する議論への，アンチテーゼだった。それはまたマキァヴェッリが――かれがもしもっと後まで生きていたら――デカルト的・ホッブズ的近代において前面に出る，一面的な，法と道徳の切り離し論や，性悪説や，マキァヴェッリズム駆使論を見て，おそらく拒絶反応を示しただろうところの思考でもあったのである。

(3)　従来の議論の問題点

　ところが，従来のマキァヴェッリ研究は，西洋でも日本でも，マキァヴェッリをマキァヴェッリスト（暴力と詐術の活用を説き実行する人）だとか，性悪説者だとか，装置的・道具的な国家観とかの一面的提唱者だとかと，記述してきた。この観点からは，マキァヴェッリとホッブズとは直結関係になる。

　こういう見方を典型的に出しているのは，佐々木毅の『マキアヴェッリの政治思想』（岩波書店，1970年）である。これは佐々木が若いときに書いた本で，南原繁・福田歓一シューレの政治思想史学手法を忠実に見せている。南原・福田シューレは，思想研究のあり方として，〈対象となる思想家の多面的な局面を羅列するだけでは，かれを理解したことにはならない。「かれの根源にあるものが何か」に着目しつつ分析し，その「根源にあるもの」から思想を統一的

に再構成すべきである〉とする。ある思想家の根底には必ず一つの統一的な哲学的原理・人間観・世界観があると考え，そこから論理的に全体連関を再現前させるべきだ，とするのである。

　この思想史研究の方法は，必ずしもまちがったものではない。それどころか，思想家を今日的に意味あるかたちで理解するためには，重要な視点である。しかし，その方法を万能視すると，そういうパターンには属さない（一つの原理や姿勢から思想を理論的に構築したのではない）思想家がいたこと，またそうした原理からの展開ではない思考の風土があったこと，を見逃すことになる。たとえ根柢を成すものがあったとしても，それがその思想家の思考の全体を完全に規定する唯一の原理としてあるとは限らない。たとえば，マキァヴェッリにおけるように，根柢を成すものが多元的であれば（多元的な思考の産物であれば），かれの思想の全体も，多元的になる。

　さて，こういう南原・福田的思想史学の伝統に立つことによって，佐々木は，〈マキァヴェッリの根底には性悪説的人間観があり，ここからすべてが説明できる；その性悪説をかれに植え付けたのは，権謀術数渦巻く，そしてまた「人間の発見」に輝く，ルネサンスに発達したリアルな人間認識である〉ということにしてしまった。そういう見方の人は，マキァヴェッリをそれ以前の伝統的思考から切り離し，〈かれはそれまでとはちがった眼で人間の生を見た，これがかれの革新性だ〉とするので，マキァヴェッリはホッブズとまったく同じ思想家だとも見ることになる。

　これは，ほとんどのマキァヴェッリ論者がとっている見方でもある。山脇直司の次の見方も，この〈新時代の性悪論者〉像による典型例の一つである。かれは，次のように書いている。

　「そこ〔マキァヴェッリ『君主論』〕に登場する人びとは，「ゾーン・ポリティコン」ではまったくなく，共通善などには無関心で，もっぱら貪欲に駆りたてられる利己的な人間として描かれる。いまや政治の学問的関心事は，君主がその貪欲な人びとをいかにコントロールし，スタト〔国家〕を管理拡大するかという問題だけに限られる。こうしてマキアヴェリは，ソクラテス以降つづいていた魂の徳，善き生活，共通善，正義といった倫理的カテゴリーを政治の世界から追放し，純粋な権力操作術としての政治学を構想した」（『ヨーロッパ社会思想史』東京大学出版会，1992年，45頁）。

2.2.2　マキァヴェッリ思考のルーツ

(a)　古代軍事学　　ではマキァヴェッリは，なぜわれわれが先に見たような，多元的・動態論的・機能論的な思考を活用しえたのだろうか？　それには，かれが青年期以来，古典古代のクセノフォン（Xenophon, B. C. 430頃-354），フロンティヌス（Sextus Frontinus, 30頃-104），ウェゲティウス（Fravius Vegetius, 4世紀）らの軍事学を勉強したことが重要な意味をもっている。マキァヴェッリが生前に出版した本は2冊で，そのうちの1冊が古典古代の軍事学の勉強を基に書いた『戦術の技術』（1521年）であった（他の1冊は，うまく不倫するための策略をテーマにした喜劇『マンドラーゴラ』だ）。すなわちかれは，古典の勉強を通じて自分の精神や思考を形成していった人文主義者の一人なのである。

古代の軍事学の，ものの見方・考え方の特徴は，多元的・動態論的・機能論的思考にある。そもそも戦闘の現場では，相手と自分と第三者との相互関係，戦う現場の特性，戦う季節・時刻がもつ条件，が決定的だ。したがって，考慮に入れるべき諸要素は多様である。しかも，関係・状況は刻々と変化するし，それらに応じて物事の意味（機能）も変化する。こうしてマキァヴェッリが言っているように，「万能のやり方を指し示してくれる処方箋はない」（『戦術の技術』）ということになるのである。

この見方は，軍事学だけに限られない。一般に古典古代の諸文献においては，ものの見方・考え方は，圧倒的に多元的・動態論的・機能論的である。カズイスティックに，さまざまな出来事を記録していく。さまざまな人物を「人さまざま」に描く。ある人物が，状況に応じてどう矛盾を呈しながら動いたか，どう変化していったかを描くのである。それらは，抽象的な原理をとらえそれからすべてを説明しようとする議論とは縁遠いものであり，一貫性・体系性にこだわらない。しかも古典古代の諸文献はさまざまな立場・見方を記録しており，人文主義はそれら多様性の間を渉猟するので，おのずとその見方が多元的になるのでもある。

(b)　古代軍事学とルネサンス　　こういう古典の勉強が，マキァヴェッリの時代には流行した。中世にはこの種の勉強，それによる発想の転換は出てこなかった。それには原因がある。中世には，キリスト教原理が支配的であり，かつそれを担うスコラ哲学が演繹論的で，かつ矛盾排除の姿勢だったからである。

これに対するマキァヴェッリ的思考が前面に出てきた背景には，何があったのだろうか？

　この点では，二つの事情が重要である。第一は，シヴィック＝ヒューマニズムと言われる共和主義的な政治的人文主義が，とくに共和国フィレンツェを拠点にして花開いた点。この思想動向の影響下で人びとは，古典の世界，とくに多様な動きを描いた政治・戦争史に立ち戻っていった。

　第二は，とりわけマキァヴェッリに，古代の軍事学の書が大きな作用をした点。戦争のやり方論，軍事学は，1480年以降，すなわち1469年生まれのマキァヴェッリがちょうど青年として勉強し始めた頃に，一大トピックとなる。そして，古代の軍事学の本が，ベスト＝セラーになるかたちで印刷・出版されていった（グーテンベルクが印刷機を発明したのは，1445年頃である）。

　軍事学の流行は，時代が求めていたことだった。ちょうどその頃の日本でも同じだが，この時代には，長槍部隊とか重装歩兵とかを主軸にした集団戦が基本になった。膨大な数の人間を統率して効果的に機動させて戦う。そのためには，組織整備や戦術の工夫が必要である。職業軍団である傭兵も，そういう情況下で広がった。こうして，戦争でいかに首尾よく勝つかの問題を追究する学問，軍事学（兵法）が大切になった（中世においても，そのような戦闘態様の必要性はあった。このため，古代ローマの軍事論の書物は，重宝がられていた。しかし他方では，中世においては，騎士が人格・名誉をかけて相手と美しく一騎打ちする伝統があり，そうした発想が強いところでは，戦術など必要なかったし，策略などに訴えることはタブーだった。キリスト教の影響も，無視できなかった）。

　こうした事情のなかで，日本では武田軍団に見られるように，古代中国の，『孫子』や『呉子』といった兵学の手法を復活させる動きが出てくる。同時期のヨーロッパでは，上述した，古代ギリシャやローマの軍事が復活させられた。

　マキァヴェッリは，1492年，新しい共和国フィレンツェが誕生したとき，軍事委員会の中心人物になった。かれは身も心もこの共和国の防衛事業にコミットしていたわけだ。かれがこういう中から学びとっていくのが，古代の軍事学である。

　(c)　軍事学の思考　　先に言及したところの軍事学の思考の中身を，ここでやや詳しく見ておく。軍事の思考は，戦争という事業の性質ともちろん不可分

である。

　(i)　戦争では味方と敵との集団が分かれて戦う。先ほどのシュミットの「敵と味方」の発想である。そこからは，次のような集団力学的な認識が生まれる。「敵と味方」という関係があるときには，ただ単に〈敵は，いつでも敵でしかない；味方は常に味方だ〉という思考では戦えない。味方の中にも敵が発生する可能性があるし，むしろ一番大事なのは，敵の中に味方をどうつくるか——敵の中に分裂の契機があればそれを目ざとく見つけて利用する——，および，第三者をどうやって味方に引き寄せるか，の思考である。こういうかたちで人間とその集団を考えていくことが，大切である。

　(ii)　次に大事なのは，敵と味方が相い戦う場所と時間である。(イ)一つの場所も，季節によって意味が全然変わってくる。時刻によっても変わる。たとえば太陽の位置がどちらにあるか——戦っている自分たちの背後にあるか正面にあるかによって（まぶしさが変わるので），自分たちの行動が大きく影響される。風がどの季節にはどう吹くか，この時刻にはどの方向から吹くか，これをちゃんとわきまえないと，自分たちの矢勢が弱まり敵の矢勢が強まり，敵が巻き上げるほこりが自分たちの眼に入るとかで，思わぬ不覚をとることになる。(ロ)強い相手も，その強いことによって油断しておれば，負ける。(ハ)追いつめられて必死になった敵は，逆にてごわい相手となる。

　すべて，一本調子にはいかない，ということだ。一つの原理からの整然たる演繹ですべてを説明する発想では，戦争は戦えない。クセノフォン，フロンチヌス，ウェゲチウスらの古代軍事学の思想家たちが提起している思想の根底には，〈優れた将帥，司令官は，ありとあらゆる可能性に目を向けて，したがって動態論的・機能論的・多元的な思考で柔軟に振る舞うべきだ〉というメッセージがある。

　(iii)　道徳とマキァヴェッリズムとの関係づけに関しても，同様である。軍事の現場では，事は一筋縄ではいかない。将帥，司令官は，一方では道徳性・正義の人でないと，兵士がついて来ない。「この司令官となら，どんな危険に向かって進んでいってもかまわない；この人となら，たとえ死んでもかまわない」と兵士が考えてくれないと，戦えない。そのためには，司令官は相当の人格者・徳性・人間的魅力の人でなければならない（偽善的に振る舞っても，兵士・民衆は

第2章　二つの「近代」：人文主義的近代／理科主義的近代　　35

すぐ見破ってしまう）。兵士や民衆はまた，大義名分を確信していないと士気が上がらない。「自分たちは悪いことをやっている」・「みんなから支持されていないし，される見込みもない」という後ろめたい気持ちでは，士気が上がらず戦いは持続しない。兵士や民衆には，こういう，道徳性・正義・徳性に敏感に反応する面がある。この点では，人間には性善の面もあるのである。

　しかしまた兵士は，ちょっとしんどくなったり怖くなったりすると逃げたがる；自由を求めてさぼりたがる，という面をももっている。この点では司令官は，紀律を重視し，違反者には厳罰をもって臨む必要がある。

　(d)　軍事学と政治論　　だから，マキァヴェッリは，単純なマキァヴェッリズムや権力国家論の提唱者ではない。そして，かれは，この，軍事学の古典に見られる柔軟で複合的な思考の伝統を，政治論に応用した。かれはこのことによって，それまでのキリスト教的・中世的な一本調子ではない政治論を展開できた。これがマキァヴェッリの「マキァヴェッリズム」である。

　クラウゼヴィッツ（karl von Clausewitz, 1780-1831）は，「戦争は，政治の延長である」と言った。これを逆に言えば，「政治は別のかたち，平和なかたち，をとった戦争である」のだ。こういう点で，戦争と政治の二つは合致し，それゆえ一方の思考が，他方にも有効なのである。

　リーダーは以上のように，あらゆる可能性に対して配慮し，それらを計算に入れて振る舞わなければならない。リーダーというのは，大変な稼業である。

　われわれ教師も，教室ではそうだろう。緊張して服のなかでは冷や汗をかきながら，学生・院生に対して，興味を引く工夫を重ね，反応を伺ってしゃべる中身を削除したり付け足したり，でいく。励ませば頑張れそうな相手，そういう局面にある相手には，批判したり，さらに上の目標を与えたりする；しかし頑張れず，すぐ崩れそうな相手に対しては，父母のように暖かく親切にする；うぬぼれていたり頑固に自説に固執したりする相手には，時には根底的な批判をする……。要するに，相手や状況に応じてさまざまな技法を駆使しつつ，権謀術数を使いつつ，学問・研究の道を進ませていかなければならない。

　こういう非常に多面的で柔軟な，緊張した思考，そこから来る機動性，これがリーダーの条件だと，マキァヴェッリは言うのである。

2.2.3 マキァヴェッリと人文主義

(a) マキァヴェッリの時代と古典的教養　マキァヴェッリを含め，当時の人びとが古典と結びついたことが，軍事学以外ではどういう思考をもたらしたか？　古典のなかでも，とりわけトゥキディデスとかヘロドトスとかの歴史書，それからプルタルコスらの英雄論などのなかには，さまざまなリーダーが登場する。悪徳なリーダーもおれば，有徳のリーダーもいる。それらが多彩な行動を展開していく。これでもか，これでもかと，いろいろな人間模様・行動態様が描き出されている。マキァヴェッリの時代の人びとは，それらを一つひとつ受け止めていった。

「人さまざま」，「帰結さまざま」ということである。善意が常に良い結果をもたらすわけではない。逆に，残酷さが善い結果，平和，をもたらすこともある。たとえばプルタルコスは，その『英雄伝』のなかで，民主主義者の誉れ高いペリクレスの政策と向かいあい，上の見方をとって，その「貴族政・王政的」傾向をも批判的に描いている。アレキサンダー大王の戦い方（マキァヴェッリズムに長けている）についても，評価とともに批判を記録している。

人の生き様・行為の帰結が一筋縄ではいかないこと——これが古典を通じてマキァヴェッリの時代以降，モラリストが得た一つの見方である。カズイスティックに，いわば没理論で事実を集め，それらにもとづいて〈この人には，こういう逆の面もある〉，〈この理論は，こういう別の結果をももたらした〉と，豊かな事実と向かいあっていく——これが人文主義，ないしそれに結びついたリベラル=アーツの知というものだ。エリートは，そういうかたちでものの見方を豊富化していたのである。

イギリスなどは，この伝統が19世紀，20世紀になっても維持されている。イギリス人は，大陸風の，「階級闘争」で歴史を切るとか「経済関係」ですべてを説明するなどといった，一つの原理の作用に着目して考える学には懐疑的である。かれらは，歴史学というのは，結局は伝記だ，豊かな人間観察から豊かな情報を得て〈生活知〉を構築していく学だ，と考え続けた。歴史学や政治学，法学は，理論ではなく，いろいろな伝記を読んで，ケース=スタディーから教訓を積み上げていくのだ，と。

この手法では，確かに歴史学や政治学は科学とは縁遠いもの，学問的には低

レヴェルのものとなってしまう。しかし他面，著者がものすごく物識りであると分かる本が出，これでもかこれでもかと事実を展開し，読む人がそこからいろいろな情報を集め，具体的状況との関連で知を身に付けていけることになる。

これが，人文主義の伝統である。こういう中から出てくる人間像，これがマキァヴェッリの人間像，ものの見方・考え方にも出ているのだ。実際，こういうかたちで多元的に思考する人びとが，だいたい1500年前後からの100年間に，次から次へと出てくる。この点は，後で詳しく論じることとする。

　(b)　人文主義の後退　　ところが，1600年代に入ると，こういう思考が著名な政治思想家の間では見られなくなる。グロティウス（Hugo Grotius, 1583-1645）が最後の人物である。かれの代表作『戦争と平和の法』は，1625年の出版である。グロティウスは，近世自然法論者としてホッブズらと連続させられるが，主要点において発想・叙述態様が違う。確かにグロティウスも，「デカルトの世紀」の先駆けとして，『プロレゴーメナ』に見られるように幾何学的方法の採用の宣言も出している。この点では，ホッブズに似ている面がある。しかし，人文主義とのつながりという重要な点で，両者は大きく離れている。

　グロティウスを読むとすぐ分かるが，ギリシャ・ローマの古典，史実や聖書からの引用が，これでもかこれでもかと続く。それらから，歴史を越え・国を超えて妥当する人間と社会の諸特徴を析出し，普遍的な社会の法論を構築している。当時は，読書メモをとることも，簡単ではなかったと思われる。きっと，ありとあらゆる典拠を，読書を通して頭に入れていたので，一つのことを主張する際には，根拠としてそれらを自由自在に引用できたのだろう。かれは11歳で名門のレイデン大学へ入り，14歳で卒業し，16歳で弁護士を開業したと言われているが，それが不思議でないくらい天才であった。この坊やを入学させたレイデン大学は，まちがっていなかったと思われる（もっとも，13歳くらいで大学に入ること自体は，当時は珍しくなかった。大学での前半の数年間は教養教育が中心で，今の高校みたいなものだったから。とはいえ，法学の修業を終えるには，早くても20歳以後となるのが現実であったから，法学部に11歳で入学し14歳で卒業したというのは，驚異的である）。

　ところが，ここに頂点を極めた人文主義中心の時代が，1630年以降，ぱったり終わってしまうのである。ホッブズ・デカルト的な，自然科学基軸の新思

想が前面に出てきたためである（中高等教育の面では，人文主義教育はなお続くが）。

2.3──理科主義

1630年以降，新しい時代が始まって，ホッブズ，デカルト，ニュートン，ロックと続く一つの流れが出てくる。「理科主義」の台頭である。文化科学は，当時から発展し始めた自然科学に刺激され，その手法を無批判に（＝それが先端をいっているということで素直に）取り入れたため，その思考構造を転換させるにいたった。この動向がデカルトから始まることは，衆知のとおりである。確かにこれは，文化科学の歴史においては革命的な意味をもった。しかしこの道を採るためには，切り捨てねばならないものが，たくさんあった。豊富な対象を踏まえた叙述，多様な論点・視点の組み合わせも，これによって消え，一つの原理からの論理的展開が支配的になり，厳密な検証に耐えないものは議論から切り捨てられ，一つの原理からの論理展開という割り切りによって，ことがらは単純化されていった。すなわち，もっとも優れた知性の人びとに，理科馬鹿的思考が浸透し始めた。それが今日に至るまで，頭の切れる人びとを規定し続けているのである。[9] この点を見ていこう。

2.3.1 演繹論理による切り捨て

（a）デカルト　　デカルトの場合，「考える自分」というものからの演繹で考えることによって，「考えない自分」（自分の肉体や感情），および動物の意識・主体性，これらを切り捨てることをもたらした。かれはまた，厳密な検証（科学的実証と論理からの緻密な証明）に耐えないもの，これも全部切り捨てる。たとえば，伝統とか常識とか，空想力・想像力とか，こういうものを全部切り

---

[9]　自然科学では大航海時代以降，博物学の発達も見られた。オランダのレイデン大学（1575 年創立）を重要な拠点として始まったこの運動は，やがてフランスやイギリス，ドイツにも浸透していく。ここでは，たくさんのサンプルを集め，そこから帰納的に特徴を明らかにしたり，分類や連関づけをする。リンネの『自然の体系』（*Systema Naturae*, 1735 年）が，その典型であろう。その思考は，幾何学的な抽象的思考とは異質で，むしろ人文主義に近い。実際，博物学は一つの文学だという面が，ファーブルの『昆虫記』（1878 年～），シートンの『動物記』（1898 年）などにはある。

捨てる。そうした単純化によって可能になった世界で，一つの概念と，そこからの論理展開で世界を再構築する。「文化科学の数学化」である。

こうして，かれ以降，豊かな現実を離れた図式化によって単純化された世界内で，人間や社会のあり方を考える傾向が強まる。すべての既成のものを疑ってそれらを除去したあとに，精緻な理論化・体系化で，まったく新しいものをつくる。今や重要なのは——古い工法のように，起伏した多様な地形に従応し，昔からの景観を保持しつつ新しい土地や道路をつくっていくことではなく——まずすべてをなぎ倒し削り尽くして平坦にしたところを，一挙にコンクリートで固めていこうとする思考である。これが今日にいたるまで，経済学や社会学，心理学，政治学，一部の法学・哲学を支配し続けている思考態様だ。1960年代以降の日本では，この傾向がさらに，都市開発や工業団地開発，農業構造改善事業などにも見られた。

（b）　ホッブズ　　同じような態様で，ホッブズも独自の道を進んでいく。ホッブズの場合，切り捨てたものとは，たとえば——かれは性悪説的に人間を把握しself loveを中心に置くので——他人に対し人間がもつ愛，自己抑制，社会性・連帯性，道徳とか伝統とかである。かれはまた，その国家論では，人びとが，いったん国家をつくってしまうと，すべてを国家に捧げる体制を構築してしまった。国家生活のなかで生きる諸個人の，自由や権利，連帯希求等を切り捨ててしまった。加えて，〈もし国家権力・君主がself loveで動いたときに，国民はどうするか〉といった問題や，〈国家同士がself loveで動くことから起こる国際関係をどうするか〉の問題，等々も切り捨ててしまった。典型的な理科馬鹿的単純化である。

（c）　スピノザ　　スピノザ（Baruch Spinoza, 1632-77）も，根本の方法論は同じである。かれはそれ以上に，その手法をもっと端的なかたちで，極端化して使った。かれは，道徳論や政治論をあたかも論理学書，幾何学書のように書いた。

とはいえスピノザは，国家論の内容においては，ホッブズに対して若干の修正を加えた。その修正の一つは，かれが，人間は国家にすべてを捧げるのではなく，国家の成立後もself loveをもって生きるのだ，とした点である。かれ独自の意味でのself loveとしての，各人の幸福追求（としての自己実現）を，各人に国家が制度的に保障することが大切だとした。かれはこの幸福追求権を起点

に様々な人権を引き出していく。「包括的基本的人権」の出発点である。かれはまた, 各人が自分たちの国家を自分たちの意志で動かしていくことによって, 国家生活においても自己実現を貫徹させることが欠かせない, とした。民主主義原理をも国家生活に組み込んだ。自己実現とは, 自分の意志で自分とその環境 (＝第二の自分) を創造することでもあるからだ。この点で, リベラル＝デモクラシーはロックとともにスピノザから始まった, と言えよう。

　(d)　ヴォルフ　　このスピノザの幾何学的議論をもっと精緻化したのが, クリスティアン＝ヴォルフ (Christian Wolff, 1679-1754) である。かれにおいては, 人間は人格, 自由な意思をもつ主体へと抽象化される。[*10]かれはすべてを, この意思から説明していく。所有は意思による物支配だ, 契約は意思の合致だ, 親子関係も意思による契約だ, 消滅時効は所有権放棄の意思確認だ, と。この構成によって論理的な体系が獲得されるが, そのことによって切り捨てられたものが次から次へと出る。「一将功成って万骨枯れる」, 学問性を高めた法学の足元に情報・視点・論点の屍がたくさん横たわっている, ということになったわけである。

　(e)　ベンタム　　もっと激しく「切り捨て」思考を敢行した人, すなわち典型的な理科馬鹿, それがベンタム (Jeremy Bentham, 1748-1832) である。ベンタムは, デカルト以来の理科主義者と同じような発想で, 数学的計算を至上とした。人間を, 「快」を追求し「不快」を回避する存在と考えた。そして「快」がどれだけ多いかの計算によってすべての選択をおこなっていこうとした。そのことによってかれが切り捨てたもの, それは, 手に取れない法的・精神的価値 (知的な趣味, 神のもつ意味, 自然法や自然権), 近代人の「快」には直結しない伝統的価値 (文化的価値, コモン＝ロー, 人権) である。功利計算それ自体は, われわれが常に直面することで, 政策決定の際には不可避である。しかし功利主義思想は, いただけない。それは, 複雑な現実に向かうべき社会哲学に, 「快」とか「効率性」とか「GDP」とかといった一つの基準だけで割り切ることを

---

*10)　「意志」ではなく「意思」を使う。ここでは法理論に関わるからである。「意志」には倫理的な香りが入っている (「一貫した意志」・「意志堅固」といったかたちで)。これに対して「意思」は, 中身には中立的に, 本人がそれの達成を求めているかどうかだけに関わる。

迫る理論だからである。

　(f)　カント　　カント（Immanuel Kant, 1724-1804）も，理科主義者の面をもっている。かれは社会論においても，ニュートンの手法を哲学化しようとした。かれはそのことを――ヴォルフと同じように――最終的には人間の自由な意志（ヴォルフ以上に理性的な）を根底に置き，そこから展開させるかたちで遂行した。壮大な，道徳論と法論との形而上学の構築である。

　かれはこのことによって，法論の世界から，たとえば法的安定性の考慮，正義の考慮，政策的配慮，社会的連帯を取り除いてしまった。非常に体系的で革新性もある法論の形而上学はできたが，そのことがまた，極度に非実用的で，一面的でもある議論の書が出現するという，別の問題をもたらした。もっともカントはまた，ルソーの『エミール』の影響を受け，人間学という人間の諸特徴についての豊かな分析をおこなってもいるし，ホッブズの単純な国家論に対し，国際連盟構想に至る豊かな国際関係の分析を出してもいるのだが。

　(g)　社会進化論　　19世紀後半に進化論が普及すると，また一部の法学者は，それを無造作にとり入れ社会進化論というかたちで，生存競争・適者生存の原理によってすべてを説明しようという発想にとりつかれた。このため，自由競争・帝国主義的な進出・反規制・反社会保障政策が強まり，それとは対立する（あるいは，それとは異質の）諸側面，社会連帯・弱者保護・強者の規制は切り捨てられた。

　(h)　新カント派の一部　　19世紀末になって，自然科学分野の発達がめざましくなり，文化科学もそのモデルで再構築されていく。新カント派がそうである。とくにマールブルク学派は，自然科学をモデルにして，学の厳密さ，純粋科学を考えた。すなわち，それぞれの対象世界に固有のものとして先験的にとらえられた根源的原理からの，たとえばケルゼン（Hans Kelsen, 1881-1973）の場合は，法の〈規範として妥当する関係の側面〉に関しては法が命令規範である点から出発し，厳密なア゠プリオリな論理的構成によって――それゆえ経験的な・「不純なもの」を交えずに――全体を整然と統一的に再構成していこうとした。ケルゼンの場合，規範は言葉で構成されているわけなので，論理が重要で，そこでその論理関係分析，およびその立場からこれまでの学を批判する学問方法論に集中するわけである。

42

（i）20世紀科学主義　　20世紀に入って原子や物理学をはじめとする自然科学が発達していくと，それをまた文化科学の方へとり入れて，厳密な実証を機軸に哲学しようという動きが強まる。論理実証主義や批判的合理主義の登場である。このことによって，ここでも，実証できないものが全部切り捨てられていくことになった。サイバネティクスの科学が発達すると，それをとり入れたシステム理論の社会学が展開しもした。これも，最先端科学の，文化科学への取り込みによる，多様なものの切り捨てである。

（j）法と経済学　　アメリカのシカゴ大学で1960年頃から始まった「法と経済学」は，法を〈法律に合っているか否か〉のモノサシで処理する単純思考に対する批判から出発ししたが，逆に，ミクロ経済学による法学の科学化という一面的志向に進んでいった。すなわちそれは，資源の効率的配分といった尺度による数学的処理によって，法学のすべての事象を片付けようとし，法の世界における正義や人権，市民の政治的能動性の必要といった重要基準を切り捨てる傾向を強めた。

（k）ポストモダニズム　　こういうかたちで見てくると，ポストモダニズムも——まさに1600年代から始まった近代の発想とまったく同じで——，現代最先端の自然科学のストレイトな導入を追求していることが見えてくる。すなわち1980年代から，物理学の第二法則（非線形モデル）の発達によってニュートン力学が相対化されていたし，また新しい生物学が発展していた。これらをモデルにして，近代思想を解体・脱構築していこう，設計管理主義的近代からの脱却を，オートポイエーシスとか自生的秩序によって図っていこう，としているのである。

　ポストモダニズムは，近代の典型であるニュートン力学とはちがうものに依拠したから，「近代の超克」者のように見えるが，最先端の科学に依拠して思考するというのは，まさに「近代そのもの」である。

　ポストモダニズムを茶化しているように響くかも知れないが，そうではない。後述のように理科主義はこれまでにも，その一面化によって新しい，重要なものを生んできた。この功績を筆者は，ポストモダニズムをめぐっても，きちんと認識している。

第2章　二つの「近代」：人文主義的近代／理科主義的近代　　43

2.3.2 理科主義のメリット・デメリット

（a）メリット　　　理科主義は，社会に関する科学を促進した。また，主体的個人を原点としその論理的展開で描く，非常にラディカルな社会論が可能となった。それから，伝統的なさまざまなものから社会論を切り離したことによって，精神作用だけではなくて社会運動においても，強力な創造的エネルギーを生み出した。

（b）デメリット　　　しかし，こうした理科主義は，すでに見たように，デメリットももっていた。

第一に，それは，社会と人間を単純化してしまった。

(i)社会と人間の事象は複雑であるのに，理科主義は，一つの原理（self love や「意思」，動物的個人，快，「当為としての法」といった）からの論理的展開ですべてを説明しようとしてきた。これによって社会論からはまた，歴史や，諸民族の生活・文化の多様性が消えてしまった。

(ii)理科主義は，デジタル思考に拘束された。理科では，「白か黒か」・「科学か非科学か」・「客観的か主観的か」等の二者択一で対象を把握できる。しかしこれを文化科学の世界にもちこみ，「進歩と保守」，「近代と前近代」，「道徳か非道徳か」，「法か非法か」などで迫ると，本来ニュアンスが大事な意味をもつことがら——さまざまな度合いの灰色対象が多い——の認識が撹乱される（デジタル映像も，機器の性能が良くなると，リアルに近い描写に至りうるのではあるが）。〈あいまいなものは，科学ではない。グレー＝ゾーンを残すことは，学として失敗である〉という発想になって——価値論とか哲学のなかでさえ——学問的でない・科学でないとされたものは，「各人の主観・信仰の問題」とされてしまった。このため，（絶対的な正ではなく）よりましな・妥当な見解を追求する姿勢は低く評価され，認識論と価値論との両世界で懐疑論が流行ることになった。それは論理実証主義からポストモダニズムまで続いている傾向である。

第二に，理科主義は，モデルによる理解や論理的思考の絶対化に陥りがちであった。自然現象はすべて画一的に同じ法則によって動くのだから，理科では一つのモデルですべてのものを説明できる。しかし文化科学では，事象の原因も帰結も多様で，〈一つのモデルで現実を説明することが果たして可能か，そうする場合にはどういう単純化を犯すことになるか〉の検討が欠かせない。

モデルを導入するというのは，類推の作業なのである。ポストモダニズムは，最先端の物理学や生物学のモデルを人間の世界にもってくる。これは類推によるのだが，しかし，実は，類推が可能となるには前提条件がある。二つのものの間で類推をするには，それらの間に本質的な類似性が必要である。ところが理科主義的な自然科学導入は，モデル化可能の前提として本質的な類似性があるかないかという検討なしに，ただ無媒介にモデル導入をしがちである。このことが，多くの問題を生んできたのである。

　とりわけ，文化科学の世界では実験ができないという事実が，これと関わる。自然科学の場合にはモデルをつくっても，直接的ないし間接的な実験・実証をし，一つでもうまくいかなかったら，モデルをすぐ組み直すということになる。ところが文化科学の場合は，実験はできない。また，反論をしても，実証が困難であったり説得に時間を要したりするので，その反論を無視するということになる。反証がなされても，「それはごく例外に属するにすぎない」とか「モデルは完璧だ。不純な現実が悪いのだ」・「まだ途中だから，問題が出ているのだ。現実が改善されれば，モデルにあてはまるようになる」（経済学者が，この手の自己弁護を使いたがる）とかとの応答が出てくる。こうして，つくられたモデルが一人歩きするのである。これが，エセ科学横行の根底にある関係なのである。

　第三に，理科主義は，理科の生半可な知識のもとに（＝正確性を欠いた理科の思考で）文化科学の諸事象を説明しようとして，時に非常にデタラメなことをやる。人びとはそれが，最先端だとしてもてはやす。また，そうした最先端の難解な自然科学的言辞によるレトリックで読者を煙に巻く…。

　流行思想のこうした知的不誠実さは，ソーカル事件という興味深い事件によって暴露された。ニューヨーク大学教授の自然科学者ソーカル（Alan Sokal）が，ポストモダニストの「哲学」のでたらめさを暴露するため作戦に出て，試みに一つの論文をフランスのポストモダニストたちの有名雑誌に投稿したところ，査読を経て1996年に見事掲載された。その試みの論文とは，もともと無内容であるがポストモダニズム風言説がちりばめており，それゆえ難解で最先端であるかのような印象を与えるものとして，ソーカルがわざとこしらえあげたものだった。それが掲載されたということは，無内容であっても，難解な文書で，とりわけ自然科学の言辞をちりばめておれば，立派にポストモダニズムとして

第2章　二つの「近代」：人文主義的近代／理科主義的近代　45

通用する，ということの証である。

　無内容だが難解ゆえにもてはやされるのは，ポストモダニストたちにおいてだけではない。現代のフランス哲学（ポスト構造主義）や，最新の社会学・心理学，さらには政治哲学や法哲学なども，そういう書き物で満ちあふれている。学問する者は，自分に理解できないものをありがたがり，その主張を権威あるものとしがちである。他人がもてはやしているものを，いぶかしがったり，批判したりするには勇気がいる。それに，批判するためには，よく理解していなければならないが，相手はそもそも理解不可能な作品である。こうして分からないということと，すばらしいということとは，ともすれば二人三脚で世の中を闊歩するのである。裸の王様を喜ぶ連中は，政治の世界と同様，学問や芸術の世界にも，いつの時代にも溢れかえるほどいるのである。

2.3.3　理科主義は近代に特有か

　このような理科主義は，近代に特有なのか。考えれば，ホッブズより前には，社会論への理科の応用はなかった。哲学や社会論への理科の応用は，産業革命以降，あるいは絶対主義の確立以降の近代に時間的に重なっている。こういうかたちで，現代にいたるまでの一つの思考パターンがつくられ持続している，という面がある。

　実際，近代に入ると，

　(a)　ガリレオ・ニュートン以来の近代物理学が当時めざましく発展した。

　(b)　デカルト以来の数学も，めざましく発達した。

　(c)　脱宗教を求める機運が高まっていた。啓蒙主義の傾向である。これによって，社会をも神によらず，社会それ自体の運動によって説明しようという動きが強まった。

　(d)　「社会は，個人の形成物である」と考える気運が強まった。社会契約論の思想である。

　(e)　社会を単純化し一元的に理解する基盤が，民主化と自由主義化とに支えられて固まっていた。すなわち，①身分制的・団体主義的な多元的社会が，君主ないし中央政府が一元的に支配する社会に改変された。②経済において，伝統や国家から自由な活動が求められだした。商品交換の法則が，妨げられるこ

となく貫徹することが求められたのである。③合理的な法生活が求められた。法の世界でも，法がそれ自体の内在的論理で動くことが，取引の安全，予測可能性を高めるために必要だった。

　(f)　人工で革新することが価値あるものとされ，設計主義的に新しい社会をつくる（ゼロからすべてを組み立てる）気運が高まった。

　(g)　物化現象 (Verdinglichung) が進行した。すなわち，人間同士の関係が，個々人の意識を超えた合力によって独自のベクトルをつくる関係が，より鮮明になった。

2.4 ── 人文主義

　理科主義がこうした隆盛を見た近代において，人文主義はどうなっていったか。そもそも人文主義とは，どういうものであったのか。

2.4.1　個々の担い手

(1)　ヴィーコ

　人文主義が理科主義とどういう点においてちがっているか，これを説明してくれるのはヴィーコ (Giambattista Vico, 1668-1774) である。かれは，1709年の『今日の研究方法について』や，1710年の『イタリア最古の知恵』，1725年の『新しい学』等で，デカルト派らの数学・論理・自然科学モデル万能視，理科主義=理科馬鹿ぶりに異議を唱えた。

　ヴィーコという人は，上記年表から分かるように，気の毒にも100年遅く生まれた人文主義者である。その100年前に生まれておれば，もっと脚光を浴びていたと思われる。かれは，年表中の人文主義の空白部分，理科主義の時代にあって，デカルト主義に孤立的な戦いを挑んだが，結局のところなんの栄光も勝ち取れなかった。ナポリ大学でかれは，修辞学の教師をしていた。そこではローマ法学をも素材にしていたので，どうせそういうものを教えるのなら，名誉も手当も良い法学部の先生になろうと考え，転身を画策した。しかし，人事選考で落とされてしまった。すでにここから挫折が，始まっていた。かれの思想の価値が理解され始めるのは，1950・60年代，すなわち，〈論理実証主義・

第2章　二つの「近代」：人文主義的近代／理科主義的近代　47

分析哲学等の，自然科学モデルで人文科学を構築する運動に対する反省の気運が高まってきた時代〉においてであった。

　かれは，理科主義の問題をどう位置づけたのだろうか？　この解答は，かれの学問論から導き出せる。

　第一に，かれは，学問の課題として大切なのはコモン=センスの育成にある，とする。コモン=センスとは何か？　それは，数学的に証明することによって獲得する知ではなくて，いろいろなケースを経験して，その経験の中から出てくるエキスをさまざまなかたちでメッセージにした知にある。そしてまた，それを活用するときにも，一つのコモン=センスをすべてのケースに適用するのではなく，いろいろなコモン=センスをケースのちがいに応じて使い分けていくという，複雑な情報処理を前提とする。そうした知と技法を獲得していくこと，それが青年教育上の大切な課題である，と。これは，伝統的に人文主義の教育が，歴史学や古典の文学・哲学をベースにした人間的事象の考察を通じて，進めてきたことである。エリート形成のためには，自然科学の知だけでは不十分だというのである。

　ところで，法学の世界では，デカルト・ホッブズの思考が支配的になるまでは，トピカ法学というものが，人文主義に支えられて支配的であった。その法学には，どういう特色があったか？　これは，現代のコモン=ローの世界に似た思考として残っている。コモン=ローの法曹は，さまざまな事件をその性質に応じてパターン化し，それにいろいろな処方箋（legal principles, maxim）をあてはめて対応していく。今日における似た作業を例にとって説明すれば，たとえば，〈表現の自由問題をどう処理するか〉を考えるときには，ホームズ判事という有名人が「明白かつ現在の危険」という基準を出しているので，これを使って処理をする。〈精神的な自由をどう考えるか〉が問題になるときには，ダブル=スタンダード（二重の基準論），あるいはトリプル=スタンダードという処方箋を使って対応していく。こういうかたちで——一つの処理法で全部を処理するのではなくて——いろいろな処方箋を頭の中に入れておいた上で，必要なところへ適用していく，というものである。

　トピカの学でのトポスの中には，「似たものは似たように扱う」という処方箋（近似性のトポス）のように，特定の中身をもたないものも多く，この点では

48

コモン=ローのlegal principlesとは異なるが，カズイスティックな思考の点では同じである。

　これが，人文主義的な法学の特色だった。ところがこの伝統は，デカルト，トマジウス，クリスティアン=ヴォルフ，カントらが出てくるなかで消されていく。なぜならば，そんな曖昧な処理法では，予測が立たないし，実務の一貫性も確保されえないし，そもそもそれは学問的でない，そのような非原理的・非科学的な処方箋ではダメだ，とされたからである。

　トピカ法学の衰退は，また別の点から言えば，法学が民主化したということであった。トピカ法学は，どうしてもエリートの秘技としてあった。これに対してデカルト的方法は，誰でもが原理と，それからの展開の手法（演繹法）とを学べば応用できる。そういう学問の民主化の動きのなかで，トピカ法学は消えていき，19世紀には見る影もなくなった。

　このドイツ等では忘れられた学を，topisches Denkenというかたちで再発見したのは，フィーベーク（Theodor Viehweg, 1907-88）の『トーピクと法学』（*Topik und Jurisprudenz*, 1953）である。しかし，上述のように英米法の世界では，似たような思考は一貫して存続し続け，現在においてもなお変わらずに使われている。この点が面白い。

　第二に，ヴィーコは，蓋然性に依拠する学問の重要性を説く。白か黒か，首尾一貫か否かで，すぱっと切れる確実なものでないと真実たりえないのだ，とするデカルト的発想に，ヴィーコは真正面から反対したわけである。ヴィーコによれば，文化科学の対象，人間の動きに関わることがらは，さまざまな度合いの灰色であるものが多く，それらに対しては，ニュアンスを踏まえた処理が必要である。ヴィーコは考える：〈完全な証明は不可能だけれども，歴史・経験の蓄積物，現在の知の大勢から判断すると，これが一番ましな選択だ〉というかたちで処理する；そういうかたちで蓋然性に依拠しつつ，お互いが納得できる議論を大切にしながら一致をつくっていく；これが，文化科学の大切なあり方なのだ；デカルト的思考は，この営みを「迷妄な常識論は真理の妨害物だ」として排除してしまう危険性をもっている，と。コモン=センスもまた，この蓋然性に結びつく知である。

　第三に，ヴィーコは，想像力・イマジネーションに依拠することの重要性を

説く。イマジネーションというのはデカルトに言わせれば無根拠な主観的構成物，証明できないことがらを，頭のなかで勝手につくっていくことである。これに対してヴィーコは，人間には所詮分かることは限られている，という事実を踏まえる。すると，その分かっていないことを，分かっていることをある程度の根拠としながら，類推や（筆者がいうところの）法意適用（比附＝法文の根底に隠れている一般命題を適用する解釈）を使いつつ構成していくことが欠かせないものとなる。人間は，こうした解決策を講じないと，多くのことがらを処理できないし，予測できないし，希望をもって生きていくことができない。人間とは，そういう不完全さのなかで，相対的に確かなものを探りつつ生きなければならない存在なのである。

　確実に分かったもの以外は使わないとか，確実に証明されたことしか信じないとかいう姿勢では，人間世界の描写はきわめて無味乾燥のものになってしまうし，方向が出ない。それでは，文学作品や芸術作品も生まれない。実際デカルトにとっては，詩などというものは妄想の産物だった。

　第四に，ヴィーコは，理科と文科の次のような発想のちがいを重視する。理科の場合は，ある事件が起こったときに〈その究極の原因は何か〉の方向へ徹底的に究明を収斂させていく。たとえば機械が故障したときには，どの部品が問題かを調べ，その部品を取り換えることによって，全体を直す。病気についても，われわれは原因となっている細菌やウィルス，患部を探り，それを発見して薬や光線でそれに集中攻撃を加えたり，手術で取り除いたりする。デカルトが，「すべては疑わしい」から出発し既成のものを清算して，究極の真実を求め，そこから再出発する姿勢も，これと同じである。それによって，これまでの世界を完全に組み直していくのである。

　これに対して文化科学の対象や社会的事象の場合，いろいろな原因があいまって全体を或る方向に動かせている可能性が非常に多い。問題が生じるときも，そうである。そこでわれわれは，一つの事実について，できるだけ多くの要因を探し，その全体関連において調整しようとする。したがって，この場合に，一つの原因を求めて処理していく理科の発想で片をつけようとすると，きわめて馬鹿げた説明や処理方法になってしまう。

　この点でも，数学・論理学・自然科学モデルが学のすべてではない（この点では，

50

人間の身体の全体をつねに問題にする東洋の医学は，文化科学的でもある）。

　ヴィーコはこういうかたちで，曖昧さというかニュアンスというか，それが
もつ意義を復権させようとしたわけである。ある意味で〈曖昧さへの居直り〉
と言うことだろう。「曖昧な日本人」と言われているが，もともとヨーロッパ
のエリート，その学である人文主義も，こういう点でものごとに関わって曖昧
さを自覚し，それへの感覚，曖昧さを生きることを重視したのである。

(2)　ヴィーコの先駆者たち

　ヴィーコのこういうメッセージは，かれの100年前の多くの人文主義者たち
が問題提起しているものでもあった。1500年頃から広まった人文主義の学風
の特徴は，アリストテレス（Aristoteles, B. C. 384-322）や古代ローマのガレン
（Galen：Aelius Galenus or Claudius Galenus, 129 -199/217。経験派と合理派との中間を
いく）の影響を受け，まず，ことがらをさまざまな側面ごとに調べ，すなわち
豊富な分析作業をおこない，次に，それらの項目を分類・整理し，全体を見通
しのよいものに仕上げていく，ということにあった。[11]

　1600年代の人文主義者たちも，この作法を使って，とりわけ人間に関わる
考察を進めた。以下，各自についてかんたんに説明する。

　(a)　エラスムス　　エラスムス（Desiderius Erasmus, 1466-1536）は，ルターの
〈人間ダメ論〉，一面的な悲観的人間観に対し，人間の自由と無力，理性と原罪，
神との距離などについて，バランスのとれた思考を示した。かれはまた『愚神
礼賛』（1511）で，多様に分裂した人間を描き出した。

　(b)　シェークスピア　　シェークスピア（William Shakespeare, 1564-1616）で
は，ハムレット・オセロー・マクベスなどに見られる，人間の分裂性・多様な
心の動き・良心と悪欲の葛藤，他方の「死への跳躍」などが興味深い。ハムレ
ットは，"To be, or not to be, that is the question" というかたちでの分裂を呈する。
オセローは，デズデモーナに対する，なんともかわいいという面と，かわいい
がゆえに裏切りが憎いという面との分裂・葛藤に陥り，最終的には一方的に突
っ走り，自滅していくわけである。マクベス夫人もそうだ。最初は，王を殺害
することに踏み切れないマクベスをしかり飛ばす強さを見せる。しかしいざマ

---

*11）　Jan Schröder, *Wissenschaft als Recht*, 2001, S. 78 ff.

第2章　二つの「近代」：人文主義的近代／理科主義的近代　51

クベスが犯行に出，かれの肝が据わるや，今度は夫人が逆に弱さを示すように
なり，自分の罪深さに苦しみ狂気に陥る。

　刻々変化するこういう複雑な心境，シェークスピアはそういうものを直視し
ている。これも，古典古代の豊かな人文主義の「人さまざま」という分析の中
から得られたものではないだろうか。

　(c)　セルヴァンテス　　セルヴァンテス（Miguel de Cervantes, 1547-1616）は，
シェイクスピアとしばしば対比される。もちろんセルヴァンテスの描くドン＝
キホーテは，一枚岩的にすべてを展開していく，ある意味ではデカルト的な，
観念論のかたまりみたいな人間であり，ツルゲーネフが言うように，ハムレッ
トとは対照的である。しかし，セルヴァンテスが全体として描いているのは，
ドン＝キホーテとかれに同行するサンチョ＝パンサの二人の対照的な性格対比
（夢想主義と唯物主義），またサンチョ＝パンサのなかの分裂性（俗物性とドン＝キホ
ーテへの献身と），かれら二人とその周囲のさまざまな人間模様，これら人間事
象の矛盾や多彩性の描写である。むしろこの矛盾・多彩性をくっきりさせるた
めに，ぶれないドン＝キホーテを中軸にしたのではないか，とも思われる。

　セルヴァンテスは，まるでマキァヴェッリそのものではないかとも思えるほ
ど，人間のもつ複合的な心，分裂性，イデアリズムとリアリズムの現実的対立，
をダイナミックに描いた人である。

　(d)　モンテーニュ　　モンテーニュ（Michel de Montaigne, 1533-92）は，透徹
した自己観察をつうじて，〈分裂した自分〉をさらけ出す。かれは，人間の多
様性，理性・認識能力・思考の無力さ，運命の力の偉大さなどを描くとともに，
また，個々のことがらについての多様な処理法を提示する。加えてかれは，未
開社会の独自価値・文明社会の退廃を強調するなど，文化の多元的把握をも鮮
明にしている。

2. 4. 2　人文主義のメリット・デメリット

(1)　メリット

　以上を総括すると，人文主義のメリットとしては，次の点が挙げられる。(a)
豊かな知識を踏まえた多元的思考が展開されていること。(b)ある人物とその思
想の内在的な（共感ある）理解が可能となること。なぜなら，人文主義は，こ

とがらを単純化せず，多くのものを踏まえるので，感受性が増すからだ。(c)人文主義は，内面的な緊張を直視するので，バランスのとれた思考，柔軟な思考を可能とする。(d)人文主義は，自分に対する懐疑を研ぎ澄ますので，人に知的謙虚さを与える。

(2) デメリット

しかし同時に，人文主義にもデメリットがあるわけで，これも見ておかなければいけない。

第一に，人文主義ないし教養を身につけると，単純化して断定することへの警戒が強まる。そしてまた，自分が分裂していることを自覚し，懐疑的になる。〈よく分からない〉という意識が強くなり，最悪的にはエポケー（判断停止）にいたる。すなわち，〈これ以上は分からないから，判断を停止して，結論を出さない。結論が出ない以上，現状を維持する立場をとる〉という態度決定に向かう。多元的に見る人文主義的思考には，こういう行為態様が避けられない（モンテーニュは，古代ギリシャのピュロンにならって，このエポケーを強調した）。しかしこれでは，他人を力強く説得する力，大衆を動員する力，チャレンジ精神は，望めない。

第二に，人文主義は，エリートのリベラリズムには結びつくけれども，デモクラシーと結びつくのは困難である。上述のようにスピノザは人文主義をデモクラシーに結び付けたのだが，かれの他には誰も，それができなかった。したがって人文主義は，どちらかというと，特権的な人たちを守るという意味での保守主義に固まりがちである。けっして革命的な運動の理論家や組織者向けではない。

第三に，エリート主義である。人文主義は，〈分かる人だけに教える〉という姿勢をとる。これは，次のことが原因である。人文主義者が対象にする人間的事象は多様で（「人さまざま」），それゆえ人文主義者が書くことは多面的で錯綜し，簡単な図式に収めることができない。矛盾した中身のものを次から次へと〈これも読め，あれも読め〉というかたちで学ばせる他ない。それゆえ，〈最終的には自分で，ケースごとに塩梅しつつ応用しろ〉となる（こういう記述の仕方は，デカルト主義者からすると，およそ学ではない）。最終的には「各人が時間をかけて習得していけ」とする，人文主義者のこの教育姿勢は，普通の人向けの

ものではない——人文主義は，本質的にエリート向きの文化なのである。

　したがって，人文主義は，自己反省なしで突っ走ると，問題を生じさせる。自己反省を欠いて，〈自分たちが，人びとをリードしていくのだ〉という，そういうエリート主義になると，民主主義の仮面をかぶった寡頭支配に向かうものとなる。「ネオコン」と呼ばれる，今日の世界に広まっているエリート主義は，この一種である。下からの多元的組織運動に支えらえた市民参加を嫌悪し，トップ=エリートと情報スタッフだけで国を運営していこうとする人びとである。先ほど長谷部恭男教授がレオ=シュトラウスの話をされたが，シカゴ大学のレオ=シュトラウスの門下生・孫弟子たちの中から，そうしたエリート主義の人びとでブッシュ政権のブレインとなった人びとが輩出したのは，この論理による。これは，別にシュトラウス一派が悪いということではない。シュトラウス一派においてだけでなく，人文主義というもの，あるいはリベラル=アーツというものは，そういう人間を生みだす面をもつものなのである。

　しかし本来の人文主義は，先に言ったように，〈自分は何も知らないのだ〉，〈いくら学んでも分からないことばかりだ〉という精神を根底においている。また，〈人は矛盾を逃れられない〉ともする。人文主義は，この自己懐疑に支えられつつ，厖大な知識を着実に活用していく。エリート教育も，こういうかたちでの自己反省の精神を涵養するものであれば，謙虚さに支えられ，民主主義的な方向にも向かう人間の養成を可能にするだろう。

　ソクラテスがそうだが，やはり一番大事なのは，「自分には何も分からないのだ」と，自己を否定する精神である。ソクラティック=メソッドに関しても，一番大事なのはその点である。ロースクールの学生に，「自分はいかに無知であったか。もう一度再出発して勉強しなければいけないな」と自覚させることが，この教育方法のポイントである。ロースクールは，そういう方法を導入した点で，形の上ではすぐれて人文主義的だと思う。その研究と教育が教師と学生とのそれぞれのなかでどこまで人文主義的かは，別の話だが。

2.5——理科主義と人文主義のその後： 19世紀以降の消長

　この人文主義と理科主義は，その後，とくに19世紀以降どうなっていくか，この点を簡単に見ておこう。

⑴　人文主義の後退

　人文主義は，学問・科学の世界からは，消えていく。特に理論重視の法解釈学などでは，消え方は劇的である。先に述べたが，人文主義的なトピック的思考，トピック法学というのは，大陸ではほぼ消えてしまった（実務のなかでは残ったという事実は，あるが）。

　この消滅にとって決定的だったのは，カントが与えたショックである。カント，ヘーゲル，そしてパンデクテン法学，この流れのなかでである。われわれ法哲学者は現在まで，法実証主義，分析哲学を信奉することによって，そういうトピック的思考排除運動を継承してもいる。

　一般に近代が高度化すればするほど，人は一つの原理で，全体をすぱっと解明したがるものである。テレビの時事解説などでもそうだが，預言者的に〈未来はこうなる；事の本質はこうだ〉，〈これさえやれば，すべては解決する〉と，そういうかたちできっぱりと言ってくれる人を，世間は求めるようになっていく。われわれの教室内でさえ，〈あれでもない，これでもない〉，〈こういう面もあるし，別のこういう面もある〉…といった風に講義すると，〈何をごちゃごちゃやっているのだ。整理して出直して来い〉となる。学期末の授業アンケートでは，「この授業は，要領を得ない」，「この教師は，準備不足だ」となる。こうした風潮は，人文主義とは相容れない。

　しかし先に述べたように，法実務の世界では人文主義的思考は残った。とくにコモン＝ローの世界には，それが現代まで活用されている。

⑵　人文主義教育の持続

　そしてまた，中高等教育の世界でも，人文主義は生き続けている。ギムナジウムとか，パブリック＝スクールとか，リセなどでは，一貫してこの方向で人文主義教育がベースになっている。大学でも，ベルリン大学以来の伝統はなお残っている。とくにアメリカで，リベラル＝アーツを基本的に３年間教えると

いうかたちでである。エリート形成のために，人文主義による開かれた知性を準備することを，なおヨーロッパ人は怠っていない。

(3)　日本の理科主義教育

　ところが日本の場合は，中学，高等学校からしてデジタル思考である。受験は，「○か×か」とか，「四つの中から正しいものを一つ選べ」でいく。「正解は必ず一つ」——こういうかたちでの徹底的な単純思考が育てられる。「あれでもない，これでもない。結論がはっきりとは出ない」とする学問・思考があるのだという認識を，試験制度そのものが排除している，ということである。

　しかも現代の日本においては，大学に入っても，人文主義教育（日本ではそれを，教養教育と呼ぶが）の伝統というものが非常に弱い。[*12] ましてや専門教育はほとんど理科馬鹿的に展開されている。こうしたかたちでできあがっていくのでエリートは，アメリカ以上に理科馬鹿的になっていく。そういう人間たちが，新自由主義経済学を主軸に凝り固まって，言論界や政界・財界，さらには有名大学やシンクタンクを，席巻しているのである。

　デカルト的・理科主義的な方向だけでエリート養成するという日本的な発想は，きわめて危険なのだ。人文主義のエリート教育にも危険性は伴うが，理科主義的教育だけでは，あれかこれかの単純思考に規定され，懐疑の精神や他者に対する共感を欠いたエリートが大量発生するという，もっと危険なことが起

---

*12)　1918 年の大学令第 1 条は，「国家ニ須要ナル学術ノ理論及応用ヲ教授シ並其ノ蘊奥ヲ攻究スルヲ以テ目的トシ兼テ人格ノ陶冶及国家思想ノ涵養ニ留意スヘキモノトス．」と規定している。すなわち，人格の陶冶（＝教養教育）が無視されているわけではないが，国家建設に必要な実用知が，国家政治に必要な思想の植え付けとともに，重視されているのである。

*13)　トゥールミン（Stephen Toulmin, 1922-2009）の *Cosmopolis*（1990。藤村龍雄・新井浩子訳『近代とは何か』，法政大学出版局，2001 年）は，本書と似て，多面性に眼を向けるルネサンス期の人文主義と，デカルト以降の合理主義（ドグマティックな傾向が強かった 1600 年代以降に強まる）とを対置している。しかし，*Cosmopolis* には，本章の主要対象である，①マキアヴェリの思想分析，②かれとその背景にあった古代戦術論との関係の分析，③〈人文主義 対 理科主義〉の対置関係という観点からの，ホッブズやヴィーコ，近代法学などの考察はない。ちなみに，筆者が本章のような認識に達したのは，マキアヴェリ研究を通じてであり（成果として「マキアヴェリ再考」（『法学雑誌』41 巻 2, 3 号，42 巻 1 号，1995 年）がある），筆者が *Cosmopolis* に〈人文主義 対 理科主義〉対比の議論があることに気付いたのは，その邦訳版の第 2 刷（2007 年 6 月刊）によってである。

こるのである。

2.6 ── まとめ

「二つの近代」，それは，人文主義と理科主義をめぐる問題であった。これは，
およそ，上述のような歴史的経路をたどったものである[*13)]。

人文主義と理科主義をめぐる「二つの近代」についての本章の考察は，かな
り挑発的な部分もあったが，学問（discipline）そのものとそれに対する学者の
姿勢について問題提起をしようとしたものであった。

第3章
家族をめぐる「全体性」と「個人」：
ドイツ観念論法思想の一断面[*14]

3.1 ── はじめに

　本章の課題は，カント・フィヒテ（Johann Gotlieb Fichte, 1762-1814）・ヘーゲルを主軸とするドイツ観念論法思想における共同体思想の展開を分析することにある。ここで共同体思想とは，家族・団体・国家等の共同体と，それらを構成する個人とをどう関係づけるかに関わる思想を意味する。本章ではこの点を，とくに婚姻・家族観に焦点を当てながら考察する。表題にある「全体性」とはそうした共同体のもつ価値のことであり，「全体性」と「個人」の問題とは，共同体との関係で個人をどう位置づけるか，の問題のことである。近代に入ると個人は，かつての〈共同体に，自立性をもたずに吸収されてしまっている状態〉から，〈自立性を保ちつつ結束している状態〉へ移行し始めるのであるが，ドイツ観念論ではそれが一つの主要テーマとなった。

　本論に入る前に，若干の前提事項を説明しておく。

3.1.1　なぜ共同体思想を問題にするか

　共同体と個人の関係の問題は，社会観・国家観の基軸を成してきた。現代においてもこの問題は，切実さと新鮮さをもって論じられている。たとえば，（自立者が共同体にどう関わるかの）サルトルにおける「集団」の問題，ルカーチにおける同様の問題（かれは，個人の自立性を保持しつつ共同体を営むあり方を追究する。この関係を表す語として，かれは「個人と共同体の相互媒介」を使う）がある。

　[*14]　本章は，筆者が，1971年12月20日に東京大学大学院法学政治学研究科修士課程基礎法学専門課程に提出した修士論文を，誤謬・曖昧な表現等の訂正を中心に改訂した論考である（論旨は，変えていない）。原題は，『家族における「全体性と個人」──ドイツ観念論法思想の一断面──』であった。

社会主義国の哲学界においても「社会主義と個人」,「社会主義的基本的人権」
等々に関する議論が活性化してきたようである。こうしたことは,いうまでも
なく,現代史が体験してきた,そして今なお当面してもいる,ファシズム,集
団主義,あるいは逆に青年のデカダンス的アナーキズム等への真摯な反省に
根ざしている。たとえば,この点に関するルカーチ (György Lukács, 1885-1971)
の問題意識は,次のようなものである。

　「総体性を直接的に崇拝したり,総体性を直接性として神秘化したり,諸媒介と相
　互の複合的関係を否定すれば,そこからは一つの神話が,ナチスが証明するように,
　一つの危険な神話だけが出てくるだけである。ところで,非弁証法的な分離,すなわち,
　直接性を崇拝し,個々の複合体間の客観的相互関係たる総体性を否定することもまた,
　危険なことであって,誤った方向を示し,断片化を擁護し,無意味な人間行動の心理
　学を作り出し,道徳的に鼓舞された活動を冷笑し,われわれのおかれている状態がい
　かに非人間的であろうと,これを無気力に受けいれるのである。」[15]

ここで「総体性」とはわれわれの「全体性」,共同体のもつ集団価値のことであり,直接性とは共同体を無視した個人存在のことである。一方的に共同体を絶対化するのも,逆に孤立的個人を絶対視して共同体を無視するのも問題であり,両極の調和が重要なのである。だが,両極の調和とは,どういう姿で現れるものか?　共同体と個人の関係のあり方の具体化は,制度論・組織論に関わるので,政治学・社会学・経済学等々を踏まえた考察が必要である。しかしまた,哲学が歴史的諸状況を思想的根源に遡って批判し,新しい原理や思考法をそれらに対置して提起することも,欠かせない。上に見たような「全体性」と「個人」をめぐる哲学的議論の活性化の理由は,ここにある。

　本章は,このような基本的問題意識に立ち,今後の作業のための準備的過程として,共同体と個人の関係のあり方をドイツ観念論の共同体思想の思想史的分析を通じて考えようとしたものである。

---

*15)　イシュトヴァン=メーサーロシュ「ルカーチの弁証法概念」(G. H. R. パーキンソン編
　　『ルカーチの思想と行動』平井俊彦監訳,ミネルヴァ書房,1971年) 97頁。

3. 1. 2 なぜドイツ観念論を中心に論じるか

「全体性」と「個人」の問題がもっとも鮮明なかたちであらわれ始めるのは，19世紀初頭のドイツ観念論の時代である。カントの普遍化可能性に定礎した道徳論は，普遍性につながる個人の確認を通じて，自然によってできたもの，ないし宗教性をもったものとされてきた既成の社会制度に対置して，自立した近代的自我が主体的に共同体を形成していく論理を前面に押し出すことになった。その後の展開は，フィヒテ，ロマン主義，ヘーゲルにおいて本章でも見るような論理である。すなわち，個人の自立性・主体性を認めつつ，共同体がその個人に対してもつ意味をも評価し，両項をどう媒介するかを考える傾向をもつ。このようにして，このドイツ観念論の時代において，自覚し主体化した個人と他者・全体性とをどう関係づけるかの緊張が鮮明化した。それゆえにこの時期について考察することは，なお今日的な意味を有している。サルトル，ルカーチらがこの問題についてヘーゲル批判から出発しているのも，上と無関係ではないだろう。

その際筆者は，中心対象をヘーゲルとする。久しく「汎論理主義者」，「全体主義者」等々のレッテルを貼られてきたヘーゲルは，最近の研究動向においては，その生きてきた時代の諸状況との具体的連関において，およびそれに先行する諸思想との対応関係において，さらにそうした視点をかれの青年期からの思想の形成過程に即して，考察していこうとするなかで，再評価されつつある。

3. 1. 3 なぜ焦点を婚姻論・家族論に当てたか

本章は，上述したような問題意識に立ちつつも，焦点を（前から順にカント，フィヒテ，ヘーゲル）の婚姻思想，家族思想に合わせた。このことには積極的理由がないわけではない：第一に，上のような視角からカント，フィヒテ，ヘーゲルの婚姻思想をとらえた論文は我が国でも少なくはないが，それらは短いものであるため，概説の域を出ていない。それゆえそれらでは，（共通した）基本的モチーフたる，「個人主義的立場」から「共同性重視の立場」への展開としてのカント，フィヒテ，ヘーゲルの婚姻論の史的叙述は，なお概観的なものにとどまっている。本章は，このため，こうした研究を踏まえつつそれらをヨリ詳しく考察してみようとした。

第二に，カント，フィヒテ，ヘーゲルはともに——とくにヘーゲルがそうだ
が——その共同体・社会のとらえ方が，各人の家族論と国家論とで原理的に異
なっている。本章ではこの点を踏まえて，これまで国家論についてのみその共
同体思想が問題とされてきたのとは異なり，家族論と国家論との関係にも視点
を置いて考える。この道は，後に見るようにヘーゲルの共同体思想の研究にと
ってはとくに重要である。

　第三に，カント，フィヒテ，ヘーゲルにおいてともに，その共同体思想の形
成ないし思想変化の契機になったのが家族論であったという事実がある。その
具体的説明はあとに譲るが，このことは，共同体思想を分析するうえで家族論
の考察が重要な位置を占めていることを物語っている。それは，家族という集
団が，その本来的性格からいって有機体的な性質をもっており，かつ家族は，
国家と異なり夫婦の主体的な結合によって形成される面を，とくに近代以降の
家族においては，強めているからであろう。この意味でラートブルフが次のよ
うに言うことは，われわれの共同体論の分析にも妥当する。

　　「婚姻法におけるほど，「理念が素材によって規定されること」，さらにまた，「理念」
　　が法の「実体」に依存することが，明瞭に現われているところはない。婚姻において
　　は，強度の自然主義的・社会学的自己法則性を有する自然的・社会的事実が法に対立し，
　　法はその事実を自主的に形成することはできず，むしろそれに協調しなければならな
　　いのである。[16]」

　第四に，家族およびそれを内に含む市民社会は，ドイツ観念論の時代に大き
な変遷を見た。家族に即して言えば，「家」（das ganze Haus）としての共同体か
ら家父長制的単婚小家族，さらに近代的な単婚小家族への移行が，この時期に
生じた（もちろん変化は，地域ないし身分によって，相互に異なっていたり，逆に地域・
身分のちがいを超えて同時進行したりするものではある）。こうした現実の家族形態
とその変容がドイツ観念論家族思想にいかに対応しているか，あるいはしてい
ないか，そしてそのことが家族を共同体として把握することにいかに影響した
かは，われわれの考察の重要な関心事となる（これは，共同体思想がどのように

---

*16)　ラートブルフ（Gustav Radbruch, 1878-1949）『法哲学』（『ラートブルフ著作集』第1
　　巻 法哲学，田中耕太郎訳，東京大学出版会，1961年）320-321頁。

時代状況に規定されているかの，存在被拘束性の問題でもある）。

　以上の理由によって，分析のメルクマールは，次のようになる。

　(i)　当該思想家が，現実の「家」的な，全体性重視の思想にいかに対応したか。

　(ii)　当該思想家が，この旧ヨーロッパの国制を反映するアリストテレスらの古典的政治学の伝統に，その家族論においていかに対応したか。これは，〈社会の諸制度は，神ないし自然が人間を超えてつくったものだから，それ自体は不変である〉とされてきたそれまでの観念に対して，〈社会制度は個人が自覚的につくっていくのだ〉という見方が新たに登場してきたという問題である。言い換えれば「自然」およびその内にある人間の「自然性」に対して，人間の「自由」を，ドイツ観念論の思想家たちがいかに展開したかの問題である。

　(iii)　この新しい「自由な個人」は，いかなる論理によって「新しい全体性」に関係するか。この視点から，「婚姻契約」論や「愛」が問題となる。

　(iv)　家族共同体と国家共同体は，いかなる連関を有するものとされているか。このことが家族論をいかに規定したか。

3. 1. 4　基本的な分析方法について

　以上のような対象領域との関係もあって，本章では歴史的・思想史的アプローチを前面に押し出す。すでに述べたように，本章では，思想家が自分の置かれた歴史的状況にどのように関わったか，それに先行する思想との関係で独自性をどういう方向に発揮したか，を問うことを重視する。したがって当初ヘーゲルから出発した本研究は，フィヒテ，カント等々へと遡っていった。このような歴史的・思想史的アプローチ重視は，次のような考察にもとづいている。

　思想家の「哲学的」解釈から現代的な意味を汲み取ろうとすることは，重要ではあろう。しかし，それは，あくまでもまず当該思想家を一つの歴史的存在としていったん自分から突き離し，その思想を客観的・歴史的現象として見ることから始めなければ，きわめて一面的で主観的な解釈となり，自分の問題意識や立場の直接的投影に陥ることを免れない。

　さらに注意する必要があるのは，ドイツ観念論においては，当然のことながら家族論は当該思想家の大きな体系中の一部であり，かつ家族論関係の論文は当該思想家の発展する思想形成過程のある一時期を占めるにすぎない，という

点である。これは、家族論のみをアン＝ジッヒに追ってそこからの結果を一般化することは許されない、ということを示している。体系的考察、それを前提とした位置確認が重要となってくるのである。

本章は、主として以上のような問題意識・対象、および方法にもとづくものである。

3.2——カントの家族思想

3.2.1　序

以下では、カントの家族思想を、かれの、(1) 婚姻思想、(2)夫権論、および (3) 家父長権（親権）論に分けて、扱う。カントの、(1) 婚姻思想で重要なのは、その特異な契約論的構成がもつ画期的な近代性であり、(2) 夫権論と (3) 家父長権（親権）論で重要なのは、現実の家族制度の反映として、なお残る家父長制的性格である。

3.2.2　カントの婚姻思想

カントの婚姻思想は、「近代的な一夫一婦制婚姻の究極の思想的基礎を、明快に疑の余地なく説きあかした数少ないものの一つ」[17]としてしばしば論じられてきた。[18]これまでのカント婚姻思想論の研究において指摘されていることは、次の3点にまとめられる。① カントの婚姻論は、婚姻を男女の自由・平等を前提とした、典型的な個人主義的民事契約として展開している。このことは、

---

*17)　川島武宜「近代的婚姻のイデオロギー」(1951年。『イデオロギーとしての家族制度』、岩波書店、1957年) 237頁。

*18)　カントの婚姻論を扱ったものの内で筆者が参照したのは、次の文献である: Raymond Voize, *Kant - philosophie du droit*, Paris, 1914. 加古祐二郎「婚姻の法理学的考察」(1935年。『近代法の基礎構造』、日本評論社、1964年)。川島武宜（前掲注17)）「近代的婚姻のイデオロギー」。松坂佐一「婚姻の性質」(『穂積重遠先生追悼論文集『家族法の諸問題』末川博・中川善之助・舟橋諄一・我妻栄編、有斐閣、1952年)。玉城肇「カントの家族論及び婚姻論」(愛知大学『法経論集』第9号、1954年)。加藤一郎「ドイツにおける婚姻思想の発展」(中川善之助他責任編集『家族問題と家族法』第2巻、酒井書店、1957年)。および本章で引用したもの。

第3章　家族をめぐる「全体性」と「個人」：ドイツ観念論法思想の一断面　63

婚姻を統治上重要な制度としての位置づけから解放することを意味する。②
夫婦の性的享楽をその「目的」としている点でも，婚姻から宗教的神秘性をは
ぎ取り，カノン法からの婚姻の解放をもたらした。③カントのこうした形式
的婚姻契約の見方は，資本制的物象化現象の所産ないしその先取りである，と。
しかも，これらに論及した論文にほぼ共通する視点は，カント後の，フィヒテ・
ヘーゲルの婚姻論の展開を，（カント的な「個人主義的見解」から）「超個人主義
的もしくは全体主義的な見解」への変化としてとらえるものである。

　婚姻思想のこうした分類は，ラートブルフの*Rechtsphilosophie*（1914）以来，
一般的なものとなっているが，それをドイツ観念論の婚姻思想に援用したのは，
加古祐二郎の「婚姻の法理学的考察」（1935年。『近代法の基礎構造』，日本評論社，
1964年，所収）である。

　あまりにも有名なカントの婚姻の定義は，次のようなものである。「自然的
な性的共同体は，単なる動物的本能にもとづくもの（vaga livido, venus volgiuaga,
fornicatio）か法則（Gesetz）にもとづくものかのいずれかである。そして後者が
婚姻（matrimonium），すなわち，相異なった性に属する2人格が双方の性的固
有性（Geschlechtseigenschaft）を生涯にわたって相互に占有しあうための結合で
ある」[19]。すなわち，この定義においては婚姻が性的共同体（commercium sexuale）
という視点から把握されており（この『法論』においてカントが婚姻の性的側面を
中心においていることは，さらにその§27でより明らかである），しかも結合の内容
は性的固有性の相互的占有として法的関係としてのみ把握されていることが，
特徴である。さらにその性的共同体は，「子女の生殖と教育という目的」を「自
然の設定した一つの目的」とはするけれども，カントはそれを，結合の適法性
の要件だとはしない。したがってカントにおいては，(1) 婚姻の目的はもっぱ
ら「男女が双方の性的固有性に従って相互に享楽しあう（genießen）こと」と
いうものとなる。婚姻はここまで，夫婦の相互関係としてのみ理解されたので
ある。そして，(2) この婚姻に入るためには「けっして恣意的でなく，人間性
の法則に従った必然的な契約」を通さなければならないとされる（§24）。

---

*19)　Kant, *Metaphysik der Sitten*（第1編：*Metaphysische Anfangsgründe der Rechtslehre*），1797,
　　Philosophische Bibliotek, Bd. 42, 1959, §24。吉野伝三郎・尾田幸雄訳, 理想社『カント全集』
　　第11巻，1969年，122-123頁。以下，『法論』と呼ぶ。

以上の 2 点,(1)「性的傾向（Geschlechtsneigung）」の強調の側面,(2)「婚姻契約」
の強調の側面を，詳しく考察しよう。

(1)　性的傾向性が婚姻論の出発点に位置づけられている点について

先に見たように「カントの論理においては，人間が性欲をもっているという
自然的事実，そうして，それに基いて人間が他の人間の肉体を「占有」し「使用」
するという自然的事実が出発点となっている[20]」。この点が，後に扱うフィヒテ・
ヘーゲルの婚姻論との関係において，さしあたって問題になるところである。
この点の考察に当たっては，次の 3 点が重要である。第一に，婚姻の法的本質（目
的）を「子女の生殖」に置かず，両性の自己目的的な意志に置いたことの歴史
的意義。第二に，そうした選択意志の内容が，啓蒙合理主義自然法論に見られ
るような，意志一般ではなく，性欲にもとづくものとしての，その限りで具体
的な選択意志であったこと。第三に，しかしながら，この選択意志もまた，そ
れ以上の具体性は有しておらず，男女の自然的なちがい（性差）などはいっさ
い捨象されている点，である。

　(i)　まず，第一の点を歴史的に考察していこう。本章 **3.5** で見るように，古代・
中世（前期）においては，個人は一般に「家」的団体に埋没ないし同化したも
のとして存在し，「家」的団体それ自体が価値物であった。婚姻はそうした「家」
の公事としてあり，個人の自由な意志にはもとづかなかった。その限りで，そ
こにはプラトン（Platon, B. C. 427-347）的な婚姻観，すなわち，婚姻は種族の保
存に役立つ限りでの制度である，という考え方と共通した観念にあった。

中世後半期の一定の個人意識の芽ばえが，婚姻論へのアリストテレス哲学の
浸透をもたらした。ここにおいて婚姻を形成する個人の存在が重要なものとな
ったのである[21]。だがアリストテレスにおいても，個人が自立者としてあったわ
けではない。ただ所与の必然として存在している（個人に先行する）「フュシス」

---

*20)　川島（前掲注17)）「近代的婚姻のイデオロギー」248頁。

*21)　プラトンとアリストテレスの婚姻思想のちがいについては，山内得立『ギリシャの
　　哲学』（弘文堂，1960年）第 5 巻328頁：「プラトンにとつては結婚は種族の保存に役立つ
　　ものでしかなかつたが，アリストテレスにはそれ自らの意味があり，それ自らとして存
　　在をもつ，それ故にそれは他の何ものにも代置し得ないものなのである。愛は就中共関
　　をつくるが，それが強く働くためには愛し愛せられる個人の存在を予想しなければなら
　　ぬ。個人なしには如何にして愛の共関感が起り得ようか。」

第 3 章　家族をめぐる「全体性」と「個人」：ドイツ観念論法思想の一断面　**65**

を個人が自己のテロス（目的）として自覚的に定立し，それに向かって努力する限りで，個人には尊厳があるとされた。アリストテレスもまた，社会関係の形成の動因を，個人の意志ではなく，それを超越した自然的必然性に第一義的には求めたのだった[22]。アリストテレスは，婚姻について次のように言っている：

> 「さて先ず第一に，互に他なくしてはあり得ないものは，一対となるのが必然である，例えば男性と女性とが出産のために一対となるが如きである（そしてこのことは人の選択から起るものではなくて，他の動物や植物においてのように，自分のようなものを別に自分の後に遺そうと欲することが生来のものだからである[23]）。」

ここでもまた，プラトンにおけると同様，婚姻の必然性，目的が子女の生殖にあるとの考えが前提にはなっている。

こうしたアリストテレスの社会観・婚姻観が中世後期のキリスト教といかに結合したかは，**3.5**で見る。トマス（Thomas Aquinas, 1225-74）の思想に影響を受けたカノン法が婚姻を「子女の生殖に本質的に適当な行為のための，永久的かつ排他的な権利を両当事者が与えかつ受けとるところの意思の行為」と定義するとき，それは人間存在に必然的で，かつキリスト教徒には宗教的意味からも重要な「子女の生殖」という，当事者の恣意から独立した目的を設定しながら，婚姻を形成する当事者の意志をも重んじ，両者を統一しようとしたものであった。しかしカノン法では，「子女の生殖」という自然的必然性が無反省に法と直結されたがゆえに，結局当事者の意志の側面は貫徹しえなかった。しかも，それにサクラメントとしての宗教的意味が付与され，かつ離婚が禁止されるなかで，結局当事者の意志の契機が伸びることはなかった。この動きは，いわばアリストテレス的な婚姻の「必然性」をキリスト教的に定式したものとしてあった。

---

[22]　「つまり，秩序はあらかじめ人間の手に及ばない「自然」として与えられているのですが，人間はそのなかにおける自分の地位を自覚して，そうして秩序に自分をあわせるところに，人間の尊厳と人間の理性の働きが見出されたわけであります。」福田歓一『近代の政治思想』（岩波書店，1970年）46頁。

[23]　アリストテレス『政治学』第1巻第2章（岩波文庫版32頁）。しかも重要なことは，こうした夫婦の関係が，国を構成している「家」の中軸であるから，それ自体国制の一構成物であったことである。

これに対しルターらは，婚姻の宗教性を否定し，その後グロティウス以来の自然法論が婚姻における個人の意志による契約的構成を定式化して以来，婚姻は私事として個人の自由意志にもとづくものとして定着していく。しかし，その後も「子女の生殖」を法に明記することは，続いた。それはプーフェンドルフ（Samuel Pufendorf, 1632-94）以降の大陸自然法思想，およびプーフェンドルフに影響を受けたロックにも見られた。プーフェンドルフは，アリストテレスの伝統に従って，「婚姻は人間の再生産の場」であること，「婚姻の目的は市民社会（societas civilis）の形成の場合と異なって，構成員全体の安全や防衛にあるのではなく，単なる人類の生殖にある」ことを主張する。[24]同様にロックも言う：

> 「夫婦社会は，男と女との間の自発的な契約によってつくられる。そしてそれは主として，その主目的である生殖ということに必要な相互の肉体の交渉と，肉体に対する権利とに存するのであるが，それとともにそこからは，相互の援助と扶助，および利害の共有もまた生ずる。それらは，たんに彼らの関心と愛情を結び合わせるのに必要であるばかりでなく，かれらが共同で生んだ子孫にとっても必要なのである。〔……〕つまり男女の結合の目的は，たんなる生殖にあるのではなく，種の存続にもある。したがって，男女のこの結合は，生殖後さえも，子供たちの扶養と維持に必要なかぎり，持続すべきものである」。[25]

こうした伝統はクリスティアン゠ヴォルフにも見られ，[26]スアレツを介してプロイセン一般ラント法（ALR）Ⅱ・Ⅰ・Ⅰの有名な定義をもたらした。

なぜ近世自然法論者たちは，民事契約婚の立場をとりながら，以上のように伝統的な「子女の生殖」から自由でなかったのだろうか。理由は，大陸自然法論の上述した実在論的な伝統的傾向にあったが，それ以外にもさらに次の2点が重要である。すなわち，一つは，内在的体系的理由であり，他は，自然法論の政治的立場に関わる。前者についてヘーゲルは，*"Über die*

---

[24]　Pufendorf, *De jure naturae et gentium*, 1672（*Le droit de la nature et des gens*, System General ... Tr. par J. Barberrac, Amsterdam, 1706）Tome Second, Liv. sixieme, chap. premier, 2 et 6.

[25]　John Locke, *Two Treaties on Civil Government*, 1690. 『統治二論』（『世界の名著』第27巻，大槻春彦責任編集，宮川透他訳，1968年）第7章78節・79節。

[26]　石部雅亮「プロイセン普通国法における親権の特質」（香川大学『経済論叢』第32巻，1960年）415頁。

wissenschaftlichen Behandlungsarten des Naturrechts, ..." において次のことを指摘している。すなわち近世自然法論者は，人間の社会的関係を自然から切り離すことによって（Privation der Natur），それをただ統一の形式的構成のみに置き換えた。しかし，これでは有機的全体性（die Totalität des Organischen）が達せられない。このためかれらはまず，「何らかの人間の被規定性」（たとえば「自己保存の本能」，「社交性」，「非社交性」等々）をその社会関係の本質に置こうとした。だが，それでもなお有機的全体性が確保できないため，かれらは結局，個人の傾向性を超えた〈自然によって成立したもの〉に依拠する考え（これは古代・中世以来の伝統である）に立ち戻り，制度を方向付けるものとして客観的な目的を取り込み，全体性を構築せざるをえなかったのである，と。ヘーゲルは言う，

> 「しかしながら，かくしても有機的全体性には達しえない。そして残りのもの，すなわちその抽出された被規定性から漏れたものは，その関係の本質とか目的とかとして取り上げられたものに従属させられることになる。たとえば，婚姻の関係を認識するためには，子供の生殖とか財産の共有等とかを設定し，こうした本質的なものとして法則にされた被規定性から出発して有機的関係が規定され歪められるのである。〔……〕有機的なものが，経験的な，もしくは不完全にしか反省されない，観察によって分裂させられる。[*27]」

つまり，近世自然法論は婚姻を契約的に，形式的に把握したが，その形式性がもたらしうるアナーキーを回避しようとして，結局アリストテレス以来の伝統である「婚姻の目的」に依拠せざるをえなかったのである。かれらが「父権・家父長権の支配」によって婚姻，家族の統一性を維持しようとしたときにも，多かれ少なかれこうした体系的理由が働いていた。この最後の点は，すでにルターにおいて，かれの内面的自立者たる個人主義の立場と，それのもたらすべきアナーキー性に対しルターがとった家父長権論との論理的連関性としてあった（**3.5.3**参照）。

さらにまた，こうした体系的理由と並んで後者の理由，すなわちドイツの大陸自然法論の政治的イデオロギー性が指摘されている。すなわち石部は言う，

---

*27) Hegel, "Über die wissenschaftlichen Behandlungsarten des Naturrechts, ..." (*Werke in zwanzig Bänden*, Bd. 2., S. 440 f.

「ドイツ啓蒙自然法論とその影響下にあるALR[*28]との婚姻観は，絶対主義国プロイセンの富国強兵策を反映している。このため「子の出産と教育」を婚姻の主目的とすることにより，契約論にとどまればたんに私的関係にすぎないところの婚姻に，公的社会的性格が賦与されることになった」[*29]と。

　以上の理由によって，近世自然法論においては，婚姻が契約的合意にもとづくものとされながら，しかしなお婚姻は〈個人を超越した目的〉をもたされ，それに規定されて機能したのである。

　以上のような前史を踏まえれば，アリストテレス的な超個人的「必然性」を基底に置く伝統に対置して，カントが個人の選択意志を前面に押し出したことの歴史的意味は，明らかであろう。この選択意志が個人の理性でなく，（性的）傾向性というものにもとづいている点ではカントの法的世界の個人は，かれの倫理論におけるような自立的者ではない。しかしその傾向性は，あくまでも個人の欲望としてあるのであって，単なる外的必然性としてあるのではない。

　確かに人間は，その意志を超越した必然性（カントはこれを「自然」，「神」とする）によって誕生するのであり，このため婚姻は，すでに見たようにその人間の生殖という超個人的な制度的目的をも与えられている。カントも，このこと自体を否定するわけではない。しかし，そうした目的は個々人を絶対的に，法的に規定するものではない，とカントは考える。なぜなら，子を産むことがなくとも婚姻は解消されない以上，夫婦にとってはそれは目的たりえないからである，とカントは言う。

　カントのこうした，一見プラグマティックな理由づけは，しかしかれの次のような思想と無関係ではない。すなわち，カントは『法論』§28の註釈で，神が人間を創造した（したがって人間はその創造に規定され，「自然的必然性の連鎖のなかに」置かれている）という命題と，それにも拘わらず自由であるということとの，因果性と時間性にとらわれた，理論的見地では矛盾となることをも，「道徳的〔……〕実践的見地」では，「定言命法にもとづく自由」という「非感

---

*28)　もっともプロイセン一般ラント法（ALR）は，草案から法典成立への過程で大陸自然法に伝統的であった「家」的思想にもとづいた構想を除去したのであった。村上淳一「ドイツ「市民社会」の成立」（『法学協会雑誌』第86巻8号，1969年，27頁）。

*29)　石部（前掲注26））「プロイセン普通国法における親権の特質」。

第3章　家族をめぐる「全体性」と「個人」：ドイツ観念論法思想の一断面　69

性的な」「純粋なカテゴリー」で解決しうる，とする。

　実践的理性においては，人間の自然的規定性はそれ自体としては意味をもたない。それが意味をもたないゆえに，ここでは人は自由で自立している。第一に人は，倫理の領域で、すなわち内面で自立者としてとらえられ，第二に，法論の領域で，倫理的自由を前提しつつ，外的関係・外的行為における自由な人格としてある。したがって人は，法論の領域では倫理の領域での自由な主体者（まったき自立者）と異なり，性的傾向等の自然にその身を規定されている。この自然的側面については次の(ⅱ)で論じるが，今重要なことは，それにも拘わらず『法論』があくまでも倫理的自律者を前提にしており（したがって『法論』もmoralischなものに関係するものとしてある），したがって上述の人間の外にある諸所与性・必然性は人間の意志に従属したものとして，個人の選択意志を媒介してのみ現れるものとして存在する。もはや外的必然性そのものが個人を『法論』において全面的に規定することはない。個人が自己目的的存在となった。したがってかれの選択意志（たとえそれが自然的傾向性にもとづくものとしてはあれ）が，第一義的となったのである。

　こうして，カントの婚姻論にあっては，自然に従って必然であることを直接的・無媒介に根拠とした宗教的・社会的な制約は婚姻論においていっさい捨象された。今や婚姻は，個人が自らの直接の欲望にもとづいて形成していくものとなった。婚姻契約論は，明確な自覚的な基礎を得たのである。

　(ⅱ)　第二に，そうした選択意志が性欲にもとづくものとして，その限りで意志一般とは異なる具体性，人間学的性格を有しているという点が問題となる。この点をも先ず前史との関係において考えていこう。

　家族内における諸個人の相互の関係（仮に［A］と名付ける）と，国家（「市民社会」）における諸個人の相互の関係（仮に［B］と名付ける）の連関性についての理論史を概観すると次のように図式化しえよう。

　(イ)まず絶対主義権力を家父長論によって正当化しようとするフィルマー（Sir Robert Filmer, 1590-1653)，ボッシュエ（Jacques-Bénigne Bossuet, 1629-1704)，ラムゼイ（Andrew Michael Ramsey, 1686-1743）らは［A］における親子の自然的関係をそのまま［B］の LandesvaterとLandeskinder との関係にもち込む。これは既に見たとおり，中世に一般的に見られた思想的伝統に依拠したものであ

る。これに対し，

㈹合理主義的自然法論のホッブズ，ジュリュー（Pierre Jurieu, 1637-1713），プーフェンドルフ，ヴォルフらは，逆に［B］を構成する自立した個人の自由意志にもとづく契約関係をそのまま［A］にももち込む。自然状態において独立し孤立していた個人が，共同体を，夫婦→親子→家族→国家と順次，契約によって形成していくとするのである。したがって［A］の内容は必然的に形式的・擬制的にならざるをえない（現実の関係は，契約の論理に反する〈支配従属の関係〉にあったからである）。これはとくに親子関係について言える。このためかれらは，この関係を語るのに，黙契（convention tacite）（プーフェンドルフ）とか，契約の擬制（quasi pactum）（ヴォルフ）とかといった概念を使わざるをいなかった（もっともかれらが契約構成を［A］においても採用しながら，夫婦の「自然的」な差異を法論から捨象しきれなかったこと，むしろそれが契約的構成の補強として必要であったことはその夫権論に見られるとおりであるが，この点は前述した）。このようにして，結局㈵，㈹は相反する立場からではあれ，ともに［A］と［B］とを同質化させたのである。このことは「家」的団体がなお政治的性格を有していたこと，あるいは国家がなお「家」的（家産的）性格を有していたこと，そのために「家」と国家の現実的差別が完全でなかったことを意味している。

㈶しかし，これらに対し，さらに第三の立場がある。ロック，モンテスキュー（Charles de Montesquieu, 1689-1755），ルソー（Jean-Jacque Rousseau, 1712-78）らは，［A］と［B］とを差別化し，両社会の相異を人間の理性の発展段階のちがいとして位置づける。たとえばロックは最初の社会を家族であるとするが，それは「政治社会となるには至らないものであった」（『政治二論』第7章）とし，とくに親子関係について，子供が成人となる前後でその性質が異なるとする。このことによってロックは，家族における愛という感情の重要性を述べる（67頁のロックからの引用箇所参照）。

さらにルソーは，家族を，人間の関係の第一段階である自然状態から，第三段階である「社会」（この後に「国家」が来る）との中間に位置する，第二段階としての「自然的社会」に位置づけた。家族は，感性的レベルにおいて，個人と全体性が合一したゲマインシャフトであり，それゆえ契約的構成でなく愛情による結びつきが中心だと考えた。[30]こうして，（盲目的な利己心が支配的となる「社

第3章　家族をめぐる「全体性」と「個人」：ドイツ観念論法思想の一断面　71

会」とは異なる）「国家」，すなわち理性にもとづく自由な，自覚的契約によっ
て成立する共同体は，ルソーにおいて，その体系的位置からいってもはや「家族」
とは本質的に異なった性格を有していることになる。この結果ルソーは，家族
内の人間関係を情緒的な側面からとらえ，家族，家族内の人間を，自然主義的
に具体的・現実的に分析しえたのだった。

　こうしてルソーはその教育論においても，子供の特性，男女の特性を生き生
きと把握し，それをいかにして伸ばすかを中心課題にできるようになった。か
れの『エミール』（1762年）が啓蒙主義的な合理主義的自然法論の形式的人間
観を随所で批判しているのは，このためである。たとえばそこには，次のよう
な記述が見られる：

　　「自然の感情によってのみ人為的な感情は維持されるのに，そこ〔合理主義的自然
　　法論〕では，自然の感情は人為的な感情のために犠牲にされているのだ。契約による
　　結びつきをつくりあげるためには自然の手がかりはいらないのか。」[31]

　このルソーが，上記の点でカントに与えた影響については，カントの『人間学』
（*Anthoropologie*），およびそれに関する遺稿集 *"Kants handschriftlicher Nachlass"*
（*Kants Gesammelte Schriften*; Die königlich preußische Akademie der Wissenschaft, 1913,
Bd.15-2, 以下 "Nachlass" と略す）のNr. 1260以下にはっきりと出ている。そこで
は男女の自然的差異の分析がなされているが，それはルソーの『エミール』と
共通するものであり，事実 Nr. 1281, 1316において『エミール』は賛意をもっ

---

*30)　ルソー『人間不平等起源論』（平岡昇訳，岩波文庫）84頁。『社会契約論』（桑原武夫，
　　前川貞次郎訳，岩波文庫）16頁。なお，この箇所の考察に当たっては，佐竹寛「家父長
　　権論から見たるモンテスキューとルソー」（『法学新報』69巻10号，1962年）が参考になった。
*31)　ルソー『エミール』（今野一雄訳，岩波文庫，下巻）16頁，傍点は引用者。なお，こ
　　の点については次の指摘を参照。「従来の自然法学はすべて「人間の自然」「人間の本性」
　　から出発した。しかしルソオがそこに見いだしたのは，この点に関する自然法学者の見
　　解にほとんど一致の存在しないことのみであつた。ルソオはその原因を「彼等がきはめ
　　て形而上学的な原理の上にこれを樹てた」ことに求める。〔……〕さればこそルソオは，
　　きびしく「分析的」な方法を斥けて，「発生的」な方法を求め〔……〕，真の人間の自然
　　状態と，それよりの人間の疎外の全過程とを歴史的，実証的に再構成して，自然法学の
　　前提を覆へさうとしたのである。」福田歓一「道徳哲学としての近世自然法」（『国家学会
　　雑誌』69巻5・6号，1952年）240-241頁。

て引用されている。

　なるほどカントの『法論』においては，先にも見たように男女の自然的差異はほぼ捨象されている。そこで中心に置かれているのは，性愛そのものの情緒的側面ではなく，その奥にある規定体としての性的享楽への欲望であった。これは(iii)で後述するように，『法論』と『人間学』との体系的位置の関係によるものである。カント法論研究上の通説は，性的享楽が中心事項であるという事実から〈カントは，婚姻における愛の要素を評価しなかった〉と推論するのであるが，これは誤った推論である。カントが性的享楽を中軸にしたのは，『法論』の叙述上の必要によるものにすぎず（法的構成としての作業にすぎず），かれの婚姻観のすべてを語っているのではない。この点に関しては*Kants Handschriftlicher Nachlass,*のNr. 1305に，次のような重要な言明がある。多少長くなるがここで引用しておこう。

　　「婚姻において愛は継続的な良き相互理解に基づいているもの，すなわち明朗さ（Munterkeit），親切さ（Gutherzigkeit），及び善良さ（Honnettität）である。この愛は人びとが予め，ひややかにではあるが好ましいものと考えているものであって，もし人がそれにまさに関係することになっても，婚姻状態においては変わらず好ましいものである。しかし婚姻の外にあっては，愛には感覚的刺激あるいはさらに幻惑の刺激がつきまとう。そして盲愛（Verliebe）の情熱をかきたたせる。このことのゆえに，婚姻に入る前の状態は婚姻状態から決定的に異なっている。〔……〕盲愛の情熱が極端に強くなると，自己を欺かねばならないという不満が増大する。というのもそのことによって人々には，パラダイスから下賤の国に陥ったという不満が増大する。かくて盲愛によって成立した婚姻は，耐えられないものとなる。」

　つまりここでは理想的な結婚は，結婚の後で，盲愛とは異なる夫婦愛をもたらすものだと主張されている。ここでは愛が，婚姻の重要な要素とされている。[32]

---

*32)　また，*Kants Handschriftlicher Nachlass*, Bd. II 2のNachlass Nr. 1312 にも愛についての次のような論及がある。「男女が等しく愛し合うとき，女性は自分の感覚に従う衝動を有し，男性は女性の感覚に適合しようとする衝動をもつ。かくして両者はこの限りで互いに合一している。」このような認識があったからこそ，婚姻法論でも「全人格的な結合」が論理化されたのであろう。『法論』における「性的傾向性」の問題は，こうした近代的性愛のカント的，法論的表現だと言える。

婚姻思想と婚姻法思想は，カントの場合とくに区別して考える必要があるのである。

　しかしまたカントが，『法論』においても，「契約による結びつきを作り上げるための自然の手がかり」を自然主義的に追求し，かつとくに『法論』§28の親子関係で子供は扶養を受ける権利を「法則によって直接に，すなわち特殊な法律行為を必要とせずに」取得する，と記述するとき，かれが（プーフェンドルフら，本書71頁の(ロ)の親子契約論者ではなく，(ハ)のロックや）ルソーらに近かったことが分かる（全体としてはむしろ(ロ)に近かったのだ。この点は，後述する）。

　(iii)　第三に，以上で見た面があるにも拘わらず，カントの『法論』における「性的傾向性」が形式的で，具体的内容をもたないことも，明らかである。カントにおいては「性的傾向性」がルソー，フィヒテ等と異なり（両性に共通の）性的傾向性一般として語られているため，その関係における男女の性格・心理のちがい等は捨象されている。換言すれば，カントにおいて婚姻における男女は，性差のない抽象的な自然的人間としてのみある。カントの『法論』の「形式性」・「抽象性」は，この点に典型的に表れている。

　これに対し，カントにおいて婚姻にある男女の自然主義的な傾向描写，生き様の具体的態様の研究は，『法論』とは別の分野，『人間学』では中心課題となる。『法論』と『人間学』との関係について，カントは次のように言っている：

> 「われわれは，経験を通してのみ知られる人間の特殊な本性をしばしば対象として取り上げ，それに照らして普遍的道徳的原理からの帰結を示さなくてはならないであろう。とはいえ，そうすることによって道徳原理の純粋性がいささかでも奪われるわけではなく，またそうすることによってそれら原理のア・プリオリな根源が疑われるわけでもないのである。――このことは，人倫の形而上学が人間学の上に建てることのできるものではなく，かえって人間学に適用されうるものであるというほどのことをいおうとしているのである」（『法論』序論，36-37頁）。

　カントは『法論』と『人間学』とのこの区別を踏まえることによって，一方，『法論』は抽象的なかたちで展開しえた。このことはかれが，後に見るフィヒテに比してヨリ近代的な婚姻法論を論理展開することを可能にした（しかし，この『法論』もまた，完全には抽象的な議論で終始できなかったので，論述に家父長制的な傾向は残っている）。他方，『人間学』は，記述が現実的・具体的であったがゆえに，

その中身において現実社会を規定していた家父長制がより強く出てしまっている。この点は，本書**3. 2. 3**で見る。

⑵　**婚姻が婚姻契約論として展開されている点について**

　先にも見たように，カントは婚姻の本質的・規定的な要素として，第一に，夫婦の肉体関係（copula carnalis）を挙げ，第二に，この関係を道徳に適合したものとするためには，婚姻は男女間の契約を不可欠とすることを挙げている。この婚姻契約についてカントは，それが夫婦の全人格的な結合契約であるとする。このことは『法論』における，既に見た婚姻の定義からは必ずしも明らかではないが，*Eine Vorlesung Kants über Ethik*の方には明らかである。そこでは[*33] 婚姻の定義が次のように提示されている：「婚姻は，二人の人格が同一の権利を回復しあい，かつ両者が相互の全人格に対して完全な権利を取得するべく，それぞれ自分の全人格を相互に与えあうというふうに，条件を設定しあう契約である。」（S. 210）カントは，こうした全人格的な結びつきによる場合にのみ，相互の「性的機能の使用が道徳性に一致しうる」（op. cit., S. 207）とする。『法論』における婚姻の定義は，婚姻契約が性的享楽に適法性を賦与する手段としてあるのだが，他方，『倫理学講義』では，婚姻契約の効果としてそこでの性的享楽が適法的になるとされているだけである。重点の置き方が異なっているのである（ただし，『法論』の婚姻論も，全体としてみれば，むしろこの『倫理学講義』の定義の方に近い）。

　この婚姻契約によって夫婦は，相互の人格に対して「対物的に対人的な権利」を取得しあう。自己をその人格の面まで他者に与えるが，同時に他者を人格の面まで得ることによって，相互の全人格的結合が成立する。婚姻契約論の歴史は古いが，これを全人格的な結合として定式化したのは，カントが最初である。すなわち：

　例えばカノン法は，婚姻を夫婦が相互の肉体に対する「永久的かつ排他的な権利」を与えあう契約だとしていた。グロティウスは，（動物にも雌雄の共同体はあるが）「人間は理性的動物だから，かれに関する限り婚姻はさらに妻の夫に対する契約を要素とする」とした。そしてその契約が相手に対して排他的な権

---

*33)　*Eine Vorlesung Kants über Ethik*, herausgegeben von Paul Menzer, 1924, S. 204 ff.

利を設定すべきものであることを，次のように説く。「既に夫のある女との結婚は，夫が彼女を離婚するまでは（但しキリスト教の法においては夫婦が死別するまでは），彼女に対する夫の所有権（property）の存在によって，承認されない。〔……〕また既に妻のある男との結婚も，キリストが有徳の婦人たちに，その夫に関して設定した権利によって，認められない」[34]。ホッブズも同様に婚姻を契約によるとし[35]，夫婦の相互に対する権利を次のように説明している。「人が管理の権利によって保持しているもののなかで，もっとも大切なのはかれの生命と手足である。つぎには，（大多数の人にとって）夫婦の愛情に関するもの，そのつぎには財産及び生活の手段である。したがって人民は，私的復讐によるたがいの身体への暴行，夫婦の貞操を犯すこと，〔……〕を行わないように教えられるべきである」[36]。ロック，プーフェンドルフ等については，既に見たとおりである。これらの思想は，フランス革命期の諸立法，ALRなどに結実していく[37]。

　カントが婚姻を契約によるとしたことも，もちろんこの伝統の上に立つものであった。しかしカントの特色は，それを道徳との関連において考えたことにある。このことは，性的共同体においては個人が相互に相手を自分の性的享楽の手段とする関係，および相手の人格を物件（Sache）にし，また自分の人格も物件にされてしまう関係があるという事実に関する考察を，カントがおこなったからである。相手のみならず自分をも物件にしてしまうこの関係においては，その関係の道徳性が問題とならざるをえない[38]。そしてカントは，この関係を道

---

*34)　Grotius, *De jure belli ac pacis*, 1625, (*Of the Right of War and Peace*, tr. by J. Barberrac, London, 1738) Book 2, Chap. 5 §8-2, §11.

*35)　Hobbes, *De corpore politico, or the Element of Law, Moral and Politics*, 1650 (1640), Part 2, Chap 4 (The Element of Law, Cambridge 1928, P.104).

*36)　Hobbes, *Leviathan*, 1651（『世界の名著』23，永井道雄編訳，1971年）第30章。

*37)　例えばナポレオン民法典も，一方で家族的結合を保護し強化しながら，家族的団体を正面から取り扱ってはいない。第一編Des personnesは婚姻，離婚，親子等々の，人と人との相関関係の規定としてある。その理由として，（家族と家産が区別されず，家産＝土地が《物》の規定で保護されえたこととともに，）人間を自由，平等，独立の抽象的存在として扱い，そうした個人同士の活動で私的利益が実現しうる，団体はその妨害になる，と考えられたことが挙げられている。有地亨『家族制度研究序説――フランスの家族観念と史的展開』（法律文化社，1966年）392頁。

*38)　ボアズは，カントの婚姻論を「倫理と法との明確な同一化(une franche identification de l' éthique et du droit)」が実現されている箇所だと指摘している。R. Voize (Fn. 18), p. 27.

76

徳に適合したものにしうるのは婚姻の契約的構成だけである，と考えた。こうして婚姻契約は，他者の自由な人格の確保のためだけでなく，自分自身の人格を保持するためにも，締結しなければならない。

　このようなものとして婚姻共同体は，カントにおける他のすべての共同体から決定的に異なり，全人格的な結合体となる。ここに〈契約によるものではあるが，しかし全人格的であるところの共同体〉という新しい共同体思想が萌芽している。内的に自立した個人が，内なる道徳意識に応じて，全人格的結合に進むという関係。この点でカントの婚姻共同体は，伝統的な共同体と論理を異にする。この新しい共同体論こそ，後に見るように，フィヒテ，ヘーゲルにおいて全面的に開花していくものだったのである（この点については，本書**3. 4. 4**で詳論する）。

　だが，カントはこの「全人格的結合」についてそれ以上のことを論じていない。それが「物権的に債権的な権利（ius realiter personale）」の設定契約だとされていることから，「全人格的結合」も真に全人格的なものとはなっていない。その内実は，等価交換関係にある二人格の相関関係（reciprocity）にとどまっている。それはカントの婚姻が，道徳に適うように契約形式をとる点では，道徳性を尊重したのではあるが，それ自体が道徳上評価される内容をもつわけではないからである。カントにおける婚姻はもはや，アリストテレス・カノン法的な，あるいは，のちにフィヒテ・ヘーゲルにも見られるような，それ自体が道徳・宗教上重要な制度ではない。婚姻は――カントの他の共同体と同様――自立的個人にとって外的な法的諸制度にすぎなかった。かくして，トマス主義者ロンメンが慨嘆するように，カントの婚姻論においては教会的法的性格は――旧い「家」的な性格とともに――もはや原理的に否定しさられている：

　　「本質的に反道徳的性格のものかどうかは法としての適格性にとつてはもはや重要でも何でもなくなつたからである。このような形式主義は今や例えば制度としての婚姻や家族の社会的価値を全く考慮しない演繹論を招来するに至つた。[40]」

---

*39)　旧「家」的な性格がなくなったという点は，カントにおいて，かれの婚姻論について言えるだけで，かれの家族思想の全体については言えないこと，後述のとおりである。

*40)　ロンメン（Heinrich A. Rommen）『自然法の歴史と理論』（阿南成一訳，有斐閣，1956年）103頁。この点については次の指摘を参照，「民法は，すでにしるしたように，所有権↗

第3章　家族をめぐる「全体性」と「個人」：ドイツ観念論法思想の一断面　**77**

3. 2. 3　カントの夫権論

　以上のようにカントの婚姻法論は，夫と妻との関係についても，その自然的差異性と歴史の所産である差異性とを捨象して，抽象的な人格の平等な関係として論理構成している。しかし，カントのこうした「観念的・論理的」な演繹的構成が，人間の現実の状態にどこまで即応しうるか，疑問である。婚姻の原理（本質）は抽象的に論じえ，その限りで革新的な内容を付与しうるとしても，個々の具体的な現実のことがらに結びつけるべくそれからの演繹をしようとしても，「それぞれの時代における婚姻の具体的な関係」がどうしても議論に影響を与える。その具体例をわれわれは，後にカントの家父長権論においても見る予定である。ここではこれを，まず夫婦関係について見よう。

　カントが男女の人間学的相違について分析した "Nachlass" は，そのNr. 1273から想定しうるように，東エルベの中層・上層の農業家族を念頭に置きながら夫婦論を展開している。そこにおいては，夫は「家」の長として専ら対外的に家族を代表して活動し，これに対して妻はもっぱら家の内にいる（Nr. 1272, 1282）。このことは『法論』でも，公民権について現れているところである。

▨を，「人々のなんらかの有機的な結合（氏族・家族・共同体）とのあらゆる結びつきをもたない」（パシュカーニス）ものとして構成するので，この結果として「家族」という法的概念をしらない。すなわち「民法は家族関係を単に夫婦関係とか親子関係という個々の面で規制するだけで，実際に存在する家族，すなわち家族共同体そのものは規制の対象としていない。」稲子宣子「農民的土地所有と農民家族の相続及び財産分割」（『日本福祉大学研究紀要』第3号，1959）15頁。のみならず，カントの婚姻法論に見られるこのような個人主義的家族像は，現代社会において多くの社会学者が「家族の危機」としてとらえているところにまで極端化している。現代アメリカの家族を論じた次の引用を参照：「資本主義体制は，その精神的なあらわれである私利追求者たちの個人主義的な道徳と同じように，性の不平等という深い刻印を帯びており，男性と女性との特に個人的な相互関係に対する，単純化された，功利的・消費者的な態度の，根気強い先導者である。その場合，人間の人格は性的な意欲の対象にまで引き下げられ，恋愛感情の高まりはその生理学的な基礎に帰着させられている。打算と不平等との上にきずかれたブルジョア的結婚への醜悪と醜行とは，扶養を構成しまた真の愛情としてあらわれる理想と道義的な価値とが，人々の目の前で名声を奪われ信用を奪われるという結果へと，みちびくことを避けられない」エ・ゲ・パラグシキン「個人（人格）と家族」（ソ連科学アカデミー哲学研究所編『社会主義と個人』，西村・笠井訳，勁草書房，1970年）244頁。パラグシキンのブルジョア婚姻批判は，ヘーゲルのカント婚姻論批判となんと似ていることか！

カントは，女性に公民権のないことを，女性の人間性における自由と平等に反しないことだとして，次のように言う：

> 「商人や手工業者に奉公している徒弟（Geselle），（国家の公僕でない）奉公人（Dienstbote），未成年者（die Unmündigen）（自然的にあるいは国民として），すべての女性および一般にすべての，自分自身の経営でなく，（国家の指示以外の）他人の指示に基づいて自分の生存（食べることと保育）を保持しなければならぬ者は，公民的人格を持たず，その存在は帰属者(Inhärenz）と同じものにすぎない。〔……〕しかし，このような他人の意志への従属と不平等は，ともに一国民をなしている人間としての自由と平等に対立するものではない」(*Rechtslehre*, §46)。

そしてこのことからは，次のことがらが男女の相異として現れてくる。すなわち，「両性はともに陶冶されなければならない」としても，「男性は，女性よりも，社会に関して陶冶されることを必要とする」(Nr. 1265)。こうした女性の現実的な地位の低さはまた，女性の内的自立性の確立をも困難にさせる：「教育において女性の性格の陶冶は男性に対し，また風俗（Sitte）一般に対して大きな影響を与えるというルソーの重要な考えは検討に値するものである。しかしながら女性は，礼儀作法のための訓練は受けうるものの，風俗やよき思考方法（gute Denkungsart）を身につけえない」(Nr. 1281)。したがって，「女性は，時計を必要とするように，自分の書物を必要とはする。しかし，あくまでも一つの装飾品としてにすぎない。なぜならその書物に則らんとすることは，女性の意図するところではないからである。女性は時計をもち，それには頭のなかで従うものではあるけれども」(Nr. 1299)。こうした女性観のためカントは，「女性は，成長した子供（grand enfant, grosses Kind）にすぎない」というルソーによるきめつけをも，肯定する（Nr. 1316)。

このため，家政をめぐる具体的な夫婦関係についてもカントは，人間性における男性と女性の相等性と，事実としての夫の支配とを，『法論』の婚姻論においても次のように結びつける：

> 「したがって，もし法律が，妻との関係における夫について夫が妻の主人（夫が妻に命令し，妻が服従する側にある）たるべしと規定している場合，そのこともまた夫婦の平等に反するのかという疑問が生じる。しかしながら，もしこうした支配が世帯

の共同体的利益およびそれに基づく命令権（したがってその命令権自体は，目的に関する統一性と平等性とを確保する義務から必要とされるものである）の行使に当たって夫が妻よりも自然的に能力が秀れていると言うことにのみ基づいているのであるならば，上記の事情は夫婦の自然的平等性に反するものとはみなされえないことである」（*Rechtslehre*, §26）。

　ここではまだ，きわめて限定的にのみ夫権の優位性が認められているのだが，Nachlassでは夫権が所与のものとして前提にされている：「家政にあっては，悟性よりも判断力が必要とされる。したがって妻は，家政を差配するには適役でない」(Nr. 1270)。「家においては夫の支配権は，その家を維持しなければならぬ夫の義務に基づいている。夫は，支配の権利を持つが支配への傾向性は持たない。妻は，支配への傾向性を持つが権利は持たない」(Nr. 1278)。カントは次のようにも言う，「妻は夫を尻に敷く（beherren）が，夫は妻を統治（regieren）する[*41]」。男性の見通し（Aussicht）は，全体を踏まえている。したがってもっとも愚鈍な男性でも，もっとも鋭敏な女性より秀でている。女性の意向（Absicht）は，部分的にしか形成されない」(Nr. 1271)。

　以上に見たように，斬新な婚姻論を展開したカントすら，女性および妻の現実的・歴史的な地位の低さに大きく規定され，それを「本来，そういうものだ」としてしまった。

　したがって，かれの婚姻法論・婚姻論だけに注目して，「他の多くの法学者のように現実と妥協し，これを肯定し，これを正当化し，基礎づけることを目的としないで，超現実的に近代の文化の理想像を論理的にもっとも完結した型態〔ママ〕においてわれわれに示すことができた」（川島武宜）と評価するのは，問題である。確かにカントはルターと異なり，単なる内的自由のみでなく外的・社会的な自由，したがってまた平等をも問題にした[*42]。だがカントにおいて，そうした社会的自由は内的自由を確保するための形式にすぎなかった。加えて，現実に社会主体たりえない当時の女性や徒弟（そもそも商品交換──自分の労働

---

*41)　ここでbeherrenは精神的にまとまり（団欒）をもたらすことを，regieren は現実的に統治していくことを意味する──Kant, *Nachlass*, Nr.1266，およびカント『人間学』304頁。

*42)　Herbert Marcuse, *Studien über Autorität und Familie (Idee zu einer kritischen Theorie der Gesellschaft*, 1932), S. 83.

力に対してさえ——の主体たりえない！）を目の前にして，カントもまた，男性が社会的に導き支配しなければならないと，ルターが家父長主義を表明したときと同様に考えたのであった。

こうした夫権主義は，多かれ少なかれ，カント前後の時代の法学者に広く見られる。たとえば，① グロティウスは言う，「結合および従属の基盤上から，同意によって成立するところの〈人に対する権利〉が出てくる。もっとも自然的である結合は，婚姻である。しかしそこから出てくる，支配の権能は，性によって異なる。夫は夫婦および家族のすべての問題において，妻の頭目である。というのも，妻が夫の家族に入るからであり，夫が家の統治・処分をするのが理性的だからである。[*43]」 そしてグロティウスは，妻に対する夫の支配権は所有権の一部であり，そうした所有権は夫にのみ属すると，先に引用した箇所で述べていた。② 家父長権論者たちにノミナリストの立場から反対し，自然状態においては母方にこそ親権があったと主張するホッブズさえも，この例外ではない。かれは，男性の支配が女性の無能力に起因するのではなく，女性が支配することを欲さぬことに起因する，[*44]と指摘して意志主義の立場を貫き，夫権の設定も契約（contract）によるものだとしたのだが，しかし家父長権について次のように述べている：

> 「家族のなかの何人も，法が禁じている行為まで彼（夫）に服従するようには拘束されていない〔……〕。しかし，それ以外のすべての行為については，家族内の統治のもとにあるかぎり，彼らは父親や主人に服従する。なぜなら父親や主人は，コモンウェルスの設立以前には，彼ら自身の家族における絶対主義権者であり，それ以後も，コモンウェルスの法がとりあげる限界の外では，その権威を失ってはいないからである[*45]」。

③プーフェンドルフも，夫の妻に対する，あるいは親の子供に対する，支配の根拠を同様に契約に求めながらも，[*46]次のように言う：

---

*43） Grotius (Fn. 34), Ⅷ-1.
*44） Hobbes (Fn. 35), *Element of Law*, p. 107.
*45） Hobbes（前掲注36)）*Leviathan*, 第22章.
*46） Pufendorf (Fn. 24), Livre 10, Chap. 1.

第3章　家族をめぐる「全体性」と「個人」：ドイツ観念論法思想の一断面　81

「女によってではなく男によって形成せられた市民社会においては，夫が家族の主人になるのが適法的であるのと同じく，家族のすべての父は子供に対する支配の権利を持っており，それゆえ母親の命令は，単なる参考意見としてしか考慮せられない。もし母親の命令に子供が従うように強要されるならば，それは夫が妻に対して付与しているすべての権限を逸脱するものである。[47]」

④後述するようにこうした夫権論は，フィヒテにも，ヘーゲルにも，なお見られる。

　夫婦の間の支配・従属関係を実在論的に正当化するグロティウス以前の，そして絶対主義的家父長権論の，法思想に対して，ホッブズ，プーフェンドルフらがその関係の根拠を，自然的・歴史的所与性には求めず，男女の意志（合意）に求めるノミナリズム的構成をしたことは，先に見た。これに対しカントは，この問題についてはルソーの『エミール』等に大きな影響を受け，男女の自然的差異の人間学的研究に立脚して議論した。この点は，後に見るようにフィヒテの夫権論とまったく同じであり，ヘーゲルにおいてすらなお見られる[48]。こうした夫婦論は，議論の人間学的深化に貢献したのだが，そうした具象的な論じ方は，現実の家族制度を念頭に置き，それと無媒介に直結した議論となるがゆえに——そうでなければ具象性を欠く議論となる——，歴史的・現実的な女性の地位の低さがカントにあってもなお認識に作用し，法論上の原理としての地位にまで「高め」られる帰結を生んでしまった。

3.2.4　カントの家父長権（親権）論
　カントは『法論』の「家族的社会の権利」の第1章で婚姻を扱ったあと，第

---

[47]　Ibid., Livre 6, Chap. 2, 5. なお大陸自然法論に見られ，ALRに結晶していく家父長権論が「家父長的体制の絶対主義的再編成」としてあることについては，後述する。

[48]　したがって，次のような指摘がある場合，それが家族思想史にも全面的に妥当するかは疑問である。「カントとフィヒテは，かれらによって発見された自由の概念を倫理の領域にのみ限定し，自然法に対しては（自然的に規定された）個人の自由な選択意志を基底にした。これに対してヘーゲルは，自由の概念を法論においても使用していた。」（Manfred Riedel, *Bürgerliche Gesellschaft und Staat*, 1970, S. 35.）これは原理として言えることで，ヘーゲルもまた，家族論ではカント，フィヒテと「同じ穴の狢」の面を有していた。この点は後述。

2章で親権を，第3章で家長権を扱っている。第2章と第3章の相異は，前者が未成年の子と親との「法則に基づいて必然的であった家族的社会」であるのに対して，後者が成年に達し自分自身の主人（sui iuris）となったものとしての家長（Hausherr）と僕婢（Gesinde）との契約にもとづく不平等社会であり（§30），成人した子がまだ親の家にあるときも，未成年の子と親との関係と同視される（Erläuternde Bemerkungen zu den metaphysischen Anfangsgründen der Rechtslehre, 3）。

(1) 親子関係について

カントは，子が親に対してもっている〈扶養される権利〉を次のように説く:「人格としての子はそのことによって同時に，かれが自分自身を養えるようになるまで親によって扶養を受ける，本源的・生得的な（ursprünglich-angebornes ＝相続したのでない（nicht angeerbtes））権利を有する。しかも法則によって（lege）直接に，すなわち特別の法律行為を要せずに取得するのである。」（§28）その際，「生み出されたものは一個の人格」であるとされ，子の人格的価値を重視する。すなわち，経験的事実として見れば，子供はまだ自立しえない無能力者であるが，子供における人間性という，人間におけるDing-an-sichの面からは，かれは一個の人格としてあり，それゆえに権利能力自体は認められるべきだ，とカントは考える。

こうしたカントの思想は，子供の権利をめぐる絶対主義的家父長権論者と合理主義的自然法論者との，すでに見た論争に新たな方向性を提示したものとして重要である。① 家父長権論者たちは，人間は，出生すれば直ちに自立的な行為能力者になるというものでなく，父権を必要とする不完全者としてである，という自然的事実を立論の根底に置いた。② これに対し自然法論者たちは，そうした自然的事実を一切捨象して，子供をも一個の理性的存在者だと見なし，夫権の設定をも父子の契約的合意（明示的，黙示的ないしは擬制による）にもとづかせたのであった。この2潮流に対して，③ ロック，ルソーらは，すでに述べたように家族と国家の質的相異を起点として，家族における子の教化・成長，親の子に対する愛情の強調と，子を養育する義務の範囲内での親権是認とに解決を求めたのであった。[50]

---

*49) Hobbes（前掲注36）），*Leviathan* 第20章：Pufendorf (Fn. 24), liv. 5, Chap. 2, 4

④ こうした親権論の前史に対してカントは，人間の自然的・歴史的な経験的側面と，人間における「物自体」としてのtranzendentalな側面とを区別し，後者に関わるものとしての一般的権利能力を承認した。こうして今や近世自然法的な〈親子の契約〉という合意の擬制を用いずに，旧ヨーロッパにおける「家のための親権」および「親のための親権」はもちろんのこと，ALRにもなお定着している「国のための親権」に対しても説得的に対峙できるものとしての，「子のための親権[51]」への確実な理論的根拠が与えられた（ヘーゲルは，この方向をさらに推し進めた）。

ところで，カントにおける親権の内容は「扶養し保護する」権利と，「子を教育する権利」の二つであり，後者は「子を実用的に教化するのみならず，道徳上評価される者に育てる」ことをその内容としている（§29）。人格の自立をもって人間たることの条件とするカントにおいて，この「道徳的教化」としての親権の役割は，きわめて重要な意味を有している。カントは親権をも「物権的な債権」とするのだが，カントはこの権利を，「両親の諸命令が或る可能的な法則的自由に矛盾せぬ限り，この諸命令に応じて一切の給付と一切の服従とをなすように子を強制する権利（物への権利（ius ad rem））」（*Rechtslehre*, Anfangsgründe.『法論』243頁）だと規定する。「子供のための親権」だとはいえ，親権自体は絶対的な強さをもっているのである。

(2) 家父長権について

カントは，『法論』において家長と僕婢との契約によって成立する「家長の支配する社会」（societas herilis）を論じている（§30，130頁以下）。成人したが家父長権免除（emancipatio）を受けず両親の下にとどまっている子も，伝統的にそれに属する。カントによれば，確かに未成年の子と親の間には，「法則に基づいて必然的であった」権利義務関係（家長の支配）が存在する。しかしその子が成人して一個の自立した自由な人格となれば，もはや親との間に契約を結ばない限り，親に対する子の従属は，道徳論上許されない。そこでカントは，

---

*50) Locke (Fn. 25), 6；ルソー『人間不平等起源』（岩波文庫，104頁）；同『社会契約論』（岩波文庫，第1章）。

*51) 乾昭三「プロイセン一般国法における監護教育権」（『立命館法学』4・5号，1953年）125頁。

成人したのに親の家にとどまっている子を僕婢と見なすことによって，その親子関係をも下記の僕婢契約にもとづくものとした。

　カントによれば，僕婢もまた「自由な人格」をもつ。しかし，僕婢契約は「或る単なる雇傭（locatio conductio operae）の契約ではなくして，自分の人格を家長の占有にゆだねるという，つまり人格貸借（locatio conductio personae）の契約」である（『法論』243頁）。すなわち，雇傭が単なる債権債務関係に属するのに対して，僕婢契約は，支配服従の「物権的な債権」の関係なのである。雇傭とは異なるこうした主従の関係は，歴史的には農奴・徒弟制として存在した。このような前資本主義的社会的関係がカントの家族法論において重要な位置を占めていることは，カントの思想の歴史的性格を明らかにしている。それは商品生産が拡大し，「市民社会」の成立が進行しつつあるが，なお再編された形態（ユンカー経営）で農奴制を残存している東エルベ社会を反映したものとしてある。

　したがって，カントの『法論』の形式性・近代的抽象性をもって，それを無前提的に，近代市民社会に固有の物象化現象の事例としてとらえること（例えばルカーチ『歴史と階級意識』城塚登他訳，未来社，1968年，とくに41頁）は，正しくない。カントの家族思想には，フランス，イギリス，さらにはドイツの新興ブルジョアジーの法的イデオロギーの反映があること自体は，確かであろう。単なる反映というより，そうした物象化現象すらまだ不十分にしか起きていない前近代的な社会関係の内にあって，物象化の結果に照応するものをこのように意識的に先取りしたことにこそ，カントの独創性が求められる，と考えるべきであろう。だがカントは，こうした先取りを考察のすべての箇所において展開しきれなかったがゆえに，上述のごとき部分において，カント自身の置かれている社会の現実的状態が忍び込んで来た。そしてその限りでカントは，「後進的なドイツ資本主義社会の農民の生活を是認し，それを肯定して立論して」（玉城）しまった，と確かに言えるだろう。

　ところで家族を夫婦（婚姻），親子，家長・僕婢の3カテゴリーで論じることは，カントに固有のことではない。それは，アリストテレスの『政治学』以来，旧ヨーロッパの実践哲学，およびそれの影響のもとにある近世自然法論に広く見られた。カントが『法論』で採った体系的構造自体も，カントがそうした伝統から自由でなかったことを物語っている。

第3章　家族をめぐる「全体性」と「個人」：ドイツ観念論法思想の一断面　85

『法論』§41（166頁以下）からも明らかなごとく，カントは，自然状態（status naturalis）を〈自然法としての私法の状態〉とし，その一部に位置するものとしての家族的社会を，三つのカテゴリーに分けて扱う。そしてそのあとに〈公法の状態としての公民的状態（status civilis）〉を論じ，国内公法および国際法をそこで扱う。

こうした体系は，グロティウス，ホッブズ[*52)]ではまだ確立していない。プーフェンドルフが初めて*De jure naturae et gentium*で幾何学的方法にもとづいて，この近世自然法の体系を完成した。すなわちここでは，第1巻（Tome premier）で自然状態が論じられ，人と人の関係，人と物との関係および各種の契約が扱われたあと，第2巻の第6部（Livre sixieme）で婚姻，親権および家長の従僕に対する権利が論じられている。そしてこのあとに国家としてのsocietas civilis の諸制度が論じられ，その後，戦争の法（国際法）へと向かっていくのである。

ロックもまた『統治二論』において，自然状態のあと，「最初の社会は，夫と妻との間に成立し，これが両親と子供たちとの間の社会の端緒となり，やがてこれに，主人と召使いとの間の社会が加わるにいたった」（第7章77節）と論じる。そしてロックはこのあとで政治社会（市民社会）を論じるのである。またヴォルフも，自然状態に続く社会状態を，単純社会（親と子，夫婦，主人と僕婢の各社会）から小複合体としての「家」，そして最後の大複合体としての国家へと説き及んでいくとき，同様な伝統の上に立つ。ルソーにおける類似の体系的構造については，すでに見た（ただしルソーの家族には主人・召使いの関係がないことに注意）。こうした体系的構造は，後に見るようにヘーゲルの『法哲学』にも影響を与えている。

カントの『法論』は，法思想史上，多分に旧ヨーロッパ実践哲学・近世自然法論の伝統に立ったものとしてあることを物語っている[*53)]。このことはカント自

---

*52)　もっともホッブズも，次のように述べている。「父か母，又は双方と子供，召使いを含む全体が家族である。その中では父か家族の主人がその主権者である。そして残りのもの（子供も召使いもともに）が臣民である。」(Fn. 35) *Element of Law*, p.105.

*53)　カントと旧ヨーロッパの政治学との結びつきについてはM. Riedel, Hegels "Bürgerliche Gesellschaft" und das Problem ihres geschichtlichen Ursprungs, (*Archiv für Rechts- und Sozialphilosophie*, Bd. 48, 1962, S. 549, 563)。村上淳一も，次のように指摘▷

身が，そうした伝統的法思想と共通の基盤，すなわち家父長制的な「支配の学」（オットー=ブルンナー）を生み出す，貴族＝農民的農業社会に生活したことと無関係ではない。

3. 2. 5　3. 2のまとめ：カントの家族法論における「全体性」と「個人」

　以上のようにカントの家族思想を分析してくると，それが多分に「家」的・家父長制的要素を残しながらも，とくに婚姻法論において伝統的諸要素からの決定的な離脱に進んでいることが明らかとなる。ここではカントのこの婚姻法論を中心に，「全体性」と「個人」の問題を総括しよう。

　カントにおいて婚姻関係は，個人の意志を超越しそれ自体が実体として自立した――道徳・宗教と不可分の――制度とは，もはや考えられていない。それはまた，個人の意志を超越した外的目的としての「子女の生殖」等のための必然的な制度としてあるのでもない。婚姻関係は，今や男女2個人の個別意志にもとづく相互関係としてのみとらえられる。すなわち，制度ないし「全体性」よりも，それを構成する個人の意志こそが重要になった。そうした2人格の関係を前提にして，今や新しくその相互関係の具体的態様の自然主義的・人間学的考察がおこなわれ，かつ，倫理的考察もその前提から新たに開始されていく。

　そうしたものとしてのカント的婚姻は，全人格的結合であった。それは，各自が自分の全人格に対する相手の権利を相互に認めあう婚姻契約によって成立する。そしてその結合の重要な契機は，性的欲望にあった。個人は，それを満足するためには，いったん自立者たることを放棄し，自分を相手に与える婚姻契約を締結しなければならない。そうしてこそ相手の人格を受けとり，全人格的結合をなして初めて，適法的に欲望充足をも達しうるのである。かくしてケアード（Edward Caird）は，カントの家族法論に潜在する共同体思想の萌芽性を次のように強調することになる，「そのことは，まさに家族が有機体的結合（an organic unity）であることを意味する」と。なぜならば，そのことは次の方向に

　⊠している。「カントの《häusliche Gesellschaft》の概念は，名称のみならず実体においても，なお Hausherr を中心とするいわゆる「家父長制的小家族」（ハーバーマス）として完成されたものではなく，《Hausbesitzer》のヘルシャフトの対象としての僕婢をも含む「家」としての性質をとどめるものであった」（前掲注28））「ドイツ「市民社会」の成立」74頁）。

第3章　家族をめぐる「全体性」と「個人」：ドイツ観念論法思想の一断面　87

向かうからである：

　「個人の完成ないし完全な発展のために，かれが家族の一員として再び自己自身を獲得すべく自己をいったん放棄することが可能であり，のみならず必要であるということになるならば，自己自身によっても他者によっても手段として扱われ得ないとされる。それ自身が目的たる人格についてのカントに全体像は，廃棄されねばならない。〔……〕この新しいカテゴリーの下では次のことを理解することが可能になる。すなわち，人はかれが自己を，そのための手段とさせた目的の王国（a kingdom of ends）の一構成員としてのみ目的たりうるのである。あたかも肉体の各部分が，全有機体にそれが手段として役立っている活動によって自己自身をも保持しているが如くに[*54]」。

　このことは，親子関係では一層明らかである。子供は，親権の対象として親に服従しなければ，その成長と独立性を身に付けえないと，カントは強調していたのであるから。

　しかし，以上のような方向性は，ケアードも嘆いているように，カントにあってはまだ潜在的な論理に留まっていた。すでに見たように，カントの『法論』においては「有機的共同体（organic community）」のカテゴリーは存在せず，あるのは「個人の相互性（reciprocity）」のカテゴリーでしかなかった。したがって婚姻法論においてもカントは，「全人格的結合性」について語りながら，問題となるのは相互に相手を自己の手段とし合うことによって人格が再び回復されあう，という等価交換的関係のみであり，男女が自己自身をより高い次元に止揚することによって結合する，という関係はなかった。また親子関係も「法則」によるものとされ，その「弁証法的関係性」は，個人の意志によらないものに留まった。

　このためカントの婚姻法論は，徹底した個人主義的立場にあるものと評されるのが常となっている。したがってカントは，こうした婚姻・家族関係の統一

---

*54)　Edward Caird, *The Critical Philosophy of Immanuel Kant*, 1909, Glasgow, vol. 2, pp. 334-335. 斎藤義一もカントの婚姻法論について次のように言う，「種的全体たる社会・共同態のために，その成員たる個は自らの自由を否定し，犠牲にすることによってこそ，自らの真の生き方を遂行したことになると共に，それによって社会もより善く発展してゆくのである。個の独立性は実は媒介性を離れてはあり得ない，という弁証法的な思考を暗々裡にカントが提起したと言ってよい。」（斎藤義一『ドイツ観念論における実践哲学』，創文社，1971年，192頁）。

性を確保するものを，構成員の意志ではなく，婚姻契約や親子関係がそうであるように「法則」に，すなわち各人の意志にとっては外的である必然性に，求める他なかった。

こうした点はともかくとして，カントによって旧ヨーロッパ社会の旧き全体性（「家」的全体性）は，原理的には一掃され，統一性・全体性への新しい方向性が提示された。自立し，自己完結的である個人が，どのように新しい全体性・共同体をつくり，そのことによって自己の生存を確保し，かつ自分の人格性をも高めうるか——これがカント婚姻法論の提起した問題である。フィヒテ，ヘーゲルは，そうした自立的個人と共同体の必然的連関性を，カントを前提にして追っていったのであった。

3.3 ——フィヒテの家族思想

3.3.1　序

3.2においてわれわれは，カントの婚姻論が，その内に「家」的・家父長制的色彩を残しながらも，原理的には近代的な自由な人格の個人主義的契約関係として構成されていることを見た。そして，カントの婚姻論のこの構成は——婚姻関係にある男女の自然主義的把握と相まって——当事者の自立的人格を契約の前提としている点で，それに先行する古典政治学的・カノン法的婚姻観への痛烈なるアンチ＝テーゼであることを見た。しかしながら，カントのそうした個人主義的契約的構成は，現実の婚姻状態に見られる，夫婦の有機的結合の関係を生き生きと再現したものではない。かつて近世自然法が「子女の生殖」という外的な婚姻の目的を設定したり，あるいは夫権を強化する方向で家族・婚姻の結合性を担保せざるをえなかったのと同様，カントにおいてもまた，「全人格的な結合」をもたらすべき婚姻契約や親子関係を「人間性の法則によって必然的な」ものとして，両当事者にとっては外から，ア＝プリオリなものとして，持ち込まざるをえなかった。言うまでもなく，こうした主体の外からの「持ち込み」によっては——カントの国家像と同じく——婚姻・家族は，個人にとっては外的な，「付加的状態」にすぎないものに留まる。

ドイツ観念論法哲学のその後の動向は，カントの〈アンチノミーの体系〉全

体に対してそうであったように，こうした対立する自由な人格の個人主義的相互関係性（reciprocity）をどのようにして実体的な有機的統一性に進めるか，にあった。われわれが本**3.3**で対象とするフィヒテは，カントに先駆けてその社会思想を展開しており（すぐ後の記述参照），その分，理論を極端へとすすめ，それゆえにまた，その克服への方向の第一歩をもいち早く踏み出した人であった。

3.3.2 フィヒテ法思想の展開における婚姻・家族思想の位置

　フィヒテにおいて婚姻・家族思想がもっとも体系的に論じられているのは，1786・87年の *Grundlage des Naturrechts──nach Prinzipien der Wissenschaftslehre* の第2部（Angewandtes Naturrecht, 1797）においてである[*55]。この本は，われわれが先に扱ったカントの *Metaphysische Anfangsgründe der Rechtslehre*, 1797 よりも先に出版されており，フィヒテ自身もこの点を強調するところである。しかし，思想史的に見れば，以下に見るようにそれは，のちにカントによって原理的に克服される旧い要素をなお含みながらも，カントを克服する方向性，したがってまたカント的な初期フィヒテ自身を克服する方向性を，示してもいる。それゆえこの書は，むしろカントのあとに考察すべきなのである。

　1771年にフィヒテがカントに提出した論文 "Versuch einer Kritik aller Offenbarung" が1792年に匿名で出版されたとき，世人はこれをカントの著作と見誤ってしまった。それほどにカントの思想をマスターしていたフィヒテは，1793年の政治論文 "Zurückforderung der Denkfreiheit von den Fürsten Europas, die sie bisher unterdrückten" および "Beiträge zur Berichtigung der Urteile des Publikums über die französische Revolution" において，個人を自立的な実践理性の担い手ととらえ，その個人が社会契約によって国家的関係に入ると考える。フィヒテは，その国家的関係の内にあっても，個人は道徳論上，絶対的な自律者であるから，社会契約は必要であればいつでも解約しうるし（この点で抵抗

---

*55）　フィヒテはこのほかに1813年の *Die Staatslehre oder über das Verhältnis des Urstaates zum Vernunftrecht*（*G. Werke*, Bd. 6 , S. 527 ff.）および，同論文に対するExkurseのTeilⅢ（G. Werke, Bd. Ⅶ, S. 596 f)などでも婚姻・家族論について言及しているが，部分的・断片的なものに留まっている。なお，*Grundlage des Naturrechts*は，以下『自然法』（*Naturrecht*）と略す。テキストは，Felix Meiner 社の *Die Philosophische Bibliothek*の1967年版である。

権を否認するカント以上に革命的であった），また国家の作用は夜警国家として外的秩序維持にのみ留まるべきだとする。

　啓蒙合理主義の流れを汲むこうした個人主義的な，さらには無政府主義的な，傾向は，認識論においては，当然のことながら極端な主観主義を採る。1794年の*Grundlage der gesammten Wissenschaftslehre*はカントにおける「物自体」を，認識主体としての自我（Ich）を原理とすることによって解決しようとした試みである。したがってそれはまた理論理性と実践理性の関係を後者の優位において統一させる試みでもあった：先験的自我は自己を定立し，その自己に対し非我（Nicht-Ich）を対置し，さらにこの非我をも自我の内に総合する。こうした弁証法的活動によって自我が拡大していくとされるこの知識学では，しかし自我は，先験的絶対的なものであるにもかかわらず，まだ単なる主観としての性格を有しており（「主観的主観＝客観」），その限りでフィヒテの立場は主観主義的・非社会的であった。自我はまだカント的自律者として，個人的に完結していくものにとどまっていたのである。

　フィヒテの思想において社会が積極的内容を付与されて演繹されるのは，まさに今問題にしようとしている*Grundlage des Naturrechts*（以下，*Naturrechts*ないし『自然法』と呼ぶ）においてである。ここでは，フィヒテはまず個別的な自我（ein endliches Vernunftwesen）を定立する（*Naturrechts*, §1）。この有限な理性的存在者は，自己意識の発達と感覚界における自由な活動性とを得るために，外部に向かい（§2），他の同様な，有限的である理性的存在者を自己の外に定立し関わり合わなければならない（§3）。かくしてフィヒテはここでは——カント的であった頃のように「他者」（Anders）を自己と外的にのみ関わりあうものとしてでなく——自我の自由活動・成長に不可欠のもの，自己にとって道徳論上，必然的な意味を有するもの，として導き出すのである。[*56] この自我と他

---

　*56）「人間（すなわちすべての有限的存在者一般）は，人間たちの中にあってのみ人間である。〔……〕人間という概念は，したがってけっして個人という概念ではない。というのも個人の概念は不可能なものであって，類としての概念のみが可能なのである。自由な自立性への要請は人が教育と呼ぶものである。すべての個人は，人間にまで教育されなければならない。そうでなければ個人は，人間になり得ない。」（*Naturrecht*, 1-1-Corollaria）

者は，相互の自立性を保障し合えるために法律によって規正されねばならない（*Naturrechts*, §4）。

　すなわち，自我にとって他者が不可欠必然のものとなったからには，その関係を規定すべき法も，以前のようには道徳に関わらない（indifferenz）な外的制度ではなくなる。それは，道徳論上，積極的な意味を付与された[*57]。そしてここから「二つの自意識が一つに統一される」ものである「共同体」（Gemeinschaft）の概念が生じる（*Naturrechts*, §4 Corollarium）。かくして，そうした共同体にある個人の本源的権利（Urrecht），およびそれを保護するための強制を伴った法（Zwangsrecht）が演繹され，続いてこの強制法を根拠づけるものとして国家公民契約（Staatsbürgervertrag）が論じられる。この国家公民契約は第2部において，所有権契約（Eigentumsvertrag），保護契約（Schutzvertrag）および結合契約（Vereinigungsvertrag）として具体的に分析される（§17 B）[*58]。かくして，この契約によって今や「個人は〔……〕一つの組織された全体の部分となり，したがってその全体に一体となって融合する。」（S. 198）ものとされる。個人は，この有機体（Organischer Körper）（§17, S. 203）の内にあってこそ，自分の存在を可能にし，またその人格的発展をも可能にする。

　確かに『自然法』では，個人はまだ自分の人格を全面的に国家に提供するものでなく（§17, S. 199），その限りで『自然法』は個人主義を基調としている。しかしわれわれはこの『自然法』において，〈絶対的に自由な存在者としての個人の自立性と，有機体としての共同体思想とをいかに統一するか〉の思索をフィヒテが推し進めていることを見るのである。フィヒテがこうした統一を有機的共同体思想の優位において「完成」するのは，無神論論争後の宗教論文で〈自我をも超越した究極的根源者としての神〉を見いだした段階においてであった[*59]。しかし，『自然法』の「編者序言」でツァーン（Manfred Zahn）が

---

*57)　南原繁『フィヒテの政治哲学』（岩波書店，1959年）33頁。

*58)　もっともこの契約論（Vertragstheorie）は法的構成としての限りのものであって，当時のフィヒテはルソーと同様，そうした契約的構成が一種のフィクションであり，国家そのものは歴史的に成立したと考えていた（John Wiedhofft Gough, *Social Contract*, 1936; 2nd ed., 1957, pp. 179 ff.）。

*59)　フィヒテが，神を自我をも超越した絶対者としてとらえたとき，共同体は，個人の意志にもとづいて契約によって成立するものではなく，この神に本源的に由来するもの▨

指摘しているように，われわれが対象としている『自然法』の家族論で「フィヒテはこの問題に対する最初のヒントを与えている（*Naturrecht*, Einleitung des Herausgebers, S. 24）。

3.3.3　フィヒテの婚姻・家族観

⑴　婚姻の本質論について

　フィヒテはまず，婚姻を「国家とは異なって，単なる法的社会でなく，自然に従って必然で，かつ道徳論上重要な共同体（eine natürliche und moralische Gesellschaft）である」と規定する（Grundriß des Familienrechts—als erster Anfang des *Naturrechts*, S. 298）。以下，この点を考察しよう。

　⒜「自然に従って必然」である点について　　フィヒテによれば，自然は人間の生殖を自然自体の目的として有しており，そのために婚姻を創った（op. cit., §1, S. 298-299）。そしてかれは，次のように言う，「哲学者たちは婚姻の目的を示す義務があることを自覚して，さまざまな方法でその問題に答えた。しかし婚姻はそれ，すなわち人類の生殖，の他に何らの目的をも有していない。」（§8, S. 310）「子女の生殖」を婚姻の目的と見ることの思想史的意味と，カントにおけるその転換についてはすでに見た。ところがフィヒテもまた，まずそうした，前カント的な伝統的婚姻観から出発している。フィヒテは言う，「したがって婚姻は，人間の作り出した慣習や恣意的な制度でなく，自然と理性とに従って必然的であり，自然と理性の結合物であって，諸制度のあり方を示す関係」（§9, S. 311）である，と。すなわちかれは，婚姻制度は，個人の意志を超越した，所与の制度としてすでにある，と見る。

　この限りでフィヒテの立場は，アリストテレス的・旧ヨーロッパ実践哲学的伝統にむしろ近い。フィヒテはこの立場から，啓蒙合理主義的な婚姻観，すなわち自由意志にもとづく契約関係として婚姻を見る見方，を批判する：

　として，共同体自体を宗教上・道徳上の価値を体現したものとすることになった。この立場は，個人よりも全体が先行し優越することを帰結する。Gough (Fn. 58). pp. 179. によると，1804-05年の*Grundzüge des gegenwärtigen Zeitalters*においてフィヒテは，個人は全体の手段としてのみ存在するとし，1813年の*Die Staatslehre*においては，契約（Vertrag/Contract）の概念を国家論から消し去った。

第3章　家族をめぐる「全体性」と「個人」：ドイツ観念論法思想の一断面　93

「婚姻を単に法的社会とのみ見ることは,不謹慎な道徳に反する考えに陥る。たぶん,婚姻を法概念に規定されたすべての自由な者の共同生活として見る誤りにいたるであろう。だがこうした共同生活は，強制法によるように，より高次のものによって基礎づけられ，秩序づけられていなければならない。法一般が問題となりうるに先立ってまず人間が存在せねばならないのと同様，婚姻は婚姻法が問題とされる前に存在せねばならない。」（§9, S. 311）

個人の結合体を実体ある確かなものとして自然的なものに基礎付けさせようとするフィヒテの考え方は，『自然法』において家族法の部分にのみ見られるわけではない。前述のようにツァーンは，フィヒテの共同体（とくに国家）が有機体的形態を取り始めていること，したがって国家は，人間の意志を超えて自然が帰結させる有機体となって，それを構成している諸個人の意志から独立したという意味で自己目的的になり始めたこと，を指摘している（Einleitung des Herausgebers, xxvii）。フィヒテは，社会関係の統一の確実性をまず，人間の意志に先行する自然に求めたのであった。

(b)「道徳論上重要」である点について　　フィヒテは婚姻を，道徳論上重要であるとも言っていた。ここにおける「道徳論上」という語は，単にカントのいう〈自由な人格の自律性を意味する道徳形式への適合〉を指すのでなく，個人の人格的成長に欠かせないものとしての道徳内容（実質的価値）をもっていることを指す。こうした意味でフィヒテの婚姻が道徳と不可分である点は，サヴィニー（Friedrich Karl von Savigny, 1779-1861）の1839年の*System des heutigen Römischen Rechts*が正しくとらえている。すなわちサヴィニーは同書第1巻第2部の “Rechtsverhaltnis” において，自立した完全な個人をまず扱い，それを人と物との関係（「所有」），人と人との関係のうち「債権・債務関係（Obligation）」として論じたあと，人と人との関係の中の他の側面，すなわち「その内において人間的自然がただ不完全にのみ存している，性的関係における個人」を対象として婚姻を扱う[*60]。そして，婚姻はその不完全な個人を完全なもの

*60） Savigny, *System des heutigen Römischen Rechts*, Berlin, 1840, Bd. 1., S. 331 ff.　サヴィニーも，第二の関係，人と人との関係としての家族法を次のように説く，「ここではわれわれは，個人を，自立している存在者としてではなく，全人間の有機的全体性の内にある一構成員として見る。〔……〕このうちでは個人は債務関係（Obligation）におけるの↗

にしていく（Ergänzung der Individuen durch die Ehe）制度だと主張し，フィヒテ
の*Sittenlehre*（1812）から次の言葉を引用している。「結婚することは，男およ
び女である各個人の絶対的な定めである。〔……〕結婚していない者は単なる
半人前の人間（Halb-Mensch）にすぎない。」婚姻をこのようにフィヒテと同じく，
「自然的でありかつ人倫的役割をもつ」とするサヴィニーが，カントの婚姻論
を批判するのは，自然なことであった[61]。

　フィヒテが婚姻を通じて個人が人格的に成長すると考えていることの中身に
ついては後に具体的に見るが，『自然法』中の家族法論では，今や共同体その
ものの価値が評価され始めたことに注意しておこう。このことは，『自然法』
における国家の部分とも異なっているところである。フィヒテの『自然法』に
おける国家も，記述のように個人の人格的発展に必要なものとされる方向にあ
り，この点で初期フィヒテに見られた，純粋な外的国家ではなくなってゆきつ
つあるが，しかし個人はまだそこに自分の全人格を没入させるものではない。
個人は自分の自立性を保持するためには，その限りで国家の外の存在でなけれ
ばならなかった。それは『自然法』における国家が，自立的個人を越え個人を
内に包摂しうる積極的な価値をもたされていないからである。フィヒテにおい
て国家が個人を包摂しうる，価値の体現者として登場してくるのは，1807年
の*Reden an die deutsche Nation*からである[62]。

　ところで，フィヒテは，婚姻を道徳論上重要な制度だとしたが，かれはまた
婚姻を，人格の自由に照応するものとしてあるべきだともした。だが既に見た
とおり，フィヒテの婚姻は自然に従って必然のものとして，個人の意志を超越
したものとしてあった（この点では，カントにおける〈両親と未成年の子との関係〉
に近い）。加えて，その内における個人は，後に具体的に見るように，「生殖」
のために自然が設定した「傾向性（Natureinrichtung）」に規定される存在であり，

　　とは異なり，自立した全体性としてではなく，大きな自然的結合にあって自己の完成を求
　　める，不完全な存在者と見られるのである。」（S. 340）
*61）　Savigny (Fn. 60), S. 347.
*62）　南原（前掲注57））『フィヒテの政治哲学』72頁。そこではフィヒテがこの連続講演
　　の中で次の旨を述べていることが指摘されている。（国家は）「単に権利関係を保障する
　　法律秩序ではなくして「教育国家」である。人類のより高い文化目的に奉仕するための
　　強制設備にとどまらないで，それ自ら文化をもたらすもの，国民的文化の担い手である。」

第3章　家族をめぐる「全体性」と「個人」：ドイツ観念論法思想の一断面　　95

この点ではカントの性的傾向性（Geschlechtsneigung）と同様，否それ以上に，自然に強く規定された存在である。

　*Wissenschaftslehre*において自我の自立を極限にまで高唱したフィヒテにとって，こうした人間性の理性的自由と，その個人が自然に規定された関係にあるということとは，論理的に矛盾するはずである。フィヒテは家族論において，この矛盾をいかに解決しようとしたか。後述するように，それは，自然に従うものでありながらも道徳論上重要な要素でもあるという「愛」（Liebe）の導入によってであった。

⑵　『自然法』における「愛」について

　さて，以上のようにフィヒテにおける婚姻では，個人はまず次の二つの自然的傾向性をもつ。すなわち，第一に，個人は，子女の生殖が婚姻の自然的目的であると知らずに，ただ自己目的的に性欲の満足を追求する。しかもこのことは自然のプランに属するものであるから，理性に反しない。第二に，個人は，類を形成しその内で安らぐ傾向性を有している。このことに対応して自然は，性を二つに分け，両性の結合を必然とした（§1, S. 299）。婚姻はこの限りでは，まだ道徳とは関わらない（理性には反せぬが）。このためフィヒテは，第二の点をさらに敷衍して，「愛」をもとに婚姻の道徳論上の意味づけをし，そのことによって婚姻を「個人の道徳的向上に必要な存在形態」（vlg. Marianne Weber, S. Fn. 64）として基礎づけていく。

　さて，自然的な傾向性のなかでももっとも重要な第三の点として，フィヒテは次のことを指摘する。すなわち，性欲の満足，つまり性的活動において，一方（男性）は能動的であり，他方（女性）は受動的である（§2, S. 300）。そして，この大前提に，〈理想的存在としての人格は能動的でなければならず，単なる受動性は理性に反する〉というTatの立場からの，知識学の命題が小前提として結合される。そしてこのことによって，今や男性は性欲の発現自体によって自由な理性的存在であり，これに対し女性はそのこと自体によっては理性的存在たりえないという結論が引き出される（§3）。したがって妻が理性的存在たりうるのは，夫の性的満足のために自らすすんでその道具となることによって得る精神的な満足感を目的的に追求すること，においてでしかない。結婚における，性的活動以外の場面でも，そうである。

女性のこうした自己犠牲による能動性が女性を理性的存在たらしめる，とフィヒテは考える。この「高貴な」献身の心術（Gesinnung）が「愛」であり，それは単なる肉体的・自然的な衝動ではなく，〈精神的でかつ自然的な衝動〉である。妻において「愛」にまで高まった性欲は，本来は一つの自然的な傾向性であったが，その自己犠牲的性格によって精神化されてもおり，したがって理性的なものでもあった。フィヒテは言う，

> 「妻において性欲は，道徳論上評価される形態をもつ。性欲は，その自然的形態においては道徳性を完全に喪失してしまっている。これに対し『愛』は，自然と理性のもっとも密なる統一点である。それは自然が理性に結合するところにある唯一のものであり，したがってすべての自然的なもののうちでもっとも優れたものである」（§4, S. 304.傍点は引用者）。

このことのゆえに女性は，男性よりも本来的に高貴な人格である（§4, S. 304）。「愛」は献身を内容とする心術であるから，妻は愛する夫に自分のすべてを与えることによってその人格的尊厳性をより高め，「かくして妻は，姓の変化に見られるように，個人としての生（Leben）を止め，夫の生の一部となりきるのである」（§6, S. 307）。

こうした妻の「愛」による献身に対応して，夫の側にはその献身に値する人間であることを妻に示す義務が生じる。それが夫の心術としての「寛大さ」（Grossmut）である。妻は夫によって「愛」に対して心が開かれるとともに，夫は妻によって「寛大さ」を覚える。

こうして双方における道徳性（徳）の開花によって，夫と妻はまったき合一にいたる。各個人はここで，より高次の人格的統一体（der ganze Mensch）へと止揚され，婚姻にあっても，単なる自然的衝動によってではなく徳による結合にいたる（§7, S. 309）。

フィヒテの家族論に見られる自然性と理性性の統一への最初の試みは，自然的なもののうちに本来的に理性的でもある固有のものとしてのこの「愛」を発見する方向でなされたのである。自立的人格と自然に規定されていること（人が左右できない）との関係をわれわれは先に矛盾として見たのだったが，これをフィヒテはここでは，こういうかたちで「解決」したのである。

こうした自然的関係（感情の圏）としての家族の，国家とは異なった次元に

第3章　家族をめぐる「全体性」と「個人」：ドイツ観念論法思想の一断面　　97

あるものとしての把握は，**3.1**で見たとおりロックやルソー以来のものであり，ヘーゲルにも見られる。しかし，ヘーゲルの「愛」が，後に見るように（反省的契機を前提とした，ヘーゲル的意味での）理性性をも内容としているのに比べると，フィヒテの場合は，「「愛」は他人のために概念に従ってでなく，自然的衝動（Naturtrieb）に従って自らを犠牲にすることにある」（§4, S. 305）とされることに明らかなように，あくまでも生物的意味での自然的なものである。既に見たようにフィヒテは家族的関係を——アリストテレス的伝統におけると同様——個人にとって自然な（自然の必然にもとづいた），所与的なものとする。そしてこのことを前提にしつつ，道徳論上自律者としての個人が家族的関係をいかにして構成していくかを考える。その際，フィヒテは個人に内在する自然，すなわち自然的傾向性，を援用する。

　家族論において人間的自然を重視しつつ援用することは，**3.2.2**で見たとおり，ルソーに始まり，カントにも見られた。[*63]しかしカントの「性的傾向性」は，著しく抽象的・形式的なものであり，その意味で近代私法上の「人格」や「意志」とたいして異ならなかった。これに対しフィヒテにおける「性的傾向性」は，ルソーの『エミール』の強力な影響を受けており，具体的な内容をもち，とくに男女での傾向性の区別立てが主眼となっている。このためルソーとフィヒテにあっては，この人間的自然を再評価した功績にもかかわらず，その自然が，ヘーゲルにおけるようには人間の概念との緊張において考察されないゆえに，アリストテレス的な家父長主義の前提と結合してしまい，一層強固な家父

---

*63）　例えばルソーは，次のように言っている。「夫婦になる者にこそ相手が適当な人がどうか考えさせるべきだ。おたがいの好みが夫婦をむすびつける第一の絆になるべきだ。〔……〕結ばれたとき，夫婦の第一の義務は，愛し合うことなのだから，そして，愛するか愛さないかは，わたしたちの意志ではどうにもならないのだから，その義務は必然的にもう一つの義務，結ばれるまえにまず愛し合わなければならないという義務をともなっているのだ。これは自然の権利で，なにものもそれを破棄することはできない。」（前掲注31『エミール』岩波文庫，下巻98頁）。また，ドイツでは1792年に若きフンボルト（Wilhelm von Humboldt, 1767-1835）が，人間の内的世界をもっとも美しく開花させるためには，自由で妨害のない男女の結合，すなわち，真実で，自然で，邪性のない愛にもとづく結合としての婚姻が必要である旨を説いている。Wilhelm von Humboldt, *Ideen zu einem Versuch, die Grenzen der Wirksamkeit des Staates zu bestimmen*（*Humboldts Gesammelte Schriften*, Bd. 1, 1903, S. 119）。

長主義的・超個人主義的傾向をもたらすこととなってしまった。[*64]この点を，フィヒテの「愛」をめぐって具体的に見てみよう。

(a) 女性固有の自然的衝動　フィヒテの「愛」において第一に特徴的なことは，それが女性に固有の自然的衝動としてあることである。

女性は，その心術ゆえに男性よりも高貴な存在であるとされる。だがこの高貴性ゆえに妻は，夫の人格に自分の人格を帰一させ，後に見るようにまったく夫に従属してしまう。フィヒテは，女性の人格的自立を主張し，また国家との関係では女性が保護されるべきことを強調するのであるが，しかし夫との関係における妻は，献身する理想的女性になればなるほど，現実には無権利で責任能力を認められない状態に堕していく。これは，最初の性愛としての騎士道の情熱恋愛が，現実の女性の地位の低さ，女性蔑視と裏腹の，女性の理想化であったことと共通するものではなかろうか。事実われわれはそうした伝統を，近代的性愛の先駆者とも言うべきゲーテ（Johan Wolfgang von Goethe, 1749-1832）においてすら見いだす。[*65]

(b) 妻の自己放棄　第二に特徴的なことは，フィヒテは個人（夫と妻）の関係を共同体的に把握することを可能にするためにも「愛」を援用したのであったが，妻はこの「愛」によって自分の人格を夫の人格に全面的に帰一させ，自己独自の人格を夫との関係においてまったく放棄する，とした。妻の人格が夫の人格に帰一すると構成した点では，男性本位であるが，それ以上に，もう一つの深刻な問題が，このことに関係して生じている：

既述のとおり，フィヒテは国家という法律的共同体においては，（この共同体の固有の価値を認め，それを有機体として位置づける方向を見せながらも）そこでの

---

*64)　したがって，それは結局，自然的なものによる道徳的なものの規定となる。マリアンネ＝ヴェーバー（Mariane Weber, 1870-1954）は，この点について次のように言っている。「われわれは，その際次のことを見なければならない。すなわち既に見たようにフィヒテもまた，その他の個所ではすべての道徳論上・法論上の要請に対して認識論的に基礎づけをおこなっているにも拘わらず，ここでは本来「道徳論からして平等」の両性に対して，権利に関しては優劣の差があるとする根拠を，自然――即ちかれが他の箇所では，あるべきものをわれわれに啓示することのできぬものとして拒否する当のもの――に依存するのである。」Marianne Weber, *Ehefrau und Mutter in der Rechtsentwicklung*, 1907, S. 311 .

*65)　伊藤勝彦『愛の思想史』（紀伊国屋書店，1965年）144頁以下。

諸個人は，なお道徳論上自立者であり，その限りで共同体からも独立した存在であるとした。しかし，「自然に従って必然で，かつ道徳論上重要な共同体」としてとらえられた婚姻にあっては，存在するのは全人格的な帰一体のみである。そうした共同体において個人（ここでは夫との関係における妻）は共同体内にあって無（Nichts）としてしか存在しない。

　婚姻は，こうした態様が強くなればなるほど，道徳論上有意味な制度となるのであった。

　フィヒテの国家および婚姻をめぐる，これら前期と（転向後の）後期との二つの共同体思想は，確かに一見対照的である。しかしこれらに共通するのは，われわれが後に検討する，「全体性」と「個人」についての（ヘーゲル的）弁証法の欠如性である。フィヒテにあっては共同体的全体性と，個人の自立的存在者性は，前期においても，後期においても，アンチノミーである。個人は，自分の自立を保持しうるためには共同体の外にいなければならない。個人は，共同体に帰属する者としてあるときは，自立性を失った者としてある。

　図式化して言えば，フィヒテにあっては，個人主義と共同体主義の間には，「あれか，これか」の関係が存在する。個人から共同体への移行は，「愛」といった自然的な所与性に頼るか，ア＝プリオリに引き出した神に頼るかしておこなわれる「命がけの飛躍（サルト・モルターレ）」である。[*66]

　ちなみに，共同体における「全体性」と「個人」のこのような非弁証法的・無媒介性は，後年のフィヒテの転向のあり方をも規定した。福田歓一は，この点を後期フィヒテについて，次のように指摘している。

　　「それにもかかわらず，そのフィヒテが政治的共同体の確信に達したのが，本来個
　　人主義の刻印をもった自我の哲学を棄て，自我の要請する他者との協力，すなわち理
　　性的者の相互組織によらず，まさに神的絶対の客観的観念に没入して，ついにクリス

[*66]　ルカーチは，悟性的認識の限界を，「超理性的」なものに依拠することによって一挙
　　に解決する傾向を非合理主義と形容し，シェリングのそうした傾向の原因が，（前提を保
　　持しつつそれを否定していく）弁証法の欠如にあると指摘しているが，この事情は，こ
　　こでのフィヒテにも共通する。ルカーチ『理性の破壊』上巻（『ルカーチ著作集』第12巻，
　　白水社，1968年）173-174頁。ただし，シェリングは，フィヒテとちがい最後まで個人主
　　義を基調としていた。

ト教そのものを組織原理として立てるを俟たなければならなかつたとすれば，そこに一つの外的偶然性の作用，極言すればそれによるフィヒテの挫折を感ずるのは，筆者の思い過ごしであろうか。[67]」

　このように見てくると，「全体性」と「個人」の関係についての限りでの，フィヒテ（やシェリング）とロマン主義者たちとの近似性が明らかになる。かれらは共に，極端な主観主義的個人主義から，絶対的な客観主義的全体主義への転向を呈したのだったが，しかしこの転向は，変化の内にあって変わらなかった思考方法によって可能だったのである。すなわちかれらにおいては，転向の前後を通じて，外的世界，そこにおける全体性は，そのうちにある個人と二律背反的にとらえられていた。転向前の個人主義的主観主義期には，絶対的に能動的な個人（自我）に対して全体性は無に等しい。自我のTatのみが一切である。しかし，何らかの外的契機によってそうした個人主義に挫折が生じると，今度は全体が絶対的なものとなり，その代わり個人は今やそれ自体としては無となってしまう。ここでは個人の意志は，ただこの全体へ入ることを認めるか否かにしかない。ここには，既にカントにおいて萌芽として見た，そして後にヘーゲルで検討するであろう，個人の相互関係（reciprocity）を積み上げ不断に自分たちの軌道修正をしつつ全体を形成する道，全体性と個人の媒介的移行は，見られない。フィヒテ（やシェリング）がロマン主義者たちと異なっているのは，こうした転向が，フィヒテでは理性的思惟（Wissen）や直観のかたちをとったのに対し，ロマン主義者では感性的なものに依拠してあった点だけだった。[68]

---

*67)　福田歓一「ドイツ理想主義と現代政治哲学の問題」（『国家学会雑誌』第73巻5号，1960年）58頁。

*68)　初期のロマンティッシェ＝イロニーから後期の「弁証法的」イロニーへのロマン主義の転向について，ルカーチは，ノヴァーリスの『夜の讃歌』を次のようにとらえている。「ノヴァーリスの夜は，完全なものとして夢みられた共同社会への沈潜である。主観主義の極端な先鋭化，一切の社会的束縛からの離脱は，ここでその反対物に転化する。しかし両極端は社会的・心理的には断ちがたく結ばれている。主観主義における極端な孤独の陶酔に，必然的に同じく極端な自己放棄，病気や夜や死への完全な献身，宗教的信仰への「死の跳躍」の陶酔が続く」（『ドイツ文学小史』道家・小場瀬訳，岩波書店，1951年，69頁。傍点引用者）。なお，橋川文三『日本浪漫派批判序説』（未来社，1960年）55頁以下；村上嘉隆『全体性と個性的個人』（啓隆閣，1971年）344頁以下参照。

(3)　婚姻の法的関係について

　フィヒテにおいて婚姻は，既に見たように「人間が作り出した慣習や恣意的な制度でなく，自然と理性とに従って必然的であり，自然と理性の結合物としてそれらがあり方を示す関係」（§9, S. 311）であった。法律は，道徳論上重要でかつ自然に従って必然であるものに適合した（既に所与である）婚姻の形式を，婚姻の実体にどれだけ忠実に付与できるかの観点からのみ問題となる。このため国家についても，国家はそうした法律の執行者として婚姻にどれだけ関与可能か，という点からしか問題にならない[*69]。

　ところでフィヒテの『自然法』においては，「すべて法の実体は人格性であり，この国民のもつ人格性を保護するのが国家の第一の，そして最高の義務である」（§10, S. 310）のだから，婚姻に関しても国家は夫婦の人格の保護に配慮する必要がある。とくに女性は，上記のように自発的な「愛」なしに男性の性欲に屈従する場合には著しく人格性を損なうから，保護の第一の対象となる（§10）。この立場から女性は，不本意な結婚を親によって強制されないよう守られるべきである（§12, S. 314-315）。「結婚は絶対的自由にもとづいて結ばれるべきであり，国家はしたがって保護の義務，すなわち結婚の自由をめぐる義務と権利とを監視する責務を個人，とりわけ女性に対して負っている。」（§13, S. 317）　このようにフィヒテもまた，結婚の自由を主張する。

　既に見たように，婚姻関係に入れば「妻は自分自身に属しているのではなく，夫に属している」（§16, S. 320）。この命題は，フィヒテの婚姻法論にあってきわめて重要な意味を有している。妻の夫への完全な法的従属が，そこに根ざすからである。以下これを見てみよう。

　婚姻はそれ自体としては法的関係ではないのだから，夫婦の法的な争いは離婚に際してのみ生じる（§15, S. 320）。人間は本来男女を問わず権利能力を有している（§36, S. 344）のだが，結婚すると女性の人格は夫の人格に帰一するから，彼女の財産も夫の財産の一部となってしまう（§18, S. 322, §31）。したがって家族外での権利行使もまた，法的主体としての夫のおこなうところ

---

*69)　フンボルトも次のように言う，「（国家は）一般に婚姻に関して何ら関与せず，個人の自由な意志およびそれにもとづいて成立する多様な契約——一般的なものもその変形も含めて——にすべて委ねるべきである」W. von Humboldt (Fn. 63), S. 122.

である。夫は，妻や子女の代表として国家に対し権利を行使する（§17, S. 322, §34）。ただし女性も，寡婦や離婚した女性の場合，あるいは夫権からは自由である独身の女性の場合には，男性と同じく家族外で権利を行使し，民会（Volksversammelung）に出席しうる（§35, S. 344）。

　女性はまた，公職に就けない。なぜなら公職者は国民や上吏に直接に責任を負うが，これは女性が結婚しておらず自由な一人格者である場合にのみ可能で，結婚した女性は夫にのみ仕えるからである。だからといって，女性に，公職に就くに当たって結婚せぬことを強制することはできない。愛することは感情の問題であるから意志に左右されず（無理強いできない）からである。それゆえ全女性を公職から切り離すのである（§37, S. 345。これと酷似した考えは，ルソーの『エミール』（岩波文庫版，下巻24頁）にも見られる）。

　女性はまた，高い教育を受けることも授けることもできない（§38, S. 346）。第一に，女性は，上述の如く公職に就けないため，学問そのものも女性にあっては実践性を欠いたものにとどまるからである。第二に，女性には思弁的能力が発達しえないからである（もっともこの能力の差については優劣の差でなく，男女の性質の相異にすぎない，とフィヒテは断る）。男性は本来「性的動物」であって，理性は努力によってしか獲得されない。このため努力するなかで，概念的思弁的能力を男性は発達させる。これに対し女性は，本来的に理性的であり，真や善，礼節をわきまえており，感覚的にそれを判断できる。このため思弁的思考を意図的に発達させる必要も余地もない，からである（この点については，『エミール』下巻67頁参照）。

　最後に，離婚について見ておこう。国家は道徳の問題に干渉しえぬから，姦通や蓄妾を法律で禁じえず，代わりに教会が道徳に照らしつつ制裁を加える（§21, 22, 24）。しかし，離婚に関し夫婦が判断を求めてきた場合には，国家は関与しうる。ところで，婚姻の本質的要素は女性の「愛」であった。したがって妻が他人と姦通することは，「愛」と矛盾することとして離婚をもたらす。夫が姦通する場合には，男性は欲望の満足を婚姻の要素とするのだから，婚姻そのものに反せず，したがって妻は離婚を請求しえない。むしろそれを寛恕すればするほど，女性は高貴なものとなる（§21, 30）。これに対して，「愛」がなくなったことを理由に妻が離婚を請求するときは，原則として認められる。婚

姻は必然的なものであって，道徳論からすると本質的に破棄しえぬものであり，夫婦は相互に愛しあわなければならないのではあるが（§8），しかし「夫婦は自由意志により結合したと同様，自由意志により分かれうる」（§25）からである。したがってまた，宗教的な婚姻制限も，信仰が強制されぬ以上，有効たりえない（ただしフィヒテは完全な民事婚主義ではない。§14）。

　なお，身分があまりにもちがうと，教育の程度もかけ離れていることになり，精神のまったき合一という結婚の本質が達成されないから，不均衡の結婚（Mesailliance）として法的効果がない。とくに一方が肉体労働のみに従事する身分であり，他方が精神的労働のみに従事する身分である場合がそうである（§23。同旨が『エミール』下巻114頁以下に見られる）。

　以上のように，フィヒテの婚姻論もまた，最初の命題からの論理的演繹のかたちで展開される。それは，(a) 婚姻の自由，(b) 婚姻に関する宗教の内面化による，反カノン法的立場，(c) 女性の離婚に自由の原則的承認と，その他の点での国家による女性の保護等のすぐれて近代的な内容を含んでいる。しかし全体としては，フィヒテは，女性をあまりにも理想化するがゆえに，逆に現実的には夫に対し全面的に従属にいたらしめるという，独特の内容を見せる。逆に男性は，女性に比して道徳的に低い存在であることを理由に，現実には優位にいたらしめられる。フィヒテの婚姻論を評して，マリアンネ=ヴェーバーが「実際フィヒテは，厳格な家父長的婚姻理念を，上述した道徳論・法論上の要請から直接に導き出し，そのことによって，その婚姻理念に生彩と概念的な正当性を与えることに成功した。その美しい魔法の一見論理的な緻密さから解放されるには，フィヒテの結論に対する透徹した考察が欠かせない[70]」とするのは，妥当な見方である。

　フィヒテの婚姻論は，原理的考察からすれば，カントらの婚姻論を乗り越えて有機的なものとしての把握に迫ろうとする方向性を有しながらも，具体的なその帰結をみれば，ルソーの『エミール』や，現実のALR等の法律と内容的に酷似した，カント以上に強力な家父長主義の再編・強化に他ならなかった。それがフィヒテにおける「自然」の問題に原因を有していることは，既述した。

---

[70]　Marianne Weber (Fn. 64), S. 306.

それはまた，フィヒテが，その観念的演繹方法のゆえに逆に現実に大きく規定せられることにもよる。

⑷　親子関係について

　次に親子関係について考察しよう。ここでは，まずフィヒテが『自然法』で述べていることの大要を見ていく。

　(a)　関係の性質　　親子関係もまた夫婦関係と同じく，単なる法的関係にとどまらないで，自然に規定され・道徳上重要な関係として存在する（§39, S. 350)。そこではまず，母と子の結びつきが強調される。妊娠中における母子の一体性，産みの苦しみ，および出産後の養育は，母子の特殊な結びつきを物語っている（§40, S. 351)。このため母親は，自然的衝動として子供を養育する傾向をどの生物においても見せる。しかし，とくに人間においては意識（理性）が介在することによって，「思いやり」(Mitleid) の心術が見られる。これが婚姻における「愛」に対応する中心概念である。しかしこれは，子供の「養育される権利」にもとづく法的関係として存在するものではない（§41, S. 352)。他方，父子の関係は，母子関係ほどに肉体的つながりをもたないので，父の子に対する愛は，母親を媒介にしなければならない（この点については，ルソー『エミール』下巻13頁参照）。したがって子供の養育には，第一に母が責任を負う（§42, S. 353)。

　上述のように子供は，親に対して法的権利を有していない。子供は，教育についても親の行為の対象でしかないものとしてあり，教育を受ける権利を有しているわけではない（§44, S. 356)。子供は，このように権利能力を欠いているので，母による子供の殺害は，自然に反するものの，子供の権利に反するものではない（§48。子殺しは国法に反するから，母親は矯正施設送りにはなる）。また子供が独立する際には親の財産を分与する必要が生じるが，その内容は親の専断事項である（§58, S. 363 f.)。不公平な分配であっても，法律や子供の権利に反するものではない（§59, S. 364)。子供は独立するまでは親に服従しており，裁判においても父が後見人となる（§55, S. 361)。しかし子供を親の所有物と見なすことは許されない（§39, 53)。もっともこのことも，子供の人格性との関係においてというより，次に述べるように国家との関係においてのことである。

　(b)　国家との関係における親権　　国家の存続繁栄は，国民の人口増大に依

存している。この点から子供の教育も考えられなければならない。子供を教育
する義務は，フィヒテにあっては，国家公民契約の内容を成すから，子供自身
に対する義務ではなく，国家に対する親の義務としてある（§46, S. 357）。国
家は，子供の養育について監視する権利をもつ（§49）。しかし子供に対する
教育そのものは親の排他的な権利であるから，国家はそれを親に制度的に保障
しなければならない（§50, 53）。教育の内容や方法の決定は，親の判断に委ね
られる（§45, 51）。国家による教育もありうるが，それを子供に受けさせるか
否かは，親の決するところである（§51, S. 360）。子供に対する親の支配権は，
子供の教育に関してあるのだから，教育が終了すれば子供は独立する。しかし，
教育が終了したか否かは，親が判断する（§56, S. 361 f.）。

　以上のように『自然法』の親子関係は，親の国家に対するこの養育義務とい
う点を中心にし，教育の内容と手段に関する親の決定・執行の権利と，教育に
関する限りでの親への子供の従属という形式をとる。このようなものとしての
『自然法』の親権は，その固有の権利性を認められつつも，カントやヘーゲル
の場合と異なって，「子のための親権」たりえず，むしろALRに典型的に示さ
れているような「国のための親権」というかたちをとる。

　フィヒテも，啓蒙自然法の親権論に見られたような，親子関係の契約論的構
成は，とらない。しかしまたフィヒテは――カントやヘーゲルとは異なって―
―子供の人格性と，それにもとづく子供の本源的権利を認めないため，親権の
絶対化は避けられない。この限りでフィヒテは，モンテスキューやルソーにつ
ながっている。親権の濫用から子供を守るのは，子供への「思いやり」と，国
家に対して親が負う子供の養育義務によってでしかない。

　なおフィヒテは，親が子供に教育を受けさせる義務を国家に対して負うとし
ながら，その内容は親の判断に委ねられているとする。このことは，『自然法』
の国家が既に見たように外的な法的性格のものにとどまっているためである。

　したがって，国家が文化的価値を体現したものとなった後期フィヒテにおい
ては，この点で意見がちがっている。すなわち1813年の*Staatslehre*の "Exkurse"
では，婚姻は，単に「愛」や悟性の恣意にもとづくものではなく，子の生殖と
教育とを自然的・精神的目的として有する必然的な制度だという点がヨリ強調
される。また父は，母への「愛」を媒介にして子供への「愛」をももつにいたり，

かくしてヨリ高次の人格的統一体（der ganze Mensch）に高まるとされる。そして子供の存在価値が増大したことによって、「家庭教育よりは公教育の方がより秀れているのであるから，私は家庭教育を放棄したい」[*71]というように，公教育中心に移行している。

3.3.5　3.3のまとめ：フィヒテの家族論における「全体性」と「個人」

　以上の考察からは，フィヒテの家族論が全体として著しく家父長制的性格を有していることが，まず明らかとなる。夫に対し妻は権利を放棄しており，また両親に対して子供は権利主体たりえない。こうしたことが帰結するのはフィヒテが，一方で，「婚姻の自然的目的」を基軸に婚姻を論じるアリストテレス的な伝統の線上で思考することによって，婚姻を「自然に従って必然」の関係としたからであり，他方で，両性の「自然的規定性」のちがいから婚姻論、夫婦の関係論を出発させたからである。婚姻・家族の関係にある個人は，そうした自然的諸条件において把握されることによって，家族の外の人間関係，社会関係としてもそうした条件論から解放されず，このため両性の性差が，道徳論・法論をも規定してしまったのである。『自然法』のこのような婚姻論は，**3.2**でわれわれが扱ったカントの採った方向性（すなわち道徳論から出発して法論，人間学へと進むこと）とは逆のものとしてあった。それはまた，あとでヘーゲルに見るような，自然性と精神性とを厳格に分ける思考からも遠いものとしてある。フィヒテの以上の傾向は，かれがルソーの自然主義的立場に規定されていたことを物語っている。

　こうしたフィヒテの家族論は，家族思想史的にみれば，一方では，家族における個人の自然的契機（性向）に注目し，それを高く評価する動きが始まったことを意味する，積極性を有するものではある。しかしそれは他方では，自然的要素が道徳・法と無媒介に直結されることによって，家族における個人の現実的解放を妨げることをもたらした。なぜなら，そうした自然的要素は実は，当時の家族の内にある諸個人の現状に影響されつつ案出されているので，そうい

---

*71)　Johann Gottlieb Fichte, *Sämmtliche Werke*. hrsg. von Immanuel Hermann Fichte, 1845–1846, Bd. 7, S. 597 ff.

う現状を無媒介に理論化することは，現状肯定論を帰結させるものだったからである。

フィヒテは，そうした自然性に依拠して家族，とくに婚姻の共同体的把握に近づこうと試みたのであった。しかしその際の契機となった「愛」の自然的特性によって，妻が，そして妻のみが，全面的に自己を否定して他者に合一してしまう結果をもたらした。こうして婚姻共同体——フィヒテにおいてはそれはすなわち夫の人格をその法人格とする——のみが実体あるものとなり，その内にある個人（フィヒテでは妻）は人格的に無となってしまう。個人（妻）は，そのように自己を放棄することによって，高次の人格的統一体へと高まるとされる。これは，その限りでは共同体をめぐる個人と団体性との関係を弁証法的に把握する試みと言えよう。しかしそれは，図式化して示せば，個人が相互の関係を通して全体を形成していくのではなく，孤立的個人を包む全体（共同性）へ個人が自己の決断によって没入していくことであった。この点でもフィヒテの婚姻論は，カントそれの止揚たりえなかった。

このようにフィヒテの家族像は，強力な家父長権と，その下への妻子の包摂としてあるが，しかし全体としてはカントにいたる「家的社会（die häusliche Gesellschaft）」の構造をとっていないことに注意する必要がある。むしろそれは，いわば「家父長制的な単婚小家族」の構造にあり，国家が力強くそこに介入を始めている。したがってそれは，もはや「家」的性格をもたない。この「家」的要素の批判と近代的単婚小家族的要素の自覚的な擁護，家族の危機の認識については，以下，**3.4**のヘーゲルにおいて，より明確に見るであろう。

3.4──ヘーゲルの家族思想

3.4.1　序

3.3において，カントからフィヒテへと進んだわれわれは，フィヒテが家族（婚姻）における夫婦の関係を，それぞれの自立性を前提にした有機的共同性ととらえようとしたのを見た。このフィヒテと同じくヘーゲルもまた，自立的個人を前提にした新しい共同体思想の論理を，とくにその家族・婚姻論で，「愛」を基礎とした関係として展開している。

1821年の『法哲学』においてはヘーゲルは、即且対自的に自由な（an-und-für-sich frei）、言い換えれば自覚的に自由な、意志の概念から出発する。かれは法・権利を、その本質である自由な意志が社会制度にまで現実化したものだとする（*RPh*, §29。法・権利の本質を自由な意志にあるとする点で、ヘーゲルはカントの道徳論を基底にして考えているのである）。

　まず自由な意志は、個人のなかで人格性の根本としてある。この意志が、外的世界で定在化するのが、物件（Sach）である（「抽象法」の部。所有権の本質を、自由な意志に求めるのである）。かれは次いで、同様の個人的主体における意志を今度はその内面世界へと向かわせ、「道徳」の部を論じる。道徳は、内面世界で「善」という普遍的なものに結びついていく限りでの自由な意志のあり方である。ヘーゲルはその後、「人倫」（Sittlichkeit）の部に入る。それは、自由な意志が外部世界（社会）で実現された「善」の領域である（社会制度が、人間の自由の実現態だと言うのである）。そうしたものとしての人倫は、個と普遍との一体としての理想的な共同体を形作っており、かつそこにおいて個人を社会的に高める。人倫的なものとは、客観的制度としては、「家族」および「国家」を意味し、その内にある主観的心術としては、それらの諸制度を構成する個人の、（「家族」の心術としての）「愛」と、（「国家」の心術としての）愛国心とによる共同性を意味する（「市民社会」も、「実直さ」を育てる点で、またその一部の制度・団体が公共心をつくる点では人倫と関わる。しかし「市民社会」は全体としては、もうけ主義・生

---

*72)　Hegel, *Grundlinien der Philosophie des Rechts*, 1821.　以下、『法哲学』ないし*RPh*と表示する。訳は、もっぱら藤野・赤沢訳『法の哲学』（『世界の名著』第35巻、中央公論社、1970年）によった。なお、以上の点については、1811年の夏にヘーゲルが婚約者マリー（Marie）に宛てて書いた手紙の次の箇所が、興味深い。「しかしずっと前に私があなたに言ったことが、なお今も結論としてあります。結婚は本質的には宗教的な紐帯であり、愛はその完成のためには、それ自体の外になおより高い要素が必要なのです。完全な満足、すなわち完全な幸福は、正しい宗教と義務感のみが達成しうるのです。〔……〕私に対するあなたの愛とか、あなたに対する私の愛とか区別して言うことはわれわれの愛に分裂をもたらします。愛はただわれわれの愛でしかなく、ただそういう結合、きずななのです。こうした区別立てをやめてこの一体性を堅持しましょう。それこそが私の力となり、人生への新たな意欲となるうるのです。この信頼をすべての礎としましょう。こうしてこそ、すべてが真によくなるでしょうから。」*Briefe von und an Hegel*, Bd. 1, S. 367 f., 1952. (G. W. F. Hegel *Sämmtliche Werke*, Bd. 27.

存競争の商業社会であるため，人倫の喪失態である）。

　家族は，人倫の最初の定在として，「愛と感情の形式における自然的なもの」（RPh, §33 Zusatz）と称される。言い換えればそれは，特殊性（自己中心性）と普遍性（共同性・連帯性）の一体性がまだ直接的な（即自的な）ものとして，したがって感性（本能）のレベルで実現されている領域である。この家族は，その基礎を「感ぜられる一体性」（sich empfindende Einheit）としての「愛」において いる（RPh, §158）。

　このようにヘーゲルは，「愛」を感覚（Empfindung）の一つとしながら，家族的心術としては人倫的なものの一つに高められてある，とする。『エンチュクロペディー』の体系において見られるように，「感覚」は「主観的精神」に属しており，即且対自的に現実化された精神としての「客観的精神」の，しかもその最高の部である「人倫」とは，体系的位置が異なるはずである。たとえばヘーゲルは言う，

　　「感覚の形式そのものはそれにもかかわらず動物的心と人間的心とに共通な形式であり，それ故にあの独特に人間的な内容にふさわしくない形式である。精神的内容と感覚との間の矛盾は，精神的内容は自己自身において一般的なもの・必然的なものの・真実に客観的なものであり，感覚はそれに反して或る個別化されたもの・或る偶然的なもの・或る一面的に主観的なものであるということのなかに存立している。」（船山信一訳『精神哲学』岩波文庫，§24 Zusatz。『エンチュクロペディー』§402）。

　ヘーゲルは，そうした感覚の内で特殊人倫的内容を規定性とするものとして，「愛の感覚」としての「人倫の感覚」を選別する（『精神哲学』§21 参照）。これは「愛」を〈自然的傾向で，かつ道徳上重要〉としたフィヒテと共通する見方である。自然的・感受性的な圏としての家族の把握がヘーゲルにおいても倫理上重要な意味を有するものであることは，後に見るとおりである。

　しかし，『法哲学』の家族は，ヘーゲルにおいて単なる自然性のみの圏として存在するものではない。この点は，フィヒテの家族論と異なっているところである。『法哲学』§161でヘーゲルは，婚姻が「自然的生命活動」という契機を含んでいるとして，古代以来の伝統的な思考において基軸を成していた「子女の生殖」が婚姻に占める重要性を認める。しかしヘーゲルはその際，伝統的な婚姻観の思考方法に留まることはなかった。かれは，婚姻における個人の反

省的契機，自己意識的（自覚的）契機をも重視するのであった。ヘーゲルは言う，

　「婚姻の概念にとっては婚姻は，自由の倫理的行為であって，直接的自然性やそれの衝動による結合ではない。婚姻そのものが，自然法にではなくたんに自然的な性衝動に基づくものとみなされたことがあり，そしてまた一種の気まぐれな契約とみなされたことがある。また一夫一婦制を是とするのにいろいろな外的な理由があげられ，しかも男女の数が自然的に釣り合っているということさえもその理由とされたことがある。同じくまた血族間の婚姻を禁止するのにただあいまいな感情があげられただけのこともある。これらすべての考え方の基礎になっていたのは，自然状態と権利の自然性についてのありふれた考え方であり，理性的本性の概念と自由の概念との欠乏であった。」(*RPh*, §168)（なお，同様の見解は『国家』についても見られる（vgl. §258）。

　ヘーゲルは，婚姻における両性の精神的一体性を，「精神的な愛」，「自己意識的な愛」と呼ぶ。言い換えればそれは，「法的に倫理的な愛」（die rechtlich sittliche Liebe）である。ヘーゲルにおいて婚姻（家族）は，アリストテレス的伝統における自然的なものとして存在するのではなく，またロック，ルソーないしとくにロマン主義者（例えばF=シュレーゲルの『ルチンデ』）のように，たんに愛という偶然的な感覚としてのみあるのでもない。それは，近世自然法の婚姻契約論がおぼろげながら見いだした〈社会制度の内における個人の主体的・自覚的要素（理性的意志）〉を前提にした，それらの総合的統一としてあるのである（ヘーゲルは言う，「婚姻が，個別性において独立している人格性という契約の立場から出発しながら，その結果この立場を揚棄するものであるからである。」*RPh*, §163参照）。
　したがって，そういうものとしての婚姻は——体系上「家族」の上位に属するもの（「市民社会」および「国家」）との関係においては感情の契機が相対的に強調されるとしても，逆に体系上「家族」より下位に位置するものとの関係において見ると——実は一つの理性的結合体の要素をもつ。したがってヘーゲル的婚姻は原理的には，（感性的・本能的な，言い換えれば自然性に依拠して共同体を構成しようとする）フィヒテの婚姻・家族論とは異なる。

3.4.2　ヘーゲル共同体思想の発展と婚姻・家族思想の展開
　婚姻・家族の基礎をこうした「人倫的な愛」に置くヘーゲルの考え方は，そ

の萌芽を既に1797年頃の "Entwürfe über Religion und Liebe" と（後代の人によって）題された断片に見いだすことができる。そこにおいては「愛」が，社会的既成性（Positivität）を克服し，「人間の間に生きた関係を作り出し，それによって人間それ自身をも真に生きたものたらしめるところの原理」[73]だとされている。このことに明らかなように，「愛」の概念は，ヘーゲルの共同体思想の発展に重要な位置を占めるものであり，それゆえにまた，ヘーゲルの婚姻・家族思想も，こうした共同体思想の全体のなかでとらえることが必要なのである。以下，この作業をおこなっていこう。

⑴　チュービンゲン期からベルン期

　1788年以降のチュービンゲンの神学寮で学んでいた時期から，1793年以降のベルンで家庭教師をしていた時期のヘーゲルには，フランス革命の直接的影響が指摘されている。しかもそれが古典主義的雰囲気のなかで古代民主主義的共和制讃美として現れるのであり，「自由」が思想の中心概念であった。ヘーゲルは，古代国家の，生き生きした諸関係に対して，当時の社会的諸関係，とりわけその規定（基底）的要素たるキリスト教の「専制主義と人間の奴隷化」を対置してとらえ，後者を「既成性」の概念で包括する。当時のヘーゲルのこうした立場の思想史的基盤をなすものは，「絶対自我」のTatの立場であり，フィヒテ的主観主義であった。[74]

⑵　フランクフルト期

　しかし1797年にフランクフルトに移ったあとのヘーゲルには，次第に変化が生じてくる。全面的に否定されるべきであり，古代共和制の再現によって廃棄されるとベルン期においてかれが考えていたキリスト教社会が，今や固有の運命性・法則性をもってかれにのしかかる。Tatの立場にあったヘーゲルは，それをその運命性の客観主義的把握でなく，客観と主観の相関関係のあり方として考えようとする。問題は，もはや古代共和国ないしそこにあった人間の態様とヘーゲルの時代の社会制度とを対立させて同時代を批判するやり方にではなく，経験的な，孤立的である個人から出発し，その個人が社会との関係でど

---

　*73)　ルカーチ『若きヘーゲル』上巻（『ルカーチ著作集』第10巻，生松・元浜訳，1987年）226頁。
　*74)　金子武蔵『ヘーゲルの国家観』（岩波書店，1970年）37頁。

う成長するかにあることになった：「社会的問題はそれゆえ，個人的・道徳的問題に転化する。〔……〕しかもそれには，この個人的・道徳的問題提起によってブルジョア社会との宥和に，その既成的性格の（場合によっては部分的な）廃棄に到達しようとする根本的傾向がともなっている」[75]。こうした思考枠組みの変化のなかで，問題の「愛」の概念がヘーゲルに登場する。

　先に見た1797年頃（フランクフルト期のごく初期）の "Entwürfe über Religion und Liebe" においてヘーゲルは，Ich と Nicht-Ich，Subjekt と Objekt，あるいは Freiheit と Natur との対立を問題にしている。そうしたそれぞれの両項の生ける統一は，理論的総合（theoretische Synthese）や実践的活動（praktische Tätigkeit）によっては達せられず，ただ「愛」によってのみ可能であり，そうしたものとしての「愛」は，神性（Gottheit）だと，ヘーゲルは言う[76]。このような愛をヘーゲルは，その中の "Die Libe"（愛）と（後に）称される断片において，個人と社会の関係，個人と他の個人との関係を軸に考察している。そこではまず，個人が内的に自律した者でありながら，外的世界においては孤立者として，自分が限定性の集積（Sammlung von Beschränktheit）であるとの自己意識しかもちえず，そこで，相互に支えあい補完しあうことを必要とするようになる：

　　「人間は，ただ対立的にあるもの（Entgegengesetzes）としてのみある。対立的なものは自己を相互に規定しあい，されあう者である。人間は，自己の意識から離脱して自己を考えねばならない。〔……〕すべてのものは，規定されてあり，自己の内に存在根拠を有するのでない。すべてのものは，相互に必然的なものとして存在するのである。」[77]

こうした状況における個人同士を結合させ，そこに生ける関係，豊かな合一を形成するものが，「愛」である：

　　「真の結合，すなわち本来の愛は，力が同等であり，徹底して相互に活性的であり，相互に死せるものでない，生ける者の間にのみ存する。それはすべての対立を排除する。それはけっして悟性（Vernunft）ではない。悟性のおこなう関係づけは多様性を多様性としていつまでも残すものであり，かつそうした多様性の統一もその多様性に

---

*75)　ルカーチ（前掲注73)）『若きヘーゲル』上巻219頁。
*76)　Hegel, "Entwürfe über Religion und Liebe", in: *Werke in zwanzig Bänden*, Bd. 1, S. 242.
*77)　Ibid., S. 245.

対立するものであるからだ。またそれは，規定するものを規定されたものにただ対立
させるだけの理性（実践理性）でもけっしてない。」[*78]
　かくして愛は，感情としての「一切の対立を排除した真の合一」である。しかしそ
れは，単なる個人の感情ではなく，神的なものとしての全一生命である。[*79]

　こうしてヘーゲルは，社会におけるあらゆる対立関係を，神秘的な愛による
宥和によって解決しようとする。ヘーゲルのこの断片が，神秘的性格を有しつ
つもそうであるように（この点はあとで見る），一般に愛は，性愛と関連している。
そうした感受性の開花は，歴史的には，なによりも「家」的・家父長制的拘束
から解放された諸個人の主体性を前提にしている。このことはヘーゲル自身，
今しがた見た引用のなかで言っていた。[*80]
　しかし同時に，フランクフルト期のヘーゲルのこうした「愛」は，本質的に
主体と客体，自己と社会・他者とを神秘的な方向で融合しようとするための感
情としてあった。ベルン期のTatの立場からすれば，それは明らかに革命性の
後退を意味している。だがヘーゲルのこうした「愛」の思想は，けっして特異
なものでない。それはヘルダーリンの『ヒュペーリオン』との関係性を指摘さ
れるところのものであるが，結びつきがヨリ強いものとしては，その後まもな
く起こるドイツ精神界の転向期の諸動向――フィヒテが「愛」を（ヘーゲルと
は逆の方向で）国家生活の中心要素にまで高めたことや，Ｆ．シュレーゲルが
1804年の講義で，「愛」と「信実」（Treue）とを国家のもっとも強固な支柱と

---

*78)　Ibid. S. 245 f.
*79)　Ibid. S. 246.「それは一つの感情ではあるが，個人の感情（ein einzelner Gefühl）では
　　けっしてない〔……〕」。なお，ディルタイ『青年時代のヘーゲル』（甘粕石介訳，三笠書房，
　　1938年）172頁。
*80)　同様にエンゲルス（Friedrich Engels, 1820-95）も言う，「われわれのいう性愛は，古
　　代人の単純な性的欲求，すなわちエロスとは本質的に区別される。第一に，それは，愛
　　されるもののがわにも，それに答える愛情のあることを前提とする。そのかぎりで，女
　　性は男性と平等であるが，しかし古代のエロスでは，女性の意向はけっしていつも問わ
　　れたわけではない。」（エンゲルス『家族・私有財産・国家の起源』，戸原四郎訳，岩波文庫，
　　1965年，101頁）。またヘーゲルも，別のところで次のように言う，「古典的芸術では恋愛
　　がこのように主体の心の奥底から発する感情となるにいたらず，一般に表現対象として
　　は低次の契機であるにとどまるか，あるいは官能的享楽の面から描かれるにすぎない。」
　　『美学』第２巻の下（『ヘーゲル全集』19ｃ，竹内敏雄訳，岩波書店，1970）1359頁。

して設定したこと，シェリンクの有機体的国家論さえもがシュライエルマッハーらロマン主義者から "liebeleere Weisheit" であるとする批判を受けたこと[81]等々——が挙げられよう。

ところでルカーチは，ここでも初期ヘーゲルとロマン主義，生の哲学との相異を強調する。その論点は，第一に，「愛」の概念についてヘーゲルがその限界を既に認識しており，イエナ前期には「愛」は中心概念の地位から脱落すること[82]，第二に，「愛」の概念そのものの内に弁証法的契機が存在すること，にある。ここではこの第二の点について，詳しく考察しよう。

"Entwürfe über Religion und Liebe" (1797/1798) の中でヘーゲルは，さらに続けて次のように言っている。

　「愛においては,この全体はけっして多くの特殊性や分離されてあるもの(Getrennte)の集積としてあるのではなく，その内では，生（Leben）〔Lebenはイエナ期においてSittlichkeitへと発展すべき概念——引用者〕がそれ自体の二重化（Verdoppelung）として，それ自体の統一として存在している。生は，未展開の合一から出発して，陶冶（Bildung）によって完成された合一へと道を進んでいく。未展開の合一には分裂の可能性が存在し，世界がそれに対立してもいる。反省が人間の全体自体を対立的なものに対立させるまで，また愛が反省を完全に対象を滅した状態へと止揚するまで，さらに愛が，対立しているものからすべての疎遠性（Charakter eines Fremden）を奪い，生が自分自身に何らの欠陥をも見いださなくなるまで，反省は，展開の過程において，満たされた衝動の内では合一しているところの対立性を次々と顕在化させていく。愛においてもなお，対立性はある。しかし，それはもはや対立性としてではなく，合一としてであり，生けるもの（das Lebendige）は，生けるものを実感している。[83]」
　「萌芽は，絶えず対立に転化する。その展開の各々の段階は，生のすべての豊富さ

---

*81）　Carl Schmitt, *Politische Romantik*, 3. Aufl., 1925, S. 156 ff. ノバーリスについても，次のように言われている，「彼の考へに従へば，利己心ではなく，愛及び意向が人間を国家に結びつけねばならない。王に対する国民の関係は父と子とのそれでなければならない。「国家結合は結婚より外の何ものでもない。」」吹田順助『近代独逸思潮史』（南郊社，1938年）397頁。

*82）　「愛による運命の宥和は，ヘーゲルが——これはイエナにおいて既になされたことだが——社会現象を首尾一貫して社会的・歴史的見地から考察し，もはや個人的見地から考察しなくなるやいなや，完全に消滅してしまうのである。」ルカーチ（前掲注73））『若きヘーゲル』上巻362-363頁。

*83）　Hegel (Fn. 76), S. 246.

を再び獲得せんがための分離である。したがって今や次のようになる，合一，分離，そして再度の合一。合一したものは再び分離するものだが，ここで合一したものは，子供においてもはや分離しなくなる。」[*84]

　ここから明らかなように，ヘーゲルは合一を，低次の衝動にもとづく未発展の合一から，反省（Reflexion）によって生まれる対立を踏まえつつ，その対立を「愛」によって止揚していくヨリ高次の合一，にいたる運動においてとらえている。未展開の合一における対立の萌芽が，反省によって自覚化され，それを「愛」が自覚的に克服するのである以上，愛による合一は「否定の否定」としての合一である。

　これをその合一にある個人に即してみれば，かれは，無自覚的な合一の状態から，自己・他者意識の覚醒によって，自己・他者との対立性の認識へ移りつつも，なおそうした対立者同士の内に普遍性を見いだし，自分の自立が真に開花するのは合一性においてであることを自覚して，より自覚的になった合一性を形成することになる。そうした個人にあっては，単なる合一性は，自分の自立性を経験しているがゆえに，もはや元の単純な合一性たりえぬが，なお合一性としては存在している。単なる自分の自立性も，合一性の内なる存在として，今や自覚的に合一性そのものを形成する自立性としてある。

　ルカーチは，全体性と個人についてのこうした弁証法を「直接知の説における二律背反的仕方」の非合理性に対置している。そしてその際，前者の重要なメルクマールとして，弁証法における揚棄・止揚の二つの契機である，「否定」（反省）と「保存」のうち，「保存」の契機の重要性を強調する。すなわちそれは，ルカーチにあっては，反省の契機すなわち自我の自覚（自立）が，「愛」の合一においても保存されているか否かの問題である。[*85] 再構成された合一のうちに

---

*84)　Ibid, S. 249.

*85)　ルカーチ（前掲注73））『若きヘーゲル』上巻229頁。ここでルカーチはH．ノールの『ヘーゲル青年期神学著作集』379頁から，「この合一は，そこでは反省もまた満足させられているがゆえに完全な生である」の箇所を引用している。ルカーチはまた，『若きヘーゲル』下巻74頁でも次のように「保存の契機」を強調する。「ヘーゲルの弁証法のうちには，部分的諸契機の独自性をそれらの止揚において同時に保存するという傾向が生きている。したがって，個々の対象ならびに諸連関を，絶対者へと高めることは，ヘーゲルにおいては，対象や諸連関の経験的特性にいたるまでのその具体的な固有性の消滅を意↗

あって個人の自覚性・主体性がまったく否定され，ただ全体性への没入のみがある非合理主義的共同体思想に対し，ヘーゲルの共同体は，自覚的個人がその主体性を保って全体性を形成していくところに出現するのである。[86]

　しかもルカーチはこの立場から，当時のヘーゲルに存在していた他の側面，非弁証法的・非合理的な側面をも指摘する：「けれども，ヘーゲルにおいては宗教的・神秘的傾向がしばしば優位を占めるので，愛は分離と反省のいっさいの痕跡が消滅した完全な，余すところなき「合一」として現れる。」[87] そうした箇所は，"Entwürfe über Religion und Liebe" のなかでヘーゲルが，「愛」を悟性や理性に対立した感情において最高のものとしてとらえていること，すなわちかれの弁証法がまだ発揮されていないところに見出される。しかし，このことが重要なのは，後に見るようにヘーゲルの家族的共同体と国家的共同体とにおける「全体性」と「個人」の関係の相異をめぐってである。

　以上においてわれわれは，フランクフルト期ヘーゲルの "Entwürfe über Religion und Liebe" における「愛」の構造を具体的に見た。さらに興味があるのは，ここでは「愛」が家族とも関連して論じられていることである。既に引用した箇所でも，ヘーゲルは，産み出された子供においては，「愛」の合一がもはや不分離なものとなっていると言っていた。ヘーゲルはまた，愛する者の間にある財産共同体（Gütergemeinschaft）について次のように言う。

　味するのではなく，その保存を意味する。」さらに同書下巻339頁には，次のようなヘーゲル自身の言葉が引用されている。「ラプラスの言うように，分析家は計算にかまけて概観と，計算の個別的契機の全体への依存という課題がかれからは消え失せてしまう。けれどもたんに個別的なものの全体への依存だけが本質的なのではなくて，およそ契機そのものが全体から独立して，一個の全体なのであるということも重要なのであり，これこそが事柄への沈潜なのである。」ルカーチがいかに全体性における個人の主体性の保存を重要視したか，そしてそれをヘーゲルの弁証法に求めたか，が判るであろう。しかし注86）で見るように，ルカーチの「弁証法」に対しては，批判もある。

*86）　ルカーチ（およびヘーゲル）の弁証法，とくにその「保存の契機」のあり方については，マルクスとの関係で「単なる総合主義・折衷主義」だという批判が存在する。だが，「二律背反的共同体観」との関係ではそれらが重要な新しい共同体観としての意味をもっていることもまた，否定しえない。

*87）　ルカーチ（前掲注73））『若きヘーゲル』上巻230頁。

「所有が使用〔消費〕されない限り所有の分割は起こらないものだから，財産共同体は，〔構成員の〕権利をまったく止揚したかのような仮象によって欺かれている。」〔しかしいったん消費が始まると，そのまったき合一の仮象は破れる。そして〕，「愛する者は一つの所有物を保持している相手を見，その相手が意欲している，相手自身の特殊性を感じざるを得ない。かれ自身は，相手の〔そうした分離した所有に対する〕排他的な支配を止揚し得ない。というのも，こうしたことが相手の力に対する再度の対立であるならば，その際にはかれは，抑圧（Beherrschung）以外にその客体〔相手〕に対する関係を見出し得ないからである。」[*88]

愛する者たちの財産共同体も結局は達成しえない，とヘーゲルは見ているのである。ヘーゲルは，「愛」による合一を弁証法的展開の成果としてとらえた。にもかかわらずかれは，それを「愛」ととらえることによって，すなわち一つの感情と見ることによって，結局その合一の基盤が脆弱なものであることを認めざるをえなかった。したがって「愛」の共同体は，既にこの "Entwürfe über Religion und Liebe" においても，社会一般の諸関係の基礎となるべき性格のものではなく，また「愛」を基礎とした家族の小共同体も，それ自体は完全な合一たりえないものとなる。後年のヘーゲルの家族観・国家観は，既にここに萌芽を見せている。

　ここでヘーゲルの弁証法における「保存」の契機について，議論に必要な限りで検討しておこう。弁証法における「保存」の契機が重要であることは，マルクス主義において一方で強調されるところである。例えばエンゲルス『反デューリング論』（岩波文庫上巻232頁）や，レーニン『哲学ノート』（岩波文庫第1分冊226頁）においてである。しかし他方で，マルクス主義者は「否定」を重視する立場から，ヘーゲルの弁証法における「保存」のあり方を批判する。
　(a)　例えばラウナー（Irngard Rauner）は，『ドイツ哲学雑誌』（*DZfPh.*, 1906, S. 345 ff.）でヘーゲルとマルクスの弁証法の相異が「保存」の契機の態様にあるとする。かれによるとヘーゲルでは，即自的にある一つのものがそれの対立物との統合によってその直接性を失いながらも，それ自体は全面的に否定（vernichten）されることがなく，「保存」される。これに対してマルクスでは，「自立した一つの存在形態をそれに必然的な対立物によって廃絶し，それによって成立した高次の，発展した形態のう

---

*88)　Hegel (Fn. 76), S. 249 ff.〔 〕内は引用者。

ちで下位のモメントとしてのみその保存」を図る，とされている。ここに，二人の弁証法のちがいがある。それはすなわち「改良主義」と「革命」との相異である，と。

(b) 同様に見田石介は，ヘーゲルが抽象的対立と現実的対立とを混同しており，その結果，次の問題が生じていると指摘している。「ヘーゲルやジェームス＝ミル，セイにみられるように，矛盾のうちにただ対立の統一だけをみて，弁証法を調和の理論，現実聖化の理論にかえてしまうことである。また矛盾はすなわち対立の統一であるという理由をかかげて，くり返しうる現象の法則だけを法則とみとめて，発展の法則性を否定することである。」（『資本論の方法』弘文堂，1963，166頁）。

(c) 同様のことは村上嘉隆が，ルカーチの弁証法（ヘーゲル的傾向にある）について指摘している：「ただし，ルカーチでは，対立する両項を単に媒介的に総合しようとこころみる傾向が強く，対立物を相互に闘争させて統一点に導くという論理に不足している。対立する特殊間の抗争の統一，対立物の反対者への転化という論理が不足している。」（村上（前掲注68）『全体性と個性的個人』18頁）。

結局のところ，「保存」の契機が「否定」の契機に対しいかなる位置を占めるかは，弁証法の結果としての総合が，「否定の否定」の過程をどれだけ踏まえ続けるかによる。たとえば次の指摘を見よ，「また弁証法がもっております対立（過程）と総合との二つの契機のうちで，ヘーゲルは結局総合に重点を置くのに対しまして，マルクス主義においては特に対立（過程）がおもんじられるというちがいがあると思われます。」（船山信一『ヘーゲル哲学の体系と方法』1969，308頁，および117頁）。

思うにヘーゲルの弁証法では，こうした「生のままの保存」がおこなわれるため，他方では逆に「生のままの否定」が帰結してもいる。それは，上述のとおり弁証法的思考の過程が，そのあとも持続させられていないことによる。このことはヘーゲルの弁証法が体系的には<u>存在の弁証法</u>のかたちをとりながら，その客観的観念論の仮象を剥げば，実はわれわれ自身の認識の発展（または絶対者の自己意識の発展）として<u>認識の弁証法</u>の基本性格を有している（松村一人『ヘーゲルの論理学』，勁草書房，1959）ことと無関係ではない。

認識の弁証法においては対立するカテゴリーがその対立から高次のカテゴリーを自ら生み出すのではなく（ヘーゲルはそのようにしているが），あくまでわれわれが，認識主体が，その対立を見定めることによってより上位のカテゴリーを見いだすのであり，したがってその総合では，① 或る場合には，対立が対立として継続したままの総合運動としてあり，② 他の場合には，対立を通じて発見されたその新しいカテゴリーにおいて元の対立が消失する。例えばヘーゲルが『法哲学』で「家族」から「市民社会」に移るときは①の，「市民社会」から「国家」に移るときは②の，認識上の構造が見られる。

とはいえ，「全体性」と「個人」の問題がドイツ観念論においてのごとく「個人は

第3章　家族をめぐる「全体性」と「個人」：ドイツ観念論法思想の一断面　119

自己を包括する全体性をいかに見るべきか」の存在論的形態をもった認識論上の問題
として出される限りでは，われわれは，ヘーゲル，ルカーチがそうしたように，〈否
定と共に保存を〉の方向を採らざるをえないであろう。否定し合うものを総合しつつ
も不断に相い闘わせるものである，「媒介性」のカテゴリーが重要なのである。

(3) イエナ期の前半

　ヘーゲルの「愛」による合一の思想は，その後いかなる展開を見せたか。
1801年1月から1807年まで続くイエナ期の前半，1802年に書かれたSystem der
Sittlichkeit では，「愛」は性愛に限定されている。[*89] しかもそれは，第3章の絶
対人倫と区別され，その下位に置かれているのみでなく，それが属している第
1章の「関係における絶対人倫」（直観（Anschauung）によってとらえられた人民共
同体（Volk）としての絶対人倫が，まず概念（Begriff）のうちにおいて個人という究極
単位にまで分析されたその端緒範疇の章）のうちでも，家族の扱われる，「形式の
もとに，あるいは関係のもとにおける無限性・観念性なる第二のPotenz」（個
人の相互関係を扱った部分）よりもさらに下位の，「自然なる第一のPotenz」（個
人と自然的対象との関係を扱った部分）に置かれている。このことから明らかなよ
うに，ここでは「愛」は，性的欲望の視点から，いわばカントの婚姻法論的視
点から，とらえられている：

> 「自然に従ったものとして，欲望の関係はまったく客体的であり，そこでは一方が
> 無差別（Indifferenz）の形態で，他方が特殊的存在の形態においてある。〔……〕異な
> る性に属する人間は，自己を他者のうちに見るが，しかも同時に別人格をも見る。こ
> れこそが愛である。他者のうちにある自分自身を理解できないことは自然に属するの
> であって人倫には属さない。というのも人倫は，相異性の点から見ても相互に絶対的
> な同等性であり，統一性の点から言っても理念によるまったき統一性であるからであ
> る。これに対し上述の自然的な同一性は，不同等性にとどまっている。自然の理念性
> は，不平等のうちにあり，それゆえ欲望のうちにある。そこでは，一方が主体として，
> 他方が客体として存在する。」（*System*, S. 17 f.）

　こうした「愛」の扱い方は，フランクフルト期と対比すると驚くべき変化の

---

*89)　Hegel, *System der Sittlichkeit*, herausgegeben von G. Lasson, *Philosophische Bibliothek*,
　　Bd. 144 a, 1967.　以下，System，『体系』と略す。

なかにある。「愛」はもはや，社会観の中心カテゴリーではなくなっている。人倫的要素ではなくなっているのである。言うまでもなく，このことは，イエナ前期のヘーゲルがフランクフルト期のように主観主義的に個人から出発していくのでなく，直観によってとらえた絶対的な人倫としての人民共同体を第一とする客観主義に移行したからである。先の立場を否定して新しい立場へ移行するとき，人はともすればその新しい立場を極論化する方向に進むものである。

　では家族は『体系』において，いかに考えられているか。ヘーゲルは言う，「家族では人格性と生の抽象（Abstraktion des Lebens）とは絶対的に同一であり，それ自体である。〔……〕そのうちでは自然の全体性および上述したすべてのものが統一されている。今まで特殊的であったすべてのものは普遍的なものに置きかえられている」（*System*, S. 35）。すなわちここでも家族が，諸個人の合一性を初めて実現するのである。

　ヘーゲルはまた，婚姻を次のように見ている，「この関係は契約関係に見える。しかしそれは，もし契約関係だとしても否定的（negativ）な契約である。一般にそれは，契約の可能性の存すべき前提，すなわち人格性や主観性を止揚するのである。それらは，婚姻に入れば消滅する。婚姻においては，人格性が全体として相互に献げられあう」（S. 36）。「契約による被拘束性は，カントがおこなったように，生殖器（Geschlechtsteile）〔の相互利用に関するもの〕として見られるかもしれない。しかし自己を絶対的な物件，言い換えれば絶対的被拘束性として規定するのは，まったく反理性的で辱ずべきことである。」（S. 37）。こうした言葉から明らかなように，ヘーゲルは，カント的な婚姻契約論に対置して婚姻の有機的な全人格的結合性を強調する。しかし，そうした結合が契約以外の何を媒介にしてなされるのかは，ここでは論じていない。

　次に，『体系』における家族がその「全体性」と「個人」の関係に関して体系的にいかなる位置を占めるかが，問題となる。「関係における絶対人倫」の末尾，すなわち家族論のすぐあとで，ヘーゲルは次のように言う，

　　「以上のことは個別性を基調としている。それは，概念の下に包摂せられた絶対性である。すべてのPotenzは規定性を示している。無差別態（Indifferenz）は形式的であり，普遍は特殊に対立している。言い換えれば，特殊は，ただより低次の特殊との関係でのみ無差別であるにすぎない。そしてこの無差別態そのものもまた，一つの特

第3章　家族をめぐる「全体性」と「個人」：ドイツ観念論法思想の一断面　121

殊性である。したがって，こうしたことは，けっして絶対的ではない。それは止揚されうるものである」（S. 38）。

このように家族は，あとで扱う人民共同体とは異なり，個別性がその中軸を成している，とされる。これに対し人民共同体——ヘーゲルはこれを絶対人倫と呼ぶ——は，次のようなものである。

　「人倫は，自然的関係にのみ存在しうる特殊性と相対的同一性とを完全に廃棄した知（Intelligenz）の完全な同一性でなければならない。〔……〕したがって人倫においては個人は，永遠の様相にある。かれの経験的な存在と行為とは，まったき普遍である。というのも，問題なのはその個人ではなく，かれの内にある普遍的な絶対精神だからである」（S. 52 f.）。「特殊性すなわち個人は，特殊な意識としてまったく普遍性と同等であり，そしてこの普遍性は特殊性をその内に組み込んでおり，人民共同体（Volk）が抱く神性Göttlichkeitである。またこの普遍が特殊性の観念的形態で直観されるとき，それは人民共同体の神である」（S. 54 f.）。

ここから明らかなように，人民共同体の人倫に関してイエナ前期のヘーゲルは，個別者（特殊）に対して全体的統一性（普遍）を先行させる。そうした全体性（普遍性）としての精神は，既に個人の内にあらかじめ内在しているものだとする。「概念」との緊張を意識しているとは言え，そこではシェリンク的に「直観」によってとらえられた絶対性が中心となる。

　ヘーゲルは次のようにも言う，「個人の個別性が第一でなく，人倫的な自然の生命性，すなわち神性が第一である。この自然をその全体的現実性において把握するには，そうしたものの本質に対して個人はあまりにも貧弱な存在である[90]。」すなわちかれは，個人は，その内に絶対精神という所与性を担っている限りで人民共同体の内に一体化しうるが，それを離れた自立的個人としては無である，とする。

　こうした絶対人倫に比べると家族は，いわば原始的・感性的人倫に位置しているものとして，「否定性あるいは自由，または不法」であるところの，個別性同士の分裂態を避けられない地位にある。この点ですでに前期イエナ期にお

---

[90]　M. Riedel, *Studien zu Hegels Rechtsphilosophie*, 1969, S. 48.
　　但し，こういう傾向は既にフランクフルト後期から見え始めている。Vgl. Hegel. Werke, Bd. 1, S. 376.

いてヘーゲルは，『法哲学』の体系の原型を見いだしていると言える。この原型は，アリストテレスの伝統的体系構成にならって「社会」の三段階構成をとっている。

だがここでのヘーゲルにおいて家族は，「単婚小家族」として現れており，家父長権が意識的に克服される方向にある。このことは，次の引用から明らかであろう：「差別態は，支配の表面的なものではある。すなわち，夫が主人で管理者であるが，かれは，それにもかかわらず家族の他の構成員に対しては対象物の所有者とはなりえない。管理人として夫は，自由な処分権の仮象のみを有する。労働は自然に従って各々の構成員に割り当てられるが，その生産物は共有的である」(S. 36)。伝統的三段階構成を採ってはいるが，ヘーゲル独自のトリアーデが既に使われ始めており，したがって家族は，国家（人民共同体）とは質的に異なった自然的な総有団体，ゲノッセンシャフト（Genossenschaft）としての性格を見せている。

⑷　イエナ期の後半

1804年以降のイエナ後期に入るとヘーゲルには，フランクフルト期に見られた歴史主義的な立場がヨリ明確になる。それまで理想とされてきた古代共和国的な共同体，すなわち個人が全体性に吸収されている関係（ベルン期に見え，イエナ前期で極端化した）は，もはや歴史的に過去のものとしてのみならず，それ自体限界を有するものとしてとらえられるにいたる。『実在哲学』(*Jenaer Realphilosophie*)[*91]においてヘーゲルは言う，「プラトン的共和国はラケダイモンの国家と同様，自覚した個人性（sich selbst wissende Individualität）のこのように消失した態のものである。」，「プラトンは，一つの理想を定立したのではなくかれの時代の国家をその内にあって把握したのである。しかしこうした国家は，過去のものとなっている。プラトン的共和国は，実現しうるものではない。プラトンは，絶対的個別性の原理（das Prinzip der absoluten Einzelheit）〔自立的な個人〕を欠如しているからである。」[*92]かくして近代の歴史的所産たる個人の自立性，主体性が再び，しかもヨリ客観主義化され深化されて，評価され始めた。

---

*91)　Hegel, *Jenaer Realphilosophie*, 1805-06, herausgegeben von J. Hoffmeister, *Philosophische Bibliothek*, Bd. 67, 1971.　以下*Realphilosophie*と略す。

*92)　ともに*Realphilosophie*, S. 251.

したがって，ヘーゲルの課題は今や，意志の自立性を出発点としつつも，人間の共同体生活の必然性をどう論理化していくか，ということになった。[*93]

　このような立場から『実在哲学』では知（Intelligenz），個別意志（Wille）に体系が始まる。ここではイエナ前期の「直観」はもはや体系的意味をもたず，個別意志自体の弁証法的展開として国家が現れてくる。そのためこの体系にあっては「愛」が，再びある程度復権する。かくてヘーゲルは言う，

> 「認識は，対象（das Gegenstandliche）をその対象性の姿において自分自身として見ることを意味する。把握された内容，すなわち概念こそが，その対象である。〔……〕こうした回帰は，各自が自己を他者において知ることにより自己を揚棄すること，すなわち対自的なものとして，言い換えれば異なったものとして，自分の自立性を放棄することを意味する。〔……〕こうした認識が，愛である。〔……〕それは，人倫の要素ではあるが，人倫そのものではない。それは，たんに人倫への憧憬にすぎない」（*Realphilosophie*, S. 201 f.）。

　ヘーゲルは，愛は子供に関して自覚されるとして，家族の要素に「（α）自然的なものとしての愛——子の生殖　（β）自覚的な愛——意識した感情と心情および言葉それ自体　（γ）共同労働と生業，相互の服務と配慮　（δ）教育」（S. 204）を入れている。すなわち愛はここでは，家族的結合の基礎として，しかも自覚的な個人の感性的結合をもたらすものとしてとらえられている。

　しかるに，ヘーゲルは，上記のようにして家族を論じたあと，外的には閉鎖的な家族同士の対立状態として自然状態（Naturzustand）を設定する。この自然状態論では，それが「概念としての人間の状態」とされるように，家族同士の対立が扱われるべきところ，個人と個人との対立一般に論理がすり替えられる。もちろんこの限りでは論理は，『法哲学』での，家族から市民社会への移行と同じであり，異なる家族の構成員の相互関係，あるいは家（父）長同士の関係

---

*93）「一方に人間的個体性のますます強まってゆく主観性と自主性，他方にそれと平行してますます力を増してたち現れてくる，人間によってつくりだされる社会的諸媒介の体系の客観的な自律性という，この両者のあいだのここで姿を現してきた弁証法的緊張関係こそ，ヘーゲルにとっては近代ブルジョア社会の根本問題だったのであり，ひいてはかれの歴史哲学の根本問題だったのである」（ルカーチ（前掲注73））『若きヘーゲル』下巻141頁）。

として理解しうる。

そしてヘーゲルは，その次に，個人が相互承認によって自己の概念を確実なものにしえた状態としての「人格」，およびその意志が普遍化したものとしての「人倫一般」，「法」を措定し，その法の「直接的定在」として再び家族を扱う（vgl. S. 227）。ヘーゲルは言う：「個人は，直接的には自然的な全体として法則の内にある，すなわち個人は，家族としてある。個人は，自然的全体としてあり，人格としてあるのではない。人格へは，後で成長していくのである。個人は，直接的に承認されてあるものである。個人は，愛によって結ばれたものである。」（S. 227）

したがって「主観的精神」における家族と「現実的精神」における家族との論理関係がまず問題になるが，これは次のように考えるべきであろう。すなわちヘーゲルは，相互承認によって自覚的な精神が形成される2段階を区分する。第一段階は，前者の家族の内における形成である。そこでは労働によって個人が自然から解放され，かつ家族員として相互に承認しあっている。第二段階は，「自然状態」における「承認をめぐる闘争」である。ここでは最初の個人の相互関係がヨリ広い規模で，ヨリ確実なものとして完成され，個人の概念すなわち自己意識が法に結実する。[94]

つまり，「現実的精神」における家族は，前の「主観的精神」における家族とは視点を異にして一つの法的制度としての面からとらえられた家族である。したがってここでは家族員の直接的な相互関係でなく，法律制度を媒介にした相互関係が問題となる。それは『法哲学』の§159，§161と連関するものであろうが，この『実在哲学』で初めて，家族における自然的な（直接的）関係と法的関係とが区別して論じられるのである。したがってこの『実在哲学』では婚姻法，相続法なども扱われ，ヘーゲル家族論の内容がヨリ具体化し始め，家族法論への方向性が生まれている。

『実在哲学』では，家族共同体の思想，とくにそこにおける「全体性」と「個人」の問題は，それ自体としては新しいものではない。しかし，この問題がここで重要なのは，そこにおける国家観についてである。既に見たように，この

---

*94）　Vgl. Jürgen Harbermas, *Technik und Wissenschaft als Ideologie*, 1968, S. 146 f.

手稿ではヘーゲルは個人意志から出発した。それは，法を措定するのに近世自然法論と同じように「自然状態」を前提させていることからも明らかであった。かくして婚姻は，個人の内発的な愛を媒介として構成される。「個人は，自然的全体性としてあり，人格としてあるのではない」とされたが，その家族的結合は，まさに個人の内発的な愛による結合であったのである。それでは，国家はどう構成されるか。すなわち国家の存在論的解明をヘーゲルは，この手稿でどのようにおこなっているか。

　ヘーゲルは，婚姻論においてと同じく国家論においても，もはや契約説は採らない^{*95)}。といって，フランクフルト期のごとく「愛」を国家の構成原理とはしない。国家における個人は，今や自己意識的な理性的存在であり，その限りで感性的・自然的な家族的結合とは異なっているからである。そこでヘーゲルは，普遍意志（der allgemeine Wille）を措定するのであるが，このことは次のような帰結をもたらす：

> 「普遍意志は，まず個別意志から普遍的なものとして形成される。したがって個人の意志が，原理であり要素であるように見える。しかし普遍意志こそが，第一者であり本質である。（欄外註──アリストテレスは次のように言う，自然に従えば全体が部分より先に存在する）。したがって個人は，自己自身の否定によって，言い換えれば外化（Entäusserung）と陶冶（Bildung）によって，普遍にならねばならない」（S. 245，傍点引用者）。

　ヘーゲルはこの普遍意志を体現するものとして，さらに，偉大な人物（der grosse Mensch），すなわちすぐれた統治者（君主を含む）を初めて肯定的に評価しつつ，次のように言う，「しかし，偉大な人物は，他の者たちが自分たちの主と呼びうるような或る種の特徴を備えている。すなわち，他の者たちは自己の意志に反して偉大な人物に従うのであり，偉大な人物の意志が，かれらの意

---

*95）「国家は個人を要素として構成せられると考えられる。かく考へるならば，国家契約説が肯定せられざるを得ぬ。彼〔ヘーゲル〕自身も国家を以て市民社会と同一視して居たベルン時代にはこれを承認して居たが，ドイツ憲法論や人倫哲学を通じた彼には最早この承認は不可能である。〔……〕（そのことは）国家が個々人の集合ではなく，個々人から独立なるひとつの個体であり，かかる個体として個々人を権力的に同一づけざるを得ないことに基づくのである」金子（前掲注74）『ヘーゲルの国家観』282-283頁。

志に反してもかれらの意志である。言い換えれば，かれらの直接的な，純粋な意志が，偉大な人物の意志であり，かれらの意識された意志は，偉大な人物の意志ではない」（S. 246）。

以上のように見てくれば，イエナ後期のヘーゲルでも「国家」における「全体性」と「個人」の関係は，個人が，自分の自立性を全面的に否定するところに成り立っている。ここでは，ルカーチの言う「保存の契機」は見いだされない——個人が統治に参加することによって全体性を形成する方向も語られているが。

個別性（ここでは特殊性のこと）自身の成長運動によって普遍的全体性が形成せられるべしとするイエナ後期の志向は，このようにその国家論においては成功していない。同時期においてヘーゲルは，一方でシェリンク（Friedrich Wilhelm Joseph von Schelling, 1775-1854）の同一哲学を批判しながら，他方で国家論においては，（アリストテレス的な）目的論的方法に依存することによって，絶対性をそのまま論理の出発点にまず置くのである。個別者の自覚による普遍性へのプロセスが出されてはいるが，そうした展開は，実は普遍者が自己を実現していくプロセスであり，このためそうした過程の最後に来るカテゴリーは，まったき完全者（もはやその内に発展の契機すなわち矛盾を有さぬもの）でなければならない。このようなものとしてその完全者は，それに至るプロセスにおける，叙述上先行する諸カテゴリーとは絶対的に異質のものとなり，完全者との間には無媒介性，飛躍，個の自己否定が必然となる。そうした完全者が，共同体については国家であった。

国家が重要であることを，自立的個人から出発しつつもその自立内在的とどう構成するかという鋭い問題をこの『実在哲学』で初めて客観的に提起しながら，結局のところヘーゲルは，ここでの国家論では，依然としてアリストテレス的な伝統的方法論，およびベルン期，イエナ前期の古代共和国の理想化から，[*96]

---

*96) この点については次の指摘を参照。「ヘーゲルが最初に，個と普遍との直接的結合としてポリスを範型に出発し，近代意識を鋭くするにつれ，近代的な，自己を知り尽くした人間（彼の心理学の頂点）としての，自由な精神を国家の担い手として，人倫の精神の展開を出発させるに当たつて，なおすでに古代die Antikを滅び去ったものとals unwiederbringlich vergangen見倣しながら，根底では古典的古代国家からの影響を完全↗

真には解放されていないのである（そしてこれは，以後『精神現象学』等でヨリ強まる傾向性であった）。

　『実在哲学』のこの方法こそ，ヘーゲルの客観的観念論の立場を確定したものであり，それはヘーゲルの体系のみならず，かれの弁証法までをも規定して[*97]しまい，かれが意図したところの，近代的な主体的人格を前提しつつも形成せられるべきものとしての人倫的な国家を，ヘーゲルはここでは最後まで論理化しえなかった。[*98]

　　　以上のような『実在哲学』に対して，①『精神現象学』の家族は別種の特色を有している。ここでは家族が「真の精神，人倫」の内で扱われ，「自然的な人倫的共同体」と規定されている。しかし人倫的なものとしては精神的なものが本質的だとされ，感覚や愛の要素，すなわち夫婦・親子関係が中心でなく，『アンチゴネー』にならって兄妹の関係が中心とされる。②これに対し1809-11年の*Philosophische Propädeutik*では家族は「自然的社会」とされ，感情，衝動，本能が中心で「意識的分別の形式は欠如している」（§23）と見られている。③『法哲学』の体系構成が整備されるのは，1817年の『エンチュクロペディー』においてである。しかし，内容の詳しさからいっても，また「市民社会」との関係におけるその内容の近代性からいっても『法哲学』の家族論は，『エンチュクロペディー』のそれを超えている。

　　に脱けきれず，いぜんとして彼は，人間をpolitisches Lebewesenと見る考えを棄てずに，『法の哲学』に持ちこんでいると考えられる」。山崎照雄「ヘーゲルにおける「市民社会」の概念」（三田哲学会『哲学』1965年2月）268頁。

*97)　村上嘉隆は，この点について次のように言う，「私見によれば，ヘーゲルは，特殊と特殊との対立，この対立の統一による普遍性の形成という弁証法に対して，普遍性が始源から終末へと自己展開していく過程を対置しているのである。この場合，ヘーゲルの論理となったものは，即自的普遍性の対自的普遍性への転化，この転化の過程での特殊性との媒介，具体的普遍性の形成という仕組に他ならない。潜在的普遍性が顕在化するという論理が，対立の中から普遍性が形成されるという論理に対置されているのである。」（（前掲注68））『全体性と個性的個人』78頁）。

*98)　われわれがこのように言うことは，ヘーゲルが人間の社会的存在性，本質的な類的存在性を発見したこと自体の偉大さを否定するものではない。このことについては後に論ずるつもりである。それにもかかわらず，この発見が個人の全体性への没入を無媒介的にもたらす，そういうヘーゲルの考え方をわれわれは問題にする。人間存在が必然的に社会と深く関わるとしても，それがかれが自由・自立であることを弱めるものではないのである。

3.4.3 『法哲学』における家族の構造

　既に見たところから明らかなように，ヘーゲルは『法哲学』において，相互に孤立した個人を2回，共同体に組み込んでいる。最初は，「抽象法」および「道徳」からとらえられた「直接的個別性」としての個人が，「家族」に統合されていく場合である。次は，「市民社会」という差別態（経済競争の社会）の内にあって利己的・特殊的となった個人が，「国家」に再統合されていく場合である（さらにその「国家」に入る前の「市民社会」の内でも，共同体的な紐帯として，「司法」と「福祉行政」がある。また「家族」，「国家」と並ぶものとして，『法哲学』で初めてヘーゲルが論じた「職業団体」（Korporation）がある。この職業団体については，紙幅の関係上，本章では論じない）。

　ヘーゲルは『法哲学』においても，個人は「愛」を媒介項にして「家族」を構成し，しかもその際，諸個人が自己の主体的な意志にもとづいて結婚し家族を形成していく，とする。このことによって，ヘーゲル的家族では，個人（夫婦）は，自由・平等でありながらも相互に緊密に結びついているとされる。このような主体性と「愛」の結合構造には，ヘーゲルの統合の「弁証法」が出ている。これに対して，「市民社会」における利己的個人が「国家」に移行する場合には，これとは異なる。すなわちここでは，個人が「国家」を主体的に形成するというものとはなっておらず，「国家」が実は先に存在しそれが自らを実現するのだとして，一種の論理の飛躍がおこなわれる。このためここでは，「国家」が個人を包摂してしまう[99]。

　先にも見たようにヘーゲルは，アリストテレスの『政治学』や近世自然法論の伝統的体系構成にしたがって，自然状態（「抽象法」）→家族→村落（「市民社会」）→ポリス（「政治国家」）の図式を取り入れながら，それにかれ自身のトリアーデ（弁証法の論理）にもとづいた独自の内容を付与している。加えて，ヘーゲルの市民社会論は，かれがアダム=スミスらのイギリス経済学を勉強し，ドイツ等の近代社会の展開を体験しそれを反映したものとして，思想史上におけるそ

---

*99)　リーデルは言う，「『法哲学』がこの箇所で，国家から分離し国家と混同されるべからざるものとなった「市民社会」自体に関する，『法哲学』によって発展させられた理論を，再び後退させていっているのは明らかである」（Manfred Riedel, *Bürgerliche Gesellschaft und Staat*, 1970, S. 78）。

の決定的な近代性を指摘されている。[*100)] そして家族は，市民社会を構成する要素であり（§181），また市民社会のその内部の現象として家族が扱われている（§238）ことから明らかなように，現実において市民社会の構成要素としてある。それゆえ家族は，市民社会の近代的性格を反映して近代的性格をもつ。ヘーゲルにおいて家族は，カントにいたるまでの（その後もテンニエス等にも見られる）「家」的共同体の性格，とくに強力な家父長権と，主人＝僕婢の関係等が消滅している。ヘーゲルの家族は，今や純粋に夫と妻，および両者とその間の子供との関係に帰着するのであり，この近代的単婚小家族が自覚的に「家」的全体性と対置されている。

　ここでは以上の2点，すなわち，ヘーゲルの家族における弁証法的共同体性の論理，および，ヘーゲル家族論の近代性，の2点から，ヘーゲルの「家族」を分析する。

(1)　夫と妻の関係

　まず夫と妻の関係から検討していこう。グロティウス，ホッブズ等に見られた，婚姻締結の際に妻が夫へ服従するとの合意は，ヘーゲルにおいては消滅している。ヘーゲルが強調するのは，夫婦が，それぞれ個人として有している「一個独立の人格」を婚姻によって相互に結合させて「一人格を成そう」と合意する点である。ヘーゲルは，この点で（「愛」をめぐる）両性の平等性と主体性を重視している。

---

*100)　こうした「市民社会」は既に見たとおり，ヘーゲルがイギリス古典派経済学の研究を本格的に始めたイエナ期にその原型を見るが，それが体系的に完成したのはやはり『法哲学』においてである。思想史的には既に見たように（アリストテレス『政治学』の構成や）ルソーの『人間不平等起源論』等にその原型を見るが，脱政治化された性格として体系化されるのは国法学者のシュレッツァー（August Ludwig von Schlözer, 1735-1809）を経てヘーゲルにいたる段階である。シュレッツァーについては，栗城寿夫「十八世紀ドイツ国法理論における二元主義的傾向　6」（大阪市立大学『法学雑誌』第14巻1号47頁以下，1965年）参照。但し，シュレッツァーにおいては家族は，まだ家父長制的性格が濃い。また，M. Riedel, Hegels Begriff der "Bürgerlichen Gesellschaft" und das Problem seines geschichtlichen Ursprungs, *Archiv für Rechts- und Sopialphilosophie*, Bd. 46 (1962), S. 539 ff.。ヘーゲルの「市民社会」の近代性については，城塚登『若きマルクスの思想』（勁草書房，1970年）257頁以下。これらの「市民社会」とドイツの近代化との関連については，村上淳一（前掲注28）「ドイツ『市民社会』の成立」を参照。

確かに『法哲学』でも，妻に対し夫は優越的地位にある。たとえば夫は，「法的人格としての家族を他人に対して代表」(§171)する。さらに，ルソーの『エミール』，カントの『人間学』およびフィヒテの『自然法』での傾向と同様，男女の「自然的被規定性」の相異は，相互の「理性的本質」の相異と無自覚的に直結され，「倫理的な意義」を付与されている(§165)。これは，とりわけ家族内外および精神面での，男性の理性性・活動性と，女性の感性的性格・受動性の関係として問題になる(§166)。ヘーゲルは言う，

　　「だから夫は，おのれの現実的な実体的生活を，国家や学問などにおいて，またそのほか，外界やおのれ自身との労苦に満ちたかかわり合いや戦いにおいていとなみ，その結果，もっぱらおのれを二つに割ることからだけおのれとの独立的な合一を闘いとるのであって，この合一の安らかな直観と感情的な主観的倫理とを，かれは家族においてもつのである。ところが妻は家族においてこそ実体的本分をもち，こうした恭順 (Pietät) のうちにおのれの倫理的心術をもつのである」(§166)。

　この箇所でソフォクレスを引用していることから明らかなように，夫婦の実体的関係に対するこうした見方において，ヘーゲルは伝統的な女性観を脱却してはいない。また，「男女両性の自然的被規定性」における自然的要因と社会的要因との区別，およびそうした「自然的なもの」と「自由，精神的なもの」との区別も，ここでは「国家」における両者の区別のようには徹底していない。
　しかし，この夫婦の関係像に伝統性・家父長制家族の反映のみを見るのも，一面的である。後に見るごとく『法哲学』では「家族」は，一般に「国家」との政治的関係を喪失してしまっており，夫は，一つの政治的社会としての「家」の長ではない。家族の機能は経済的・文化(教育)的なものに限定されており，夫の役割も主として経済面に限定されている。ヘーゲルは言う，

　　「さらに彼〔夫〕にはとくに，外にでて所得を手に入れ，家族のもろもろの要求に対して配慮し，なおまた家族資産を配分し管理する役目がある。この資産は共同の所有であり，したがって家族のどの成員も特別の所有はもたないが，どの成員もこの共同のものに対する権利はもっている。」(§171. 傍点引用者)。

　この引用および先の§166の引用から明らかなように，ヘーゲルの家族はもはや，ヨーロッパ中世の家族思想を規定した，農業生産を軸にして自給自足経

済を営む「家」的家族ではない。この点はあとの(5)で扱うが，ヘーゲルは，次のように農業経営自体の形態変化をとらえるとともに，そこに残っている家父長制を鋭く指摘し，『法哲学』の「家族」がそれとは異なる「第二身分」(「商工業身分」)に見られるものに近いことを，示している。

　「現代では農業経営は，工場のように反省的方法でも行われるので，その場合農業は，その自然性とは相容れない第二身分の性格を帯びる。しかしそれでもやはりこの第一身分は，ますます家父長的生活様式と，こうした生活につきものの実体的心術とをもち続けるであろう。」(§203 Zusatz)。

　この農業経営の合理化（および経営の統一），それに伴う家父長制の強化については，あとで**3. 5. 4**において見る[101]。しかも商工業身分の家族構造を見ても，カントに見たような主人・徒弟関係がヘーゲルには存在せず，したがって今日的カテゴリーでの「勤労者家族」に当たる構造を示している。ヘーゲルが『法哲学』で対象とした家族像がこのようなものである以上，上述した夫婦関係も，そうした家族の状況を反映していると考えられる。すなわち，妻の夫への従属が，直接の政治的意味を失いはしたけれども，依然として妻が家庭内に閉じこめられており，かつ充分な教育をもそのために受けることなく，もっぱら家事にのみ従事していることに。つまり，主婦婚・妻の経済的従属が，ここでは主軸なのである（したがってその従属は，ヘーゲルにおいてもはや法に反映していない。夫婦財産，家族財産は，平等の権利にもとづく共有制であり，§180に見られるように，娘や妻もまた，平等な相続権を保障されている）。

(2)　親子関係

　既に何度か述べたように，ヘーゲルは，子供を夫婦の「愛」の一体性が結晶したものだとする（vgl. §173）。このことから親子の関係は，もはや権力的な支配従属の関係ではなく，センチメンタルな「愛と信頼と従順」(§175)の関係となっている。子供は，それ自体としては独立した人格であり，成長して即

---

*101)　農業経営の合理化が要請する家父長制については，フランス革命期農民家族の家父長制に関して，稲本洋之助「ナポレオン民法典（1804年）における家族法」(『社会科学研究』12巻2号，1960年)；青山道夫『現代の家族法』岩波新書，1964年，55頁以下；有地（前掲注37)）『家族制度研究序説』363頁を参照。

且対自的に自由な人格となるための教育を受ける権利を有している。子供が親に服し奉仕するのは，この教育の一環としての限りでのことにすぎない。ヘーゲルは言う，

　「子供は即自的に自由な者であり，その生命はひとえにこの自由の直接的現存在にほかならない。だから子供は他人にも両親にも，物件として所属するのではない。」（§175）。
　「人間はあるべき姿を，本能的に備えているのではなく，努力によってはじめてそれをかちとることができる。教育されるという子供の権利はこのことに基づいている。〔……〕だから，子供に奉仕を要求することが許されるのは，奉仕が教育だけを目的とし，教育に関係しうる場合だけである。奉仕が教育との関係をぬきにして，ただそれだけでなにか重要なことであろうとしてはならない。というのは総じて最も非倫理的な関係は，子供を奴隷にする関係であるからである。」（§174 Zusatz）。

　ここにはカント，フィヒテにすら見られた，家父長権に対する子供の従属性は，存在していない。このように見てくれば，ヘーゲルにおける家族共同体が，すなわち「即自かつ対自的に存在する本質性としてのこの一体性」（§158）が，その全体性の内における個人の人格の尊厳・主体性と対立させられていないことは明らかである。

　なお，こうしたヘーゲルの子供観は，かれの人格論一般にもとづくものであるが，また当時の近代家族の親子関係をも反映しているようである。ヘーゲルにおいては，子供は成人すれば早々に経済的・精神的に両親を離れていき，「家」的紐帯はもはや疎遠なものとなっている。「概して子供は，親が子供を愛するよりは親を愛さないということである。というのは，両親は子供において自分たちの結合の客観的対象性をもつのに対して，子供は自主独立に向かって近づいてゆき，強くなり，それゆえ親を後にするからである」（§175 Zusatz, vgl.§177），と。

　以上の(1)・(2)の2側面からは，ヘーゲルの『法哲学』においては家父長権の消滅が著しいことが分かる。既に見たように「外的で仮象的」なものとしてではあれ，家族における「支配隷属関係」を認めていた『人倫の体系』から『哲学入門』にいたる家族像と比較しても，『法哲学』の家族構造の近代的性格は，決定的なものとなっている。[102]

第3章　家族をめぐる「全体性」と「個人」：ドイツ観念論法思想の一断面　133

(3) 超個人的・旧団体的「家」の否定

　ヘーゲルは，家族的結合の内では，個人はもはや「一個独立の人格としてではなく成員として存在する」旨を述べている（§158）。しかしここにおける「法的人格としての家族」（§171）は，もちろんかつての「家」的団体性としてのそれとは，原理をまったく異にしている。この点は，ヘーゲルの「国家」が過去の国家的結合原理にその全体性を求めているのとは対照的である。ヘーゲルの「家族」では，超個人的な（その内では個人が無に等しい）全体性が，抽象的全体性であるとして否定される。

　　「封建法の時代においても，「家門の威信」を維持する必要上，男の成員だけが家族員に数えられ，家族の全体性こそ枢要とみなされたのであって，これにくらべると新しくつくられた家族は見る影もないものであった。しかし，それにもかかわらず，各新家族こそ血縁関係と言うより広い繋がりに比べていっそう本質的なものなのであり，夫婦と子供こそ，ある意味でこれまた家族と呼ばれているものに対比して，家族の本来の核をなすものである。」（§172）[*103]

　ヘーゲルは，その理由を「愛」の感覚性・現象性に求めている：「婚姻の倫

---

*102）　ここで本章で問題にする，家族と家族思想史上の家族像をまとめておく。それらは，次のような図式になる。
〔Ⅰ〕Grossfamilie（大家族）
　（ⅰ）Vollgrossfamilie（完全大家族。親子3代および傍系親族＋奴隷，従僕で構成。家族団体（Korporation）が構成員を全面的に吸収している）——〈フランク時代および中世前期〉
　（ⅱ）Verbandsgrossfamilie（親族大家族。親子3代および傍系が結束して構成。家族団体性は強い）——〈中世後期〉
　（ⅲ）Wirtschaftsgrossfamilie（経営のための大家族。単婚小家族と従僕で構成されている。団体性は薄れていく（注101））が，家父長制が強い）——〈中世後期〜近世〉，ルター，近世自然法論（ホッブズ，プーフェンドルフ，ロック，ヴォルフ），カント
〔Ⅱ〕Kleinfamilie（小家族）
　（ⅰ）patriarcharische Kleinfamilie（家父長制小家族。単婚小家族と再編された強力な家父長制）——〈近世〉ルソー，フィヒテ
　（ⅱ）Kernfamilie（核家族。単婚小家族の保族的結合生活）——ヘーゲル
　　以上は図式化であって細部にニュアンスは残る。なお家族思想史上，傍系親族・親戚関係はほとんど問題にならないようで，〔Ⅰ〕の（ⅲ）が近世次前の思想史上では支配的である。
*103）　このFamilieとHaus（familleとmaison）の区別は，ナポレオン民法典の編纂をめぐって論争となっている。有地（前掲注37））『家族制度研究序説』350頁。

理的契機である愛は，愛である以上，現実の現にいる諸個人に対する感情であって，抽象的観念に対する感情ではない。」（§180），と。だが，既に見たように「愛」の関係は，家族にあってはまた反省の契機を媒介した自覚的・安定的なものであり，その意味でヘーゲルの「家族」は理性的な関係でもあるわけだから，「家」の否認の根拠は，たんに「愛」が観念性にはなじまないという，いわば「愛」のもつ限界性にあるのではなかろう。ヘーゲルが「家」的全体性を否認するのはむしろ，そうした形の旧い全体性が家族員としての個々人の人格性・主体性に合わない，とかれが見るからである。

この意味でヘーゲル家族思想における「超個人主義」（「全体主義」）的性格は，ラートブルフ的理解におけるそれではなく，むしろ加古祐二郎・松坂佐一的理解，すなわち「個人主義的家族思想」の弁証法的止揚（各人が主体性を維持した）であるとの認識において，位置づけられねばならない[*104]。それは，復古でもなければ個人主義の全否定による全体性への拝跪（自己没入）でもなく，個人の人格的発展のための共同体関係をめざす性格のものなのである。ヘーゲルの家族では，全体性は個人に先行するものとして超越的に存在しているのではなく，個人自身の主体的な団体形成意志の産物としてある。個人自身もまた，相互の共同体的結合においてしか自己を保持しえず，団体生活を通して成長していくことが期待される者としてある。このように即且対自的な，すなわち自覚的な，個人と，それが構成する全体性とが，ヘーゲルの家族において具体化されている。この点からして，「全体主義」・「超個人主義」のカテゴリーは，ヘーゲル家族論の弁証法的原理性を正確に表示するものとは言えない[*105]。

---

*104)　松坂（前掲注18）「婚姻の性質」76頁以下。

*105)　松坂（前掲注18）「婚姻の性質」は，ヘーゲルの家族論をジーベルト（Wolfgang Siebert, 1905-1959），ラレンツ（Karl Larenz, 1903-93）ら新ヘーゲル主義者たちの家族論をともに「超個人主義」のカテゴリーで扱っている。ヘーゲルと新ヘーゲル派の関係については別の機会に検討したいが，家族論について言うと，新ヘーゲル派は，まず全体性・共同体性を所与のものとして先行させる。例えばラレンツは，ヘーゲルを次のように解釈する。「統合とはヘーゲルにとつては，特殊性を具体的普遍性——特殊性は初めから普遍の中に含まれている——の中に止揚することで，即ち普遍的精神の個人における現実化であり，実体の展開を意味するのである」（Larenz, *Rechts- und Staatsphilosophie der Gegenwart*, 1935, 『現代ドイツ法哲學』大西芳雄・伊藤満訳，有斐閣，1942年，177頁）。したがって，個人の自由との関係においても全体が個人を支配する。「自由の本質は恣意↗

ヘーゲルの「家」批判は，かれの相続論にも出ている。ヘーゲルは，相続人補充指定や家族承継的信託遺贈によって家族や世襲財産（Familienfideikommiss）を残したり，長子相続を法定したりすることには，「所有権の自由の原理を侵害するもの」として，かつ「家」思想の現れであるとして反対する（§180）（しかしながらヘーゲルは，グロティウス以来の自然法論とは異なり，所有権の自由のひとつとされてきた「遺言の自由」を無前提に認めるわけでもない。この点は後述する）。

(4) 家族と国家との関係

　既に見たとおり，ヘーゲルにあっては「感情の圏」としての「家族」は，「理性の圏」としての「国家」とはもはや直接的な連関性を有してはいない。「家族」は，脱政治化された「市民社会」を介して「国家」と関係する以上，「家族」における個人の存在が国家から直接的な規制を受けるものではない。M.リーデルの言葉を借りれば，「家族は国家に対し，「材料」（Material）の位置にある」（vgl. §262）。すなわち家族の社会的役割は，人間を再生産するとともに，教育（§§173-175）によって人倫的感情や意識を身に付けさせ，国家生活の準備をするという点に限定されている。ひとことで言うならば，ヘーゲルより前においては家族は，「家」としてそれ自身国家的存在の一部分ではあったが，今やそれは，家族の私的領域において個人を育て教育する制度であるにすぎない。[106]　この

的な選択ではなくて，本来の普遍，即ち共同体のための決断である」（同160-161頁）。この考えがジーベルトの「人法的共同体」にも妥当するから，家族的共同体の内にあっても新ヘーゲル主義者では個人の自由は，それ自体としての意味を有さない：「かかる人法的協同体を創設する自由は，契約におけるように，法律関係の内容に効果と存立とを付与する根拠たるものでなく，『その本質はまさに秩序の中に構成員として入り込むことの自由であつて，かかる秩序の内容と効果とは当事者の意思よりも一層高い平面にあるものである』」（松坂（前掲注18））「婚姻の性質」74頁参照。傍点は引用者）。即ち，新ヘーゲル主義者たちは——ヘーゲルの家族論におけるとは異なり——家族は，個人が形成していくものとしてではなく，所与のもの，個人に先行するものとして，とらえている。われわれが何度も問題にした「全体性」と「個人」の弁証法的関係は，ここにはない。もっとも，新ヘーゲル派のこの共同体観は，ヘーゲルが「国家」においておこなった，国家を個人に先行させる議論に似ているとは言える。

[106]　M. Riedel（Fn. 99），*Bürgerliche Gesellschaft und Staat*, S. 21. なお，ローデンツヴァイクは，このようなヘーゲルの家族を，国家の外の構成体（außerstaatliche Gebilde）と呼ぶ（Franz Rosenzweig, *Hegel und der Staat*, Bd. 2, 1920, S. 113）。

ように、家族は今や脱政治化され、国家の基盤でなくなった。しかし家族はヘーゲルにおいては、国家の人倫的基盤として重要な意味をもつ。『法哲学』の体系において「家族」は（「職業団体」と並んで）、「市民社会」中の「抽象的人格」としての個人（私的所有に規定された利己的存在）を、共同生活を通じて倫理化し、「国家」を担える公共性をもった存在へと成長させていく役割を有している[*107]。

　このことはまず、家族における「資産」の効果として現れる。この点についてヘーゲルは、次のように言う。「抽象的所有におけるたんなる個々人の特殊的要求という恣意的契機と、欲望のエゴイズムとは、ここでは共同のもののための配慮と取得に、すなわち倫理的なものに変わる。」（§170）

　このことは、所有が個人的なものから共同体的なものに移行した場合にのみ見られるものではなく、ヘーゲルの「家族」においてはさらに、この倫理的効果が、家族内における個人の所有においても働く。これこそが、ヘーゲルの相続論のポイントである。ヘーゲルにあって相続とは「事実上の共同資産が個人のものとしての占有になること」（§178）であるが、既に見たように、この個人財産の処分に当たっても、家族においては家族員全体への配慮が必要とされる。ヘーゲルは、所有権の絶対性の一態様と見られてきた遺言処分の自由について、次のように批判する。「遺言する恣意の権能の法的な承認は、ますます容易に倫理的諸関係を毀損する誘因になり、また卑劣なあがきやまさにそうしたたぐいの隷属的関係を生みだす機縁になる」（§179）。遺言処分の自由は、遺贈に際して遺贈者が虚栄にかられたり、遺贈を受けるために家族内外の人間が遺贈者に媚びたりするなどの、非倫理性を生み出す、とヘーゲルは考えるのである。したがってヘーゲルは、遺言の自由に対置するものとして家族員間での平等な相続権を強調する。「こうした恣意はそれだけでは、家族の権利そのもの以上に尊重されなければならないようなものは何一つ含んでいないのであ

---

*107）　この点については『歴史哲学』にも、同様な主張が見られる。「それ自身が元来人倫的であるような個人（なぜなら、個人は人格としてはそうでないから）、自分を全体とひとつのものと感じるようなシッカリした基礎を国家のために提供するような個人を、国家がその人民とすることができるのは、ひとえにこの家族の敬愛心のおかげなのである」（武市健人訳、岩波文庫、上巻117頁）。なお、Marcuse (Fn. 42), *Studie über Autorität und Familie*（*Idee zu einer kritischen Theorie der Gesellschaft*, S. 107 ff.）参照。

第3章　家族をめぐる「全体性」と「個人」：ドイツ観念論法思想の一断面　137

って，逆に家族の権利の方が尊重されなければならないのである。」（§180）。ここでヘーゲルは，フランス民法（Code Civil）的な法定的均分相続に近い立場をとるのであった。[*108]

だが，このような「家族」と「国家」の倫理性をめぐる体系的関係は，「家族」を「国家」に全面的に従属させることを意味するものではなかった。既に見たように，ヘーゲルにあって「家族」は，「国家」よりも体系上では下位に属するものとされてはいる。しかし家族は，当事者の内発的な「愛」による結合であり，外からの強制には親しまない共同体である。家族が社会で倫理的な役割を果たすとヘーゲルは考えるが，それも家族内発的なものである。すなわち，① 家族における財産関係（資産）がもつ共同性は，「愛」による結合を反映しており，② 家族における教育は，「あるべき姿」に成長したいという子供の根源的意志に根ざした，子供の「教育を受ける権利」を反映している（公教育としての教育さえヘーゲルにおいては，国家ではなく市民社会の自治的事業に属している（§239））。

ヘーゲルの『法哲学』の「国家」の部分のみを見て，あるいはそれを思想史上の前史との関係で正しく位置づけないで，またヘーゲルの弁証法的思考と切り離して体系上の位置のみから見て，ヘーゲルの家族思想をファッシズム的全体主義のそれと無媒介に結合させるような従来の考え方は，排されなければな[*109]

[*108]　この点については，稲本洋之助『近代相続法の研究』（1968年）の8頁以下の分析との対象で考えると興味深い。ヘーゲルは，遺言の自由をむしろ家父長権にもとづく前近代的な制度とも見ており（*RPh*, §180），法定均分相続や遺留分制度を近代的（相続人の権利を守るから）と考えていた。

　　なお以上のようなヘーゲルの考え方は，既にイエナ後期に見られる。『実在哲学』においてヘーゲルは，まず遺言の自由そのものは肯定しつつ，次のように帰結させていく。「個人は，また純粋の人格であるから，かれの財産があればかれはそのような所有者としては普遍的である。かれは，死滅しない。〔なぜなら〕かれの財産が動くのは，かれの明示された意思による〔から〕。〔……〕しかし，自己の財産に対するこのような処分は，相続財産（Erbschaft）に矛盾する。この矛盾は，絶対的な方法で調停されることはできない。むしろ，人は，他者によってある規定せられた方法〔に従ってのみ処分しうるように〕限定されねばならない。遺言書における非常識な恣意は，たいして重要な効果を生じない。」（Fn. 91, *Jenaer Realphilosophie*, S. 230）

[*109]　例えば有地亨は，次のように言う，「ヘーゲルは一九世紀初期ドイツのブルジョワジーのイデオロギーと国家にたいする全面的な讃美とを融合し，家族の本質を二つの人↗

らない。

⑸　近代的家族の「崩壊」の方向性

　ヘーゲルは「市民社会」のなかで「家族」と「市民社会」との関係を扱っている（§238以下）。そこにおいて顕著なことは，従来「家」が担ってきた教育や扶助が，「家」の外の公的（「市民社会」的）な社会が担うものに変わりつつある事実である。家族は，「市民社会」で活動する諸個人の形成と安らぎの場（いわゆる「保族生活」の場）として位置づけられてもいる（§166）。しかし「市民社会」[*110]がもつ分裂化の力は，結局そうした「市民社会」の存立基盤たる家族をも自己の論理に組み込んで規定してしまう。ヘーゲルは言う，

　　「市民社会は，個人をこの家族的な絆から引き離し，家族員相互の仲を離間させ，そしてかれらを独立の人格として認める。さらに市民社会は，個々人が自分の生計の資を得ていた外的な非有機的自然である父祖の土地の代わりに，市民社会自身の基盤をおき，家族全体の存立さえをも市民社会に依存させ，偶然性に支配されるものにする。こうして個人は，市民社会の息子になってしまっており，個人が市民社会に対して権利をもつのと同じ程度に，市民社会も個人に対して要求をもつのである。」（§238）。「しかし家族は，市民社会では従属的なものであって，ただ土台を据えるだけである。家族の力の効く範囲はもはやさほど広くはない。これに反して，市民社会は巨大な威力であって〔……〕」（§238 Zusatz）。

　「市民社会」に規定せられた「家族」は，「家」的に完結した団体ではもはやなく，新しい「性愛家族」である。このような様相が農業生産の拠点たる土地

格融合の人倫的実態たる婚姻に求めながら，家族は国家なる人倫的意志の論理的最高の形態に発展する論理弁証法的段階の一つと認識している。〔……〕かような家族の親密な集団性を否認する理論が二〇世紀の危機の時代に全体主義のファシズムと結びつき，個人の利益を犠牲にして国家にたいする無条件の忠誠を強要したことはまだ記憶にあたらしいものである」（前掲注37）『家族制度研究序説』420頁）。もちろん，ヘーゲルにいわゆる「全体主義」の要素がまったくないわけではないことは，既にかれの国家論について述べた。しかし，この点についてもヘーゲルが真に主張したかったのは，個人がその人格を現実的に発展させうるのは，共同体に属し共同生活を重ねることを通じてであるという事実であり，単なる全体性の強調や，また詭弁であったわけではない（この点は「まとめ」で見る）。

*110)　来栖三郎「民法における財産法と身分法」（『法学協会雑誌』60巻11号，1942年，1779頁）。

を失った家族に始まることは，既に述べた。家族のこの変化を，ヘーゲルはとらえていたのである。この「家族」はさらに，「性愛家族」をもたらした当の「市民社会」の力，すなわち初期資本主義の発展法則によって，同時に「偶然性に支配されるもの」に変えられてしまう。ヘーゲルはこの，家族の解体の危機をも予見していたのであった。[*111]

3.4.4　3.4のまとめ：ヘーゲルの家族論における「全体性」と「個人」

　以上のように考察してくると，ヘーゲルが家族共同体論の立場から展開した家族が，家族史・家族思想史上きわめて新しいものであることが判る。それは，近代市民社会段階における家族であり，単婚小家族の親密団体であった。

　考察の素材として設定した現実の家族がこのようなものとしてあったがために，ヘーゲルがおこなった家族の共同体的把握は，フィヒテとまったく異なって，その内での「全体性」と「個人」の関係を，弁証法的な関係として呈示しえた。すなわち，自由な個人は，他者と有機的に結合し（婚姻という有機的共同体を成立せしめ）一体性を成すことによって自己を成長させる。このヘーゲル的な新しい家族共同体においては共同性は，全体性への個人の埋没としてあるのではなく，逆に個人がその全体性のなかで主体的結合によって全体性を自ら形成し，そのことによって自分自身をも成長させていくところにある。

　それゆえヘーゲルは，抽象的普遍としての（個人を正当に位置づけない全体優位の）「家」を批判する。ヘーゲルにおいては全体性とは，自立した個人が仲間とともにいること（普遍性）の必要性を自覚し，それを内発的・主体的に現実化しようとするところにある。もともと特殊性の契機（自己中心性）しかもっていなかった者が共同性を通じて公共的意識をもった主体に高まった状態

---

*111)　例えば次のような今日の家族状況に，ヘーゲルの家族像がよく照応している。「社会的生産の場で疎外される人間性を回復する『いこい』の場として期待される近代家族は，こうして不断に資本主義社会機構による家族（夫婦）破壊の危険にさらされているのである。」「夫婦関係は，その封建制的家族制度的桎梏を排除したとき，全人格的愛情的結合の本質を回復・取得したはずであったが，これをして封建的桎梏を免れしめたその当の社会的関係は，資本の圧力により，その愛情的結合それ自体をも人間疎外の手段と化したのである。」（深谷松男「夫婦扶養の法的構造」，『金沢大学法文学部論集・法経篇』第13号，1965年，114，115頁）。

を，ヘーゲルは「個別性」の概念（ないし主体性（Subjektivität）の概念）でとらえている。それは，フィヒテ的な，既成的（個人が自由を喪う）全体性への没入でない。むしろ特殊性がその相互の関係（ケアードの言うreciprocity）を媒介にして形成していく，カント的な論理を踏まえた全体性なのである。

けれどもこのことは，ヘーゲルの社会論の全体に妥当するものではなく，「家族」限定のものであった。それはかれが「家族」を，「市民社会」・「国家」との関係で弁証法的トリアーデの端緒として，感性的なものとしたためである。このためかれは，上述したような結合は「愛」の情緒的一体性に過ぎないとした。たとえばかれが「家」のような全体性の絶対化を拒否する根拠が，個人の主体性でなく感情の壊れやすさにあった。しかもヘーゲルが見た現実の家族は，「市民社会」のエゴイズムの強力な作用を受けて，その「愛」の結合性を脆弱化させてもいた。

このため，第三の共同体としての「国家」にあっては，その結合を強固なものにするためには，ヘーゲルは「家族」・「市民社会」とは別の道を採らざるをえなかった。それは，アリストテレスの伝統にあったように，全体性を目的論的に先行させる道であった。つまり「国家」は，個人が主体的に形成していくものではなく，逆に国家なる普遍性が自己自身を個人に課題として示す。すなわち特殊性である個人は，国家を当然の前提として自己変革していくほかなかった。このようにして第3部「国家」では，客観的観念論が全面化する。

このことは，ヘーゲルの弁証法および体系と無関係ではなかった。しかしそれはさらに，家族論との対比で考えれば，本来は経済的自由主義によって脱政治化さるべき市民社会が，遅れた後進資本主義国プロイセンの内外の事情に規定されて，絶対主義的後見国家を必要としたこと，そうした現実の国家構造にヘーゲルが規定せられていたことを意味する。そしてまた，この資本主義は，ヘーゲルの時代には内部矛盾を露呈して，社会問題を深刻化させつつあり，その解決は結局，国家の政策（福祉政策）によるほかないことの、ヘーゲル的自覚をも意味する。

したがって，ヘーゲルが生涯にわたって追求した，主体的個人と有機的全体性の関係の論理化は，かれにおいて完全には達成されなかった。だがかれの「国家」のうちにも次のような言表は多く見られる（それが「家族」では論理的にも

第3章　家族をめぐる「全体性」と「個人」：ドイツ観念論法思想の一断面　141

開花していたのである）：

> 「国家は具体的自由の現実性である。だが具体的自由とは，人格的個別性とそれの特殊的利益とが余すところなく発展して，それらの権利がそれ自身として独立に承認されるとともに，またそれらが一面では，おのれ自身を通して普遍的なものの利益に変わり，他面ではみずから了承し同意してこの普遍的なものを承認し，しかもおのれ自身の実体的精神として承認」（することにある）（*RPh*, §260）。「〔……〕目的の普遍性は，おのれの権利を保持せずにはおれないところの特殊性自身の知と意志のはたらきをぬきにしては前進することができない。」（*RPh*, §260 Zusatz）

「国家」においてヘーゲルは，全体性への個人の没入を強調するが，しかしそれは，個人が理性的存在であることの必然的帰結だとする。ここでは「全体性」と「個人」の問題が真に弁証法的に論理化されるにはいたらなかったが，しかし，国家的全体性の内でも個人が自立性を保持し主体性を発揮すべきだとするヘーゲルの強調は，新しい政治哲学として重要である。

3.5 ──議論の歴史的位置づけのために

3.5.1　はじめに

本第3章は，ドイツ観念論哲学の家族論を主な対象とするのだが，ここではその議論の歴史的位置づけのために，古ゲルマン社会の家族形態からルターにいたるまでの約1500年を補論的に概観する[*112)]。このような概観をすべき理由は，次のところにある：

第一に，ドイツ観念論の家族論があまり注目されず，一般に家族論史上「常識以上には出て居ない」とされてきた点（とくにヘーゲルについてそうであった）[*113)]。ドイツ観念論の家族論は，それらに先行する家族思想との連関において検討して初めて，その画期的な歴史的意味が明らかとなるのである。

第二に，ドイツ観念論の家族像もまた実は，現実の家族構造に大きく規定さ

---

*112)　この「**3.5 議論の歴史的位置づけのために**」は，筆者の修士論文の第1章に当たり，**3.2〜3.4**の議論の前提になる考察として位置づけられる。諸事項の初歩的・概略的整理にすぎないが，参考のため，ここに補論として掲載しておく。

*113)　たとえば，金子武蔵（前掲注74）)『ヘーゲルの国家観』448頁以下参照。

れているのであり，したがって家族論史を現実の家族構造の歴史との連関にお
いて押さえることが重要である点。家族構造は中世においては，後に見るよう
に農業生産にもとづいた自給自足経済の上に成り立っていた。そしてそれは，
古ゲルマン期以来見られるところである。この構造が，ドイツ観念論の時代の
前夜に大きな変化を呈していたのである。そこで，このことを明らかにするた
めにも，家族構造の史的分析を古ゲルマン期から始めることが欠かせない。

　第三に，そうした家族構造史の大きな流れと家族思想史とを連関させて考察
した文献は，断片的なものしか見当たらない。このため，これまでの種々の断
片的資料をここで概括・整理しておくことが必要だった。

3.5.2　古代・中世前期の家族構造

⑴　古ゲルマンの第一次農業共同体期

　先ず，タキツス『ゲルマニア』期の古ゲルマン初期の家族構造を見よう。

　ダンネンバウアー（Heinrich Dannenbauer, 1897-1961）以来の最近の研究では，古
ゲルマンはすでに貴族のジッペ（Sippe）（宗族団体）を中心とする階級社会であっ
たとされている。これまでの「自由小農民のジッペ単位の定住地」という説は
否定され，次のような見方が出ている。すなわち，個々の定住地には有力貴族
がその各ジッペ構成員を配置し，かれらを中心にし，その周囲に非自由民，隷属民，
小自由民を配置した構造を有していた，と。こうした考えを進めると，通説に言
うジッペの関係は，この貴族ジッペにのみ一応妥当し，その他の人びとには妥当
しないことになる。しかし，この立場からの研究は，まだ「国制」史レベルのも
のが中心で，家族構造論等まで進んでいない。したがって本**3.5.2**では通説に
従いジッペを，諸階層に広く共通した関係として措定して，考察していく。

　古ゲルマン初期は，第一次農業共同体（Agrargemeinde）期と言われている時
代に属する。ここでは上層以外の人びとは，それに先行する原始共同体期とは
異なって，⑴血縁的共同体内にあるが，次第にそれを失いつつあり（固定的ジ
ッペ（feste Sippe）から可変的ジッペ（wechselnde Sippe）への移行），⑵巨大な大家
族用家屋や家屋集団を失い，家屋とその付属物は各世帯（単婚小家族）の私有
に属する。⑶定期的に割替される共有地を占有する各世帯は，その生産物を
私的に所有する。したがってかれらは，次の第二次農業共同体（「本来の農業共

同体」）への過渡期にある。[*114)] 部族が獲得した土地は，男系親団体の基本的共同体であるジッペに与えられ，それを構成する各構成員の合有となっている。ジッペは，定住共同体であり，権利共同体であり，まだ私的所有の主体として確立されていない各氏族員の世帯（Haus）を統率している。

この期の家族構造について，ほとんどの文献は，ジッペのゲノッセンシャフト的構造とハウスの単婚小家族（但し奴隷を所有する）的な，家父長権を中心とする専制支配のヘルシャフト的構造とを指摘している。家族において家父長は，ムント（Munt）によって妻子を，ゲヴェーレ（Gewere）によって奴隷を，ともに絶対的に支配するとされている。

われわれが問題とするのは，このハウスにおける「全体性」と「個人」の関係である。なぜなら先にも述べたとおり，この第一次農業共同体において初めて各ジッペ員がハウスを単位として土地とその生産物を共同で私的に占有することが始まるのであるが，こうした，共同体を基盤とする各家族の自給自足的農業経営こそ，ヨーロッパ中世をも規定する基本構造だからである。[*115)] ここでは，この関係を，古ゲルマンの婚姻制度を中心にして考えていく。

ゲルマンの婚姻制度，とりわけそこにおける女性の地位については，かつてはハインリッヒ＝ブルンナー（Heinrich Brunner），ホイスラー（A. Heusler）らに

[*114)]　以上，マルクス『ヴェラ・ザスーリッチへの手紙』（国民文庫版）；同『資本主義的生産様式に先行する諸形態』；大塚久雄『共同体の基礎理論』岩波書店，1970年；H. ミッタイス『ドイツ法制史概説』世良晃志郎訳，創文社 1971年；Heinrich Mitteis, *Deutsches Privatrecht*, 3. Aufl.,1959；小林良正『西ヨーロッパ封建制の展開』（大月書店，1970年）；エンゲルス（前掲注80））『家族・国家・私有財産の起源』。

　　マルクスの叙述から考えると，原始共同体（自然生的共同団体）から第一次農業共同体への移行はかなり急速であったと思われる（『ヴェラ・ザスーリッチへの手紙』121頁）。この第一次共同体は，また「アジア的所有」の段階に属するものとも思われる（『共同体の基礎理論』32頁，49頁以下）。しかも，この共同体はかなり急速に（「古代的形態」を経ずに？）「ゲルマン的所有」の段階に移っていったことについては，マルクス『ヴェラ・ザスーリッチへの手紙』122頁。また，この第一次農業共同体がまだ血縁関係を残していることについては，大塚『共同体の基礎理論』53頁以下；ウェーバー『一般社会経済史要論』上巻（黒正巌・青山秀夫訳，岩波書店，1954年）123頁；エンゲルス（前掲注80））『家族・国家・私有財産の起源』184頁，参照。

[*115)]　Otto Brunner, Das "ganze Haus" und die alteuropäische "Ökonomik" (*Neue Wege der Sozialgeschichte*, 1976, S. 38 f.).

よって，細部に相異があるにせよ，略奪婚（Raubehe）や売買婚（Kaufehe）が支配的であったことが指摘され，これがハウスにおける家長のムントの絶対性を説く根拠とされていた（旧説）。とくに契約的構成をとる売買婚については，契約の当事者は一方が求婚男とその親戚（Mager），他方が娘の父もしくは後見者とその親戚とされ，「花嫁自身は売買（Frauenkauf）の目的物であって当事者ではない[116]」とされた。この婚姻によって妻は，夫のムントに属するが，ムントの濫用からは妻の元のジッペのフェーデ（Fehde）によって守られた[117]。

　周知のように，この略奪婚，売買婚の存在については，近時ミッタイス（Heinrich Mitteis），マイヤー（H. Meyer）らによって反論が出され（新説），「女の略奪や女の売買によって婚姻が成立し，女の意思が問題にされない，という学説が今では否定されている[118]」と主張されるようになった。ここでは，ミッタイスの『ドイツ私法』（Das deutsche Privatrecht）に見られるように，婚姻に際して女性の意思（つまりは両性の合意）が強調される。この新説では，それゆえムントも，絶対的な支配権ではなく，夫婦のゲノッセンシャフト的関係を前提にしたものとされる[119]。

　思うに，エンゲルスが指摘しているように，妻に対する夫の支配が私的所有の成立と結びついている[120]とするならば，まだ私的所有を規定的要素とする第二次農業共同体に移行していない段階の，しかも女性が，ジッペであるゲノッセンシャフトの一員としてそれに保護されている古ゲルマンの家族では，夫婦の権利が同権に近かったことは，考えられないわけではない[121]。

　しかし，新説のように，そうした家族の婚姻において，個人間の私的合意関係，性愛を極端に強調することには疑問が出されている。いうまでもなく，こうした共同体は，土地（Erde）に強く規定されており，諸個人が形成する関係も，

---

*116)　Heinrich Brunner, *Deutsche Rechtsgeschichte*, 2. Aufl., 1906, Bd. 1, S. 96.
*117)　Ibid., S. 100.
*118)　H. Mitteis (Fn. 114), S. 48.
*119)　H. Mitteis, ibid, S. 47.
*120)　エンゲルス（前掲注80)）『家族・国家・私有財産の起源』73頁以下。ただし，ここで言われている，単婚が自然的なものでなく，私的所有という社会的・経済的なものに根ざして成立したという点には，多くの批判がある。
*121)　三浦澄雄「ゲルマンの夫権について」（広島大学『政経論叢』15巻2号，1965年）52頁。

第3章　家族をめぐる「全体性」と「個人」：ドイツ観念論法思想の一断面　145

その上で展開してきた社会関係に枠づけられていた。「古代及び中世家族の人々は全体に属するが故に相互に結びついていたのであって，個人相互に結びつくことを通じて全体を成立せしめたのではない」[*122)]のである。だからこそ，家族の占有の属する生産手段も家の財産として存在し，絶対的な支配権を有するとされた場合の家父長も，それを自由に処分することは許されなかったのである[*123)]。その上，対自然・対社会の闘争にとって血縁的な紐帯の拡大が重要であったゲルマン社会では，「婚姻は，親族とくに父にとって重大な問題であ」り，「夫婦の私事でなく，共同体の公事であった」[*124)]からでもある。この点は，ミッタイスも指摘している。

こうして，われわれは古ゲルマンにおいて，ジッペの統制の下にあり，かつ夫婦が異なるジッペに属していて，まだ十分に自立しない単婚小家族を見るとともに，その内にあって，共同体的全体性に一体化している個人を見るのである。

(2) 中世初期における家族

タキツス後の4世紀の民族移動期に，上述の第一次農業共同体は解体してしまう。人口増大や民族移動にともない集団の軍事的性格が強くなり，軍事的統率者の権力が拡大していく。他方では個人的所有が，ジッペの統制力の衰退にともなって拡大し，個別家族の不均等発展が生じる。こうして，生産手段としての耕地の私的所有（heredium）にもとづく支配・従属関係の成立，すなわち「第二次構成体」への移行が起こる。それは個別家族の土地所有（もちろん共同地である森林・採草地・放牧地等を残す）を中心とする地縁的共同体（Dorf- oder Markgenossenschaft）をその底辺とする階級社会であった[*125)]。

---

*122)　清水盛光『家族』（岩波書店，岩波全書，1953年）140頁。

*123)　久保正幡「フランク時代の家族共同体と自由分権の発展」（『法学協会雑誌』54巻1，2，3号，1936年）。

*124)　三浦（前掲注121)）「ゲルマンの夫権について」。またエンゲルス（前掲注80)）『家族・国家・私有財産の起源』100-101頁：「中世以前には個人的性愛は問題になりえない。個人的な美しさ，親しい交際，相思相愛の関係などが異性間に性的交渉への欲求をよびおこしたこと，このもっとも親密な関係を誰と結ぶかについて，男も女もまったく無関心ではなかったこと，これらはいうまでもないことである。しかし，そこから現代の性愛にいたるまでには，なお無限の距離がある。〔……〕古代にみられるわずかばかりの夫婦愛は，主体的な愛着といったものではなくて，客観的な義務であり，婚姻の理由ではなくその相関物である。」

自立し始めたこの個別家族が古ゲルマン期の，ジッペの下にあったハウスの単婚小家族的構造を，そのまま維持しえたとは，考えにくい。それは，ジッペの規制力が衰退したこの段階では，この個別家族が，その内において農業を営む自給自足的な全生活のための団体であり，生産力を伸ばし社会的地位を保持するためには結局家族員の数に頼らざるをえなかったし，かつ今までジッペの機能としてあった扶養や防衛，宗教の役割まで負担し始めたからである。

　かくして，フランス地方にあっては「フランス農業社会の基本的細胞」と言われる家父長制大家族（manse）が，ドイツにおいてもHaus（とくにリール（Wilhelm Heinrich Riehl）の「家」（das gange Haus））の端緒となったものが成立した。この点は，[*126]ゲルマンの自由民がやがて荘園の農奴に転化したあとも，身分間で構造のちがいはあれ，基本的には変わらなかった。ブロック（Marc Bloch）によれば，法[*127]的形態としては各家族員の私的所有が認められたとしても（この点は，久保正幡の研究が示しているように，フランク時代に各家族員の自由処分権限が社会事情の変化や，ローマ法・キリスト教思想の影響の下に一般化したことに現れている），実際においては，同じ炉と床とを共用し，同一の土地を耕作する，血縁関係に立つ数世帯の財産共有（communauté taisible）が一般的であった。この団体は，所属員をフェーデ（faide, feud）によって防衛するが，その際，加害者個人が差し出されなければ被害者家族は加害者の属する団体全体をフェーデの相手とする。また団体内では，個人の財産すらかれの恣意では処分しえず，また相続は包括の家産相続であり，遺言処分は例外的に認められたのみであった。

---

*125)　小林（前掲注114））『西ヨーロッパ封建制の展開』；エンゲルス（前掲注80））『家族・国家・私有財産の起源』第7・8章。

*126)　遅塚忠躬「フランス革命と家族」（『家族問題と家族法』第1巻，酒井書店，1957年）10頁；Marc Bloch, *Feudal Society*, tr. by L. A. Manyon, Bd. 1, pp. 123 f. (1961. pp. 130 f.)；清水（前掲注122））97頁以下。なお，この大家族は，血縁にもとづく世帯共同体としてのVerbandgroßfamilieと，経済活動のための家僕等を含むWirtschaftgroßfamilieが一体としてあるVollgroßfamilieと呼ばれるものと言える（W. Schmidt, "Familie", in: *Handw. des Staates*., 4. Aufl., 1926)。

*127)　Bloch. ibid。もっとも，こうしたブロックの大家族的共同体説については，批判がある。この点については，橡川一朗「農奴制の成立と農奴身分の問題1・2」（『史学雑誌』62巻11号，1953年；63巻1号，1954年）参照。そこでは完全フーフェ保有者は単婚小家族であり，奴隷（serf）の労働に依拠した生産がおこなわれていたとされている。

第3章　家族をめぐる「全体性」と「個人」：ドイツ観念論法思想の一断面　147

われわれは，中世初期においても，家族員個人を超絶した，それ自体が不死であり，法的主体であるところの家族団体（Familienkorporation）の存在を見るのである。ヘエルネットは言う，「大家族の成員は個人ではなくて，ただ家族の持つ集団的個性を構成するための部分にすぎず，家族の個人に対する関係は，すべて全体の部分に対する関係として理解されなくてはならない」[128]。こうした家族団体が——上層の人びとのそれを除いて——崩壊し始めるのは，後にも見るように，13世紀以降の市場経済・貨幣経済の浸透，および領邦君主による中央集権化によってであった[129]。

　もちろん，この家族の団体（Korporation）の原理と，その内における家父長の支配の原理とは，とくに支配者階級の家において顕著であるとともに，それが当時のイデオロギーを規定したことは明らかである。家族や婚姻，「国家」を自然（本性）が必然的にもたらすものと見，かつ部分に対し全体を優先させる限りでのアリストテレスの思想は，それらと通底している。オットー＝ブルンナー（O. Brunner）が言うとおり，「家」は国制の基本要素であり，そこにおける「ヘルシャフトの原理は人間界のみならず宇宙にも及び，神＝世界の形相，すべてに生気を与えるエンテレヒー」[130]であるとされた。聖パウロ以来の有機体的組織学の理論は，スコラ哲学によって団体的政治体（corporate body politic）の理論となり，個人をbodyの各部分に当たるものと見るとともに，そのbodyの頭脳として国王や教皇を位置づけ，そのヘルシャフトを肯定した[131]。

3.5.3　中世後期の家族と家族思想

　3.5.2で触れたように，農業にもとづく自給自足的農業共同体社会の内にも生産力の発展にともない手工業が発展し，かつそれらの社会的分業を結ぶ商品交換＝貨幣経済が展開していく。こうした歴史的背景のなかで，10-11世紀の

---

*128)　清水（前掲注122））『家族』139頁。
*129)　Bloch (Fn. 126), p. 139.
*130)　O. Brunner (Fn. 115). S. 46.
*131)　アルマン（Walter Ullman）『中世における個人と社会』（鈴木利章訳，ミネルヴァ書房，1965年）85頁以下。アルマンは，このヘルシャフトの原理は，とくにプラトン哲学，新プラトン哲学にあるとする（51頁）。

西ヨーロッパ各地に商業基地としての都市が成立し始める。発達し始めた交換経済は，やがて農村の現物自給自足経済をもとらえる。最初領主層の消費超過分に関わっていった交換経済は，やがて上層農民（自由農民）や上層農奴へ浸透していった。領主は，交換経済で拡大した自己の経済的欲望を満たすため，農奴に対する搾取を強化するとともに地代取得の合理化のため，賦役地代から現物地代・貨幣地代への移行をおこなう。こうしたなかで，もちろん大きな地域差はあれ，西ヨーロッパの封建社会は大きな変貌を呈する。世襲的に土地に束縛され，それに媒介された社会関係を，自然がもたらした所与のものとして前提にして生きてきた人びとは，今やヨリ強化され合理化され始めた搾取によって，また逆に自らが蓄積した剰余分の力によって，次第に新しい社会関係とそれに伴う社会意識とを形成していった。

　こうした歴史的状況の内にあって，12世紀に入ると西ヨーロッパ各地においてフーフェの分裂・細分化が進行し，13世紀にはmansusという語は，もはや消滅してしまった。[*132] ブロックによれば，[*133] 12世紀以降フェーデの義務をもつ親族の範囲は一層狭まっていった（このことは統治権力者の治安能力の拡大と相関している）。また商人達は，自己の取引の相手方たる家族と家族員との間の区別を明確にする必要を経験し始めた（団体と個人との法的人格を区別するようになる）。かくして，かつての家族的大共同体は，その自給自足的経済団体性，治安団体性および宗教団体性を喪失し，一定の個人主義的傾向性がもたらすフーフェの細分化にともない，[*134] 13世紀には単婚小家族（famille conjugalle, ménage）に取って代わられていく（伝統的な家族共同体，「家」は，支配者階級においては政治的原因によってその後も存続する。また，形態上単婚小家族をとっても，内容的・精神的には「家」意識は強く残存していたであろうことが指摘せられている）。[*135] こうして，

---

*132)　橡川（前掲注127)）「農奴制の成立と農奴身分の問題1」（『史学雑誌』62巻11号）62頁。

*133)　Bloch (Fn. 126), *Feudal Society*. Bd.1, pp. 139 ff.

*134)　四宮は言う，「中世後半期には，家産を維持しようとする家族の要求と，処分の自由との調節が問題とされるようになった。このとき，ローマ法が継受され，遺言法は整備され〔た〕。四宮和夫「近代的相続制の成立とその背景」（『家族問題と家族法』第6巻，1961年，56頁）。このことは，ドイツと南フランスにとくに妥当する。

*135)　ménageが，その後も黙約によって家族共同体（先に見たVerbandgroßfamilieにあたる）を地域によってはフランス革命期にまで残したことについては，遅塚忠躬「フラン⬈

この数世紀は，一方，残存する団体的思想と，他方，生成しつつある個人主義的思想との二要素が複雑に絡まった家族思想の時代を呈していたのである。

このことを，カノン法における婚姻思想について考えてみよう。ルクレルク（Jacques Leclerq）らの説くところでは，フランク王国時代に婚姻事件に関する教会の裁判管轄が認められたあと，教会は次第に教会関係法の立法権をも獲得していった。その際には，ゲルマン社会の婚姻慣習法を克服する努力を要した。11世紀にはまだ教会の婚姻立法は特別法でしかなかったが，12世紀になると一般法の地位を獲得する。カノン法学者グラティアヌス（Gratianus）はカノン法を集約した Dekretbuch を編纂し（1149年頃），その後グレゴリウス 9 世 Gregors Ⅸ , ボニファティウス 7 世（Bonifaz Ⅶ），クレメンス 5 世（Klemens Ⅴ）等の教皇の下で婚姻令の法典化が進められていった。

さて，こうして12世紀には婚姻法の完全な立法権を獲得した教会は，婚姻をどう見たか。その流れをくむ現行カノン法1081条は，婚姻（matrimonium）を次のように定義している。"actus voluntalis quo utraque pars tradit et acceptat ius in corpus, perpetuum et exclusiuum, in ordine ad actus se aptos prolis generationem"（「子女の生殖に本質的に適当な行為のための，肉体に対する永久的かつ排他的な権利を両当事者が与えかつ受け取るところの意思の行為」）。ここには二つの論点がある。第一は，婚姻の目的を「子女の生殖」においたこと，第二は，そうした目的のための結合を両性の合意にもとづく契約（pactum）ととらえたことである。（"pactum" の観念自体の定着は，13世紀を待たねばならなかったが。後述）。

　　　ス革命と家族」（『家族問題と家族法』第 1 巻, 1957年）参照。また四宮（前掲注134））「近代的相続制の成立とその背景」21頁。

*136)　Jacques Leclerg und Jakob David, *Die Familie*, 1958, S. 42.

*137)　世良晃志郎「封建社会の法思想」（『法哲学講座』第 2 巻，尾高朝雄・峯村光郎・加藤新平編，有斐閣，1956年）126頁。それによると1092年に教皇ウルバヌス二世はフランドル伯に次のような書簡を送っている。「貴下ハ今マデコノ地方ノ古来ノ慣習ノミニ従ッテキタトイワレルノカ。シカシ貴下ハ，神ガ，我ガ名ハ真理ナリト言ワレ，我ガ名ハ慣習ナリトハ言ワレナカッタコトヲ，承知サレル必要ガアル。」クリュニー修道院改革運動は，ゲルマン社会を内面的にキリスト教化したとも言われている（世良「封建社会の法思想」）。その際キリスト教は，本質的に個人主義的要素を有していたのである。

*138)　阿南成一「婚姻」（『法哲学講座』第 8 巻，1956年）126頁。阿南も，婚姻の定義については，当時のカノン法と現行カノン法の間に大差がないと言う。

周知のように，教父アウグスチヌス（Angustinus, 354-430）にあっては，肉欲は原罪の一つであって，婚姻はそれ自体が世俗という罪の状態の一つとされていた。確かにかれ自身も，婚姻に関する三つの善を認めてはいた（① 子を産むという目的性，② 信実にもとづく男女の精神的・道徳的共同生活性，および，③ 神前での誓約にもとづくサクラメント性）[*139]。しかし，いずれにせよそうした善は，霊肉分離主義のために消極的な位置に置かれていたのである。

これに対しトマスはアリストテレスに依拠して，新プラトン主義の霊肉分離主義を批判し，神は人間を理性によって導く，と説いた。人間の秩序は，それが神と創造物としての人間との善に向かう限りでは，自然法にかなったものであるとされ，神と人間との秩序は，相互に共通の地盤に立つことになった[*140]。こうして，アリストテレス・トマス的当時のスコラ哲学は，家族（婚姻）についても，それを一夫一婦制にもとづいた，人間社会を構成する理性の最初の場であり，また人間（キリスト教徒）そのものの生殖・養育の場であるとして高く評価するにいたった。スコラ哲学者たちは，家族を単なる性的享楽の場とするのでなく，子供を産み育てることを目的にしたものとして客観的・合理性的なものとした。キリスト教徒達は，本来は単なる自然的な結合にすぎない家族（婚姻）を，〈信者が自らの意志にもとづいて構成することにより，それを「愛の徳性」（Liebestugend）で満たし，宗教的な「愛のきずな」（Liebesverbundenheit）にまで高めるべきもの〉としたのである[*141]。こうして社会制度が人間の理性的意志と結びつけられて，信仰上の重要な契機（秘蹟のための儀式[*142]）の一つになった[*143]。

---

*139)　伊藤（前掲注65））『愛の思想史』94頁。

*140)　石本雅男『法人格の理論と歴史』（日本評論社，1949年）208頁以下。

*141)　Ernst Troeltsch, Die Soziallehren der christlichen Kirchen, *Gesammelte Schriften*, Bd. 1, 1961, S. 337 ff.

*142)　キリスト教で婚姻がサクラメントとして制度化されたのは，12世紀以降のことである。『カソリック大辞典』（上智大学編，1932年）「婚姻」の項。Leclerq und David (Fn. 136), S. 33：阿南（前掲注138））「婚姻」。

*143)　「神が社会や国家を作ったという考えは消滅しないとしても，それはcausa remota, causa impulsivaとして，人間の行為を媒介にしたものという風に変えられ，「自然」がこの神に取って代わった。〔……〕この人間の意志による結合は，団体corporationの自己形成に対比せられた。」Otto von Gierke, *Political Theory of the Middle Ages*, tr. by Maitland, 1900, pp. 85 ff.

以上のようにして，まだ宗教上ではあれ，婚姻や家族といった社会関係が，人間が自らの意志によって形成し神的なものに高められるもの，とされたのである。自己の意志にもとづいて社会関係を形成していくことの確認によって，契約（pactum, Vertrag）の概念が成立する。

　一般に，カノン法の婚姻における合意の原理（Konsensprinzip）は，ローマ法に由来すると言われている。ローマ法そのものは「制度（Institution）としての婚姻」を原理としており，個人は合意によってでなく，男との共同生活に女が受け入れられ，その支配下に入ること（conventio in manum）によって成立するものとされていた。しかし，*Codex*Ⅷ-2の "Nuptias consensus, non concubitus facit"（「婚姻は事実としての同衾でなく，合意によって成立する」）という言葉が合意論の法源として援用されたのである[*144)]。カノン法学者の間において，単なる合意のみが婚姻の要件か，それとも肉体的関係の存在まで必要とされるかについては9世紀以来争われ，ようやく14世紀に，合意のみが成立要件であることが確定した。また，Ehevertrag という法律観念は11世紀に註釈学派によって創設されたが[*145)]，トマスらはまだ混濁した意味で使っており，その後13世紀にやっと一般化したとされている。婚姻のこうした契約的構成は，上述したように婚姻のサクラメントとしての性格のために重要であったが，さらにそこから来る離婚禁止主義に関して起こりうる「婚姻の不成立」の問題に法律的に対処するためにも，必要であった[*146)]。

　以上われわれは，12世紀頃のスコラ哲学，カノニステンの婚姻契約論を概観したのであるが，それではこの婚姻契約論は，あとに見る近代自然法論の婚姻契約論と直結するものだったか。明らかに「否」である。それは，上述した

---

*144)　この点についてはR. Weigend, *Die bedingte Eheschließung im kanonischen Recht*, 1963, S. 52 ff.参照。ローマ法的意味でのconsensusは，婚姻状態継続の意志であって，カノン法における，それのみで婚姻が成立する，婚姻の合意とは異質である。

*145)　Leclerq und David (Fn. 136). しかしR. Wigend（Fn. 144）は，12世紀のローマ法学者たち（Legisten）によって創られたとしている。

*146)　さらにギールケは，中世の法学者達が，ゲルマンの団体や共同体を実体的にとらえるべきKorporationstheorieを欠いていたことを指摘している（Gierke, p. 29）。しかしこれには批判がある。J. W. Gough (Fn. 58), *The Social Contrac*t, pp. 44 f. 有機体的社会観の存在については，既に見たし，後にも見るであろう。

pactumという言葉の意味内容のゆえである。このpactumという言葉は，第一に，上述の通りサクラメントとしての宗教性と不可分である。確かにここでは婚姻は，個人の意志によって成立する。しかし個人は，そのことを通じて神の恩寵を内に体現するのであり，かくしてそれは神の行為としてあった（causa remota）。それゆえ，このサクラメント性は「神が結ばれたものは，人間が解くべきでない」との法諺に結びついて，契約的合意性が貫徹しえないことをもたらした。pactumという言葉は，第二に，主人と臣下の意志的結合の場合の[147]pactumと同じ内容をもっている。それは，主従の支配・服従関係が合意にも[148]とづくものと考える中世社会契約論と同じく，家父長たる夫に対する妻の従属関係を——自由意思にもとづくものとした点で緩和しはしたものの——もたらすものであった。[149]

　こうしてわれわれは，キリスト教・カノン法の家族思想に，一定の個人主義的モメントの生成とともに，それを埋没させる超個人的社会関係の存在と，そうした全体性の内にあって諸個人を統率すべき家父長権力の強固な形態を見

---

*147)　Wolfgang Friedmann, *Recht und Sozialwandel*, S. 213. なお，同様の見解は1930年の婚姻に関する教皇の回勅である "Casti Connubii" にも見られる。そこでは次のように言われている。（夫婦の自由は）「婚姻を締結する者が真に婚姻に入ることを欲するかどうか，しかも，この人と婚姻に入ることを欲するかどうか，という一事のみを対象とするにすぎない。これに対し，婚姻の本質は，まったく人間の自由の外にあるから，何人もひとたび婚姻に入った後は，神に由来する婚姻の律法と，婚姻の本質的な特質とに，従うことになる。」（ラートブルフ（前掲注16））『法哲学』324頁）。

*148)　Leclerq und David (Fn. 136), S. 34, 阿南（前掲注138））「婚姻」127頁。なお，主権者と臣民が契約（pactum）で結ばれるという契約思想もまた，11世紀後半にマネゴルト（Manegold von Lautenbach）らによって唱えられ始め，王権神授説に対決し始めたが，まだ有力にならなかったとされる。アルマン（前掲注131））『中世における個人と社会』145頁以下。J. W. Gough (Fn. 58), pp. 29 f.

*149)　当時のキリスト教の家父長主義（Patriarcharismus）についてはTroeltsch (Fn. 141), S. 286 ff. とくに次の指摘，「ここでもまたキリスト教は，そのような支配を人間の内面からの自由意思と愛の教えのみによって緩和し，そしてまた，一方で従属が自由意思によるものとして，他方で〔支配者は被支配者を〕保護する義務があるとして，個人を相互に内面的に自立化させた。しかしながらキリスト教は，外的な支配・従属関係は，たとえ妻や子や従僕の個人としての人格性をより高めはしたものの，そのままに放置したのである」（S. 300）。そしてこの家族関係間が，アリストテレス的に社会全体へ家父長思想として拡大されたのであった。

第3章　家族をめぐる「全体性」と「個人」：ドイツ観念論法思想の一断面　153

る。こうした背景のために，一定の個人的自覚にもとづいて歴史的に初めて開
花した，12世紀の「情熱恋愛」という性愛も，婚姻とは切り離され，それと
矛盾するものとして霊肉分離的に精神化されてしまうのであった。現実の女性
を否定し，それを神秘化したことは，逆に現実の女性の地位の低さに規定せら
れたものであり，ヘーゲル等において確立する近代的性愛概念にはまだ遠か
った。[150]

3.5.4　ルターの家族思想

　われわれは**3.5.3**において，12・13世紀のキリスト教，カノン法の思想に一
定の内面的精神過程の自覚を見，それが諸社会制度（ここでは婚姻・家族）を個
人が主体的に形成していくものだという思考をもたらしたことを見た。しかし
ながら，そのことは，そこでは社会制度の宗教化を徹底させる方向に向かうも
のだった。歴史的に見ればそれは，世俗的なものが一定の権利を獲得すること
ではあったが，逆にまた，世俗的なものを宗教に新しい形態で覊束することを
も意味した。宗教的なもの自体は，こうして外的諸制度の徴表性にとらわれる
ことによって，逆に内的緊張性を喪失していく。すなわち，一定の自覚された
個人の主体的な形成の意志は，そのことによって，宗教的内実を与えられた社
会的制度の内で再び制度それ自体に反措定されてしまう。ここにわれわれは，
個人を圧倒した強力な全体性の再構成（トーマス的宗教的有機体説）を見た。

　こうした背景のなかで，現実の社会関係において増大しつつある個人の自立
性を思想的にも確立させるためには，宗教性を社会関係から排除することが必
要である。われわれはそれを後に，近代啓蒙合理主義において見るであろう。
しかし，そのためにも，ここでは先ずそれの先駆たる，社会関係からの宗教性
の解放を見なければならない。つまり，宗教性を高めた者の内部で，社会を主
体的に形成する意志が強まることによる，個人の自立である。「義人は，信仰
による」（パウロ）の言葉を掲げて起ち上がったその人こそ，ルターであった。

　周知のようにルターのGesinnungsethikは，カソリックの〈善行→功徳→恩寵〉

---

*150)　伊藤（前掲注65)）『愛の思想史』86頁以下；エンゲルス（前掲注80)）『家族・私有
　　　財産・国家の起源』92頁以下。

の教え——すなわちそれ自体が神の恩寵の保障とされていた外的権威・外的形式への安住——を否定し，そうした制度によってではなく，神のことばを自分の内面で確信することによって，恩寵の確信を得ようとするものであった。それは，内面的世界においてではあれ，個人が今や自らの意志によって絶対者・神に直接に向きあうこと，すなわち内的世界において，あらゆる制約を離れて自立し，それゆえにまた相互に平等となったことを意味する。明らかにそれは，カントにおいて原理上の鮮明化を受ける近代的自我の覚醒であり，われわれが[*151]トマスらに見た萌芽的契機を質的に発展させたものであった。

　ルターによる，こうした内的に自立した信仰，すなわち制度（教会や儀式）にもはや埋没しない立場からの信仰は，婚姻のサクラメント性の否定をもたらした。それは，結果的には教会からの婚姻の解放としてあったが，しかしルターにおいては逆に外的制度たる婚姻サクラメントからの，それに安住し囚われていた宗教的心情の解放としてあった。七つのサクラメントの内，維持された二つである聖餐と洗礼も，それ自体が超自然的秘蹟を伝達するものでなく，当該個人の内的確信を前提にし，それを確認する手段にすぎぬものとされた。[*152]サクラメント性を否定された婚姻も，然りである。「婚姻は俗事である」とルターは言ったが，かれはその際，人はその婚姻をも神の定めた信仰の内的な場の一つとして位置づけ，そのなかで真摯に生きねばならないものと考えていた。

　それでは，以上のようなルターの考えは，現実の具体的な婚姻・家族関係をどう説くことになったか。一見意外なことに，ルターにおいてわれわれが見るのは，外的世界において新に強化された家父長主義である。ルターは説く，

　　「両親から高権（Obrigkeit）が由来し，それは他のすべてに拡大する。〔……〕父はまた家の統治に属している従僕や奴隷，女中をも自分で治めなければならない。そしてまた領主（Herr）と呼ばれているものは，すべて両親の代わりであり，自己の能力にもとづいて統治を引き受けねばならない。かくしてかれらは，聖書によればすべての父たちであることを意味するのである。」[*153]

---

*151)　Herbert Marcuse (Fn. 42), S. 61 は，次のように言っている。「ルターは非常に明確に新しいブルジョア的世界観の中心点を言い当てた——すなわち近代的な主体（人格）概念の起源である。」

*152)　石部雅亮「マルチン・ルターの婚姻理論　その序説的考察（一）」（香川大学『経済論叢』第33巻，1961年）55頁以下。

こうした家父長権の承認と，それの社会への拡大については，すでに中世キ
リスト教の内に見たところである。これに対するルターの特色はどこにあるか。
トマスたちにおいては有機体（Organismus）の概念が家父長主義（Patriarcharismus）
とともに内在していた。個人は，固有の価値を有するが，それはかれが所属し
ている身分の内にあって，自己の意志によって全体の一員として努める限りに
おいてであった。家父長主義は，したがってこうした身分の一構成員としての
個人に関わるものとして，そうした諸個人を統括し全体の共通善を確保するも
のとしてあった。だがルターにあっては，社会制度が宗教と直結するものでは
なくなり，それは今や，神の恩寵を自覚するための隣人愛でもって人が相互に
交わり合う関係の場になった。ここでは，「有機体」の観念は消える。制度が
個人と神とを媒介する価値物ではなくなったことは，制度自体でなく，その中
で生きる各人の心持ち（Gesinnung）が肝腎になったことを意味し，その結果，
制度それ自体は単なるメカニズムに過ぎなくなったからである。

　しかし，このようにして個々人が直接神の前に孤立者として立たされること
になると，そうした自立性を実現できない者（未成年者，女性，家僕，農奴等）は，
逆に，自立者による後見を不可欠とするにいたる。こうして，「男性の人倫的
な自立性と自己責任性が女性に対しても認められ，保障されなければならない
ということは，今日でもしばしばそうだが，当時のプロテスタンティズムには
縁遠いことだった。宗教改革者にとって男性は，妻子や家僕に対する将来の牧
師であった。洗礼があって初めて，わずかながら家の内で妻子にも良心の自由
が保障された[154]」，ということが帰結する。このため今や「有機体」の概念が捨
てられるとともに，残存した家父長主義，夫権・父権は，神と人との関係とパ
ラレルに，権威（Autorität）と孝順（Pietät）を中心として構成されるにいたる。[155]

　さらにまた，家族関係は，著しく精神化，心情化されていく。婚姻は今や，

---

*153)　Marcuse (Fn. 42), S. 77.
*154)　Marianne Weber (Fn. 64), S. 283.
*155)　以上を有賀弘は，次のように指摘している。「このように考えられることによって，
　　それまでまったく種種雑多の，いわばあらゆる人間の在り方を意味するとさえ考えられ
　　た職分の区別は，支配‐被支配の関係を職分の名のもとに固定化する。」『宗教改革とド
　　イツ政治思想』（東京大学出版会，1966年）270-271頁。

かつてのカトリックの場合のように子供の生殖と養育という事実のみでそれ自体が宗教的意味を有するもの，とはされず，夫婦の間の愛を通して宗教的心術へ高まるためのものとされ，心情的契機が決定的に重要となった。ここにわれわれは，かつての伝統的孝順関係に変わる，個人の自覚的意志にもとづくより積極的な孝順関係が作り出されたのを見ることができる。

　こうしてルターに起こったのは，社会制度からの信仰の解放であって，信仰からの社会制度の解放ではなかった。ルターが社会制度（婚姻）を新たなかたちで聖化し，個人の恣意を超越した宗教的意味を新たに付与したのは，当然の帰結と言えよう[*157)]。

　ところで，こうした個人の内面的自立性にもとづく既成の全体性の否定と，著しく心情化された家父長主義にもとづく新しい孝順は，社会史的には何を物語るか。それは，今や現実の家族関係が，新たに成立し始めた独立自営農業，自家経営の商工業のなかで内容的な変貌を見せ始めたことを意味する。この点について大塚久雄は語っている，

　　「一三・四世紀以降農民たちは漸次封建的な身分上の束縛と経済上の負担から解放され生計も豊かとなって来るにつれて，自分の経済生活をより以上に合理化し収入の多いものにしたいという向上心をもつようになって来た。そしてあたかもその頃イギリスでヨウマン層の中からファーマー（資本家的借地人）が孵化しつつあったように，ドイツ農民の間でも近代的な合理的農業経営への萌芽が現れつつあったと推測されうるが，より以上に重要なことはかかる向上的な農民層の努力が工業の合理的経営の方にも向けられていたことである。」[*158)]

　こうした商品生産の発達は，個人の人格的主体性を高めはする。しかしそれが，直ちにすべての個人の，現実的平等や現実的自立性をも意味すると考えることはできない。なぜなら，当時の家内経営的商品生産では，経営の統率と合理化のために家長の指導的権限を必要としたであろうし，しかも家計と経営が分離していない家産制家族においては，家長の指導的権限が家族の全生活を蔽

---

*156)　Troeltsch (Fn. 141), S. 557.

*157)　Marianne Weber (Fn. 64), S. 286 f. ; 石部（前掲注152)）「マルチン・ルターの婚姻理論　その序説的考察（一）」39頁以下，および57頁以下。

*158)　大塚久雄『宗教改革と近代社会』（4訂版，みすず書房，1964年）55-56頁。

第3章　家族をめぐる「全体性」と「個人」：ドイツ観念論法思想の一断面　157

う家父長権として強大となったからである。こうした家父長権は，家族の分立に阻止的に作用し，新たな「家」の観念をも生み出すものであった。ヴェーバーが言うとおり，「資本主義的な，「後期の」経営形態がここで生んだのは，理論的に言って，「初期的な」構造，すなわち，家の，家族員に対する拘束力の強さと，家の権力〔家父長権〕の破砕しがたい力強さ，であった」[*159]。われわれは，こうした「初期産業社会」（家内手工業期）の，新版の「家」的意識と家父長権の協調を，英米のピューリタニズムにおいても見ることができる[*160]。

　結局のところ，「土地もち労働者や家内工業主をつくりだしても，それ自体は家族の構造を大きくは変えない」（マリアンネ=ヴェーバー）のであって，その哲学的内容付けは変わったとしても，産業革命を経て機械制大工業が成立することにより，その産物としての労働者家族・女性労働が一般化する1920年代にいたるまでは，われわれは今後も，さまざまの形態を伴った「家」と家父長主義の議論を家族思想史上に見るのである。ルター以降カント・フィヒテまでの家族思想は，一方で上層土地所有者および支配者に属する階級の，「家」的な伝統的思想と，他方で独立自営小工業者や独立自営農民の家父長制小家族思想との2潮流が融合しあった家父長権論，「家」論として展開していくものと考えられる。

3.6 ——結語

　以上のように見てくれば，「全体性」と「個人」をめぐる思想史には2度の大きな転回，言い換えれば「否定の否定」があったと言える。最初の転回・「否定」は，カントによって完成された「コペルニクス的転回」であり，第二回目の転回・「否定」は，ヘーゲルの客観主義による，カントの止揚である（そしてこれ

---

*159)　ヴェーバー（前掲注114））『一般社会経済史要論』57頁。なおMarcuse (Fn. 42), S. 77参照。

*160)　小池正行「家父長権思想とホッブズ（上）」（『思想』1971年9月号1223頁）は，次のように言う。〔ピュリタニズムの家父長制は，聖トマスやフッカーらと異なって，次の点に原因を有している：〕「家とは，自然的存在ではなく，生活共同態であること以上に経営体であり，職業教育の場であった。即ち，それは，家族経営を主体とした初期産業社会における家族の理念を示していたのである。」

がのちに，マルクスによって再再度，史的唯物論的に転回されるのである）。

それまで「自然的なもの」・「宗教性をもったもの」とされてきた社会の内にあって，そうした主体の外のものに規定されてのみ存在すると考えられてきた人間が，マキアヴェリ，デカルト，ホッブズらの近代的自我の覚醒を経て，カントの「自律者」においてあらゆる存在への被拘束を解かれ，それ自身のみで自立させられた。ヘーゲルは，このカント的自我の自律，理性的人間の原理をさらに，社会における人間にも結びつけようとした。ヘーゲルはそれを，近代人の特徴である自我の自立性（「真の自由」）をもった人間が，自分にとって共同体が不可欠であることを自覚して結びつきあい，自立者でありながらも連帯しあう，倫理化された関係に求めた。だがヘーゲルにおいてはこの思考は，「思惟された概念」内での議論であった。ヘーゲルは，自己意識の展開過程としてしか，人間の類的存在性を議論しなかった。

上述のようにこれをマルクスがのちに，ヘーゲルの「否定」として史的唯物論的に転回させるのである。マルクスでは問題は，次のように鮮明になる。すなわち，人は，生物的・社会的に規定されつつ，そうした必然のものとして帰結する社会関係の内において，どのようにしてその自立性・主体性を確保しつつ共同しあえるか，と。

改めて断るまでもなく，現実的な人間としてのわれわれは，理性的意志によって自立者としてあるためにも，その前提として，人間の生殖活動によって生命を得，自然との物質代謝によってその生命を再生産していかなければならない。生殖活動が，家族関係へと個人をもたらす。そして物質代謝過程の維持のためには，労働が欠かせない。労働は，現実の個々人を社会的分業に組み込み，一人ひとりを相互に依存しあった存在，すなわち社会的存在としての人間たらしめる。われわれは，自覚し意識的に求める以前に，既に家族の内にあり社会（国家）の内にある類的存在なのである。しかもこの社会は，個々人の意志するとおりに形成され機能するのではなく，逆にその個人を規定する客観的法則性をその内に有している。その意味で社会は，個々人にとって「自然的な」，必然的なものとして存在し，個々人を超越する。アリストテレス風に言えば，人間は本質的に社会的存在であり，全体はその本質において部分より先行する（また婚姻はその本質的目的を「子女の生殖」にもつ）。ヘーゲル風に言えば，国家が総

第3章　家族をめぐる「全体性」と「個人」：ドイツ観念論法思想の一断面　159

じてむしろ最初のものとして個人に対置される。

　だが，かく言うことは，プラトン的に，個の均一化，共同体への没入をもたらすことを帰結させるものではない。また，アリストテレス・古典政治学的に，所与の社会制度としての全体性をそのまま受け入れ，そのための活動を自己のテロスとすることを帰結させるものでもない。フランス革命に対する反革命思想のごとく，歴史における人間の主体性を否定し，「必然的な」国家に拝跪することを帰結させるものでもない。

　第一に見なければならないのは，人間が本質的に類的存在であること，国家的動物であることは，しかし歴史的存在としての現在の（所与の）家族や団体，国家がその個人にとって絶対的なものたることを意味しはしない。しかしこれら2命題は，思想史上で長い間混同されてきた。国家の必然性，人間の国家的存在性を根拠に革命を否定する論理──それはヘーゲルにも見られる（*RPh*, §258）──は，この一例である。同様な混同は，若きフィヒテが，革命を根拠づけようとして，国家を契約的に構成することによって国家の必然性を否定した思考にも見られた。これはすなわち，歴史的把握の欠如であった。全体性（共同体）が必然的で本質的だと説いたとしても，このことは，いかなる全体性が必然的で本質的かをまだ示してはいないのである。

　第二に，上のことから出てくる問題として，「必然性の認識による自由」がある。人間が本質的に社会的であること，社会的全体性は個々人の意志を超越していること，の必然性を自覚してこそ，逆にわれわれは，全体性の内にあって具体的に自由たりうる。すなわち，その必然性に依拠して，言い換えれば社会的存在者相互の共同的行為によって，かつ全体性の成立する法則性を利用して，われわれの発展にとってもっとも適当な共同体を形成すること，ここにこそ全体性の中での個人の主体的立場がある。自己の存在が本質的に社会的であるならば，自己の個性の開花は，それをもっとも可能としうべき共同体の形成を前提しなければならないだろう。そしてそのためにはいかなる共同体が，いかなる法則によって，われわれにとって善いものとして成立しうるのかを知らねばならないだろう。

　このこと自体は「全体性」と「個人」の存在論レベルの抽象的志向ではとらえられない具体的・歴史的な問題である。それは経済学・政治学等々の扱うべ

き対象領域に属する。だが、それらによってとらえた法則性を踏まえつつ、あるべき共同体の形成に向って共同行為を媒介にして進んでいくこと、それこそがヘーゲルでわれわれが見た「個別性」の立場、「具体的普遍性」の立場である。観念論の立場からではあるが、ヘーゲルは以上のことを次のように言っている：

> 「理性的であるということは、抽象的に考察すると、総じて普遍性と個別性〔特殊性〕とが相互に浸透しあって一体を成しているということである。これを国家に即して具体的にいえば、内容の上では、客観的自由〔すなわち普遍的実体的意志〕と主観的自由〔すなわち個人的な知と特殊的諸目的を求める個人的な意志〕とが一体をなしていることであり、——それゆえ形式の上では、行動が思惟された法則及び原理によって、すなわち普遍的な法則及び原則によって規定されるということである。」(*RPh*, §258)

「必然性の認識による自由」の先駆的な把握である。もっともヘーゲルにあってはこの「法則」は、国家の法にすぎなかった。したがって、この部分はわれわれの観点からの読み替えが必要ではあるが。

　以上によって、われわれが考察してきた「全体性」と「個人」の問題の一応のまとめをおこなっておこう。

　全体性（共同体）は——理念としてのそれも既存のそれもともに——ヘーゲル『法哲学』の「国家」におけるごとく、また史的唯物論の説くごとく、それ自体としては個々人の意志を超越した、必然的存在性と実体性を有している。個々人は、そうした全体性を前提にすることなくしては存在しえない。個々人の意志は、この事実を否定することはできない。だが、このことが直ちに、全体性への個人の拝跪や埋没をも意味するのではない。自己の個別的行動が無意識的に前提し・帰結させるそうした全体性の成立の必然性と、そして更にその全体性が変化していく法則とを認識し、その認識を踏まえより善き全体性を自覚的に形成していくこと、そういう意味で全体性の内にあって自立的・主体的であること、ここにこそ、「全体性」と「個人」の弁証法的関係がある。この関係の活性性こそが、それぞれの個人が自己の個性を全面的に発揮しうる可能性を開発できる基盤となるのだ。

　「全体性」と「個人」の関係、それは静止的なものとしてでなく、絶えざる形成運動として思考されなければならない。

第4章
近代的所有権の考察[*161]

4.1 ── 近代的所有権とは何か

4.1.1 近代的所有権と自由

　フランス人権宣言（1789年）は，第2条で「自由・所有権・安全および圧制への抵抗」を「人間の消滅することのない自然権」だと位置づけ，第17条で「所有権は，一つの神聖で不可侵の権利」であるとうたっている。ここには，私的所有権の一つの近代的なとらえ方が明確に出ている。

　川島武宜『所有権法の理論』（岩波書店，1949年）は，近代的な所有権の特徴として，次の3点を挙げている：(a)絶対性，すなわち所持・使用・用益・処分の権能を誰に対しても主張できること[*162]。この絶対性を護るものとしては，物権的請求権等が重要である。(b)観念性，すなわちその物を現実に（物理的に）支配していなくとも，誰に対してもいつでも所有権を主張できること。(c)円満性，すなわち物の全体におよぶ所有権を主張できること（かつてあった，一つの土地に対する上級所有権と下級所有権との並存を否定するなど。一物一権主義，所有権の包括性とも呼ぶ）。個人を本来自由な意思主体と見る新しい人間観が，かれが支配する物とのかれの関係を，他者に対して完全なものにしたのである。

　近代的所有権が法典化されたのが市民革命期であったこともあって，近代法研究において，近代的所有権は「近代市民社会」ないし「近代資本主義」の発達と結びつけられて来た。川島らは，「近代市民社会」と「資本主義社会」（「産業資本主義」段階の社会）とは，ともに商品交換を基底にしている[*163]；この商品交

---

*161)　早稲田大学法学研究科編『法学研究の基礎　所有』（2010年）所収。

*162)　日本民法（1896年）の206条は，「所有者は，法令の制限内において，自由にその所有物の使用，収益及び処分をする権利を有する」と規定している。

*163)　当初は，「近代市民社会」と「産業資本主義」（資本主義社会）とは同義に扱われて☑

換のもつ論理が所有権の原理に対応している，と考えたのである。実際，商品交換で決定的なのは，商品に内在する価値である（価値の実体は，その物を生産するために投下された労働力にあるとしたのが，労働価値説である）。

商品交換の場に登場する人物は，その商品を自分だけで完全に処分できる存在でなければならないので，所有権の絶対性を前提にすることになる。商品を主たる対象にした所有においては，所有は価値を支配するものであるところ，価値は抽象的なものであるから現実的支配に依存しないゆえに所有権の観念性を帰結することになる。また抽象的な価値は対象のすべての部分に行き渡るものであるから，包括性，一物一権主義を帰結することにもなる。

商品交換は，そればかりでなく，その構造を近代民法の主要構造と同じくしている。民法は自由な人格同士がその所有物を相互に契約によって交換しあうかたちを原型とする。同様に商品交換では，自由な人間同士がその所有する商品を契約によって交換しあう。こうして，両者で同じ構造が現出するのである。

とはいえ，商品交換の発達が近代的な所有権を析出するというものでもない。イギリスは，西欧中世でももっとも早くから商品交換を発達させ，貨幣地代の普及を通じてヨーマンリー形成まで進んだのであったが，所有権に関しては中世的なコモン＝ローの特徴を維持し続けた。とくに所有権の絶対性や円満性は発達しなかった。上述の，自由な主体・所有の自由・契約の自由のトリアーデは，認められるが。

この，イギリスには古代ローマ法上の所有権観念の影響は少なかった事実に照らすと，近代的な所有権が析出されるのは，商品交換のもつ力の結果だというより，古代ローマ法が継受されたことの影響によるものだ，と思われる。後述するように古代ローマ法は所有権の絶対性・円満性・観念性をもっていたのであり，それが継受された地方では近代において近代的所有権を体現させた。近代において商品交換は広く見られたが，それがどこでも近代所有権を生み出

↘いたが，1980年代以降，近代社会を，産業革命が成就し「産業資本主義」が支配的になる時期（イギリスで言えば1850年代）で二つに分け，それより前の，「近代市民社会」の時期は，自己所有・自己労働の時代とし，1850年代以降の，「産業資本主義」の時期を資本家的所有の下での資本主義的労働の時代とする見方が強まった。近代法も，この区分に対応させて，市民法とブルジョワ法とに分けられる。

第4章　近代的所有権の考察　163

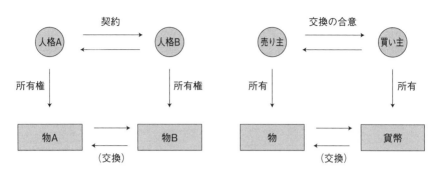

したということにはなっていない。

4.1.2 近代的所有権の社会的規制

上では，近代的所有権の自由を強調した。しかし，近代以降の所有権もまた——とりわけヨーロッパでは——他面において，今日にいたっても共同体による厳しい規制下にある。たとえば，(a)国によっては，都市部においても田園地帯においても，歴史的景観保全のため，不調和な建物・工作物（送電線，電柱，アンテナや看板・ネオンサイン等を含め）は禁止される。伝統的な建築物を残すため歴史的な建物の外観を変更することの規制や，自然環境保全のため開発規制がある。[164] (b)公共の必要のため土地を収用したり，農地や漁場の利用・作付けに制限（たとえば遺伝子組み換え品種の厳しい規制）を加えたりすることが，近代に入っても広く見られる。[165]

ヨーロッパではまた，1880年代以降，所有権に対する社会法的な観点からの規制が厳しくなった。たとえば，労働契約における賃金や労働時間，労働態

---

*164) 日本では近代に入って，これとは対照的に，規制が甘く，景観破壊や歴史的建築物の破壊などもやりたい放題であった。これは，輸入物である「所有権の絶対性」が一人歩きしたこと，および高度経済成長政策の一環として一面的な開発行政が進められたこと，開発業者が地方・中央の政治と行政を左右できたことが，背景にある。

*165) 近現代フランスにおける所有権への公的規制については，山口斉昭「フランス法における所有と所有権観念」（『早稲田大学大学院法学研究科編『法学研究の基礎　所有』，2010年）参照。

様について，労働者保護の観点から規制がある。営業の自由も，制限されている。日曜日の一斉閉店，店舗開設の場所の規制（たとえばアメリカには酒類販売を禁止している町がある），小規模経営を保護するための大型店舗出店規制が制度化されているなどである。工場の所有権や営業の自由などの財産権も，その権利者といえどもやりたい放題には行使できず，社会的配慮による公的規制を受ける。

これらの点も，現代における所有権の存在態様として位置づけなければならない。すなわち，**4.1.1**のみをもって近代的所有権の特徴とすることは，一面的なのである。

4.2 ── 近代的所有権観念発生の思想史的背景

4.2.1　古代ローマ

(1)　絶対性・円満性（一物一権主義）

古代ローマ人が，所有（dominium = proprietas）の広範な自由をはじめて実質的に確立した。自由な所有とは，保持・用益・処分が自由であること，同一物に異なった二つの所有が帰属する関係を認めないこと，を意味する。ローマ人はこのために，保持や用益を促進し，それらを保護するさまざまな訴権を制度化した。たとえば，所有物取り戻し訴権（rei vindicatio）や，否認訴権（actio negatoria）などがそれに当たる。これらによって，他者による，侵奪・妨害・不当な指図がほとんど排除できた。こうした所有制度への動きは，第二次ポエニ戦争後のローマ社会における共同体的諸関係の衰退・都市生活の進行・商取引の展開に伴って顕著になり，共和政末期に頂点に達した。

それでもローマ人は，所有物を使用するときには，（絶対権に近い）家長権を行使するときと同様，公法上の制約や家族・宗族（男系親族）関係上の配慮，良俗による規制，（権利濫用規制の元祖である）シカーネ禁止の法理[*166]などに服して

---

*166)　ローマ法には「自分の権利を行使する者は，何人をも害することはない」といった原則があったが，その例外として，〈他人に害を加えることのみを目的とした，権利の行使は許されない〉という「シカーネ禁止」の法理があった。この法理が，19世紀中葉以降，フランスの裁判等をつうじて，権利濫用の法理に発展していった。末川博『権利濫用の研究』（岩波書店，1949年）。

いたのであるから，その広範な権限の外見から想像されるほどには，所有権は近代的意味で「個人主義」的に絶対的ではない。

(2) **観念性**

　所有に関わるローマ人の思考は，①所有物取り戻し訴権は，現に占有していない所有者が，その所有の正統性を証明できれば，無権限の占有者などから当該所有物を無条件で取り戻せる権限を前提にしていた点と，②「所有」を物の利用態様によって〈賃料徴収を内容とする所有〉・〈耕作を内容とする所有〉というように区別することはしなかった点とにおいて，アルプス以北で中世の担い手となったゲルマン系の人びとの所有であるゲヴェーレ（後述）に見られる思考に比べ，観念性・抽象性をもっていた。[167)]

　こうしてローマ人は，所有権の絶対性・円満性・観念性を事実上，制度化していた。

　ローマ法には，自由な主体・所有の自由・契約の自由のトリアーデも，確認できる。

　ではこの事実は，上述の川島武宜がとらえた近代的所有権とどう関係するのであろうか。確かに古代ローマにおいても，王政時代から商品交換はかなり発達していた。しかし，前述のように商品交換法則が，絶対的・包括的・観念的な所有権をもたらすものではない。[168)] それでは，古代ローマの所有権のこうした特徴は，どのようにして可能になったのか。ローマ法の形成に貢献した法学者たちの影響が，まず考えられるであろう。とりわけ，自由な主体・所有の自由・契約の自由のトリアーデは，古代ギリシャ以来発達した文法学や弁論術におけるトリアーデ手法と近似している。[169)]

---

*167)　しかし，ローマ人の思考そのものは，全体としてはカズイスティックであることが特徴である。この点でかれらの思考とゲルマン系の人びとの思考との共通性は，顕著である。これら両者の思考は，近代のデカルト的な，原理から論理的に展開し，体系的整合性を重視する思考とは，対極にある。

*168)　もっとも，逆に言って，ローマ法における上記の所有権の絶対性・円満性・観念性や，自由な主体・自由な所有権・契約の自由のトリアーデが，商品交換の法として機能しうるものであったことは否定できない。〈ローマは，三度世界を支配した。その際，ローマ法の支配が，その一つであった〉と言われる。そうしたことがローマ法に可能だったのは，ローマ法と，その後の世界で発達した商品交換との間で，論理の――偶然の――一致があったことにもよるのである。

法学者以外の規定要素としては，筆者は，「家」を単位とした農業社会の論理，「家」の内では完全な支配者である家長の相互関係に関わる法の論理が考えられるのではないかと思っている：家長が妻子や家僕に対して有する支配権は絶対的だった。「家」には，

図表4.3　家長の支配構造図

共同体・権力者も介入できなかった。このような家長の政治権力が，その支配下にある財と人員に向かうのが，所有の関係であった。家長は，かれの支配下にあるものをかれの所有物として絶対的な処分に服させていたのである（所有権を意味するdominiumはdomus＝家，すなわち家長の支配圏，から来る。proprietasはproprius＝「固有の」から来るが，pro＋patris「先祖の物」と関係しているともされる）。そして家長たちは，そうした自由な権利主体同士として，「家」の外の社会においては相互に自立的な主体（＝自由な意志・契約主体）であった。

　こうした関係は，図表4.3から明らかとなる。しかもこの家長の支配構造図は，先の民法の構造図や商品交換の構造図と対応しているのである。

　このことはまた，〈人は個人として自由である〉という思想（「近代的な個人主義」）が近代的所有権をはじめて生み出した，といったものでもないことを意味している。逆に「近代的な個人主義」自体が，（19世紀末まで社会主体であった）家長支配の構造を反映したものであった。

　もっとも，こうした「家」の構造は，古代ギリシャでも中世でも見られたのであるが，それらにおいてはローマ法のような所有権の絶対性・円満性・観念性も，自由な人格・自由な所有・契約に自由のトリアーデもローマにおけるほどには析出されなかった。だとしたら，「家」による説明には不十分性が残る。

---

*169）　拙著『法思想史講義』（東京大学出版会，2007年）下巻144頁。

第4章　近代的所有権の考察　167

4.2.2　ゲルマン的中世

　ゲルマン的・中世的所有をめぐる思考的特徴としては，古代ローマとは異なって即物的（＝「観念的」の反対）であることが挙げられる。すなわち，

　(a)ゲルマン的中世のゲヴェーレでは，種類を問わず人が現に自分で支配（用益）しているものを保護対象にした。土地に関して言えば，その利用の仕方には多様なものがあるので，それらそれぞれが独自の所有権を構成した。たとえば，地主は，土地を小作貸し（賃貸し）て地代を得るというかたちでの利用をする。これが上級所有権となった。小作人は，土地を耕して収穫するというかたちでの利用をする。これが下級所有権となった。その他にも，土地上の草木果実をとる権利，狩猟・漁業の権利，水・温泉を利用する権利，通行の権利など多様な権利が物権として保護される。ここからも明らかなように，ゲルマン的観念においては，所有権の一物一権主義はなかった。

　(b)ローマ法は，物権の対象を有体物（触れられる物）に限定したのであったが，ゲヴェーレでは，種類を問わず人が現に自分で支配（利用）しているものを保護対象にした。したがってゲヴェーレでは，無体物や債権・特権や〈自然力の利用権〉も所有の対象物となりえた。古代ローマとは異なってここでは「売買は賃貸借を破らず」とされたが，これも，（古代ギリシャと似て）債権観念が未発達であったこととともに，この即物性——現に所持している者に着目する——に関係している（古代ローマが賃借人保護の姿勢をもたなかったことも，ちがいの一要因ではある）。

　(c)ゲヴェーレは，自分が物を直接に手渡した相手，あるいは自分から物を奪った相手との間でだけ，権利として妥当するのであった。手渡した相手がその物を第三者に譲渡・質入れ・賃貸借等したり奪い取られたりした場合，その第三者に対しては，自分から直接には返還請求できなかった（『ザクセン＝シュピーゲル（ラント法）』Ⅱ.60.1）。（ただし，自分のゲヴェーレ対象物を盗んだ者から，そうとは知らずに買った第三者に対しては，返還請求できた。不法からは法は生じないからである）。

　こうした即物性の原因は，民族性によるより，生活関係の特徴による。ローマ法は，しだいに都市生活向けになっていった。都市部の土地は，〈所有者が誰か〉が比較的明白であった。これに対してゲルマン法は農村生活向けであっ

た。農村部（とくに人口の少ない地域）の土地は，長い間利用されなかったり管理が行き届かなかったりして所有者が不明確であることが多い。このため裁判では，公然かつ平穏的に利用している者を所有者だと推定せざるをえない。これがゲヴェーレ的な即物思考の社会的基盤である。

ゲヴェーレの担い手は家長であった。家長は，自治的な「家」の統括者であるだけでなく，家族員と家産との所有者であった。家長には家族員を懲戒・売却・殺害することも許された。家長の支配権をムントと言うが，これはローマのマーヌスと同一の語源から来る語であり（すなわちマーヌスは「手中にある」との意味に関係し，したがって保護している，実力支配していることを意味する），それゆえ家長権の質は，初期の古代ローマのそれと似ていた。

4.2.3 中世における，近代的土地所有権の形成

林毅は，『西洋中世自治都市と都市法』（敬文堂，1991年）のなかで，中世都市ケルンにおいて，近代的土地所有権がゲルマン的所有の中からどのように形成されたか，および，近代的土地所有権の形成後も，ゲルマン的土地所有に特有の共同体的規制がどのように持続してもいたか，を描いている。それによると，12世紀以降，

(i)一方では，近代的土地所有権が次のようにして成長していった。すなわち，(a) 村落共同体のもつ拘束力，領主による拘束（処分に対する規制），および家族における拘束（親族的相続期待権者の介入）が弱まり，処分の自由が確立することによって，土地所有権の絶対性が進展していった。(b) 土地所有権の観念性も，proprietas とpossesioの概念的区別がはっきりし始めたことや，12世紀以降，不動産登記による移転が導入され始めたことによって，進展した。

(ii)同時に林は，それでも，都市における土地所有権には，共同体的（公的）規制がかかっていた点を次のように記述している（183頁）：

「ケルン市内の土地所有権は，ケルン都市共同体という特権的市民社団の内部においてのみ存在しえたものであり，従ってそれは，一種の封建的共同体の存在を前提としたものであって，つまりその限りにおいては，それは未だ封建的・共同体的関係から完全には解き放たれていなかったのである。」

「すべてのケルン市民は同業組合（ギルド，ツンフト）という封建的共同体に編入

されており，彼らの経済活動には共同体的規制が課せられていた。ということは，ケルン市民の所有する土地（不動産）の用益に対しては，一定の枠がはめられていたということであり，すなわち，その限りにおいて，土地所有権にはなお封建的・共同体的拘束が一定限度付着していたのである。」

「中世都市ケルンの土地所有権は，未だ完全には私的性質を獲得しておらず，共同体的拘束を免れていなかったのである。従ってそれは，近代的土地所有権とは全く異質な側面を残していたのであった。ケルン市において，土地所有に対する封建的・共同体的拘束がすべて解消され，完全に私的な土地所有権が成立するのは，近代化の開始以後である。一七九四年，革命フランス軍によって占領され，フランスに併合されたライン左岸地域（従ってケルン市）には，フランスの占領政策に規定された近代化の歩みが開始された。法制度の面でも，古い封建的制度は廃棄され，革命後に生れた新しいフランスの諸法典が施行されていったが，土地所有権に関してみれば，フランス民法典の施行によって初めて，ケルンにも真の近代的土地所有権が確立されたと言うことができるのである。」

ここで林は，「共同体的拘束がすべて解消され，完全に私的な土地所有権が成立するのは，近代化の開始以後である」と言っているが，前述のように「共同体的拘束」，公的規制は今日のヨーロッパにおいても，都市における土地所有権の上になお強く覆い被さっている。

こうした「共同体的拘束」の根底にあるのは，上記の上級・下級所有権の観念であったと思われる。都市は，家屋の所有者に対して，上級所有権として，その家屋を全体の観点から規制する権限をもっているのである。この点に関しては，次のような指摘が示唆的である：

　　「ルソーにおいて国家がその上級所有権により既存の政治秩序全体に介入する可能性が認められたのに対して，カントの場合は，国家はその最高命令権の意味での上級所有権（物理的・政治的な支配権）により非物理的・観念的な私的所有権を確定的なものとして保障しなければならないが，本来の私的所有権とは認められぬ団体の所有については，自己の上級所有権＝最高命令権によってこれを廃止することが可能だ，とされるわけである」（村上淳一『近代法の形成』，岩波書店，1979年，93頁）。

この引用のとおりだとすると，現代においてもなお生きている（上級所有権の）古い土地所有権観念が，ヨーロッパ的な景観・文化財保全等に役立っているのである（この点に関しては，本当にそういう観念が働いているのか，さらなる考察が必

要である）。動産と異なり不動産においては，共同生活，とくに伝統や政治的関係から切り離せないがゆえに，近代的な所有の論理は貫徹しえない構造があるのでもある。

4.2.4　法学的加工

12世紀より発達した法学（古代ローマ法の継受）によって，近代的所有権への理論的準備が進んだ。

バルトールス（Bartolus de Saxoferrato, 1314-57）が，〈自由な所有権〉を最初に明確に定義した。かれは所有権（dominium）を，「物を，法の許す範囲で自由に処分する権利」（ius de re corporali perfecte disponendi nisi lex prohibeat.）と定義した。これは，ウルピアーヌスの上述の法文（D. 41. 2. 17. 1）への注釈の中に出てくる。ウルピアーヌスの上の定義自体には，所有がなお強い共同体的関係下にあったため，また上の法文が〈所有と占有との区別〉という文脈でのものであったため，バルトールス的な中身をもっていなかった。

その弟子のバルドゥス（Baldus, 1327-1400）は，（師バルトールスがローマ法とは異なる「二種の用益所有権」の概念を生み出したのをふまえて）主君の所有権を上級所有権（本来所有権dominium directum），従者・永小作農のそれを下級所有権（準所有権dominium utile）と呼ぶ「分割所有権」概念を精緻化し，中世の重畳的な土地所有関係をローマ法によって把握できるようにした。

この分割所有権の概念は，永小作権を（下級）所有権化するので農民に有利であった。しかしそれは，もともと所有権的であったアルメンデや狩猟・漁撈権に関しては，それをもつ自由農たちに不利に働いた。なぜなら，自由農たちの共同利用地に対し領主が，〈おまえたちが所有権をもっているとしても，それは下級所有権だ；自分も上級所有権のかたちで，所有権をもつ〉と主張することを可能にする理論だったからである。領主はまた，荘園経営の合理化をはかるため自分の（上級）所有権を前面に押し出して，古典荘園が前提にしていた，農民の下級所有権を賃借権に変えようとした（てごわい物権を，弱い債権に変えようとした）。

しかしその後，この下級所有権は，「パンデクテンの現代的適用」の法学者によって，それが本来の所有権だとされた。

またフランス人文主義法学を担ったドノー（Hugues Doneau, 1527-91）は，Digestaを渉猟し，そこに用益権・通行権・永借地権などの制限物権を見出し，これらから「他者の所有物における物権」という一般概念を帰納させた。かれは，この概念に依拠することによって，封臣・臣民が領主の土地所有権に対抗しうる物権をもつことを構成した。

4.2.5 （グロティウスと）ロックの所有権論

グロティウスは，歴史上はじめて「権利」の一般概念を，しかも，（中世的に）身分・団体の一員としての人間にではなく，個人としての人間に結びつけて，定式化したことでも重要である（古代ローマ人は，訴権的に考え，権利一般を論じなかった。中世人は，身分・団体ごとに権利が異なっている状況下にあったため，権利の一般概念をもてなかった）。

かれの権利の一般的定義は，「権利とは各人格の観念的権限であり，正当に，或るものを所持し或る行為をなしうることをその中身とする」（Jus est qualitas moralis personae competens ad aliquid juste habendum vel agendum.）というものであった。かれは，ここから出発して，①自分自身に対する権能（potestas in se）としての自由，②他の人間に対する権能（potestas in alios）としての家長権など，③物に対する権能（potestas in res）としての所有権を引き出す。権利はここでは，個人が，国家とは独立に，したがってまた裁判での承認を待つまでもなく，本来的にもつものとなっている。この権利論が，その後の近世自然法論の基礎となり，やがて民法の基本的な構成原理——自由な人格・人に対する権利としての債権・物の支配権としての物権——に収斂していく。なお，所有権の正統化については，グロティウスは先占論を採った。

ロックは，『統治二論』第2編27節以下で，私的所有が正当である根拠を労働に求めた。かれによれば，各人は自分の身体を自分で支配している。自己支配は，不可侵の権利である。かれは，自分の身体を自分が支配することをも一つの自然権（今日のことばでは，人格権）とする（ロックが，生命・自由・財産を総称して所有物と呼んでいることも，この関連で重要である。『統治二論』第2編123節）。労働とは，この身体を使って物を自分が目指す方向に変えること，身体のエネ

ルギーを労働対象に注ぎ込む行為である；したがって，労働の産物（生産物）は自分の身体の延長物であり，それゆえその生産者が排他的に支配する；こうして私的所有は正当であることになる。

このように考えると，私的所有は，前国家的な関係においてすでに成立している，人間に本来的なもの（自然権）だということにもなる。つまりそれは，国家によって創設されたものではない，それゆえ国家による，廃止や無前提の制限が可能なものではない。（これは，何が法であり権利であるかを国家が決めるとしたホッブズとは，正反対の思考である。）しかもそうした自己支配としての私的所有は，人格が尊厳であることの帰結として神聖なものとなる。

しかし，ロック所有権論には，次の点で問題がある：(a) 生産に使う水や原材料，土地は生産に使われる前の姿ですでに，防衛や管理保全のための共同労働を投下されることによって，価値をもった共有物としてあるのだから，各人による生産はそれらの簒奪によっている。(b) 生産には陸運用や水運用の他にもさまざまの公共施設を使うのだから，生産物にはそこからの価値も入っていることになる。(c) 生産する主体である自分たち自身もまた，社会的に形成され，保護・防衛されたものである。(d) 工場排水・排気等は，マイナスの公共物（みんなのものを自分の生産行為によってダメにすること）である。

こうした点で，自分の労働が生産物の価値源のすべてではなく，そこには共同体のもつ財の価値物が入り込んでいる；生産物はこのようにして，私的要素と社会的要素とから成り立っていることになる。それゆえ，私的所有を認めつつも，その中に入り込んでいる，生産者以外のものから来る価値，社会的要素に着目して，ワイマール憲法（1919年）第153条3項のように「所有は義務を伴う」とすることは，十分可能である。ロック所有論を引き合いに出す，ノージック（Robert Nozick, 1938-2002）らのリバータリアニズムは，成り立たないのである。

アメリカの政治家たちも1815年頃までは，〈国家形成の前から個々人が——自然法によって——享受している権利（自然権。既得権とも呼ばれた）があり，憲法はそれを事後的に確認し保護している〉と，ボダン的に，ないしロック的に考えた（「国家以前的権利」は，モンロー大統領の発想でもあった）。このため重要な自由を，憲法の条文に明記されていなくとも基本的人権とすることは，困難ではなかった（田中英夫『英米法総論』上，東京大学出版会，1980年，248頁以下）。

第4章　近代的所有権の考察　173

1815年頃からは，産業発展の必要に規定され，法思考の合理化（＝道徳や宗教
からの切り離し，法を政策遂行の道具とする見方，予測可能性を重視することなど）が
進み，自然法思想は弱まった（Morton J. Horwitz, *The Transformation of American Law 1780-1860*, 1977）。しかしそれでもアメリカの連邦最高裁判所では，悪名高いロックナー判決（Lochner v. New York, 198 U. S. 45（1905））に見られるように，永らく（1940年代初めまで）自然法的な所有権観念がまかり通っていた（上記判決は，パン工房の労働者の健康を維持するために最長労働時間を規定した州の措置を，〈連邦憲法第14修正が保障する「自由」（契約・所有の）に，政府が介入するもの〉として違憲としたものである）。

　近代的所有権を制約することは，その後，19世紀中葉以降において，ほぼ10年ごとの世界的恐慌，工場労働の悲惨さ，公害問題等が深刻化するにつれて，強まっていった。マルクスらの社会主義運動，フランスの連帯主義運動，ビスマルクの国家社会主義がその例である。これらの動きは，1920年代，ロシア革命やワイマール共和国の誕生によって社会法的原理が制度に結実し，新しい時代を迎える。しかしその動きは，すでに近代においても，近代的所有権に対するアンチ＝テーゼとして働いていたのでもある。

4. 2. 6　近代的土地所有権とシヴィック＝ヒューマニズム

　先にフランス人権宣言において近代的所有権がきわめて重視されていることを見た。このことはフランス革命の思想的基盤としてのシヴィック＝ヒューマニズムとも無縁ではない。ルネサンス期の人文主義，とりわけフィレンツェに伝統的な政治的人文主義は，古代ローマの共和制を自由と祖国愛（patriotism）とが結びついた美しい政治状況として理想化し，それを再生するものとして自分たちの共和国を位置づけた。[170] 私的自由を享受しその生活において自立してい

---

*170)　ヴィローリ『パトリオティズムとナショナリズム』（1995年．佐藤瑠威・佐藤真喜子訳，日本経済評論社，2007年）。J. G. A. Pocock, *The Machiavellian Moment*, 1975, Prinston University Press. こうした見方の先駆的なものとして，Hans Baron, Machiavelli : the Republican Citizen and the Author of "The Prince", in : *The English Historical Review*, 76, 1961, pp. 217-253；Felix Gilbert, *Machiavelli and Guicciardini*, 1965；Quentin Skinner, *The Foundations of Modern Political Thought*, vol. 1, 1978などがある。この点について，最近の議論の全体の見通しをうるためには，J. Pocock, Between Gog and Magog : The ⬈

るところに，政治的な自立・主体的な政治意識も芽ばえる；また，護るべき自分の私生活を享受しているところにおいてはじめて，それを与えてくれる祖国を守る意識も強まる。

そしてそれは，たとえばマキャヴェッリに典型的に見られるように，その古代ローマ共和国の自由の基盤として，自由で独立した小生産者，とくに独立自営の自由農が市民軍の担い手として活動したことを重視した。ここから，市民革命前後のヨーロッパでは，自由な農民を基礎にした共和国が目指された。典型的にはアメリカ植民地においてであるが，イギリス17世紀における「マキァヴェッリアン＝モーメント」の思想（マキャヴェッリの影響を受けて古代ローマ共和制を讃美する思想），フランスの重農主義，シュタインの改革期のプロイセンでの農奴解放，その後の農本主義的思想もそうであった。所有権がこの観点から重要な位置を与えられたことは，いうまでもない（日本でも大正期以来の自営農重視の思想には，同様な農本主義的思想が含まれている。戦後の農地解放も，地主層の「封建的」支配を廃し，民主主義の担い手の形成という点で，アメリカの「マキァヴェッリアン＝モーメント」とつながっているのではないだろうか。大塚久雄が言うように，フランス革命時と同様，創られた自作農は規模が小さいため，保守政治の土台となったが）。

但し，この思想がいつでも進歩的であったわけではない。この思想は，19世紀に入ってからは自由主義者に担われたのだが，その際には〈財産と教養をもった階層だけが政治を担う主体となりうる〉として，普通選挙に反対する動きの核ともなった。[171]

4.2.7 近代的土地所有権と近代資本主義

19世紀に入ると，大陸においては，近代的所有権が法典化され，また土地

⟍ Republican Thesis and the Ideologia Americana, in : *Journal of the History of Ideas*, vol. 48, no. 2, 1987：John H. Geerken, Machiavelli Studies Since 1969, in: *Journal of the History of Ideas*, vol. 37, 1976を参照。

[171] ある政治共同体において財産を所有している者にしか参加権を与えないとすることは，古代ギリシャ・ローマでも中世ヨーロッパでも見られた。この伝統が，1800年代の後半まで（日本では1920年代まで）続いたのである。

所有も貴族的大土地所有から（農奴解放による）農民的所有（小規模な近代的土地所有）に移っていった。これに対してイギリスでは近代に入っても，土地所有権の観念性・一物一権主義は確立せず，なおゲヴェーレ的様相を強く残した。貴族的大土地所有が残ったことも，特徴的である。それなのにここでは近代資本主義がもっとも早く発達した。イギリスでは産業革命は，1760年代に始まり1830年代には完了したのである。

　このイギリス近代資本主義下では，農業においては貴族から土地を借りた借地農が農業資本家となって農業労働者を雇用して資本主義的農業を展開していった。地主・資本家・労働者の3階級がこういうかたちで連関する関係，労働者が生産した利潤を地主・資本家が分割しあう関係を，「三分割制」という（工業でも，産業資本家が工場敷地を借りて工業労働者を雇用して生産を進めた関係が見られた）。この点で土地に関する限り近代資本主義は借地権と深く結びついていたのであって，近代的土地所有権を基盤にしているとは必ずしも言えない。この事実を踏まえて日本では，次のような議論があった：

　まず水本浩（『借地借家権の基礎理論』一粒社，1966年）が，イギリスこそがもっとも近代的な資本主義を発達させたのであるから，そこの法をもって近代的としなければならない；すると，借地農の賃借権が地主（土地貴族）の土地所有権に優位することをもって「近代的」と呼ぶべきだということになる；逆に，フランスやドイツ（ないし日本）では，民法典に近代的所有権の規定はあったものの，寄生地主階級の絶対的土地所有権が優位したため，借地農に有利な関係が形成されず（日本の場合は，借地農ではなく，貧しい小作人たちであった），このため資本主義の発達が遅れた，とした。

　しかし，この議論の根底にある〈イギリスで産業資本主義が最初に発達したのだから，イギリスの土地所有権制度が典型的に近代的なものだ〉という見方は，問題である。第一に，産業資本主義の発達が常に近代的な所有関係といった法的関係を基盤にしているわけではない。前近代的な法的関係が，近代的な経済活動を支えるということが起こりうるからである。第二に，イギリスの近代化モデルが常に他の国の近代化のモデルとなるわけではない。それぞれの国にはそれぞれ独自の資本主義確立史の論理がありうるかもしれない。

　こうして，水本理論に対して甲斐道太郎『土地所有権の近代化』（有斐閣，

1967年）が，次のような異論を唱えた：法律レヴェルにおける近代的所有権の成立は，必ずしも現実の社会レヴェルにおける近代的土地所有の成立を意味していない；逆に言えば，現実の社会レヴェルにおける近代資本主義が法律レヴェルにおける近代的土地所有権に，支えられるべき必要は必ずしもない，と。

それぞれの国の土地所有法制がどういう論理でその国の近代資本主義の発展に役立ったか，また妨害したかは，個別具体的に実証研究されなければならない。このことはまた，一般的に言えば，近代資本主義の社会・文化が必ずしも近代資本主義的に経済合理的であるわけでもないことを物語っている。[*172)]

19世紀後半期の近代資本主義の時代は，ヴィクトリア時代とも言う。この時代は，イギリスをはじめ西洋で資本主義が支配的となったものの，イギリスのみならず広くヨーロッパで，貴族層がなお政治的・経済的・文化的に有力であり，その文化は上層の旧中産階級やブルジョワ中産階級とも結びついていた。成功して社会的に上昇した産業資本家層は，このためこのジェントルマン文化に同化されていった。こうして，19世紀後半には，経済と文化，新しいものと古いものとの独特な関係が展開したのである。この事実を，近代法理解にも反映させる必要性があるのである。

---

*172)　戒能通厚『イギリス土地所有権法研究』（岩波書店，1980年）参照。

第**5**章
日本における「立憲主義」[*173]

5.1——明治前期の立憲主義

　立憲主義には，広義のそれと狭義のそれとがある。前者は広く，君主ないし共和国の統治者を基本法（憲法）や法律・慣習法等によって規律する（そのためにはとくに議会や裁判制度が重要な働きをする）動きを指す。後者は，とくに近代憲法制定以降の動き，すなわち基本的人権を保障し，その点からも国家機関を憲法等で制約することや，このためにも三権分立等を強化する動きを指す。もっとも，なぜ統治者を憲法等によって制約するかというと，それは被治者の（特権と基本的人権のちがいはあるものの）自由ないし権利の保護や自由な政治体制確保のためであるから，広義・狭義のそれは根本において異ならない。この点はともかく，日本での立憲主義論は，明治維新以来イギリスやフランスの近代思想の影響を受けて急速に盛り上がり，広義の立憲主義化の追求を目立たせつつも，狭義のそれの追求運動をもかなりの程度展開させていた。

　すなわち自由民権運動は，1874（明治7）年に板垣退助らが提出した民撰議院設立建白書に見られるように国会開設を主要課題とした。1875（明治8）年4月14日の詔が「国家立憲ノ政体」樹立を約し，大隈重信らが1882（明治15）年に結成した政党が立憲改進党と称し，伊藤博文らが1900（明治33）年に結成した政党が立憲政友会と称したのも，この点と不可分だった。国会開設は，①国家の近代化は強国化に必要だ（近代国家として扱ってもらうためにも西洋諸国並みの国家機構を備えるべきだし，国民を国家に近づけることによって国家意識を涵養し，また社会の活動を活性化させるためにも欠かせないから）と考える側からも，②自由・人権を個人の幸福追求にとって大切な価値だと考える側からも，追求された。

---

*173）『法学教室』（有斐閣）2016年5月号に同じ題名で掲載したものを改訂した。

このうち②の動きは，当時提出された多くの私擬憲法に確認できる。福澤諭吉・中江兆民・加藤弘之・植木枝盛らは，「人間は生まれながらにして」自由・平等で幸福追求の権利（人権）をもつとする自然権思想，天賦人権説をとなえ，それを憲法とその下での諸制度によって確保しようとした。

　この動きと連動して，1881(明治14)年の植木枝盛の「東洋大日本国国憲按」[174]は，権力を制約するべく州の独立を前提にした連邦制（第29条　日本各州ハ日本聯邦ノ大ニ抵触スルモノヲ除クノ外皆独立シテ自由ナルモノトス何等ノ政体政治ヲ行フトモ聯邦之ニ干渉スルコトナシ），それゆえ州の独立を基盤とした主権在民を規定し[175]，また三権分立（第2条　日本国ニ一立法院一行政府一司法庁ヲ置ク憲法其規則ヲ設ク），とくに司法権の独立（第189条　聯邦法衙ハ憲ニ遵フノ外不羈ニシテ他ノ管轄ヲ受ケス）を明記し，また租税法定主義（第200条　聯邦ノ租税ハ各州ヨリ課ス其額ハ法律之ヲ定ム，第201条　聯邦ノ租税ハ聯邦立法院ノ議ヲ経ルニ非ザレバ一モ徴収スルヲ得ス）などを明記する。さらに，人権の保障原則を打ち出し（第5条　日本国家ハ日本各人ノ自由権利ヲ殺減スル規則ヲ作リテ之ヲ行フヲ得ス，第4編　日本国民及日本人民ノ自由権利），その一環として次のような自由を認めている。思想の自由（第49条　日本人民ハ思想ノ自由ヲ有ス），信仰の自由（第50条　日本人民ハ如何ナル宗教ヲ信スルモ自由ナリ），結社の自由（第55条　日本人民ハ自由ニ結社スルノ権ヲ有ス），表現の自由（第53条　日本人民ハ言語ヲ筆記シ板行シテ之ヲ世ニ公ケニスルノ権ヲ有ス），集会の自由（第54条　日本人民ハ自由ニ集会スルノ権ヲ有ス），学問の自由（第59条　日本人民ハ何等ノ教授ヲナシ何等ノ学ヲナスモ自由トス），住居の不可侵（第57条　日本人民ハ住居ヲ犯サレサルノ権ヲ有ス，第61条　日本人民ハ法律ノ正序ニ拠ラスシテ室内ヲ探検セラレ器物ヲ開視セラルヽコトナシ），罪刑法定主義（第46条　日

---

*174)　1936年に憲法学者・鈴木安蔵の高知県での調査が契機となって発見された。全文は，http://www.yorozubp.com/wfmjkochi/2012/emoriconstitution.pdf

*175)　植木枝盛は，君主に強い軍事権を付与している。たとえば，第78条には「皇帝ハ兵馬ノ大権ヲ握ル宣戦講和ノ機ヲ統ブ他国ノ独立ヲ認ムルト認メザルトヲ決ス」とあり，第206条には「国家ノ兵権ハ皇帝ニ在リ」とある。しかし，君主は議会に制約されてもいる。第87条には「皇帝ハ人民ノ権利ニ係ルコト国家ノ金銭ヲ費スベキコト国家ノ土地ヲ変スベキコトヲ専行スルヲ得ス　必ス聯邦立法院ノ議ヲ経ルヲ要ス立法院ノ議ヲ経ザルモノハ実行スルノ効ナシ」とある。この点で植木は，君主と国民の共同統治，民権と君権の調和を想定していた。

本ノ人民ハ法律ノ外ニ於テ何等ノ刑罰ヲモ科セラレサルヘシ又タ法律ノ外ニ於テ麹治セ
ラレ逮捕セラレ拘留セラレ禁錮セラレ喚問セラルヽコトナシ），拷問の禁止（第48条
日本人民ハ拷問ヲ加ヘラルヽコトナシ），私的所有権（第65条　日本人民ハ諸財産ヲ自
由ニスルノ権アリ），営業権の保障（第60条　日本人民ハ如何ナル産業ヲ営ムモ自由
トス），私的自治（第6条　日本国家ハ日本国民各自ノ私事ニ干渉スルコトヲ施スヲ得
ス），法の下の平等（第42条　日本ノ人民ハ法律上ニ於テ平等トナス），死刑廃止（第
45条　日本ノ人民ハ何等ノ罪アリト雖モ生命ヲ奪ハレサルヘシ），不服従・抵抗権（第
64条　日本人民ハ凡ソ無法ニ抵抗スルコトヲ得，第70条　政府国憲ニ違背スルトキハ日
本人民ハ之ニ従ハザルコトヲ得），革命権（第72条　政府恣ニ国憲ニ背キ擅ニ人民ノ自
由権利ヲ残害シ建国ノ旨趣ヲ妨クルトキハ日本国民ハ之ヲ覆滅シテ新政府ヲ建設スルコ
トヲ得）などである。同年に東京西北部の山村・五日市の人びとが学習会の成
果としてつくった五日市憲法草案も，似た方向にある。[176]

---

[176]　1968年に歴史学者・色川大吉とその学生たちが，五日市町（現あきる野市）の深沢
　　家土蔵で発見した。原本は，http://kanzengoken.com/?page_id=497で読める。中身は，次
　　のようなものである：法の下の平等（47　凡ソ日本国民ハ族籍位階ノ別ヲ問ハス法律上
　　ノ前ニ対シテハ平等ノ権利タル可シ），信仰の自由（56　凡ソ日本国民ハ何宗教タルヲ論
　　セス之ヲ信仰スルハ確認ノ自由ニ任ス），職業の自由（57　凡ソ何レノ労作工業農耕ト雖
　　ドモ行儀風俗ニ戻リ国民ノ安寧若クハ健康ヲ傷害スルニ非レハ之ヲ禁制スルコトナシ），
　　結社・集会の自由（58　凡ソ日本国民ハ結社集会ノ目的若クハ其社会ノ使用スル方法ニ
　　於テ国禁ヲ犯シ若クハ国難ヲ醸スヘキノ状ナク又戎器ヲ携フルニ非スシテ平穏ニ結社集
　　会スルノ権ヲ有ス　但シ法律ハ結社集会ノ弊害ヲ抑制スルニ須要ナル処分ヲ定ム），通信
　　の自由（59　凡ソ日本国民ノ信書ヲ秘密ヲ侵スコトヲ得ス其信書ヲ勾収（ママ）スルハ
　　現在ノ法律ニ依リ法ニ適シタル拿捕又ハ探索ノ場合ヲ除クノ外戦時若クハ法術ノ断案ニ
　　拠〔ル〕ニ非レバ之ヲ行フコトヲ得ス），法の適正手続き（60　凡ソ日本国民ハ法律ニ定
　　メタル時機ニ際シ法律ニ定示セル規程ニ循拠スルニ非レハ之ヲ引ヲ召喚囚捕禁獄或ハ強
　　テ其屋戸鎖ヲ打開スルコトヲ得ス），住居不可侵（61　凡ソ日本国民各自ノ住居ハ全国中
　　何〔如〕ニテモ其人ノ自由ナル可シ而シテ他ヨリ之ヲ侵ス可ラス若シ家主ノ承允ナク或
　　ハ家内ヨリ招キ呼フコトナク又火災水災等ヲ防御スル為ニ非スシテ夜間人ノ家ニ侵シ入
　　ルコトヲ得ス），財産権の保障（62　凡ソ日本国民ハ財産所有ノ権ヲ保固ニス），教育の
　　自由（76　子弟ノ教育ニ於テ其学科及教授ハ自由ナル者トス），司法権の独立（171　司
　　法権ハ不羈独立ニシテ法典ニ定ムル時機ニ際シ及ヒ之ヲ定ムル規程ニ循ヒ民事並ニ刑事
　　ヲ審理スルノ裁判官判事及陪審官之ヲ執行ス。177　凡ソ裁判官ハ国帝ヨリ任シ其判事ハ
　　終身其職ニ任ジ），国事犯に対しする死刑禁止（194　国事犯ヲ為ニ死刑ヲ宣告ス可ラス），
　　財産額による選挙権（80　日本国民ニシテ俗籍ニ入リ（神官僧侶教導職耶蘇宣教師ニ非
　　ル者ニシテ）政権民権ヲ享有スル満三十歳以上ノ男子ニシテ定額ノ財産ヲ所有シ私有地⏎

5.2 ――明治憲法

　このような人民の動きに対抗しそれらを黙殺しつつ1889（明治22）年に欽定
された明治憲法は，近代的立憲国家性を加味しつつも，幕藩体制や西欧近世の
絶対王政の特徴である家産制（後述）を主軸にしたものであった。

　枢密院議長として明治憲法の制定に中心的な役割を果たした伊藤博文（上記
の①の動きに対応する）は，1888（明治21）年，同院での憲法草案審議の際に，
まず一方で，「此草案ニ於テハ君権ヲ機軸トシ，偏リニ之ヲ毀損セサランコト
ヲ期シ，敢テ彼ノ歐洲ノ主権分割ノ精神ニ據ラス」（6月18日）と「君権」を押
し出しつつ，他方で，臣民の権利義務を巡って森有礼文部大臣と議論した際（6
月22日），「抑憲法ヲ創設スルノ精神ハ，第一君権ヲ制限シ，第二臣民ノ権利
ヲ保護スルニアリ。故ニ若シ憲法ニ於テ臣民ノ権利ヲ列記セス，只責任ノミヲ
記載セハ，憲法ヲ設クルノ必要ナシ，と「君権制限」・「臣民ノ権利」保障を説
いた。

　そして上記君権制限に関しては伊藤は，元田永孚顧問官への応答（6月22日）
で，「立憲政體ヲ創定スルトキニハ，天皇ハ行政部ニ於テハ責任宰相ヲ置テ，
君主行政ノ権モ幾分カ制限サレ，立法部ニ於テハ，議会ノ承認ヲ經サレハ法律
ヲ制定スル事能ハス。此二ツノ制限ヲ設クルコト，是レ立憲政體ノ本意ナリ。
此二點ヲ缺クハ，立憲政體ニアラス」と，責任宰相制と議會の承認制による制
限を打ち出した。[*177)]

　実際，明治憲法は，第4条で「天皇ハ国ノ元首ニシテ統治権ヲ総攬シ<u>此ノ憲
法ノ条規ニ依リ之ヲ行フ</u>」と，天皇が憲法の規定にもとづきつつ統治するのだ
と立憲主義原則を出している。しかし同憲法は，その上論において「国家統治

　ヨリ生スル歳入アルコトヲ証明シ撰挙法ニ定メタル金額ノ直税ヲ納ル、文武ノ常識ヲ帯
　ヒサル者ハ撰挙法ニ遵ヒテ議員ヲ撰挙セラル、ヲ得〔ス〕)，君主の行政権・軍事権（20
　国帝ハ執政官ヲ任意ニ除任免黜シ又元老院ノ議官及裁判官ヲ任ス　但シ終身官ハ法律ニ
　定メタル場合ヲ除クノ外ハ之ヲ任スルコトヲ得ス。21　国帝ハ海陸軍ヲ総督シ武官ヲ廃
　除〔シ〕軍隊ヲ整備シテ便宜ニ之ヲ派遣スルコトヲ得）

*177)　http://www.jacar.go.jp/から「憲法草案」で検索可能。

ノ大権ハ朕カ之ヲ祖宗ニ承ケテ之ヲ子孫ニ伝フル所ナリ」と宣言し，第１条に「大日本帝国ハ万世一系ノ天皇之ヲ統治ス」と明記した。憲法より上に，そして前にある天皇家が，世襲で統治権を独占的に総攬・行使するとしたのである。

5.3 ──大正期の立憲主義

　大正デモクラシーの運動は，明治憲法に芽生えていた立憲主義的要素を実質化しようとした。普通選挙による国会強化によって政府に対するコントロールを実のあるものにして，憲政を確立しようとしたのである。この運動の中心にあった「護憲派」の，尾崎行雄は立憲政友会に，犬養毅は立憲国民党に属していた。

　こうした政治的雰囲気に呼応して提唱されたのが，美濃部達吉やその師である一木喜徳郎，さらに佐々木惣一らの天皇機関説である。美濃部は，法や国家を考える際には，制定法を踏まえつつもそれをも越えて，過去と現在におけるその存在の論理と正義要求（条理法）とにもとづきつつ法的構成をしていく立場をとっている。[178] この立場からかれはまず，国家はそれ自体が独自の，目的とそれを達しようとする意思をもって活動する一生命体であると見た（国家有機体説）。この国家は法的には，その構成員から独立した意思主体として把握されるから，法人である。[179] 国家法人は，天皇をその最高機関とし，その意思が国家の意思を構成する。しかし機関である以上，天皇は憲法（法人における定款に当たる）等に拘束される。美濃部は言う，「〔国家は〕法律学上の言葉を以て申せば一つの法人と観念いたしまして，天皇は此法人たる国家の元首たる地位に

---

*178)　美濃部は，憲法の条文は「条理」（ないし事物のもつ論理）に沿うよう解釈しなければならない，と考えた。かれは『法の本質』（日本評論社，1935年）で，「条理法は時として制定法又は慣習法を修正する力を有つ。〔……〕当初に於いては正義に適合して居た法規の定がそのままでは正義の要求に適合しないものとなり，新なる社会事情に適応する為には多少其の意義を修正して解釈せねばならぬ必要を生ずることが無いではない」(176-177頁) と述べている。美濃部の法解釈はこの法律意思解釈もあって相当に自由であり，ケルゼニストの宮沢俊義に言わせれば「形而上学的」である。

*179)　美濃部は，明治国家が法人である憲法上の根拠を，国家自身が公債を起し，歳出歳入をなし，自己の財産を有し，皇室経費を支出する主体であること（第55条，第56条，第62条第３項，第64条，第66条，第72条）等に求めた。

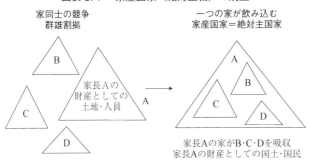

図表5.1 家産国家（絶対主義）の成立

在しまし，国家を代表して国家の一切の権利を総攬し給ひ，天皇が憲法に従って行はせられまする行為が，即ち国家の行為たる効力を生ずると云ふことを言ひ現はすものであります」（美濃部，貴族院本会議での「一身上の弁明」，1935年2月25日。以下この文書から引用する）[*180] と。

　家産制国家とは，豪族・諸侯（それぞれがその家を支配し，その構成員・地域を家産として所有していた）のうち，勝ち残った（他家を自己の家に吸収した）一人が全国を，その家産の論理で支配する国家である（図表5.1）。

　ここでは，君主の家と国家が重なる。すなわち官吏・国民・全国土・国有財も——従僕・家族員・家財が家長の私物であるのと同様——君主の所有物である。そして従僕は主人に逆らえないから議会は君主を制約できず，従僕は主人を裁けないから君主は裁判に服さない（君主無答責）[*181]。君主主権の中身は，詮ず

---

*180)　南野森管理の http://spminamino.web.fc2.com/Cours/2012/kenpo1/minobe.html 参照（一部，原文に即して訂正した）。

*181)　家産制下では君主は何にも拘束されなかったかというと，もちろんそうではない。とくに西欧では君主の動きは，自然法・政治道徳，慣習法，歴代君主が与えた特権，これまでの判決・立法などの規範に拘束されると考えられた。これらがどこまで拘束力をもったかは，政治的伝統，君主に対抗しうる勢力（貴族・聖職者・市民から成る等族）の強さ，君主の性格，君主教育の中身等によって決まった。もっとも，これら成文法および不文法には，王権だけではなく，君主下の等族，さらには古代ギリシャ・ローマ以来の共和国の市民も拘束された。古代ギリシャ以降，人はこの関係を「人でなく法が支配する」と形容した。政治主体がこうした規範によって拘束されるあり方は，「法の支配」の伝統の一部である。「法の支配」は，上からわかるように，政治生活だけではなく直接的には政治ではない，刑事や民事，国際関係等の生活の場面でも重要であった。そして，↗

るところこういうものである。

これに対し立憲君主制の国家では，君主がその権限の自己制限（君主が開明
的である場合，あるいは君主が国内外の世論の力に圧された場合になされる）によって，
憲法遵守の姿勢をとる。ここでは臣民は，議会を通じて参政する。この方向が
進むと，君主は「君臨すれども統治せず」（統治は議会代表がおこなう）とか，「国
家自体が主権者であり君主と臣民（議会）は共同でそれを担う機関である」とか，
「君主も民事責任を負うべきだ」とかとする議論も出てくる。

美濃部は，明治憲法の基本を「国体を基礎とした君主主権主義」に「西洋の
文明から伝はつた立憲主義の要素を加へた」点にあるとしつつ，「立憲主義の
要素」の面を理論化した。加えて美濃部は，天皇は古来家産制的でなく立憲的
であり続けてきたともする。家産制とは「国王は自分の一家の財産として国土
国民を領有し支配して，之を子孫に伝へる」制度であるのに対し，天皇は古来，
その権能を「全国家の為」に行使してきたし，その統治を「万能無制限の権力
ではなく，憲法の条規に依つて」遂行してきたからだ，と。かれは，それゆえ
立憲主義を押し出すことは国体に適う，と弁明した。[*182]

5.4 ——戦時下

西欧においてさえ，王国は立憲君主制になってからも家産制を根底に置いて
いる。たとえばイギリスやスウェーデン等では，君主の家の宗教が国の宗教と
なる国教制が永らく維持され（スウェーデンでの国教廃止は2000年である），裁判
は（「国家の名において」でなく）"in the name of our king" のかたちでおこなわれ，

▣この意味での「法の支配」の「法」とは，人びとが「善い」と判断する法に限られていた。
　悪法とされるものは，「法の支配」から排除されたのだ（中世ドイツの法諺に「悪法は，
　百年続いても悪法に留まる」というものがある）。「実質的意味での法治主義」に対応す
　る関係である。

*182）　この弁明は，あまり説得的ではない。世界史において，君主がその権能を自分のた
　めだけに使い，また法や先例，臣下の助言によらずに統治した事例は，きわめて例外的で
　あろう。だとしたら，天皇のみならず君主というものはほとんど，立憲主義的であったと
　いうことになる。問題は，にもかかわらず家産制の原理が時として前面に出ることがあっ
　たか否かである。美濃部自身，この家産制原理が発現したことの犠牲となったのである。

軍隊は（「国軍」でなく）"Royal Army" 等と呼ばれる。[*183]

　そして政治的危機に直面して，問題処理の迅速化を図り，ナショナリズムを煽ったりリーダーシップを強めたりして統合を固める動きが強まると，この家産制の面が再び前面に出ることがある。日本においては，客観的に見て，これが1931（昭和6）年からの日本による大陸侵略の拡大・政治の右傾化に伴って起こった。「国体明徴」運動である。1935年2月以降，美濃部ら天皇機関説論者はこの情況下で権力や政治団体の指弾を受け，他の憲法学者たちも国家法人論・天皇機関説に関して沈黙を余儀なくされていった（美濃部事件）。「國体ヲ変革スルコト」への取り締まりを目的とした治安維持法は，1928年改正で死刑を導入し，1941年改正では取り締まり対象者を一層拡大した。

5.5——戦後の立憲主義

　日本国憲法の出発点としては，憲法学者の鈴木安蔵ら憲法研究会の7人が起草し1945年12月26日に発表した「憲法草案要綱」[*184]が重要である。この要綱は，国民主権，天皇の象徴化，三権分立，とくに「裁判官ハ独立ニシテ唯法律ニノミ服ス」というかたちで司法の独立原則等を鮮明に押し出している。そして「国民権利義務」において「言論学術芸術宗教ノ自由」や平等原則などの他，「健康ニシテ文化的水準ノ生活ヲ営ム権利」（生存権），「労働ニ従事シ其ノ労働ニ対シテ報酬ヲ受クルノ権利」，「休息ノ権利」などの社会権をも含めた基本的人権を鮮明にしてもいる。要綱策定に当たって鈴木は，各国の憲法の他，（かれがその発見に寄与した）植木枝盛の私擬憲法等をも参照した。GHQは，日本国憲法（1947年施行）の起草過程においてこの要綱を重視し，即刻英訳し草案作成の重要素材とした。実際日本国憲法には，上記「憲法草案要綱」が打ち出した諸原則が反映されている。日本国憲法が「押しつけ」ではなく，自由民権運動以来の日本人の人権獲得闘争の成果だとされる一要因である。

---

*183)　これは，イギリス人が抽象的思考を拒絶するため，国家関係を処理する際，国家ないし国家法人といった観念的な抽象物を用いず，具象的に君主の姿の動きとして問題を処理するからだ，とも言える。

*184)　http://www.ndl.go.jp/constitution/shiryo/02/052shoshi.html参照。

日本国憲法は，権力が暴走して国民に犠牲を強いた戦前の政治への深い反省から，その防止策を重視した。すなわち，①天皇の支配と軍隊とを廃し，かつ行政権に対し立法権のコントロールを強化し権限濫用を防止しようとした。そして②行政・立法・司法を憲法をはじめとする法律によって規制するためにも（「法の適正手続」），また，国民の基本的人権保障を有効にするためにも裁判制度を強化するべく，通常裁判所がおこなう司法審査（とくに違憲審査制）を採用した。③これらのために一定の三権分立が目指された。以上は人権を保障した憲法制度による権力規制に関わるから，敗戦直後においても立憲主義化は日本政治の主要課題であったと言える。

　しかし憲法学界では，戦後永らく「立憲主義」は主題にならなかった。樋口陽一『憲法Ⅰ』（青林書院，1998年，22頁）によれば，立憲主義が戦後において主題化したのは，やっと「一九八九年前後のこと」だった。その原因は次の2点にある。第一に，戦後の運動は経済改革要求が中心であったため立憲主義のような課題は関心外だった。第二に，戦後のデモクラシー的諸運動の高揚期には立憲主義のようなリベラリズムの指向には，出番がなかった。人民の権力を樹立すること，それを支える諸制度・団体を活性化することが主要関心事で，その人民の権力をも規制するようなことは関心外であったからである。デモクラシーとは異質な原理としてリベラリズムが独自価値をもつようになり，また学説・思想の上で人民革命・社会進歩への期待が後退し，社会主義国の崩壊が進んだ1980年代末になって，世界的に「立憲主義」が再登場し始めたのである（樋口陽一『憲法　近代知の復権へ』東京大学出版会，2002年，71頁以下）[185]。

　実際1980年代に入ってから，憲法学界では（プライバシーの権利，日照権，平和的生存権等の）「新しい人権」が叢生し，なかでも自己決定権への着目が強まった。また，ジョン＝ロールズの『正義論』（1971年）の影響もあってアメリカでリベラリズム政治哲学がポピュラーになり，それが日本にも波及した。こうした中で立憲主義論が，リベラリズムの実践を支える制度として再活性化する。

---

　*185)　加えて，元来「立憲主義」は君主制を前提にした理論であったため，君主制でなくなった戦後には論じる余地がないと見られたし，戦後に美濃部や佐々木が客観的に見ると，戦前の天皇制を擁護したり新憲法に反対したりで，ひどく守旧的になった点も作用しているだろう。

国家・行政の肥大化にともない，統治の暴走への危惧や、自由の危機が迫っているとの意識が強まった点もある。立憲主義擁護の声は，2014年2月頃からの，首相とその政党の言動への反発として急速に国民化していくのだが，それは上記のような立憲主義再評価の世界的な雰囲気の中で起こったのである。

　もっとも上に見た戦後でも「法の支配」は，イギリスやアメリカの「自由な近代国家」イメージと結びついて戦後早くから憲法学界で重要テーマ化していた。その際「法の支配」は，伊藤正己の『法の支配』（有斐閣，1954年）70頁以下や，『憲法』（弘文堂，第3版1995年）63・64頁によれば，「国王といえども神と法との下にある」（ヘンリー＝ブラクトン（C.1210-1268）の言葉）の伝統上にあり，①国家の支配の及びえない個人の権利の保障，②法の定める内容や手続が適正で，その正式の法が権力に優位すること，および③通常の司法裁判所に高い評価を与え，これによって権力の恣意を抑止すること，を中身としていた。したがって「法の支配」は，（権力・他者から各人の自由をまもる制度設計を第一とする）リベラリズム原理にもとづいており，（「法」の中でも「憲法」の支配に関わる）立憲主義を内包した概念である。

　他方戦後ドイツは，ワイマール共和国時代において，民主的な普通選挙がファシズムを出現させた経験から，人権規定の強化，大統領権限の縮小，憲法による行政・立法権の規制，そのための強力な権限をもった憲法裁判所の設置など，（人民の権力をも制約する）立憲主義を強めた[186]。この限りで，戦後ドイツ型「法治国家・人権国家」（Rechtsstaat）は，英米型「法の支配」と原理を異にするものではない[187]。そしてドイツのこの動きもまた，1960年代後半以降，日本の公

---

*186)　ただし戦後のドイツは，他方で，ファシズムの再来を許さない立場からナチスに結びつく特定の政治行動を法律で規制する（左翼に対する対策にも用いられているが）。こうした規制が妥当かはともかく，それはリベラリズム・立憲主義だけでは説明ができない（リベラリズムには反する）動きであり，後述のように民主主義的価値選択を基底にしている。

*187)　ドイツ的「法治主義」を悪法も排除しないものとして，英米的「法の支配」と区別する人がいる。しかしドイツに関しては，次の点を踏まえる必要がある：①18世紀以来19世紀前半までの立憲主義論や，その基盤上に出されたフランクフルト憲法等の「法治国家」の思考は，中世的なゲルマン的自由ないしイギリス的自由の影響下に展開した。②ドイツでは1848年の三月革命が挫折しリベラリズムが後退した後，最強国であったプロイセン国家の論理で，君主制ないしそれを基軸とした国家主義が強化された。ゲルバーやラーバントら保守派の国法学者は，その新体制を擁護し理論化するべく君主権が強い⤷

法学に影響を与えた。その原因としては，①ドイツの反ナチ・民主化の動きが日本の思想界，法学界を強く印象づけたこと，②ドイツ法の研究者は元々日本に多かったところ，戦後になってフンボルト財団やDAAD（ドイツ学術交流会）等の奨学金の充実によってドイツに留学する学者がいっそう増えたこと，などが挙げられる。

5. 6 ──立憲主義とリベラリズム・デモクラシー・社会契約論

　以下では，立憲主義に関わる，日本の学界での近時の二つの議論に言及しておく。

5. 6. 1　立憲主義・リベラリズム・デモクラシーの関係

　広義の立憲主義は，統治者を憲法と憲法機関によって制約することを眼目としており，その際憲法の中身を問わないのだから，国家の諸行為の形式に関わる原理である。実際，立憲主義は，中世の身分制的な自由にもとづく諸活動，近代の君主国における統治，ないし共和国における（デモクラシーを基底とした）自由な国家活動など，多様な国制下でともに機能してきた。これに対し狭義の，近代的立憲主義は，基本的人権を保障した憲法にもとづく国家行為に関わるとされる点で実質的内容をももつ。しかしこの近代的立憲主義とて，人権保障は立憲主義がもたらしたのではなく，政治上のリベラル化の運動が成果を挙げ，それを憲法に明記したことによる。立憲主義は，そうした憲法を権力にまもらせる原理なのである。

　たとえば信仰の自由を獲得する運動は，その成果として政教分離，信仰を理由とした差別の排除，宗教的行為・結社の自由等を獲得し，それらを憲法に規定させた。また思想の自由を獲得する運動は，その成果として，内面への不介入，

　国家法人論，その枠内での立憲君主主義を打ち出した。これが，英米との差を印象づけたのである。③これに対し戦後西ドイツで採用された立憲主義，人権重視の法治主義・法治国家は，英米の「法の支配」から深く学んでいる。両者は今日においては，高田敏（『法治国家観の展開──法治主義の普遍化的近代化と現代化』有斐閣，2013年，148頁以下）が言うように，相互に「歩み寄りをみせている」。

表現の自由（出版の自由，集会の自由），検閲禁止などを獲得し憲法に規定させた。これらにおいては，多様な信仰・思想が相互に共存しうるための基本枠組みが実定化されている。近代的立憲主義はこれらを権力にまもらせるのであるから，リベラリズムを支えており，権力規制という，リベラリズムがもつ戦略の一部としてある。

　しかしながら，見逃してはならないことだが，デモクラシー化の運動もまた，その成果を憲法の条文に明記する。立憲主義はそうしたデモクラシーに関わる憲法規定の尊重・遵守をも権力に求めるのだから，立憲主義はデモクラシーとも密なる関係にある。

　たとえば，日本国憲法が天皇主権を廃し，国民主権を明記しつつ象徴天皇制を採用し，その観点から天皇の国事行為を厳格に規定したこと，また軍隊をもたないとしたことは，個人の尊重・自由の擁護とともに，それと不可分のデモクラシーにも関わる。すなわち憲法1条以下や9条は，明治憲法下の天皇制の非民主性と，その体制下での自由の抑圧との体験，および「天皇の軍隊」が暴走し議会制を空洞化させ国民の政治疎外をもたらし，またその結果としての戦争による国民の生命・自由・財産の破壊をもたらした体験を踏まえて，リベラリズムおよびデモクラシーを確立するべく規定されたのである（したがって憲法9条は，単に戦争放棄・平和主義に関わる規定であるだけではなく，自由・人権の保障，すなわちリベラリズムと民主主義との基盤づくりにも関わっている規定である）。

　立憲主義は，民衆の代表の権力であっても，それが個人の自由を蹂躙したり，法の定める諸手続を無視したり，憲法の恣意的な運用をしたりする場合には許さない。この点では立憲主義はデモクラシーに対する障害物である。しかしこれが，両者の関係のすべてではない。立憲主義は原理的にデモクラシーと対立する，というものではない。

　以上の前提的考察を踏まえつつ，まず，近時における立憲主義とリベラリズムとの関係を考える。リベラリストたちは，価値がきわめて多元化し相互に架橋が困難になったとの情況判断を前提にして，そこでは自由な諸個人が共生していくための枠組みを考えることが主要課題だ，とするようになった。そして，多様な価値観をもった諸個人を前提にしつつ，かれらが秩序ある公共の場を維持して共生していく道を探る。この共生のためには，異なる者たちの間でも共

有されうる基本原理をいかにして各人内在的に形成していくかが重要となる。

こうした基本原理の確保には，超越的アプローチと内在的アプローチとがある。前者の超越的アプローチは，板橋亮平によれば，ロールズ（John Rawls, 1921-2002）の原初状態論に見られるように，思弁によって捉えた，人間の本源的関係から，共有されうる基本原理を引き出すものである。日本では，これにヒントを得つつ，人びとが根本において無条件に共有している「正義」概念から共生のための基本原理を引き出す，井上達夫に見られる試みがある。[*188)]

他方，後者の内在的アプローチは，ロールズがその後期の著作である『政治的自由主義』（1993年）や『公正としての正義―再説―』（2001年）において「重合的合意」の道として押し出した。ここでロールズは，超越的原理を見据えつつも，当該社会で永らく共有され定着している最低限の共通の原則や基本的価値を基盤にしつつ共同性確保の方向に合意を重ねていく道を選んだのである。[*189)*190)]

以上二つのアプローチに分かれるものの，リベラリズムは，国家は最低限の基本的価値の確保をはかるに留まり，それを越えて諸価値を法に規定して国民に強制することはできない，とする。国家・公共の場は，（最低限の価値を越える）どんな価値に関しても中立的であるべきである；そうでないと，諸個人の多様な価値の追求，その共存が損なわれる，と。

以上のような議論を踏まえつつ，国家の中立性要求を制度に定着させた共有物としての近代的立憲主義の原理に着目し，それを多様な諸個人の共生の原

---

*188)　その問題点については，拙著『法への根源的視座』（北大路書房，2017年）第1章，参照。

*189)　板橋亮平「政治的共生はいかにして可能か：ジョン・ロールズの政治的正義論」，『法政論叢』42巻2号（2006年）。板橋は，後期ロールズも根本は超越的アプローチにあるとする。

*190)　超越的アプローチと内在的アプローチとは，別にロールズを待たずとも国際法でつとに同時採用されているところである。国際法では，法が欠缺しているとき，自然法，国際慣習法，法の一般原則に依拠した処理がなされる。このうち，自然法は超越論的アプローチに，国際慣習法と法の一般原則は，関係諸国で共有されてきた諸原則に定礎する点で，内在的アプローチに対応する。そして，国際慣習法と法の一般原則を法発見する際には，人は自然法的思考によって，社会生活の根本原則に導かれ，それら原則に沿った国際慣習法と法の一般原則を選択するのであるから，板橋が言うように，根本は超越的アプローチにあることになる。ロールズは，この常識に沿って思考しているのである。

理として再評価しようとしたのが，『比較不能な価値の迷路』（東京大学出版会，2000年），『憲法とは何か』（岩波新書，2006年）等における長谷部恭男である。[*191]

　ところで近時のリベラリストのなかには，こうした観点から立憲主義・リベラリズムを前面に押し出すあまり，その論理（それぞれが異質の存在である個人を権力からまもる）とは正反対の論理（権力への全員参加・各人の同質性を第一とする）に立つデモクラシーを低く評価する傾向がある。そこで以下で，立憲主義・リベラリズムとデモクラシーの関係を考えよう。

　上記のように，国家に一定の価値中立性が求められる場では，他人に特定の生き方を「善き生き方」だとして強制すること，たとえば憲法や法律に祖国愛，隣人愛，絶対平和の思想を誰もがもつべきだと規定することは許されない。しかし人というものは，生活上でさまざまな価値選択をするのであって，このことは政治生活においても避けられない。すなわち今日でも政治生活は，一定の方向への立場選択を迫るものであり，また，国家生活は一定の政治原理，その意味では思想である「崇高な理想と目的」を追求し，したがってそれを（日本国憲法前文にあるように）憲法条文のかたちで規範化するものである。共和制や個人尊重，平等原則，平和主義（「どのような軍隊ももたない」という政策決定，再軍備の否定）等がそれである。こうして現代の政治は一方での多様な価値の競合・共存の認識・それぞれの尊重と，他方での，単に最低の基本的価値だけではなく，それらを越えた諸価値の選択・方向決定の不可避性の認識との両項の上に成り立っている，と言える。諸個人を内面にいたるまで拘束するのではない方向決定，それを憲法等に明記することは，特定思想を憲法等に条文化して思想強制することとは別のことがらである。

　こうした方向決定・価値選択は，今日においてはデモクラシー（的手続）にもとづいてなされる（前述のように「軍隊をもたない」等はリベラリズムのためでもあるが，それの条文化の動きは，自由主義からは出てこない）。政治的価値選択に関わる場（公共の場）では，意見の深刻な対立があるがゆえに，できるだけ多く

---

*191）　立憲主義だけではなく法自体が，カントが示したように多様な価値観の闘争を一種の「戦争の法」としてまとめ上げ共生に導く装置として機能してきた。それゆえ「法の支配」は，（国家向きに限られる）「立憲主義」以上に広く，そうした共生の原理として働きうると考えられる。

の関係者の参加のもとで，対立を見据えつつ徹底した討論（熟議）を尽くした
うえで，最終的には多数決によってまとめあげるしかない（その際，熟議はここ
でも，関係者が共有している基本的前提を思弁と経験とによって確認し合い，それら
からの論理的帰結を踏まえつつ案を固め，それを試行し修正しつつ積み上げていく道のほ
かにはない）。デモクラシー（ないし参加・討論と多数意見への服従とを求める原理）
はこの点で，「比較不能な諸価値」を前提にしつつも，それを越えて政治的共
同を確立していく装置として重要なのである。立憲主義・リベラリズムは，す
でにこの点でそれとは一見異質のデモクラシーを欠くことができず，それゆえ
これとの共生を前提にしている。だとするならば立憲主義・リベラリズムは，
自己の論理である価値中立性を押し出して，そうした態度決定を排除すること
はできない。立憲主義はただ，そうした選択が権限の濫用や人権侵害にいたり
うる場合に，その動きを憲法にもとづいて規制するのである。

　逆にデモクラシーはまた，立憲主義，自由・人権擁護（リベラリズム原理）に
貢献する働きもする。たとえばそれは，①相対的には（君主制や貴族制に比べる
と）自由・人権擁護に有効である。②人権の一つであり人権確保のために重要
である平等は，デモクラシーを帰結させる。③人権の一つとしての自己決定権
は，集団的自己決定（自分たちの町や国を自分たちで営む）としてはデモクラシー
にいたる。④デモクラシーは権力規制に有効な働きをする点で，立憲主義に資
する（たとえばそれは，権限濫用の行政府や立法府（および議員）を監視・追及する有
効な装置となりうる）。⑤デモクラシー的主体性は，社会性をもった（公共性・連
帯性を意識した）自由な主体を形成する点で，自由のあり方を健全化する。⑥
デモクラシーは，④・⑤を踏まえることによって，また多数の意見を反映する
ことによって，自由を実質的に支える決定（社会権の確立）を可能にする。立
憲主義，および立憲主義にヨリ親和的であるリベラリズムは――デモクラシー
と対立するが同時に――デモクラシーを支えるし，デモクラシーによって支え
られる。両者の緊張が大切なのである（拙著『法哲学講義』東京大学出版会，2002
年，第13章参照）。

5. 6. 2　立憲主義と社会契約論の関係

　周知のようにロック的社会契約論は，近代立憲主義と結びついていた。国家

以前の存在としての諸個人（人民）が，その存在・本源的権利を保全するべく契約によって国家をつくり，為政者を選び信託する。この設立行為が憲法制定行為に当たる。このため，憲法は為政者を拘束するものとなり，その際，自然権（実定化され憲法等に明記され基本的人権となる）の保障が重視される。権力分立も，このために重視される。これが，法の支配・立憲主義である。この観点からは，国家は，手段・装置であり，人民の全存在を包摂するものではない（国家の立法・行政・司法の作用によっては否定できない，人民の存在性がある），となる。

　社会契約論に対しては，「原初に社会契約があったことは，歴史上確認されない」と，ヒュームやベンサム以来，批判がなされてきた。確かに，社会契約の実例を人類史の中に広く見いだすことは，難しい。では，社会契約論は，今日どう位置づけられるべきか。この点について筆者は，自然状態論や社会契約論は——国家法人論と同様——近代立憲主義を前提にした場合，それを支える上で必要な理論的構成物としてある，と考える。基本的人権ないしその保持者としての個人が国家より前の存在であり，国家はその諸個人に資するための装置・道具であること，したがって国家や為政者は社会契約に拘束される点で立憲主義が帰結すること，を今日において説得的に議論するためには，この構成が実際の「国家 – 個人」関係を組み込んだ議論としてもっとも適合的（明快）なのである。

　すなわち自然状態や社会契約は，筆者言うところの「説得・理解促進のための擬制<ruby>擬制<rt>フィクション</rt></ruby>」である。擬制である以上，実在しないことは承知の上で，ある必要（ここでは人権・個人の前国家性を共通の確信にする必要）からして，実際に似ている点を根拠に，あえてそういう構成をとるのである。これは，幾何学を展開するために面積も体積もない「点」を想定し，二つの点をつなぐ，面積も体積もない「線」や（球体上ではなく）平面上のみに描かれる図形——現実にはそういったものは存在していないが——を構成せねばならないことや，ニュートン力学において摩擦や物体相互間の重力交渉を無視した構成をとらなければならないのと同様である。このことによって実際の物の関係や物理現象が，現実生活に即したかたちで説明可能となるのである。

　以上に対して，立憲主義の原則である「憲法が権力を制約する」とか「個人が人権をもつ」とか「人は相互に平等である」とかは，どういう性質の命題か。

これは，筆者の言うところの「目標・原則設定」である。事実の描写でも擬制でもなく，「これからはそういう原則で進んでいこう」との取り決めである。そうした取り決めがなされる動機は，それらが欠けていた時代の（国家の暴走といった）負の経験を踏まえた歴史の反省，もたらす利益の判断，それらを帰結させる一定の人間観の定着にある。「そうしよう」との取り決めである以上，もともと或る不動の原理からの論理必然的帰結といったものではない。ただこの取り決めを人びとに納得させる必要はあり，その一つとして「自然状態論」という物語があるのである（本書第2章および拙著（前掲192頁）『法哲学講義』第24章参照）。

第6章
東洋の古典軍事学： 政治的思考の水脈[*192)]

6.1——はじめに

　筆者は，拙著『政治の覚醒』（東京大学出版会，2012年）において，マキァヴェッリの政治学と軍事学を主対象の一つとして扱った。そして両方の学に特徴的なものとして，①客観性を重視し合理的であろうとする姿勢，②この姿勢を支える動態論的・機能論的・多元的な思考，③リーダーの徳性の重視・道徳尊重とマキァヴェッリズムとの共存の構造，④革新性と伝統性の共存の構造，⑤法・紀律重視の論理，を析出し，これらが古代ギリシャ・ローマ以来の軍事学の思考と共通していることをも論じた。そしてこの共通性の原因は，マキァヴェッリがクセノフォン，フロンティヌス，ウェゲティウスらの軍事学の古典から直接学びとったことによるとともに，軍事学にはその性質上，上記のような思考が不可欠であり，すぐれた軍事学はそのような思考を駆使するものであることにも起因する，と説いた。

　本章では，そもそも軍事学にはその性質からして，これら五つの特徴をもつ思考が不可欠である点を傍証するため，**6.2**において，中国の『孫子』以来の軍事学の古典を，西洋の古代以来の軍事学を踏まえつつ考察し，**6.3**において，近世日本の兵法をこの観点から扱う。

　東西の軍事学は，ナポレオンが活躍する時代の直前まで，相互交渉がなかった。それゆえ，東西の軍事学が思考と思想とにおいて共有している点をとらえることができれば，「事物のもつ論理」（Natur der Sache）が人間の思考を規定する具体的態様が明らかになる。すなわち，軍事学がその扱う対象の性質上，い

---

*192)　「古代中国の軍事学——西洋古典との比較から見えて来るもの」（『早稲田法学』87巻2号，2012年，所収）を改訂したもの。

かなる思考や思想と結びつくものなのか，それゆえまた，軍事で頭の訓練をした者は，いかなる思考や思想で政治——その性質が軍事と似ている——の問題を扱うことになるのか，を解くカギを得られる。[*193]

　加えて本章では，東洋の古代以来の軍事学を西洋の古代以来の軍事学を念頭に置きつつ読むことによって，東洋軍事学の，これまで認識されなかった諸側面を明らかにすることをも追求する（逆にまた，東洋軍事学との対比で西洋軍事学を考えることは，西洋軍事学のこれまで認識されなかった諸側面をも明らかにするものでもある）。

　東西の軍事学を「事物のもつ論理」の観点から比較する作業は，これまでにはほとんど見られなかった。そもそも，西洋古代の軍事学の研究が進んでいなかったし，そうした比較の視点が欠如していたためである。本章は，この欠落を克服しようとするものである。

　以下では，『政治の覚醒』で西洋の軍事学を扱った際の重要論点の一つひとつ（とくに上記の①・②・③・⑤の点）が，東洋の軍事学でも枢軸となっていることを明らかにするかたちで，両者の比較的考察を進める（対応する西洋の軍事学の記述がどのようなものであるかの詳細については，『政治の覚醒』を参照されたい）。

6.2——古代中国の軍事学

6.2.1 『孫子』

　『孫子』[*194]は，紀元前500年頃，孫武（孔子の同時代人）が書いたものに，後代に手が加えられて成った兵法書である。本章の上記視座からとらえたこの書の特徴は，(1)客観性の重視，(2)動態論的・機能論的・多元的なものの見方，(3)それを踏まえた行為の機動性，(4)将帥の徳性・道徳の尊重，(5)知謀（マキァヴェッリズム）の重視，(6)紀律の強調，にある。

　多くの日本や中国の論者は，①〈『孫子』は東洋的「聖智」の書であって，

---

*193)　拙著『法思想史講義』上巻（東京大学出版会，2007年）260頁以下参照。

*194)　『孫子』（金谷治訳，岩波文庫，2000年）。以下，本文中に篇と節番号を示す。『孫子』（浅野裕一訳，講談社学術文庫，1997年）。河野収『竹簡　孫子入門』（大学教育社，1982年）。

西洋の知とは異質で，比較はできない〉とするか，②比較をする場合には，西洋の代表として，これまでの定説（俗流の解釈）によったマキァヴェッリ像（＝「マキァヴェッリスト的マキァヴェッリ」）を措定し，『孫子』や『韓非子』にも同じようなものがあるというかたちで「比較」してきた[*195]。これに対し本章は，『政治の覚醒』で示した新しいマキァヴェッリ像を念頭に置きつつ比較をし直し，『孫子』等と，マキァヴェッリを含む西洋の古代以来の軍事学との大きな近似性を示すとともに，『孫子』等と『韓非子』との重要な相異，マキァヴェッリを韓非と比定することの問題などをも，明らかにする。

　この観点から見える『孫子』の特徴は，次の通りである：

(1)　客観性重視の姿勢

　孫武は，自軍と敵軍とのそれぞれの状態，敵の計略，戦場の形状や自然現象などに対する正確な認識を重視する。孫武はたとえば，敵の意図や地形の特徴に対する鋭い観察を重要視する：「故に諸侯の謀を知らざる者は，予め交わること能わず。山林・険阻・沮沢の形を知らざる者は，軍を行ること能わず。郷導を用いざる者は，地の利を得ること能わず」（軍争篇第七-2）。次の箇所も，敵と味方の分析だけでなく，地形，天候の観察をも強調したものである：「吾が卒の以て撃つべきを知るも，而も敵の撃つべからざるを知らざるは，勝の半ばなり。敵の撃つべきを知るも，而も吾が卒の以て撃つべからざるを知らざるは，勝の半ばなり。敵の撃つべきを知り吾が卒の以て撃つべきを知るも，而も地形の以て戦うべからざるを知らざるは，勝の半ばなり。故に兵を知る者は，動いて迷わず，挙げて窮せず。故に曰く，彼を知りて己れを知れば，勝乃ち殆うからず。地を知りて天を知れば，勝乃ち全うすべし」（地形篇第十-5）。このような忠告は，その他にも多数見られる（謀攻篇第三-5，虚実篇第六-5，九地篇第十一-1・3・4・7，火攻篇第十二-4，用間篇第十三-1など）。

　『孫子』では，これとの関連で，ことがらを，それを構成する諸要素ごとに一つひとつ検討する分析的思考が注目に値する。たとえば地形篇第十は，地形を論じるときには，通じ開けた地形，障害物の多い地形，枝道に分岐した地形，

---

*195)　典型的には，村山孚『韓非子とマキアベリ：権謀術数の人間学』（産業能率大学出版部，1983年）がある。

狭い地形などに分類し，それぞれの場においてどういう戦い方が有利で，どういう戦い方が不利か，のかたちで論じている。九地篇第十一-1の，九つの土地の形状についての論述，火攻篇第十二の「五火の変」，用間篇第十三のスパイ（間者）の五通りの用い方についての論述，などがそうである（抽象的な一般論を立てず，場合分けし個別具体的に論じる思考がマキァヴェッリにおいても重要であったこと，『政治の覚醒』で示したとおりである）。

　孫武の合理的姿勢は，迷信に対する姿勢にも現れている：「敵の情を知らざる者は，不仁の至りなり。〔……〕故に明主賢将の動きて人に勝ち，成功の衆に出ずる所以の者は，先知なり，先知なる者は鬼神に取るべからず。事に象るべからず。度に験すべからず。必ず人に取りて敵の情を知る者なり」（用間篇第十三-1）。すなわち，あらかじめ敵の状態を正確に認識しそれに備えるには，鬼神によって占ったり，先例から推測したり，自然現象から推察しようとしたりするのではなく，敵陣に実際にスパイを送り込んで情報を集めることが欠かせない，と孫武は言う。かれはまた，「祥を禁じ疑いを去らば，死に至るまで之く所なし」（九地篇第十一-4）とする。敵国に侵入し決死の戦闘をするときには，人心を迷わす占いは禁じるべきだとの姿勢である。これらは，孔子や荀子（荀卿）においても重要な「世界の脱魔術化」（Entzauberung der Welt）につながる思考である。[*196]

　こうした認識のためには，自分を相対化し客観的状況の中に正しく位置づけて考える，セルフコントロールが大切である。孫武は，「主は怒りを以て師を興こすべからず。将は慍りを以て戦を致すべからず」（火攻篇第十二-4）と述べているが，この自己制御が，客観的な対象認識の前提である。

　自軍，敵軍，環境，そして自己自身に対する，こうした客観的な認識の姿勢は，『政治の覚醒』で重視した，西洋における，「賢明」（prudentia）の徳性に関わっている。自己制御は，不動心（constantia）と関わっている。

(2) 動態論的・機能論的・多元的思考

　動態論的思考とは，物事を不断にその運動し変化していく様に対応して扱う

---

*196)　孫武の合理的態度については，館野正美「『孫子』と『老子』」（加地伸行編『孫子の世界』，新人物往来社，1984年）199頁参照。

思考である。機能論的思考とは，名目や既成観念にとらわれず，実際の働きに応じて評価する思考である。多元的思考とは，物を一枚岩的に見るのでなく，その中の多様な要素の相克に応じて扱う思考である。軍事リーダーは，これらのものの見方を基礎にして柔軟に行動していくことが求められるのである。それゆえこれはまた，自己相対化（＝自分の観念やこれまでの行動様式から距離を置く精神）や，パラドックスの感覚（ことがらが常に一本調子にいくものでないことの認識）にも関わる。これもまた，「賢明」の徳性の一部である。

　『孫子』において動態論的思考は，たとえば『孫子』九変篇第八-1の，「帰師には遏むること勿かれ，囲師には必ずか闕き，窮寇には迫ること勿かれ」（＝敗走する敵を深追いするな，包囲下にある敵には逃げ場を与えよ，絶体絶命の窮地にある敵には手を出すな）に表れている。『政治の覚醒』でウェゲティウスやマキァヴェッリに見た，〈敗走する敵を無秩序に深追いするとかえって迎撃されて形勢が逆になる。敵を絶望状態下に追い詰めると，死力を尽くして防衛しようとし恐ろしく強力となる〉である。これは，自他の関係を固定的に見ない思考にも関わる。

　動態論的思考はさらに，「乱は治に生じ，怯は勇に生じ，弱は強に生ず。治乱は数なり。勇怯は勢なり。強弱は形なり」（勢篇第五-4）というパラドクシカルな命題群にも出ている。治政に安住して準備を欠くと攻撃されて混乱に陥る。当初は態勢を整えていても，乱戦のなかで編成（＝「数」）を崩すと，急速に乱れる。勇気満々で強さを誇っていても，敵の守備が意外に堅固だったり，攻撃が部分的にでも失敗したりすると，予想外のことで急に臆病になり，また焦りが生じて態勢（＝「形」）を崩し虚弱化する（動態論的認識である）。これは，時の経過の中で，とくに戦闘が展開していくにつれ，自軍の態様，敵軍の態様，相互の関係も，中身・働きの点で変わっていくことをわきまえよ，との警告でもある。

　機能論的思考は，たとえば次のようなかたちの警告に出ている：「故に将に五危あり。必死は殺され，必生は虜にされ，忿速は侮られ，廉潔は辱しめられ，愛民は煩さる。凡そ此の五つの者は将の過ちなり，用兵の災ひなり」（九変篇第八-7）。「必死」，すなわち死をも恐れぬ闘志は大切だが，実際には，闘志だけだと認識の客観性やバランス感覚を欠き，臨機応変に動けず，敵に裏をかかれ死ぬ羽目となる。偽らない「廉潔」は，それ自体は大切だが，それらも絶対化

第6章　東洋の古典軍事学：政治的思考の水脈　199

され一面的に追求されると，反対物にいたる。必要なときに知謀的手段や暴力的措置がとれず，敵の計略にかかりやすくもなるからだ。「愛民」も，それ自体は大切だが，一面化すると臣下を甘やかし増長させることになり，また紀律化や訓練が徹底されず，いざというときに戦えない。まさにこれは，マキァヴェッリが『君主論』において，「人の恨みは，ひとり悪行のみならず，善行からもまた生まれる」（第19章）とか，君主が「あまりに憐れみぶか」ければ「混乱状態を招く」（第17章）とかといったパラドックスによって，自分の客観的コントロールを説いたときの思考である。

多元的な思考は，「智者の慮は必ず利害に雜う」（九変篇第八-4），すなわち，利に関してはその害を，害についてはその利を，相互に見比べて考えるという命題に現れている。[*197]

また，作戦篇第二-1：「故に用兵の害を知るを尽くさざる者は，則ち用兵の利をも知るを尽くすこと能わず」は，戦争のもたらす害を十分わきまえていてはじめて，戦争を害少なく活用できるとの意であるから，ものを多元的に見る見方，あるものをそれに対立するものとの関係で見る弁証法に，関係している。マキァヴェッリが，「天国へあやまたずに行くには，地獄へ行く道をよくわきまえてそれに踏み入らないことだ」と言ったときの思考（『政治の覚醒』68，365頁）である（以上の諸言明では，三つの思考が混ざっているものがもちろんある）。

(3) 行動の柔軟性・機敏性

行動の柔軟性（変幻自在）・機敏性（臨機応変な対応）は，自軍・敵軍・環境についてのリアリスティックで動態論的・機能論的・多元的な認識に支えられている。これもまた，「賢明」の徳性に関わる。柔軟性・機敏性を説くことが孫武の軍事学の根幹だとも言えるほどだから，これに関わる言明は数が多い。

たとえば，主客の関係の多様性に対応した行動の柔軟性を孫武は，「朝の気は鋭，昼の気は惰，暮れの気は帰。故に善く兵を用うる者は，其の鋭気を避けて其の惰気を撃つ。此れ気を治むる者なり」（軍争篇第七-4）と説く。兵士の戦闘意欲は一日の時の経過によって変化する。敵が朝，鋭気にあれば，衝突を避

---

*197) 荻生徂徠『孫子國字解』（『漢籍国字解全集』第10巻，1791（寛政3）年）194頁は，『孫子』九変篇第八-7の「故に将に五危あり」について，「利に害は離れぬものゆへ，五危其内に具はる」と述べている。楯の反面を見る思考である。

ける。昼，惰気にある敵，暮れに帰気にある敵は撃つ。これは，敵軍をよく観察し変化に即して攻撃・待機・防御を選べということである。

　敵の状況に応じて臨機応変・機敏に戦術を変えるべきことは，次のように語られてもいる：「故に用兵の法は，十なれば則ちこれを囲み，五なれば則ちこれを攻め，倍すれば則ちこれを分かち，敵すれば則能（すなわち）これと戦い，少なければ則能これを逃れ，若からざれば〔勝ち目がなければ〕則能これを避く。故に小敵の堅は大敵の擒（きん）なり」（謀攻篇第三-3）。精神主義にではなく，客観的に自他を相関において位置づけつつ，戦うのである。

　次の言明も「兵に常勢な」しという語に集約されるように，行動の機動性・臨機応変——それを可能にするのは動態論的な思考である——に関わっている：「夫れ兵の形は水に象（かたど）る。水の行は高きを避けて下きに趨く。兵の形は実を避けて虚を撃つ。水は地に因りて流れを制し，兵は敵に因りて勝を制す。故に兵に常勢なく，水に常形なし。能く敵に因りて変化して勝を取る者，これを神と謂う」（虚実篇第六-7）。

　同じ思想は，「故に其の戦い勝つや復（くりかえ）さずして，形に無窮に応ず」（虚実篇第六-6）にも，出ている。孫武の有名な「風林火山」の教え（軍争篇第七-3）の「風林火」もまた，この種の思考と行動とに関係する（「疾如風」は行動の迅速性，「侵掠如火」は攻撃の激しさを指すこと明らかだが，「不動如山」はその静を原理とする。「其徐如林」もまた，敵に先行して陣を取り，疲れて到着する敵を静かに待ち構えていることだとされる。すなわちこれらは，動と静を併存させた，形の無窮に関わっている）。しかもここでは，「権を懸けて而して動く，迂直の計を先知する者は勝つ」，すなわち，あらかじめあらゆる可能性を読み，採るべき手段の善し悪しを識別した者，結果的に相手に先んじて到着する術を知っている者が勝つといった，先を読む賢明の徳や 機敏性が前提にされている。

　上記の思想を定式化したのが，九地篇第十一-6の次の言明である。

　　「将軍の事は，静かにして以て幽（ふか）く，正しくして以て治まる。能く士卒の耳目を愚にして，これをして知ること無からしむ。其の事を易え，其の謀を革め，人をして慮る（おもんぱか）ことを得ざらしむ。〔……〕駆られて往き，駆られて来るも，之く所を知る莫し。三軍の衆を聚めてこれを険に投ずるは，此れ将軍の事なり。九地の変，屈伸の利，人情の理は，察せざるべからざるなり。」

第6章　東洋の古典軍事学：政治的思考の水脈　201

ここでは，将帥の心の深さ，すなわち泰然自若とともに，認識の的確さ・判断の鋭さ・アイデアの斬新さによってかれの意図が推察不可能なまでに柔軟で可動的であることが，説かれている。また，「能く士卒の耳目を愚にして，これをして知ること無からしむ。」とあるように，兵士が作戦を知らされずとも，迷い疑うことなく将帥に従ってくる信頼関係が前提になっている。このためにはまず，兵士を訓練によって，敏速に機械的な行動が採れるところまで装置化しておかなければならない（＝紀律）：自分自身と兵士とを陶冶しえてはじめて，機動的であるがゆえに敵に対しその正体を現さない「虚実の策」が採れる。後に見る，知謀もこの関連で問題になることである（上の「其の謀を革め」に注目）。

(4)　リーダーの徳性・道徳尊重

　上にあったように，軍の機動性は軍の団結に支えられており，それをもたらすのは将帥の徳性・道徳尊重と紀律である。ここでは，この将帥の徳性・道徳尊重について見ておこう。

　孫武は計篇第一-1で，君主が戦争に備える際に考慮すべき五つの要素として，道，天，地，将，法を挙げている。このうちの「将」とは，君主が高い徳性の将帥を求めるべきだということである。そして，この将帥の徳性については，「将とは智・信・仁・勇・厳なり」と言う。後述のように孫武はまた，「仁義」（114頁）ないし「道」（中身の一つは「道義」である。112頁）を重視する。そこでこれらを合算すると，『孫子』の尊ぶ徳性の全体は，<u>智・信・仁・勇・厳・義の六つで</u>あることになる。[*198]

　ところで，『政治の覚醒』で見たように，西洋のエリートが備えるべきだとされる徳性は，古代以来，「四元徳」としてあった：prudentia（賢明），iustitia（正義），fortitudo（勇気），temperantia（自制）である。これを『孫子』の上記六つの徳性と照合すると，「智」がprudentiaに，「信」と「義」がiustitiaに，「勇」がfortitudoに，「厳」が自分に厳しいという面でtemperantiaに対応している。（「仁」は，西洋で重視されるhumanitas（人間味）に対応しており，「厳」は，部下を厳しくしつけ規律下に置く（自分には自制を強いる）という点ではdisciplina（紀律）に対応して

---

*198）　同時代人の孔子の五常の徳は，仁・義・礼・智・信である。したがって，孫武と孔子の間では，孫武の（特殊軍人的徳性である）「勇・厳」を除く他は，枢要な徳が重なっている。

いる）。このようにして，相互交渉のなかった東洋と西洋で，政治的・軍事的エリートが備えるべき徳性のリストは――「事物のもつ論理」の作用の結果――みごとに一致しているのである。本章は，こうした一致が何を意味するかの検討を課題の一つとする。以下，これを踏まえて，孫武の道徳論を見てみよう。

　まず第一に注目すべきなのは，「道」の重視である。孫武は，「道とは民をして上と意を同じうすることなり。故にこれと死す可く，これと生く可くして，危きを畏れざらしむなり」（計篇第一-1）と言う。これは，日頃から軍事・統治上の「道」（ここでは軍隊内での行為原則やあるべき人間関係）が尊重され，その結果「民」（民衆・兵士）と「上」（為政者・将帥）との間に信頼関係，意思疎通があるところでのみ，いざ戦争のときに兵士はリーダーと死生を共にする覚悟で行動してくれる；こういうかたちで軍が一丸となれてはじめて，戦闘において「勢」が出てくる，ということである。そしてこのためには為政者・将帥は，有能であることに加えて，①大義名分を鮮明にすることとともに，②自分たちを人格面で高めること，③道義・礼を重んじること，④兵士に愛情を注ぐこと，に努めなければならない。リーダーの人格に心服していてはじめて，兵士はかれの道具になってくれる。〈有能だが，裏がありそうだ〉と思われたり，〈知謀に頼るだけの，汚い奴だ〉との印象を与えてしまったりしたのでは，兵士はすすんでその下で戦ってはくれず，したがって軍を有効に動かせない。軍団の戦闘性は，このように将帥の徳性や道徳性に強く依存している。

　第二に，孫武は，将帥の精神的自立を説く。戦場で将帥は，その専門的で現場に即した判断によって，場合によっては君主の意見に反してでも，動くべきである。「君命に受けざる所有り」（九変篇第八-2）である。勝利が確実だと判断すれば，君主の指示に反してでも攻撃する。敗北が確実だと判断すれば，君主の指示に反してでも闘わない。「戦道必ず勝たば，主は戦う無かれと曰うとも必ず戦いて可なり。戦道必ず勝たずんば，主は戦えと曰うとも戦い無くして可なり」である。君主の主観とは別のものとしての「国」を考え，その国の宝である民（兵士）ないし軍隊を無駄にしない姿勢を貫くのである。「故に進

---

*199)　武内義雄『孫子の研究』（1944年。『武内義雄全集』第7巻，角川書店，195頁）は，「厳とは威儀があっておごそかなる意，具体的には刑を明らかにすることである」と言う。外に対する罰による規律の貫徹，自分に対する自制が，紀律化である。

んで名を求めず，退いて罪を避けず，唯だ民を是れ保ちて而して利の主に合う
は，国の宝なり」（以上，地形篇第十-3）である。君主の側にも，この原理の自覚，
それを尊重する覚悟・自制が求められる。（もちろん，ケースによっては，高度の
政治的判断にもとづいて出された君命に従って，攻撃を中止したり全滅したりすること
も，将帥の任務ではある）。

(5) 知謀の重視

　マキァヴェッリズムは，『孫子』ではその冒頭（計篇第一）から強調されている。
孫武にとっても大切なのは，自軍の犠牲が少ないかたちで効果的に勝利するこ
とであった。「凡そ用兵の法は，国を全うするを上と為し，国を破るはこれに
次ぐ。軍を全うするを上と為し，軍を破るはこれに次ぐ。〔……〕戦わずして
人の兵を屈するは善の善なる者なり」（謀攻篇第三-1）である。この軍事・戦争
の経済のためには，正面戦以外の戦闘方法が大切であるが，その中でももっと
も効果的なのが，知謀の活用である。かれは言う：「兵頓（つか）れずして利全くすべし。
これ謀攻の法なり」（謀攻篇第三-2）。

　知謀の具体例は，計篇第一-3に次のように出ている：「兵とは詭道なり。故
に，能なるもこれに不能を示し，用なるもこれに不用を示し，近くともこれに
遠きを示し，遠くともこれに近きを示し，利にしてこれを誘い，乱にしてこれ
を取り，実にしてこれに備え，強にしてこれを避け，怒にしてこれを撓（みだ）し，卑
にしてこれに驕らせ，佚にしてこれを労し，親にしてこれを離す。其の無備を
攻め，其の不意に出ず。これ兵家の勢，先〔出陣前〕には伝うべからざるなり。」
ここで言う詭道とは，「千変万化して，一定の格を守らぬこと」（荻生徂徠（前
掲注197））『孫子國字解』24頁），すなわち，多様なかたちで敵を欺いて虚をつくり，
それを突いて倒す知的戦術である。これも戦争における基本的行為原則である
から，「道」なのである。こうした「戦わずして」勝つ戦法は，われわれが『政
治の覚醒』でマキァヴェッリやフロンティヌス，ウェゲティウスにおいて見た
ものと変わらない。

---

*200)　徂徠はこの箇所の解説において，次のように安民の立場を出している。「心君と民
　　と両方へ跨がり，一すじになき様なれども，民を安んずること君たる職分の第一にて〔…〕，
　　合戦をするも民を安んずべきためなり，君の為になること是にすぎたることなし，民を
　　安んぜねば終には国亡ぶ」（（前掲注197））『孫子國字解』247頁）。

詭道は，正々堂々と戦うべしとする戦闘者の作法には反するし，相手をたぶ
らかす点では道徳にも反する面をもつ。だが孫武においてこの，正義・道徳か
ら外れる行為は，将帥の徳性重視や戦争における正義・道徳性の尊重とも共存
していた。第一に，兵士の人命尊重，国益保全につながるし，第二に，そうい
う行為をするからといって将帥自身が不徳であるわけではない，からである。
非道徳な手段は，日頃，徳性を備えていると目される，公正で，人として偉大，
度量が深く，賢明である将帥が行使してこそ受け容れられもする。

この典型例としてあるのが，スパイ（用間）をめぐる議論である。用間篇第
十三は，このスパイを，的確な情報収集のためにも欠かせないとする。スパイ
は，敵をだます行為であり，この点では反正義・反道徳の要素をもつ。しかし
このスパイの活用態様も，われわれがマキァヴェッリらに見たものと変わら
ない。[*201) すなわち孫武においても，スパイを使う将帥は，スパイとの間に強い信
頼関係を築き，精神的な一体性を確立していなくてはならない：「故に三軍の
親は，間より親しきは莫く，賞は間より厚きは莫く，事は間より密なるは莫し。
聖智に非ざれば間を用いること能わず，仁義に非れば間を使うこと能わず，微
妙に非れば間の実を得ること能わず」と（用間篇第十三-3）。ここで「聖智」・「微
妙」は，賢明を意味し，また「仁義」は，上述のように人間味と正義を意味す
る。将帥が高い徳性をもちスパイを心服させられることが，欠かせないのであ
る。つまり，スパイ活用という謀略戦の場，すなわち反道徳性・性悪説的人間
観が支配していそうな場においても，孫武は道徳性の重要さを，マキァヴェッ
リらと同様に，見ているのである。[*202)

(6) 紀律

前述のように軍隊は，将帥が機動的に動かすことができるためには，規律に

---

*201）　この点では，敵の謀略を逆手にとるしたたかさも，大切である。これが「反間」（逆
　　スパイ）の問題である。（前掲注194）『孫子』用間篇第十三-5）
*202）　徂徠はこの箇所についての注解で，スパイを使う者には他方で高い徳性が備わって
　　いなければならないことを，次のように指摘している。「将たるものに仁義の徳なき時は，
　　人の心を結ぶことならぬゆえ，間を使ふことならぬなり。仁を以て恩を施し，義を以て
　　人の義心をはげます。深く将の恩に感じて義心ふるひ起る時は，命を塵芥よりも軽んじ
　　て君の用に立つなり」（（前掲注197））『孫子國字解』343頁）。ここでも，スパイという非
　　道徳の行為が高い徳性に支えられている，という認識が出ている。

よって装置化されていなければならない。「善く兵を用うる者は，道を修めて法を保つ。故に能く勝敗の正と為る」（形篇第四-3）とあるところの「法」とは規律のことである（「道を修めて法を保つ」とは，軍隊内の基本的な行為原則を尊重し軍法を重視するということである）。軍隊は，よく訓練されていることによって，命令を受けて敏速に動け，統合力によって強さを発揮するのである。「夫れ金鼓・旌旗なる者は人の耳目を一にする所以なり。人既に専一なれば，則ち勇者も独り進むことを得ず，怯者も独り退くことを得ず。紛紛紜紜，闘乱して乱るべからず，渾々沌沌，形円くして敗るべからず。此れ衆を用うるの法なり」（軍争篇第七-4）である。

　前述した「将とは智・信・仁・勇・厳なり」（計篇第一-1）における「厳」とはマキァヴェッリが言うところの「畏れられること」であり，「仁」とは「愛されること」であり，「信」とは信頼され尊敬されることである。紀律を徹底させるためには将帥は，兵士に対し，厳格さとととともに人格的な偉大さ・深遠さ・人間味をもって臨まなければならない。

　別言すれば君主は，マキァヴェッリが言うように，「人間」であるとともに「ライオン」でもあるべきなのである（もう一つの，「狐」は，前述(5)の知謀の問題である）。この「人間」と「ライオン」に関しては，孫武は，次のように言う，

　　「卒を視ること嬰児の如し，故にこれと〔敵が待ち伏せしているかもしれない〕深
　　谿に赴くべし。卒を視ること愛子の如し，故にこれと倶に死すべし。厚くして使うこ
　　と能わず，愛して令すること能わず，乱れて治むること能わざれば，譬えば驕子の若く，
　　用うべからざるなり」（地形篇第十-4）。

　すなわち将帥は，一方では，兵士たちを人間味ある指導者として導きつつ，しかし他方では，厳格な紀律によってかれらを統率する。将帥は，「兵士から愛されるとともに畏れられる」（farsi amare e temere da' populi）ことに心がける，複合的な存在でなければならないのである。[203]

---

　*203）　孫武の人間観については,田中麻紗巳「孫子の人間観」（加地伸行編（前掲注196)）『孫
　　　子の世界』)が興味深い。田中は,一方で,将帥に対し兵卒を利益誘導によって動かせ,また,
　　　その生存本能を利用して戦うべきこと（背水の陣などの戦法に訴え,窮地に陥れて戦わ
　　　せること）を説く点では,孫武が性悪説につながる動物的人間観にあったとする。↗

こうして，上述の「仁」と「厳」との関係づけの問題が出てくる。この点については，孫武は行軍篇第九の結びで，次のように重要な指摘をしている。

「卒未だ親附せざるに而もこれを罰すれば，則ち服せず。服せざれば則ち用い難きなり。卒已に親附せるに而も罰行なわれざれば，則ち用うべからざるなり。故にこれを合するに文を以てし，これを斉うるに武を以てする。是を必取と謂う。令素より行なわれて，以て其の民を教うれば則ち民服す。令　素より起なわれずして，以て其の民を教うれば則ち民服せず。令の素より信なる者は衆と相い得るなり」（行軍篇第九-9）。

すなわち，兵士たちと将帥との間に信頼関係ができていないのに，その将帥が法令を厳格適用して懲罰すると，兵士たちはそれに反感をもち，深刻な禍根が残る。しかしまた，兵士たちが将帥になついているからといって法令厳守・紀律化を怠ると，いざというときに命令しても有効に動けない。人間味と厳格さ，愛されることと畏れられることとが，ともに必要なのである。[*204)]

▷しかし同時に田中は，孫武に道徳尊重の理想主義の側面があることをも，次のように正しく指摘している：「だが，『孫子』には，苦楽を共有してくれることに感激し，人間らしい慈愛の心に感動する民も説かれていた。感銘し，感激する兵士は，損得や生死を度外視して，全力を尽くして働くこともあると，指摘していた。すなわち，『孫子』は人間を利己的な存在ととらえながら，同時に，道義的行為をなす者としても見ていたことになる。人間を多様な面から理解し，そして戦いにおいて，勝利の目的のために，この人間を効率的にあやつる法を，『孫子』は求めたのである」（同上183頁）。ここには，われわれが『政治の覚醒』において，マキアヴェリの人間観について論じたこと（＝単純な性悪論は採られていないこと。兵士との間での道義尊重が重要なこと）と同様のことが，指摘されている。

　以下は私見だが，このことはまた，孫武が「性善か性悪か」「道徳か政治か」の硬直的な二者択一の思考——この思考は韓非には特徴的である——の人ではなかったことをも意味する。孫武もマキアヴェリも，人間を動態論的・機能論的・多元的にとらえ，その多様性に即して対処すべきことを強調している。かれらにとって，欲望や本能によって動く人間がまた道徳尊重の理想主義の面を見せることは，けっして自己矛盾（アポリア）でも自己欺瞞でもなかった。マキアヴェリや孫武の戦術・政治理論がマキアヴェリズムの側面と道徳尊重の理想主義の側面とをともにもっているのも，このことと対応している。後述のようにわれわれが徂徠を——荀子や韓非と結びつける以上に——孫武と結びつけるのも，この点による。

*204)　徂徠はこの箇所について，（前掲注197)）『孫子國字解』（228頁）で，「其身に罪ありてさへ死をいやがる人を，いかにして罪なきに殺さるべき，軍にては罪なき士卒を▷

(7) まとめ

　以上を要するに，孫武の軍事学は，① 客観的で動態論的・機能論的・多元的なリアリスティックな思考を内在させ，局面を工夫と勇気と自制によって切り開いていくリーダーの徳性，② マキァヴェッリズムと道徳性・徳性の結合，③ 紀律重視，から成り立っており，その全体像は，マキァヴェッリやフロンティヌス，ウェゲティウスにおいて見たものと驚くほど似ている。われわれはこのようなかたちで，すぐれた軍事学が戦争というものの客観的関係に規定されて，西洋と東洋で共通した思考現象を生み出した事実を確認するのである。[*205]

6. 2. 2　孫臏兵法書

　孫臏は，紀元前4世紀頃の斉の武将で，孫武の子孫と言われる。その兵法書竹簡が1972年4月に中国山東省臨沂銀雀山の前漢代の墓から発掘された。[*206] この書は欠損が多いが，本章の視座から，思想的要素を抽出してまとめると，次の通りである。[*207]

(1) 軍事と道徳の非連続化

　「我，仁義を貴み，礼楽に式り，衣裳を垂れて，もって争奪を禁ぜんとすと。これ尭舜も欲せざるにあらず。得べからず，故に兵を挙げてこれを縄す〔天下をまとめる〕」（見威王65頁）。いくらリーダーが道徳的で，威厳ある儀式を重ん

　　☒敵と戦はせて、死なしむることなれば，よくよく上を親しむ心あるに非んば，用に立つましじきなりと云意なり」と，正しく述べている。

*205)　東西のこの共通性の原因については，次の指摘を参照。「軍事的な思考はきわめてプラグマティックたらざるをえない。なぜならそれは，地勢，社会，経済，政治が実際にどうであるかを前提にしているし，戦争に解決を期待されている問題や紛争を引き起こす，その他の，しばしば暫時的な諸要素にも依存している。〔…〕軍事的な思考の歴史は，純粋理性ではなく応用理性の歴史である。」（Peter Paret, Introduction to: *Makers of Modern Strategy*, Prinston University Press, 1971.）

*206)　同じ墓から，『竹簡孫子』も発見された。これは判読された部分が，今日流布している『魏武注孫子』（曹操（155-200年）が抜粋し孫武の原著に近い13篇に直したもの）と，ほぼ一致している。このことから，孫武は孫臏とは別人であること，曹操は孫武の原著に他の人びとによる記述が加わって82篇となっていたものを，13篇に整理し注を付けたこと，その際曹操は孫武の原著部分はそのままに維持したこと，が分かった。

*207)　『孫臏兵法』（村山孚訳，徳間書店，1976年）。以下，節名と頁数を本文中に示す。

じつつ振る舞っても，軍事的な実力を欠いては，統合はできない。マキァヴェッリが指摘した，「武器なき預言者」の問題性である（もっとも，「武器」はあっても預言者的なカリスマ性，それを支える徳性がなければ，また武器を濫用すれば，人は従ってくれない。「ライオン」であるとともに，「人間」であり，かつ（知恵ある）「狐」でもなければならないのである）。

(2)　客観性・動態論的な認識の尊重

孫臏は，「道」を重視する。ここで「道」とは，孫武においてそうであったように，行動上，踏まえるべき基本原則のことである。戦争において「道を知る者は，上は天の道を知り，下は地の理を知り，内はその民の心を得，外は敵の情を知」ることが肝腎である（八陣100頁）。すなわちすぐれた将帥は，社会や自然界，人間，敵・味方がどういう性格・状態かを正確に認識し，それらに照応させて適切な行動を工夫するのである。かれは，「その徳は道にあり」（纂卒90頁）とも言う。「道」を踏まえてこそ，軍隊はその強みを発揮できるということである。

かれは次のようにも，言っている，

「衆い者は勝たんか。すなわち算を投じて戦うのみ。富める者は勝たんか。すなわち粟を量りて戦うのみ。兵利にして甲堅きは勝たんか。すなわち勝つこと知り易し。故に富みていまだ安きに居らず，貧にしていまだ危きに居らず，衆にしていまだ勝に居らず，少にして〔いまだ敗に居らず〕もって勝敗安危を決するものは，道なり」（客主人分164頁）。

主体的条件に加えて，敵と場の客観的状況への適切な対応・術の工夫が，大切なのである。

孫臏の客観性重視は，次の部分にも明確である：「「権，勢，謀，詐は，兵の急なるものか」。孫子曰く，「あらず。」「しからばその急なるものは何ぞや」。孫子曰く，「敵を料り険を計り，必ず遠近を察し」，と」（威王問75頁）。客観的な条件，状況に即応し，それを有利に使え，ということである。そして，この認識に立って得た豊富なデータにもとづいて，「陣すれば八陣の経を知りて，勝を見れば戦い，見えざれば靜〔静〕す，これ王者の将なり」（八陣100頁）というかたちで，柔軟・機敏に行動するのである。

「それ兵は，恒勢を士むにあらざるなり」（見威王64頁）とは，戦闘における

勢いは一定不変ではなく絶えず変化するもの，それに合わせられる動態論的思考が重要だということである。戦闘の場の条件，時間・季節の変化を正しくわきまえて行為しなければならないことは，次のようにも説かれる：「天地の理，至れば返り，盈れば敗る。〔日月〕これなり〔日月のように，昇降，満ち欠けがある〕。興に代わり廃に代わる，四時これなり〔季節のように変化がある〕。〔……〕戦いは，形をもって相勝する者なり。形はもって勝つべからざるなきも，その勝つゆえんの形を知るなし。形勝の変，天地と相敵き，しかも窮まらず。形勝は，楚越の竹をもってこれを書するも足らず」（奇正212頁）。

　それゆえまた，相手と戦うにも，相手の示す多様な状態・動きを見抜き，何よりもそのスキに乗じて，攻撃を集中させるのである：「威王曰く，「一をもって十を撃つ〔10倍の敵を倒す〕に，道ありや」。孫子曰く，「あり，その無備を攻め，その不意に出ず。」」（威王問70頁）

(3)　バランス感覚

　孫臏は，「兵に五恭，五暴あり。」と言う。「恭」（慎み深いこと）と「暴」（実力を行使すること）とは，軍事行動にともに欠かせないが，敵国内で「恭」すぎると自軍は窮乏する，といって「暴」すぎると敵の計略にかけられたり，自軍を急速に消耗させてしまったりする。それゆえ，両方をうまくバランス化することが欠かせない，「ゆえに五恭，五暴は必ず相錯せしむるなり」（五名・五恭174-175頁）なのである。

(4)　リーダーの徳性・道徳

　将帥に必要な徳性として孫臏は，義・信・智・決・仁・徳を挙げる。ここで，智は認識・判断の的確さや知謀に，決は決断力・勇気に関わる。義・信については，義でなければ厳たりえず〔ルールを尊重する正義を不断から遵守していないと，紀律化がおこなえない〕，厳でなければ威を失い，リーダーに威（と，リーダー・兵士間に信とが）がなければ兵士は決死の戦いに向かわない，と孫臏は言う。義・信は，ルール・紀律を徹底させるうえで不可欠だ，と見ているのである（将義184頁）。義についてはまた，「卒寡くして兵強きは，義あればなり。〔……〕戦いて義なくば，天下，よくもって固くかつ強き者なし」（見威王64頁）とある。戦いの大義名分が兵士の士気には不可欠だ，との――孫武でも見た――見方である。「幸多く，衆怠るは敗るべきなり」（将失193頁）とは，ひいきの

不公平が団結を弱めるということである。リーダーには，正義も大切なのである。

　孫臏はまた，兵士が将帥と死をともにしてくれるのは，将帥に高い徳性があるときだと言う：「威王曰く，「民をしてもとより聴かしむるは，いかん」。孫子曰く，「もとより信にす」」（威王問70頁）。すなわち，兵士が日頃から将帥の有徳さを認め心腹しており，上下の信頼関係をしっかり保たれておれば，兵士は将帥の命令をよく聴く，ということである。「その〔兵の〕利は，信に在り」（纂卒91頁），とは，上下の信頼関係があってはじめて，軍が機能を高める，ということである。逆に，上下の不信感が敗北を招く：「疑多く，衆疑うは敗るべきなり」（将失191頁），と。

　そして孫臏は逆に，敗将の傾向としては，次のものを挙げている：「不能なれども自ら能とす。驕，位に貪，財に貪，軽，遅，勇寡なし，勇なれども弱，信寡頭なし〔……〕決寡なし，緩，怠，賊〔残虐〕，自ら私す〔自分勝手〕，自ら乱す〔紀律を破る〕」（将敗189頁）。これは，自己反省，自制心である徳が欠如している状態である。

　以上からすると孫臏において義・信はiustitia，智はprudentia，勇・決はfortitudo，徳は temperantiaに，〔仁はhumanitasに，〕対応する。すなわち孫武におけると同様，西洋の「四元徳」との一致が確認できる。

　安民の重視も，孫武と同様に見られる。「民賤たるは，われ賤たるゆえんなり」（行纂122頁）とは，民衆の生活が豊かで安定して初めて強い軍隊が編成可能である。その強い軍隊をもって初めて，君主・国家は安泰である，の意である。「兵，民を失うは過を知らざればなり」（兵失118頁）とは，軍事行動の害を知らないでむやみに兵士を動かし民衆を軍国主義的に総動員すると，民心を失うとの警告である。

　軍事行動においても，「民その師に苦しむは，敗るべきなり」・「師老るは，敗るべきなり」（将失192頁）といったかたちで，民を徴用し兵士を酷使することへの警告がなされている。「民を用うるにその性を得れば，令，行なわるること流るるがごとし」（奇正213頁）とは，人間の生理に合理的に適合させること，敗れたら交代させ，疲れたら休ませ，腹が減ったら食を与えるような，無理のない戦い方が肝腎だということである。

第6章　東洋の古典軍事学：政治的思考の水脈　**211**

(5) 紀律

　「その〔兵の〕勇は制にあり」（纂卒91頁）とは，紀律が勇気ある兵士を育て
る，ということである。「令，行われず，衆，壱ならざるは敗るべきなり」・「下，
服せず，衆，用をなさざるは，敗るべきなり」（将失191頁）とは，これとは反対に，
紀律を失うと，軍や国は敗北に向かうとの警告である。

　以上のような点で，孫臏の思想と思考は（陰陽五行説など後代の思想の影響も見
られるものの），孫武の思想と思考と基本線が似通っている。孫武の理論を学ん
だという点もあるが，戦争ということがらのもつ論理，兵法の性質が，それへ
の経験を通じてかれのなかに，そうした思考を涵養したということでもある。

6. 2. 3　『呉子』

　『呉子』[*208]は，中国兵法の古典中，『孫子』と双璧を成す書であり，戦国末から
漢代の間に成立したと考えられている（著者とされる呉起は，紀元前四世紀の初め
に衛に生れ，曽子の門で数年間儒学を修業したのち，魯・魏・楚に仕えた）。『呉子』は，
序と六篇（図国，料敵，治兵，論将，応変，励士）から成る。その根底にある思考
を，本章の視座から，(1) 客観的・合理的な精神的態度，(2) 道徳，(3) 紀律，に
分けて論じよう。

(1)　客観的・合理的態度

　（ⅰ）　複合的な思考　　『呉子』においても，この思考が重要な柱を成す。そ
もそも，『呉子』冒頭の「呉起儒服して，兵機をもつて魏の文侯に見ゆ」（序）
ということばからして，この思考を表している。儒教的な徳治主義に一面化す
るのでもなく，兵法家として武断主義に一面化するのでもなく，文徳と武備の
双方を国造りに共に生かしていこうとする基本姿勢である。実際，『呉子』は，
文武の統合の立場について次のように述べる：「昔，承桑氏の君は，徳を修め
武を廃して，もつてその国を滅ぼせり。有扈氏の君は，衆を恃み勇を好んで，
もつてその社稷を喪へり。明主はこれを鑑みて，必ず内は文徳を修め，外は武
備を治む」（序）。内政における徳治の重視と，他国に対する軍備の重視との同
時追求の姿勢である。

---

　*208)　松井武男『呉子』（明徳出版社，中国古典新書，1971年）。

この複合性は，将帥のエートスや実践原理としても重視される：「それ文武を総ぶるは，軍の将なり，剛柔を兼ぬるは，兵の事なり。凡そ人の将を論ずる，常に勇に観る。勇の将におけるは，乃ち数分の一のみ。それ勇者は必ず軽く合ふ。軽く合ひて，利を知らざるは，いまだ可ならざるなり」(論将第四)。一面的な勇者，単に勇気があるだけでは，軽率に事を起こしがちで，情況の有利不利を冷静に判断して適切な行動を採ることができない。武力に一面化するのでなく，それを相対化できるような教養人で，かつ人格者でもなければならない，というのである。このような将帥に率いられて初めて，軍は戦闘の場で「剛柔を兼ぬる」，すなわち変幻自在の機動性を発揮できる。

　(ii)　場合分け思考　　ものごと・対象を一般論で片付けるのではなく，その構成部分・場合に分解し，それぞれの特徴に対応した行動の在り方を考えるのも，『呉子』の基本的姿勢である。たとえば，戦争の原因に関して「およそ兵の起る所のもの，五あり」とし，戦争をこれらの原因によって五つに分類する。そして，敵の種類をもその性格に応じて五つに分け，それぞれに応じた適切な基本的対応策を提言する：「義は必ず礼をもつて服す。強は必ず謙をもつて服す。剛は必ず辞をもつて服す。暴は必ず詐をもつて服す。逆は必ず権をもつて服す」(図国第一)。すなわち，大義のために戦闘行為に出た敵軍に対しては，そのことに敬意を示して礼儀にかなった扱いで矛を収めさせる。大軍の強兵に対しては，下手に出て攻撃をかわす。憤りの激しい剛兵に対しては，うまい言葉でぐらかす。貪欲な暴兵は，利益で釣る。反乱軍の逆兵は，上手な計略で陥れる，といった具合にである。

　的確な対象把握によってケースを分け，それに応じた作戦行動を採ることの提起は，第二篇（料敵）では主題となっている。呉起が仕えている魏と覇を争っている 6 国について，その一つ一つの性格を分析し，それに対応した戦略を提起するというものである。たとえば楚については，「楚の性は弱，その地は広し。その政は騒がしく，その民は疲る。故に整へども久しからず。これを撃つの道は，その屯を襲ひ乱して，まづその気を奪ひ，軽く進み速かに退きて，弊らせてこれを労し，与に争ひ戦ふことなくんば，その軍，敗るべし」といった，大国のために集中性を欠いていることに乗じて，正面戦を避けた敵国撹乱の作戦である。また，秦に対しては，「秦の性は強，その地は険なり。その政

は厳，その賞罰は信なり。その人は譲らず，皆闘心あり。故に散じて自ら戦ふ。これを撃つの道は，必ずまづこれに示すに利をもつてし，しかうして引きてこれを去らば，士は得るを貪りて，その将を離れん。乖に乗じて散〔散兵〕を猟り，伏を設け機に投ぜば，その将，取るべし。」すなわち，秦のように紀律化が進み戦意の高い，よく統合された国に対しては，利益をちらつかせて誘い出し，ゲリラ部隊でスキあるごとに攻撃を加え，伏兵で決定打を加えるといった，高度の知謀戦が必要であるというのである。

　敵の将帥の性格をよく観察し，そのタイプに見合った対応をすることも，『呉子』のケース分け思考である：「凡そ戦の要は，必ずまずその将を占ひて，その才を察す。形に因つて権を用ふれば，則ち労せずして功，挙がる。その将愚にして人を信ずれば，詐りて誘ふべし。貪にして名を忽にすれば，貨して略ふべし。変を軽んじ謀なければ，労せしめて困らすべし」（論将第四）といったぐあいに，将帥が愚直か貪欲か知謀がないかなどによって，対処の仕方を工夫するのである。

　(iii)　置かれた場の的確な認識　「将に戦はんとする時は，審かに風の従つて来る所を候ひ，風，順ならば，致し呼んでこれに従ひ，風，逆ならば，陳を堅くしてもつてこれを待つ」（治兵第三）。たとえ自軍の実力に自信があったとしても，戦場での風が逆風であるなら，有利になるまで待つといった，客観性重視の態度である。「四軽二重一信」（同上）というスローガンも，こうした態度と結びついている。「四軽」とは，① 行軍地の地勢を予めよく観察しておいて馬が車を牽いて行きやすくし，② 馬には適切にえさを与えて車が力強く牽かれるようにし，③ 車は適切に手入れして人を乗せて進みやすくし，④ 人には与える武器を良いものにして戦いやすくすることである（「二重一信」とは，信賞必罰の二つを重んじ，そのことによって兵士の信用をうることであり，これは後述する紀律化に関係している）。

　(iv)　知謀　しゃにむに蛮勇をふるうのではなく，ことがらの有利不利を冷静に判断して行動すべきだというのが『呉子』の立場であることは，すでに見たところである。この態度は，実戦において地勢の特徴を利用し，また敵の特性や態様の変化を利用して戦うべきことの提言としても現われている。「衆を用ふるには易に務め，少を用ふるには隘に務む」（応変第五）とは，自分の部隊

が大きければ平坦地で敵を迎え，小さければ隘路に沿って待ち伏せし，そこに
入って来た敵を撃つべしということである。「天竈にあたるなかれ。竜頭にあ
たるなかれ。天竈とは，大谷の口なり。竜頭とは，大山の端なり」（治兵第三）
とは，大谷の口で戦い谷の隘路に押し込められる危険性，大山の山麓で戦い山
の上方から攻撃を加えられる危険性に配慮せよ，という警告である。

　敵の態様の変化をうまく利用する知謀は，たとえば次のような戦術として登
場する：「暴寇の来るや，必ずその強きを慮り，よく守つて応ずるなかれ。彼
将に暮に去んとするや，その装は必ず重く，その心は必ず恐れ，還り退くこと
は速かならんと務め，必ず属かざる〔列が途切れる〕あらん。追うてこれを撃
たば，その兵覆すべし」（応変第五）。すなわち，無法の群盗は手強いので，掠
奪させておき，還りぎわの，重荷を負い急いでいるため統率を欠く状態を追撃
すべしというのである。

(2)　徳性・道徳性

　前述のように，呉起は儒学の修業から出発し，軍事学と儒学を結合しようと
した人物である。かれにとって道徳論は，自己目的ではないが，しかし軍事学
に手段となって従属するものでもなかった。かれが儒服して魏の文候に兵法を
講じたという，先のエピソードに表れているように，かれは，徳と軍事の相互
補完を確信していた。呉起は，道・義・礼・仁，すなわち道理尊重・正義・礼
法尊重・人間味の四徳を重視し，「この四徳は，これを修むれば則ち興り，こ
れを廃すれば，則ち衰ふ」（図国第一）と言っている。儒学の徳治主義のように
聞こえるが，しかしその根底には，道徳性が高いことが政治的・軍事的に大き
な効用をもたらす，という認識が働いていた：「およそ国を制し軍を治むる，
必ずこれを教ふるに礼をもつてし，これを励ますに義をもつてし，恥あらしむ
るなり。それ人は，恥あるときは，大にあつては，もつて戦ふに足り，小にあ
つては，もつて守るに足る」（同上）。即ち，不断からの徳治によって道徳が高
まっていると，民はその義務を――もはや単なる外的強制としてではなく――
内在的な良心の命じるところとして受け止める（「恥あらしむるなり」）。その結果，
兵士は，すすんで徹底的に戦うようになる，というのである。

　呉起は，孫武・孫臏と同様，民を尊重する姿勢を重視する。「民その田宅に
安んじ，その有司に親しめば，則ち守已に固きなり。百姓みな吾が君を是とし，

しかふして隣国を非とすれば，則ち戦已に勝つなり」(同上) とは，善政 (安民) によって臣民の支持を得ていることが，戦争へのかれらの積極的な参加を得るためにも，敵の国内撹乱・切崩しを防ぐためにも，有用であるという見方である。これは確かに，仁政の功利的な評価ではあるが，同時に，仁政がそれ自体としての政治道徳上の原則であるとの主張でもある。

　この点に関連して，司馬遷 (前135頃〜？) の伝える呉起のエピソードが注目に値する。遷は言う：「起〔呉起〕の将たる，士卒の最下の者と与に衣食を同うし，臥すに席を設けず，行くに騎乗せず，親ら糧を裏み贏ひ，士卒と労苦を分つ。卒に疽を病む者あり。起，ためにこれを吮へり。卒の母，聞いてこれを哭す。〔……母の言〕「往年，呉公，その父を吮へり。その父，戦ひて踵を旋らさずして，遂に死せり。今またその子を吮ふ。妾，その死所を知らざらん。この故にこれを哭す」と。」ここでは呉起は――『政治の覚醒』で見たアレクサンドロス大王やハンニバル，ウァレリウス・コルウィヌスらと同様――兵士と起居を共にする，心底から人間味のある，へり下った人物として行動している。それだけに，かれのような将帥の人間味に感激した兵士たちは，すすんで死地に赴こうとすることになるのである (人徳者を装っているだけでは，兵士はその偽善性をすぐ見破る。なんといっても，四六時中行動をともにし，何度もともに危機に直面しつつ動くだから，本性はすぐ現れる)。指導者の徳性や道徳上評価される行為には，このような「効果」がある。兵士の母は，この論理を見て取り，呉起のような人間味あるリーダーに仕えるからには，息子はきっと喜んで死んでいく：息子はもう帰ってはこないだろうと，嘆いたのであった。われわれは，このエピソードを，今日の，シニカルな，功利的判断から出ているのではないかと疑う眼で見る (呉起が人のそういう心理を利用することによって兵士をてなづけようとしたと解釈する) 必要はない。[*209]

ここでは臣下や臣民は，君主や将帥が高い徳性の人であることを感謝の心で受け止め，そのことによってかれらのために働こうとする。このことは，呉起が人間を道徳を尊重する存在であるとも見ていたことを，物語っている。マキ

---

*209)　湯浅邦弘『中国古代軍事思想史の研究』(研文社，1999年) 93頁以下は，呉起のこうした行為も，「呉起儒服して，兵機をもって魏の文侯に見ゆ」も，効果を考えてのシニカルな行動だとする。湯浅は，孫武については呉起について以上に，道徳性を認めない (72頁以下)。まるで，佐々木毅のマキァヴェッリ像を想起させるような，孫武・呉起像である。しかし孫武もマキァヴェッリも，儒教が重視する徳性に内容的に対応している徳性を，軍事において重要なものとして真摯に尊重していることを，正しく見なければならない。

ァヴェッリの『戦争の技術』やフロンティヌスにも出てきた，リーダーと部下とのあるべき関係論と，同様である。

　呉起は，宗教に対しても，真摯に向かう。かれは，戦争を始めるに当たっては，「必ず祖廟に告げ，元亀を啓き，これを天の時に参し，吉にして乃ち後に挙ぐ」と言う。占いをして「吉」と出てはじめて出陣すべきだ，との主張である。これは一見——とくに今日の眼には——呪術に縛られた非合理的主張のように見える。しかしながら，この言辞が置かれた文脈に注意しよう。これは，第一篇(図国)の冒頭で，戦争の遂行には，四つの「和」が大切だと述べた箇所に出てくる。すなわち，① 国内世論が一致していないと軍隊を出せない，② 軍隊の内部が団結していないと陣が敷けない，③ 各陣の内部がまとまっていないと作戦が立てられない，④ 作戦上に一致がなければ効果的に戦えない，と論じた直後に出てくるのである。「ここをもつて，有道の主は，将にその民を用ひんとすれば，まづ和してしかうして大事をなす。あへてその私謀を信ぜず，」とあって，上の引用箇所が続くのである。民衆を率いて出陣するときは，その決定が，単に将帥の個人的判断によるものではなく，天意でもあることを占いによって示してから出陣する。上述のようなかたちで厳かに占い，その結果「吉」が出てはじめて行動に移る。そうすれば，「民は，君のその命を愛み，その死を惜むこと，かくのごとくの至れるを知り，しかうしてこれと与に難に臨ば，則ち士は進んで死するをもつて栄となし，退いて生くるを恥となす」(同上)，となる。宗教的行為を利用して，兵士に確信を与え，また，それほどまで慎重に判断するくらい兵士を大事に扱っている，と感激させるのである。これは，宗教的行為に対して醒めた認識（宗教利用）があることを意味している。しかし同時にこれは，一面的にシニカルな態度ではない。呉起は，心からの畏敬の念をもちつつ——このことは，かれが一方で熱心な儒者であったことから分かる——，同時に心理上の社会的効果をも考えているのである。

⑶　紀律化

　兵士が，自発的・徹底的に戦うには，⑵で見たようにかれらに道徳にかなっているという確信を与えることが重要であるが，もう一つ大切なのは，紀律化（＝「治」）によって，かれらを組織の部品に仕上げ，またいわば条件反射的に行動するように訓練付けることである：「「武侯問うて曰く，兵は何を以て勝つこ

とをなすと。起，対へて曰く，治を以て勝つことをなすと。また問いて曰く，衆に在らざるかと。対へて曰く，若し法令明かならず，賞罰信ならずして，これを金すれども止まらず，これを鼓すれども進まずんば，百万ありと雖も，何ぞ用ふるに益あらんや。いはゆる治とは，居れば則ち礼あり，動けば則ち威あり。進んではあたるべからず，退いては追ふべからず。前却するに節あり，左右，麾に応ず」(治兵第三)。集団が機動性を発揮して戦えるためには，紀律化という制度的保障が不可欠なのである。「三軍，威に服し，士卒，命を用ふれば，即ち戦ふに強敵なく，攻むるに堅陣なし」(応変第五)も，同旨である。

6.2.4 『韓非子』

『韓非子』の作者，韓非(B.C. 280頃- 233)は，荀子の流れを汲むが，老子の兵法理論や，術家の申不害をもベースにしていると言われる[*210]。この韓非が書いたものが主軸になっている『韓非子』は，軍事学の書ではなく，統治の技術の書である(秦の始皇帝は，韓非を招聘した)[*211]。しかし，上記の事実からして，また軍事と政治が連続した関係にあるという事実を踏まえると，この書の思考がかなりの程度，軍事学の思考(孫武や呉起，マキァヴェッリ)と重なることが，予想できる。以下では，この点を押さえる。と同時に，後述のように『韓非子』

---

*210) 法家の荀子(前313頃〜230)は，〈人間は，性悪なので，しかるべき教育・作用を受けなければ立派になれない〉，別言すれば，〈性悪だが，しかるべき教育・作用を受ければ立派になれる〉とする。これが，「偽」の立場，すなわち丸山眞男的意味での「作為」の立場である。もう一人の法家，申不害(? - B.C. 337年頃)は，老子を政治に応用した人物であり，法治主義思想上でも重要である。

　ちなみに荀子は，性悪説だと言われるが，〈人は，どうやっても善くはならないワルだ〉とするわけではない。同様に孟子は，性善説だと言われるが，〈人は，放置していても必ず善い者になる〉とするわけではない。したがって人為(教育の必要)を説く点では，二人は共通の立場にある。教育は，善き法や家族，政治をはじめとする社会の諸制度に依拠するのであるから，西洋で古代ギリシャ以来の「制度的倫理学」の思考に対応した思考によっている。荀子が徂徠に与えた影響は大きいが，徂徠自身は，〈人間にはどうやっても悪でしかない者もいるのだから，荀子のようにどの人間も善性と悪性とを並存させている〉とは言えない，として荀子とは一線を画す(荻生徂徠『経子史要覧』巻之下「荀子」。『荻生徂徠全集』第1巻，みすず書房，1973)。

*211) 『韓非子』(金谷治，岩波文庫，1994年)。本文中に分冊・頁番号を「1.119」のかたちで記す。

には，軍事学の複合的な思考とは異質の，二者択一の単純思考も顕著である。この点では『韓非子』は，軍事学の思考の特色を把握するための反面教師，引き立たせ役としても役立つ。この論点も，本章では重要なのである。

　以下では，これらの観点から考察する。その際，この書の思考の特徴を，(1)リアルな認識，(2)政治の技術性の重視，(3)「あれかこれか」の思考，に集約させつつ見る（このうち(3)が，他の軍事学書にはない，韓非の──問題を孕む──思考（単純思考）に関わる）。

(1)　リアルな認識

　(i)　利益が人を動かす　　韓非は，人は利益(合理的な損得勘定)によって動く，と考えた。韓非的リアリズムである。かれによれば，殺人や主君殺しも，感情によるのではなく損得勘定による：「情，人を憎むに非ざるなり。利，人の死に在ればなり。〔……〕情，君主を憎むに非ざるなり。利，君の死に在ればなり」（備内篇第十七：1.316）。逆に人がその君主を愛するのも，君主が利益をもたらすからであり，その限りにおいてである：「人臣の情，必ずしも能く其の君を愛するに非ざるなり。利を重んずる為の故なり」（二柄篇第七：1.119）。

　すでにここに，韓非の思考の特徴が出ている。人間は，確かに損得勘定で動きはする。しかし，損得勘定だけで動くものではない。ある利益を得るために人を殺すケースは，確かにある。しかしそういうケースだけではない。それなのに韓非は，人間が常に損得勘定だけで動くかのように，一面を強調した議論をするのである。こうした単純化は，孫武らの軍事学にはない。

　(ii)　刑法の重視　　韓非は，上記の観点から人間関係をザッハリッヒに見，現実にはゲゼルシャフト的な関係（利益による離合集散の社会）が基底的であることを直視し，それへの対策を考えよ，と言う。かれによれば，損得勘定でしか動かない人間を，道徳によって変えよう・動かそうとしても，観念論であり，無駄である。損得勘定で動くその動きに応じた対策，すなわち一方の利益誘導，他方の罰則・不利益を伴った強制力の行使が，決め手なのだ，と韓非は言う：

　　「則ち聖人の国を治むるや，固より人をして我が為にせざるを得ざらしむの道有りて〔こちらのために働かざるをえなくせしめる〕，人の愛を以て我が為にするを恃まざるなり。人の愛を以て我が為にするを恃む者は危うし。吾れの為にせざるべからざるを恃む者は安し。夫れ君臣は骨肉の親有るに非ず，正直の道，安きを得べくんば，

則ち臣は力を尽くして以て主に事え，正直の道，安きを得べからずんば，則ち臣は私を行ないて以て上に干む〔私欲にまかせて上の者にとりいる〕。明主はこれを知る，故に利害の道〔褒美と罰則〕を設けて，以て天下に示すのみ」（姦劫弑臣篇第十四：1.263）。

　孟子らは，人間には本性上，惻隠の情があるので，道徳によってそれを仁に高めれば，友愛的・公共的な社会構成員になれるとした。荀子は，人間には自己利益の追求衝動が根強いが，「礼」〔道徳〕による自己制御を育てられれば，秩序ある社会をつくる主体になれると考えた。これに対して韓非は，人間の自己利益追求は自分では制御できないほど強いと考えるので，その規制は，最終的には法〔信賞必罰の能力主義・刑名参同〕と術〔操縦術〕とによって外から〔支配者が〕制御する他ない，と考える。典型的な法家思想である。

　(ⅲ)　反観念論　　韓非は，人間は現実に効力をもっている力，目に見える実力（＝勢）には服すが，観念的な（目に見えない），強制力を欠いたところの道徳の力には服さない，と考える：「且つ民は固より勢に服するも，能く義に懐くこと寡なし」（五蠹篇第四九：4.177）。そこで，人間を統合・統治するためにはもちろんのこと，教化するためにも，強制力を背景にし，それを行使しつつおこなうべきだと言う：「今，不才の子有り。父母これを怒るも為に改めず。郷人これを譙むるも為に動かず。師長これを教うるも為に変せず。〔……〕州部の吏，官兵を操り，公法を推して姦人を求策す。然る後に恐懼して其の節を変じ，其の行を易う」（同上：4.180・181）。

　論理は現実に対して無力であるとするかれの見方も，このリアリズムから来る反観念論に関係している。

　　「児説は宋人，善く弁ずる者なり。白馬は馬に非ずを持し，斉の稷下の弁者を服す。白馬に乗りて関を過ぐれば，則ち白馬の賦を顧ゆ〔馬に対する税を課された〕。故にこれを虚辞に籍れば，則ち能く一国に勝つも，実を考え形を按ずれば，一人を護くこと能わず」（外儲説左上篇第三二：3.27）。

詭弁・観念論は実際の場で試せば，すぐに化けの皮がはがれる，と見るのである。かれはこの観点から，次のように虚学批判を展開している：「且夫れ世の

愚学は，皆な治乱の情を知らず，諞談〔しょうきょう〕して多く先古の書を誦し，以て当世の治を乱し，知慮は以て窂井〔せいせい〕の陷を避くるに足らず，又妄りに有術の士を非る」（姦劫弑臣篇第十四：1.268）。こうしてかれは言う，

　「世の学者，人主に説くに，威厳の勢に乗じて姦衆〔かんじゃ〕〔邪〕の臣を困しめよとは曰ず，而して皆な仁義恵愛のみと曰う。世主は仁義の名を美として，其の実を察せず。是を以て大なる者は国亡びて身死し，小なる者も地は削られて主は卑し。」「夫れ貧困に施与すれば，則功無き者も賞を得，誅罰に忍ざれば，則ち暴乱の者止まず。」「吾れ是れに以りて，仁義愛恵の用うるに足らずして，厳刑重罰の以て国を治むべきを明らかにするなり」（姦劫弑臣篇第十四：1.277）。
　「是の故に力多ければ則ち人朝し，力寡なければ則ち人に朝す。故に明君は力を務む。夫れ厳家に悍虜〔乱暴な子〕無くして，慈母に敗子あり。吾れ此れを以て，威勢の暴を禁ずべくして，徳厚の乱を止むるに足らざることを知るなり」（顕学篇第五十：4.227）。

　道徳論に一面化する君主は，滅びる；仁愛ではなく実力が，秩序ある社会を可能にするとは，一見，孫武・呉起的でありマキァヴェッリ的である言明ではある。しかし韓非は，この認識によって道徳・仁愛を政治から排除してしまう（これに対して孫武・呉起・マキァヴェッリは，道徳・仁愛が政治においてもつ意味をも正当に評価する）。実際には，「貧困に施与すれば，則功無き者も賞を得」とか，「力多ければ則ち人朝し」とか，「厳家に悍虜無くして，慈母に敗子あり」とかとの一般化は，できない。そうでないケースも，世には多いからだ。しかし韓非は，「仁愛か実力か」と二者択一で論じるがゆえに，仁愛の排除を帰結させるのであった。

　(iv)　公私の論理の区別　　韓非はまた，個人的・家族内の道徳がそのまま公的な統治のための規範とはならない，とした。かれはこの立場から，次のエピソードを批判する。楚人で躬という名の者は，父親の窃盗行為を告発し，「君に直なれども父に曲なり」として死刑にされた。このため楚では，悪事が告発されなくなった。魯の国の兵士が，自分が死んだら老父を養う人がいなくなるとして，三度の兵役において三度とも敵前逃亡した。孔子は，これを孝行者として顕彰した。このため魯の国では逃亡兵が増加した……。これらを踏まえて，韓非は言う：「上下の利は是〔か〕くの若く其れ異なるなり。而るに人主は匹夫の行

を兼ね挙げて社稷の福を致さんと求む。必ず幾われず」（五蠹篇第四九：4.186）。親子間の道徳は国政のルールとはなりえない，私的な道徳と公的な法とは区別すべきだ，との立場である。

　(v)　動態論的思考　　韓非の現実主義的思考は，状況の変化によって行為や事物の効果・意味が変わるとする，次のような議論にも出ている。かれによれば，相互の関係は時間の経過のなかで相手の現状が変わることによって変わる。したがって，不断に変化を計算に入れて行動すべきである。たとえば，衛の国では弥子という人物が主君に寵愛されていたが，やがて容色が衰え，主君の態度が大きく変わってしまった。このため弥子は前には罰せられなかった行為を再度したら，今度は罰せられることとなった。

　　「弥子の色衰え愛弛むに及び，罪を君に得たり。〔……〕故に弥子の行は未だ初めに変わらざるに，而も前の賢とせらるる所以を以てして後に罪を獲たる者は，愛憎の変あればなり。故に主に愛有れば，則ち智当たりて親を加え，主に憎有れば，則ち智は当たらず，罪せられて疏を加う。故に諫説談論の士は，愛憎の主を察して而る後に説かざるべからず」（説難篇第十三：1.242）。

　これは，ことがらを歴史相対主義的に考えるべきだという主張ともつながる：「夫れ古今は俗を異にし，新古は備えを異にす。如し寛緩の政を以て急世の民を治めんと欲すれば，猶を轡策無くして駻馬を御するがごとし」（五蠹篇第四九：4.176）。のんびりした過去に妥当したことも，激しいリズムの今日には妥当しない。韓非はまた，太古の時代には「人民少なくして財に余り有り。故に民は争わず。是を以て厚賞行なわず，重罰用いずして，民自ずから治まる」（同上：4.168）ことがあったが，そのような牧歌的な統治は，今日では期待できない，と言う。今日では人口が増大し，生産が追い付かず生活が苦しいので人びとは相争う。したがって，昔のやり方を金科玉条にするのではなく，現状に即した政策が必要だ，と。かれはこうした論理で，古道を重視する儒学の立場を批判し，時代状況が変わった今日では，太古をモデルとする儒教道徳は通用せず，（法家的に）刑罰（と報償と）で治めていくほかないと主張するのであった。こうした思考自体は，ことがらを実際の効果において考える軍事学の思考と共通している。

　有名な「まちぼうけ」の主題も，この思考に関係している。それは，次の議

論からスタートする：生活水準が低い太古には，有巣氏が木組の家をつくって禽獣から人を守ったので，燧人氏が木をこすって火を起こし生活水準を高めたので，また鯀と禹は河川の治水工事で洪水を防ぎ水利を可能にしたので，人びとから聖人扱いされた。しかし，今日の高い生活水準の時代においては，そのようなことをしても誰も称賛しない。：「然らば則ち今，堯・舜・禹・湯・武の道を当今の世に美むる者有らば，必ず新聖の笑いと為らん。是を以て聖人は脩古を期せず〔古いことなら何でも善いとは考えない〕，常可に法らず，世の事を論じて，因りてこれが備えを為す〔不変の基準を認めず，時代の事情を考えてそれに応じて対策をたてる〕。」こうした議論ののちに，兎が再び切り株に当たって死ぬのを待ち続けた宋人の話に入るのである：「今，先王の政を以て当世の民を治めんと欲するは，皆な株を守るの類なり」（同上：4.166）。かつてうまくいったからといって，同じことが二度起こるとは限らない。儒教式に太古のやり方を絶対化するのは，この守株の宋人と同じ程度の頭だ，と言うのである。これ自体は，運命は車輪であるから，その一所に留まっていては回転によって落ちてしまうとする，マキァヴェッリの運命論を想起させる。

(vi) 機能論的思考　　こうした考え方の根底にはまた，ものの意義を効果・働きによって測ろうとする機能論的思考が働いている。機能主義が主軸となっているのが，「参験」である。かれによれば，剣の切れ味は外見からは名工でも分からない。しかし，実際に物を斬ってみれば誰にでも分かる。馬の善し悪しも，歯や姿からだけでは，すぐれた馬喰でも分からない。しかし，実際に車を付けて走らせてみれば，結果によって誰にでも分かる（顕学篇第五十：4.223）：「参験無くしてこれを必する者は，愚なり」（同上：4.212）。同様の発言は，他にも多い。「故に明主は実事を挙げて，無用を去り，仁義の故を道わず，学者の言を聴かず」（同上：4.251）。「名実に循いて〔名目と実際とを突き合わせて〕是非を定め，参験に因りて言辞を審らかにす。是を以て左右近習の臣，偽詐の以て安きを得べからざるを知る〔……〕」（姦劫弑臣篇第十四：1.260），と。

韓非が鬼神・卜巫を排するのも，この現実志向と関係している：「時日を用い，鬼神に事え，卜巫を信じて祭祀を好む者は，亡ぶべきなり」（亡徴篇第十五：1.290）。これも，孫武らの軍事学や荀子と共通の，「世界の脱魔術化」である。

前述の，旧慣を尊重すべきか否かも，「治を知らざる者は，必ず曰く，古え

を変うること無かれ，常を易うること母かれと。変うると変えざるとは，聖人は聴かず，治を正むるのみ。然らば則ち古えをこれ変うる無きと常をこれ易うる母きとは，常と古えとの可と不可とにあり」（南面篇第十八：1.330）と，前例・旧慣については，現在にとって意味があるか否かによって，その採否を決めるべきだ，と韓非は機能論的に向かうのでもあった。

(2)　政治の技術

　(i)　軍事・政治と道徳との切り離し　「宋襄の仁」のエピソードが，この立場を端的に語っている。宋の襄公が，楚の軍と或る河の畔での戦闘に入ったとき，司令官が〈われわれ宋軍は少数で不利ですから，楚軍が渡河中の今を好機と攻撃をかけましょう〉と上申した。しかし襄公はこれを，次のように述べつつ拒絶した：｜君子曰く，傷を重ねず，二毛を擒にせず，人を険に推さず，人を阨に迫らず，列を成さざるに鼓せずと。今，楚未だ済らざるにこれを撃つは，義を害す」と。こうして襄公は，戦争は正正堂堂とおこなうべきだとして，楚軍が渡河し終わり臨戦体制を整えたのを見届けてから，正面攻撃をかけた。しかしこの戦いで宋軍は壊滅させられ，襄公も受けた傷が原因で三日後に死んだ。（外儲説左上篇第三二：3.68）韓非は，このエピソードにおける宋襄を，軍事と道徳の関係を知らない指導者だと嗤う。

　こう議論した後かれは，戦争は欺瞞・奸計によっておこなうものだとの，一面的な議論に突き進む。その議論中では次のエピソードが奸計の一模範例として，使われている：鄭の武公は，胡を討とうとして，まず娘を胡の王の妃に贈った。次に部下に，誰を征服すべきかと諮問して，胡を討つべきだと進言した者を，〈兄弟の国だから討つわけにはいかない〉と公言して人前で殺害する。この話を聞いて胡王が武公を信頼し警戒を解いたとき，武公は胡を襲って征服した（説難篇第十二：1.240），と。こうしたマキァヴェッリズムが東西の軍事・政治学の知であることは，前述の通りである。かれは，上記の「参験」においても，こうした奸計が有効であるとしている。「参験」とは，疑わしい相手について知謀によってその本心を暴露させることである。

　しかしこうした奸計に一面化することが，孫武や呉起・マキァヴェッリの立場ではなく，かれらは主従間・国家間での道義・道徳性をも重視し，軍事・政治と道徳とを一面的に切り離すことはしなかった。これに対し韓非は，問題を

あれかこれかの二者択一の単純思考で処理するのである。

(ii) 相手のリアルな認識　相手を説法するときは，相手の今をよく観察し，ことばが相手に及ぼす効果を計算し尽くしたうえで，始めなければならない。「凡そ説の難きは，説く所〔相手〕の心を知りて，吾が説を以てこれに当つべきに在り。」ある提案が相手に受け止められるのは，それが妥当であるからではなく，それがたまたま相手の性行や今の意図に合致したからである。たとえば，相手が名誉を重視する人であるのに，かれを前にして利益を強調すると，下劣な奴だと軽蔑される。相手が利益を重視する人であるのに，名誉を強調すると，夢想家だとして遠ざけられる。相手が──本心では利益を重視しているものの──表向きには名誉を重視するかのように振る舞っているのに，その事情を知らないで名誉を強調すると，表では受け入れられるものの裏では遠ざけられる。しかし逆にそのような人物の本心を見抜いて，かれに対して利益を強調すれば，相手は聞かなかったかのような顔をして，こちらの意見を横取りする（説難篇第十二：1.230）。

　秘密についても，相手が今秘密にしていることと同じことを話のはずみに口にすると，（どうして秘密を嗅ぎつけたかと）怪しまれる。相手が今或る計画をもちつつもそれを隠すために別の計画を遂行しているとき，本当の計画と同じことをたまたま口にすると，そこまで自分の秘密を嗅ぎつけてくる奴だと警戒される，等々。このように，自分の明察も，事情により，また相手との関係によっては，自分に災いする（同上：1.231・232）。

　結局大切なのは，説くことの内容よりも，説く場の性格・環境，相手の今の態様である。加えて，行為の効果はあらかじめ相手の信頼を得ているところで初めて確かなものとなる。たとえば，たとえ聖人であっても，説くべき相手である権力者にあらかじめ取り入り良い関係を築いていないと，その進言に効果はない：

　　「伊尹は宰〔料理人〕と為り，百里奚は虜〔奴隷〕と為る。皆な其の上に干むる所
　　以なり。此の二人の者は皆な聖人なり。然れども猶お身を役して以て進む〔身を落と
　　して取り入る〕こと此の如く其れ汚なる無きこと能わざるなり。今，吾が言を以て宰
　　虜と為すも，而も聴用せられて世を振うべくんば，此れ能士の恥ずる所に非ざるなり」
　　（説難篇第十二：1.238）。

聖人も，このように君主に取り入るマキァヴェッリズム，汚れた手を使わなければ，聖人として通用しない；そこまで自分を卑しくしてでも自説を支配者たちの間に浸透させて政治を変えようとするのが，真の救国者なのだ，と。

(3) 「あれかこれか」の思考

以上からすでに明らかなように，韓非の思考は，極端なかたちで二者択一を迫ること，「あれかこれか」の論理で展開すること，が多い。その際の手法は，二項間でそれらの矛盾を明らかにし，「したがってこれらは，両立不可能だ。どちらかを採るべきだ」とする態のものである。この一例として，①有名な「矛盾」の議論（難一・難勢）がある。矛と盾とを売る一人の商人が，その宣伝文句として，〈この矛は，すべての盾を破れる〉と言い，また〈この盾は，すべての矛を防げる〉と述べた。この商人に対して，居合わせた人が，〈論理的に考えて，どちらか一つしか成り立たない；したがって，安易な宣伝文句で自分と他人を欺くな〉と迫った。

韓非はまたその他の箇所でも，これまであいまいに扱われてきたことがらについて，〈突き詰めれば二律背反なのだから，どちらを採るか，はっきりせよ〉と迫る。たとえば，

②「それ氷炭は器を同じくして久からず，寒暑は時を兼ねて至らず，雑反の学は両立して治まらず。今，兼ねて雑学謬行同異の辞を聴かば，安んぞ乱るる無きを得や」（顕学篇第五十：4.214）。

③「故に相い容れざるの事は両立すべからざるなり。敵を斬る者賞を受くるに，而も慈恵の行を高しとす。城を抜く者爵禄を受くるに，而も兼愛の説を信ず。堅甲厲兵以て難に備うるに，而も薦紳の飾りを美とす。〔……〕挙行此くの如くなれば，治強は得べからざるなり」（五蠹篇第四九：4.189）。

といったようにである。かれは他にも，

④顕学篇第五十で，墨家と儒家とをともに重宝がる君主を批判する。喪礼についてみても，墨家は簡易化を奨め，儒家は厚く弔うことを奨める。このように，墨家の質素の道徳と，儒家の孝の道徳とは相容れない。そこで君主のこの併用策は成り立ちえない。また墨家は，平和主義を説きながら，他方で有事に備えて武者を募り武勇を奨励する。これは相互に矛盾したことであり両論併用は国を混乱させる，とも韓非は言う。

⑤韓非は王と臣下の利害関係についても，二律背反の関係として論じる：「臣主の利は相い与に異なる者なり。何を以てこれを明らかにするや。曰く，主の利は有能にして官に任ずるに在るも，臣の利は無能にして事を得るに在り。主の利は労有りて爵禄するに在るも，臣の利は功無くして富貴なるにあり」（孤憤篇第十一：1.225）。王の立場を取るか，臣下の立場を取るか，どちらかしかないとするのである。この結果，王と臣下の関係をめぐっては，その対立面のみを絶対化する：「君臣の利は異なり。故に人臣は忠莫く，故に臣の利立ちて主の利は滅ぶ」（内儲説下六微篇第三一：2.307）。王の立場から臣下を抑えよ，と言うのである。

しかしこうした二者択一的思考は，しばしばおかしな結論にいたる：

上述したケース①の「矛盾」については，論理と現実が分けられていないのが問題なのである。〈すべての盾を破れる矛〉・〈すべての矛を防げる盾〉は，論理的にはともかく，宣伝文句としてはともに立派に通用する。矛ないし盾が優れていさえすれば，そういううたい文句は十分買い手を見いだせる。それに，日常語としては，「すべて」が厳密に「100％すべて」の意である必要はない。論理的矛盾は，現実のすべてを無にするわけではない。ここでの韓非のように論理にこだわりすぎるのでは，かれが批判する，詭弁家の児説のケース（220頁）と変わらないものとなる。児説は，「白馬は馬に非ずを持し」ていたが，関所で馬の関税を取られてしまった。論理的にちがいがあり「馬でない」としても，現実にはちがいがないとして「馬だ」とされる。同様に，矛と盾の宣伝文句は，韓非的には（論理上は）相互に矛盾していても，矛と盾が現実に売れることの妨げにはならない。

②は，現実に本当に矛盾するか，に関わる。しかし，「氷炭は器を同じくして久からず」は妥当しても，「雑反の学」同士の関係は，それとは異なる。「雑反の学」の共存は，われわれの知・文化を豊にするから，立派に「両立して治」る。多文化主義には，メリットがあるのである。考えてみれば，「氷炭」についても，「器を同じく」する場合には確かに「久からず」であるが，「器を同じく」しなければ，両方の用途に資するので，併用には意味がある。

③も，同様である。現実の政治には，軍事の必要と文治の必要とがともにあるのだから，むしろ文武は上手に組み合わせたほうが，政治はうまくいく。二

者択一ではない。

④は，そもそも論理的矛盾でも現実的矛盾でもない。統治には，多様性の組み合わせがむしろ大切である。墨家的な意見と儒家的な意見とは，それぞれ生かせる場がある。また，一方の見方によって他方を相対化して，頭が一方に固定すること，すなわち福澤諭吉の言う「惑溺」を防ぐのに，両者を併用することは有意義である。

⑤も，そうである。王と臣下の利益は，対立するときも対立しないときもある。韓非の一般論は，成り立たない。

これら以外にも，(a)韓非は，君主は人を信用してはならない，自分の子供や妻も信用できないとして，王の後見となった人物が先王を殺した事例や，王の妾が王子を殺し自分の子を世継ぎにした事例を根拠に挙げている（備内第一）。しかし，世の中にはそういう事例もあるが，そうでない事例も多数ある（そうでない事例——子や妻・妾に支えられる君主——がはるかに多い）。韓非は，その説を押し出す立場から，これら通常例を捨象してしまうのである。カール=シュミット（Carl Schmitt, 1888-1952）的に〈例外状態・異常事態から真実が見えて来る〉と考えているのだが，通常時の事態，平凡な事実もまた，事物の真実を語るのである。シュミットにおけると同様，異常な，例外的な事例を一般化することによる極論が，単純思考の読者には魅力的なだけである。

(b)次のたとえでも，一般的な命題が事例と無媒介に結びつけられている：「故に〔周の〕文王は仁義を行ないて天下に王たり，〔徐の〕偃王は仁義を行ないて其の国を喪う。是れ仁義は，古に用いられて，今に用いられざるなり。故に曰く，世異なれば則ち事異なりと」（五蠹篇第四九：4.173）。偃王は仁義をおこなって国を喪ったのかもしれないが，その時代にも，さらに後の時代にも，仁義をおこなって国を喪わなかった事例も探せばあるはずである。韓非は，それを計算に入れようとはしない。

その他，(c)守株の宋人の話では韓非は，善政と兎とを同じものとして扱っている。しかし，兎が切り株にぶつかって死ぬのは，二回目はまず期待できないことである。そもそも，切り株にウサギがぶつかって死ぬなど，一度目も実際にあったかどうか疑わしい。これに対して，善政が善い結果をもたらすこと（過去の善政の事例が，あとで参考となること）は，相当に多く期待できる。したがっ

て，兎と善政との同列扱いは，妥当ではない。[212] (d)韓非が言うように，国家に法は欠かせない。しかしこのことは，法だけで統治可能であることを意味しない。それゆえ，儒家の提起した道徳性，君主のさまざまの徳性が重要であることも，否定できない。それなのにかれが儒家と法家，道徳と軍事・政治を二者択一で扱うのは，上の発想を根柢にしているからである。(e)韓非が言うように人間は，損得勘定で動く。しかしこのことは，人間がそれだけで動くことを意味しない。人間にはエゴイストの面があるにしても，人間はそれだけに解消されるものでもない。(f)韓非が言うように，政治においては君主の勢＝武力があることが重要である。しかしこのことは，武力だけで統治が可能であることを意味しない。

　要するに，韓非的な二者択一の議論は，自説を印象づけるレトリック（＝かれは，単純化による明晰さで勝負しようとしている）の上に成り立っている。韓非は――孫武・孫臏や呉起，さらには師の荀子とは異なり，したがってまたマキァヴェッリやクセノフォン・フロンティヌスらとも異なり――相反するものの間での緊張を意識しつつ思考する，複合的な思考を駆使できる容器ではない。[213] かれの思考は，戦争や政治を自ら担って苦心するところから出てきたとは思われない質のもの，誇張に頼った純粋理論，観念論である。

　それにしても，多少は政治に関わる以上，韓非といえども，このような単純思考では現実に対応できないことは分かっていた。そこでかれは，単純思考からの離脱を示してもいる。

---

*212)　もしその宋人が――株にぶつかった兎を目撃して再度そのチャンスを求めようとしたのではなく――ワナに掛かって捕まった兎を目撃して再度そのようにして捕まえようとしたのであったら，韓非子も兎の事例を〈先例踏襲は馬鹿げている〉とするためには，使えなかっただろう。この場合は兎の事例は，逆に，過去の経験を生かすこと（罠を活用すること）が大切だ，との事例となる。このように，韓非子の事例は，自分の特定の主張向けに創作された（あるいは，滅多にないのにあえて選び出された）恣意的な事例にすぎない。

*213)　舘野正美「〈勢〉の理論――韓非の政治理論における哲学的本質」（『日本大学文理学部人文科学研究所紀要』29号，1984年）は，韓非が政治において性悪説（人間をエゴイストとする立場）をとり，それゆえ〈支配を維持するには実力（「勢」）に頼って統制する道しかない〉とした点に対する司馬遷の批判を取り上げている。司馬遷は，「韓子引縄墨，切事情，明是非，其極惨礉少恩」と，韓非の理論は残忍で恩愛の情を失っている，と批判したのである。

たとえば，かれの人間観がそうである。かれは一方で，人間は損得勘定によってのみ動くものだとする。しかし実際にはかれは，人間が損得勘定だけで動くとは，考えていない。すなわちかれは，世には「脩士」や「智士」がおり，君主がかれらを用いることが大切だと，次のように言う：

　　「人臣の官を得んと欲する者，その脩士〔修養を積んだ人物〕は且た精絜〔清潔〕を以て身を固め，其の智士は且た治弁を以て業を進む。其の脩智の士は，貨賂を以て〔賄賂で取り入り〕人に事うること能わず，其の精弁を恃みて，更に法を枉ぐるを以て治を為すこと能わず」（孤憤篇第十一：1.222）。

　かれはまた次のように，有徳の臣下が現存することを認める：「今，臣と為りて，力を尽くして功を致し，智を竭くして忠を陳ぶる者は，其の身困しみて家貧しく，父子其の害に罹り」（姦劫弑臣篇第十四：1.255），と。すなわち世には有徳の人間がおり，かれらに政治が担われるべきだ，と言うのである。かれはこれらの点で，性悪説に徹してはいないのである。かれの性悪説を徹底するだけならば，こうした見方の余地はないはずである。

　韓非は上述のように，「参験」や〈ことがらを歴史の変化のなかで考える〉といった姿勢を説いている。この「参験」的姿勢でいけば，自分の説がその極度の単純性のために，現実に合わないことはかれにすぐ分かるはずなのである。

6.2.5　『六韜』

　『六韜』は，周の文王と太公望呂尚（紀元前11世紀頃）の対話の記録となっているが，秦・漢の頃に編纂された偽撰書である。本書は，太公望が書いたとされるもう一つの偽書『三略』とともに，『孫子』や『呉子』と並んで武経七書に入っており（他の三書は，『尉繚子』，『司馬法』，『李衛公問対』），兵法書の古典とされてきた。本章の視座からすると，この書の特徴は，次のようにまとめられる。

　（i）柔軟な思考・変幻自在の動き　　たとえば，次のように，敵将の性格に応じて巧みな心理戦を駆使した対応を説く：「勇にして死を軽んずる者は，暴す〔怒らせて無謀にさせる〕べきなり。急にして心速かなる者〔せっかち〕は，久しくす〔焦らす〕べきなり。貪りて利を好む者は，賂ふべきなり。仁にして人に忍びざる者は，労す〔難儀させ疲れさせる〕べきなり。智にして心怯なる者は，窘しむ〔気苦労で疲れさせる〕べきなり。信にして喜んで人を信ずる者

---

*214)　岡田脩・萩庭勇『六韜・三略』（明徳出版社，1979年）。

は，誑く〔だます〕べきなり。廉潔にして人を愛せざる者は，侮るべきなり」（論
将第十九）。

　また，敵の動きに的確に対応する行動も重視する：「その虚を見れば〔敵に
スキがあれば〕則ち進み，その実を見れば則ち止まれ〔敵にスキがなかったら
攻撃をするな〕」（立将第二一）；「善く戦ふ者は，これに居りて撓れず，勝を見
れば則ち起ち，勝ざれば則ち止む〔勝つ見込みがなければ，戦いを避ける〕」（軍
勢第二六）。

　次の言説には，兵法が現場の個別情況に依存したものであり，抽象的一般論
では意味をなさない，それゆえ不断に緊張して，刻々変わる情況に敏感に対応
していかなくてはならないという，具象的に考える態度がよく現われている：
「勢は敵家の動くに因り，変〔変法〕は両陳の間に生じ，奇正は無窮の源に発
す。故に至事は語らず，用兵は言はず。且事の至れるものは，その言聴くに足
らざるなり。兵の用は，その状見るに足らざるなり。忽ちにして往き，忽ちに
して来たり，能く独り専らにして制せられざる者は兵なり。それ兵は，聞けば
則ち議し，見れば則ち図り，知れば則ち困しめ，弁ずれば則ち危ふくす」（軍
勢第三六）。

　自分たちの行動を，状況・相手に応じて機敏に変化させる：「いはゆる烏雲
とは，烏のごとく散じて雲のごとく合ひ，変化窮まりなきものなり」（烏雲沢
兵第四八），というようにである。このためには，多様な武将を集め，適材適
所に配置し，状況・敵の動きに応じて使い分けていく：「凡そ兵を挙げ師を帥
ゐるには，将を以て命と為す。命は通達に在り，一術を守らず，能に因りて職
を授け，各々長ずる所を取り，時に随ひて変化し，以て綱紀と為す」（王翼第
十八）。こうしておけば，行動は変幻自在となる基礎を得る。

　(ii)　観察の重視　　敵の特徴や動きを鋭く観察することの重視は，先に見た
とおりであるが，『六韜』はさらに，戦う場や環境全体に対する鋭い観察・大
所高所からの判断をも重視する：「将は必ず，上，天道を知り，下，地理を知り，中，
人事を知り，高きに登りて下望し，以て敵の変動を観る。その塁を望めば即ち
その虚実を知り，その士卒を望めば則ちその去来を知る」（塁虚第四十）。同様に，
「凡そ深く敵人の地に入れば，必ず地の形勢を察し，務めて便利を求め，山林，
険阻，水泉，林木に依りて，これが固と為し，謹みて関梁を守り，また城邑，

丘墓，地形の利を知れ。かくのごとくなれば則ち我が軍堅固にして，敵人，我が糧道を絶つこと能はず，また我が前後を越ゆること能はず」（絶道第三九）ともある。こうした態度の根底にあるべきものとして，独断や主観主義の排除，理論と現実の区別を『六韜』は，強調する：「独見を以てして衆に違ふことなかれ。弁説を以て必然と為すなかれ」（立将第二一）と。

　(iii)　「自然」と「作為」　　『六韜』は次のようなかたちで，社会運営に当たっての人間の主体性を説く：「文王，太公に問ひて曰く「天下熙熙たり，一たびは盈ち一たびは虚け，一たびは治まり一たびは乱る。然る所以は何ぞや。それ君の賢不肖の等からざるか。それ天の時の変化の自然なるか」と。太公曰く「君不肖なれば則ち国危ふくして民乱れ，君賢聖なれば則ち国安くして民治まる。禍福は君に在り，天の時に在らず」と」（盈虚第二）。社会変動は「天の時の変化の自然」，すなわち人間の意志ではどうしようもない宇宙法則の作用によっている，のではない。そうではなくて，人間，とくに君主が不肖か有能かという主体的契機による。人間の徳性と統治の巧拙とによるのである。順啓第十六には，「事ありて疑わざれば，則ち天運も移す能はず，時変も遷す能はず」とある。人間の主体性，決然たる態度が，天運や時の変化によって生じる不利を克服できる；天と人の政治とは相互に関連しあってはいない（＝自然は，人事に反応して現象するものではない），と『六韜』は言う。これは，天人相関思想の否定である。これらは，われわれがフロンティヌスやマキァヴェッリに見た，運命と人間の自由との関係論，社会・政治と「自然」の不連続化であり，これが中国でも古代以来の軍事学にはすでに見られたのである。

　「自然」から「作為」への，思想傾向の変化に関する丸山眞男の研究においては，「作為」の契機の発達は，ヨーロッパでは，（トーマス＝アクィナスに代表されるスコラ哲学上のリアリズムに対する）ウィリアム＝オブ＝オッカムに代表されるノミナリズムと結び付けられた。そして日本では，（林羅山に代表される儒教上の朱子学派に対する）徂徠学派に結び付けられた。しかしながら，ヨーロッパにおいて「作為」の思想のルーツは，ノミナリズムの哲学の他にもう一つあった。古代以来の軍事学である。というのも，軍事学的認識においては，採るべき行動は，天候・地勢・主客の歴史的条件，そして運など客観的要素に規定されながらも，主体性・リーダーのやる気・工夫と努力にも大きく依拠している。リー

ダーたちは，そのvirtù によって，局面局面で妥当な判断をし機敏にそれを実行していく。フロンティヌスや『六韜』（そして荀子）には，こうした関係を反映して，「自然」から意識的に区別されえた「作為」の契機が芽生えていた。

　軍事学で発達した「作為」のこの論理は，やがて（戦争と連続した）政治の関係に適用されていく。ヨーロッパでは（われわれがとらえた姿での）マキァヴェッリによって，古代中国では荀子と，（老子・申不害を踏まえた）韓非とによって，そして近世日本では（孫武らの軍事学から思想を出発させ，また荀子の強い影響を受けつつ思考した）荻生徂徠によって，である。[*215]

　(iv)　知謀　　『六韜』においては，一方で（とくに「文韜」において）徳治主義的に道徳が強調されているのに対して，他方で知謀の提言も多い。国を守るのに必要な臣下の資質として，『六韜』は「六守」を挙げている。すなわち，仁・

---

*215）　徂徠は，（前掲注197)）『孫子國字解』238頁で，将軍の六つの敗北について，「総じてこの走弛陥崩乱北の六しなは，天のめぐり時の運にてふり来りる災にも非ず，又地の利にそむきたる所より生じたる災にも非ず，将たる者の，兵道をしらぬ所より出たる咎過なりと云意なり」と述べている。徂徠はまた253頁では「孟子の語にも天時不如地利，地利不如人和と云へり，まことに千萬世兵家の至理と云つべし」と，102頁では「李筌が説に，治乱数也と云を，時の運数なりと見たり，然らば軍の勝負も時の運と見ば，何ぞ兵の道を用んや，兵家のこころに非ず〔もし時の運で決まるのなら，どうして兵道を修める必要があろうか。兵家らしくない言い方だ〕」と，述べている。「天のめぐり時の運」＝「自然」に対するリーダーの工夫＝「作為」の強調である。
　徂徠の思想形成に際して兵学の勉強がもった大きな影響については，前田勉「徂徠学の原型――孫子『孫子國字解』の思想――」（『日本思想史学』第16号，1984年），同「荻生徂徠の儒学と兵学」（『日本思想史』第25号，1985年）（ともに同『近世日本の儒学と兵学』（ぺりかん社，1996年）に収録）参照。徂徠の軍事学が，近世日本における近代的合理思想の形成に際してもった意味については，次の指摘も興味深い。「杉田玄白が蘭学にはいり，その正しさを認めるにいたった動機として，徂徠の『鈐録外書』を読んだことがあげられる。〔軍理は〕経典研究における古文辞学と同様の，客観的・合理的方法をもって兵書を理解することを通じて認識されねばならない。こうして軍理を把握した上は，『時代を考へ軍のふり模様の替候所を工夫』して，業，すなわち今日の時代における軍法を立てるべきだ，という徂徠の思想が，玄白をして中国やわが国の在来の医学の誤謬を自覚せしめ」た（源了円『徳川合理思想の系譜』中央公論社，1972年，100頁）。軍事学では，〈勝つためには旧いものに安住せず，時代のちがいを考え不断に新たな工夫をしていかなければならない〉という態度が，軍事学の固有の要請として（sachlogisch に）求められる。軍事学的思考の柱の一つである，この客観的・合理的方法が，日本における近代医学推進の重要な契機となった，ということである。

義・忠・信・勇・謀である（六守第六）。このうちの「謀」が，臨機応変の謀才，知謀である。この知謀をめぐっては，「智略権謀なきに重賞を以てこれを尊爵す。故に強勇もて軽戦するもの外に僥倖す。王者慎んで将たらしむることなかれ」（上賢第九），とある。知謀を欠いた臣下を重んじると，蛮勇で一か八かの戦争をする傾向が強まり国家に有害だ，との指摘である。

　知謀は，『六韜』において，国外の敵に対してとともに国内の臣下に対しても，また戦場においてとともに政治の場においても，重視されている。戦場においては，「兵勝の術は，密かに敵人の機を察して速かにその利に乗じ，復た疾くその不定を撃つ」（兵道第十二）といった奇襲戦が重視される。両軍が対峙しあう正面戦の場合でも，「外乱れて内整ひ〔実は統率がとれているのだが外見はとれていないように見せ掛け〕，飢を示して実は飽き，内精にして外鈍く，一合一離，一聚一散，その謀を陰め〔統率がないように行動させて作戦を隠し〕，その機を密にして，その塁を高くし，その鋭士を伏し，寂として声なきがごとくせば，敵は我が備ふる所を知らざらん。その西を欲せば，その東を襲へ〔敵の西側を襲いたいときには，東を襲う素振りをせよ〕」（同上），といったかたちで，表面を偽り内実を隠すことによって敵に油断させ，スキを撃つ技に現れている。「聖人将に動かんとすれば，必ず愚色あり」（発啓第十三）というのも，軍事行動に際してはその意図を悟られず，敵を油断させるために，わざと愚を装うことに関わっている。

　道徳に反する手段も，重視される。たとえば，敵に囲まれて窮したときの一策としては，「途を求むるの道は，金玉を主と為す。必ず敵の使に因り，精微なるを宝と為す」（烏雲沢兵第四八）と，敵の使者を買収する。しかしそうして買収した相手もなお信用しきれないので，かれがもたらす情報は慎重に検討すべきである。また，「長閑遠候〔斥候を敵の中に深く入れる〕，暴疾にして謬り遁るる〔偽りの逃走をして敵を誘い出す〕は，城を降し邑を服する所以なり。〔……〕偽りて敵の使いと称するは，糧道を絶つ所以なり。号令を謬り敵と服を同じくするは，〔敵の〕走北に備ふる所以なり」（奇兵第二七）というのも，相手をだます知謀である。

　逆に，道徳上評価される行為によって敵を服させる――マキァヴェッリやフロンティヌスに見た――手法も示されている。たとえば，城壁の中に立てこも

る非戦闘員たちを服させるには，次のような道徳上評価される行為が威力を発揮する：

> 「その糧道を絶ち，囲みてこれを守り，必ずその日を久しくせよ。人の積聚〔集落〕を燔くなかれ。人の宮室〔住居〕を壊つなかれ。冢樹社叢〔墓場・神社の樹木〕は伐ることなかれ。降る者は殺すことなかれ。得るとも〔捕虜を〕戮すことなかれ。これに示すに仁義を以てし，これに施すに厚徳を以てし，その士民に令して曰へ〈罪は〔君主〕一人に在り〉と。かくのごとくならば則ち天下和服せん」（略地第四十）。

兵糧攻めで苦しめるとともに，道徳上評価される，人格を尊重した振る舞いによって敵側士民の共感を得，その君民間を裂き士民の帰順を促す作戦である。ここでも，〈敵国の君主は別として，その士民は味方にもなる可変的な存在である〉との認識が前提になっている。「冢樹社叢〔墓場・祠廟等の樹木〕は伐ることなかれ」とは，敵国の民が尊んでいる墓や祠廟の樹を伐ったりすると反発が激しく苦戦することになるとして，逆に敵側士民の反感に対し慎重であれということである。

知謀は，『六韜』において，また政治面での活用が強調されている。政治的知謀で他国を陥れる手法としては，次のようなものがある：① 敵を弱体化する手段としては，たとえば敵の人民に対し「これを淫するに色を以てし，これを賂はすに利を以てし，これを養ふに味を以てし，これを娯ましむるに楽を以てす」（三疑第十六）といったかたちで働きかけて，その君民関係を破壊することが提唱されている。文伐第十五には，② 他国の君主に対しては，相手の意のままに行為し，つけあがらせてそのスキを撃つとか，③「その陰楽を輔けて以てその志を広くし〔淫乱を強めさせ）」て荒廃させるとか，④「陰かに左右に賂ひ〔敵国の重臣に賄賂を贈り〕，情を得ること甚だ深く，身は内にして情は外ならば〔我が方にきわめて好意的にしておけば〕，国将に害を生ぜんとす」とかが，示されている。さらに，⑤「その忠臣を厳にし，その賂いを薄くし，その使を稽留して，その事を聴くなく，亟かに代を置くをなさしめ，遣るに誠事を以てし，親しみてこれを信ぜば，その君将に復たこれに合わんとす」る手もある。すなわち，他国の忠臣が使者としてくれば，厚く待遇し，その使者を永く留め，しかしその提案は受け入れないし，君主へのお返しの贈り物は少なくする：次に君主がすぐ別の使者を送ってくると，こ

第6章　東洋の古典軍事学：政治的思考の水脈　235

の使者の提案は好意的に受け入れるそぶりを見せる。すると君主は，この新使者を信用し，前の使者である忠臣を疑うようになる；このようにして他国の君臣間を裂く，といった高度の政治的技術である（順啓第十六には，「凡そ謀の道は周密を宝と為す」とある）。

『六韜』は，このような政治的知略を尽くして相手国を陥れたうえで，機が熟せば武力で仕留めるべきだ，「十二節備わりて乃ち武事を成す。いわゆる上は天を察し，下は地を察し，徴已に見はれて乃ちこれを伐つ」（文伐第十五），とするのである。

政治的知謀は，自分の臣下に対しても活用される。将帥を選ぶ（選将）に際しては，まず，かれらを疑ってかからなければならない。なぜなら人は，表面上巧みにとりつくろっているが，内面では不忠不実のことが多いからである。外見と内実がちがう臣下には，15のタイプがある。これらそれぞれについて，君主がどうやって内実をつかむかが重要である。『六韜』は，この点について「八徴」として，八つの試験方法を示している。その中には，「これを使ふに財を以てして以てその廉を観る」といった金仕掛け，「これを試みるに色を以てして以てその貞を観る」といった色仕掛け，さらには，「これを酔はしむるに酒を以てして以てその態を観る」といった酒仕掛けが，含まれている（選将第二十）。

以上のように，『六韜』では，軍事学で重視される知謀が，政治論でも活用されている。敵に対しては，まず政治的知謀によって，その君臣の関係を動揺させたり君主を誤りに陥らせたりすることが効果的である。軍事はその後で，とどめとして行使される。そしてこの軍事の場でも，また知謀が効力を発揮する。このように，ここでも軍事と政治は，連続関係に置かれ，したがってともに有用な技術が考えられている。

こうした，政治における知謀の勧めが前提にしているのは，〈臣下が自分を偽っているかもしれない，だから君主も臣下を欺いて試してみなければならない〉という，『韓非子』を連想させるような（人に対する）不信感である。しかし，『六韜』は，『韓非子』とは異なり，マキァヴェッリズムに一面化してはいない。後述のように，『六韜』では，道徳の重視，道徳関係を通じた，君主と臣下・臣民との連帯もまた，大きな意味をもっているからである（＝したがって『六韜』

236

は，『孫子』や『呉子』に近い）。

（v）徳性・道徳性　前述のように「文韜」の巻では，徳治主義的な道徳重視が目立つ。

「仁の在る所は，天下これに帰す。〔……〕徳の在る所は，天下これに帰す。〔……〕義の在る所は，天下これに赴く。〔……〕道の在る所は，天下これに帰す」（文師第一）という主張がそうである。君主の「国を為むるの大務」を，『六韜』は，「主をして尊く人をして安からしめん」ことに求め，それを実現するためには，民を，「父母の子を愛するがごとく，兄の弟を愛するがごとく」いたわること，具体的には「利して〔生業を営わせて〕害することなかれ。成して〔農事をおこなわせて〕敗ることなかれ。生かして〔刑を軽くして〕殺すことなかれ。与へて〔税を軽くして〕奪ふことなかれ。楽しましめて〔賦役を軽くして〕苦しむることなかれ。喜ばしめて〔官吏を清廉にして〕怒らすことなかれ（国務第三）」が大切であるとする。安民・善政の勧めである。「天下は一人の天下にあらず，乃ち天下の天下なり」（発啓第十三）は，君主のこの責務論と関連している。

後の部分，すなわち軍事学の部分においても，道徳性は重視されている。まず，善き将帥は，兵士と同じように，冬は毛皮を着ず，夏は扇を使わず，雨に濡れて行軍する。これを「礼将」と言う。また，危険な隘路や泥道は，兵士を煩わさぬよう，車から降りて歩く。これを「力将」と言う。さらに，兵士が食べ始めるまでは食べない，兵士が火を燃やさないかぎりは火を燃やさない。これを「止将」と言う。このようにして初めて，将帥は，兵士の苦労が分かり，また兵士と深く結びあえる。『六韜』は，このように将帥の心構えを論じた後で，この道徳性によって生じる，将帥と兵士の連帯感について，次のように述べる：「将，士卒と寒暑，労苦，飢飽を共にするが故に，三軍の衆，鼓声を聞けば則ち喜び，金声を聞けば則ち怒り，高城深池，矢石繁く下るも，士，先を争ひて登り，白刃始めて合すれば，士，先を争ひて赴く。士は死を好み傷を楽しむにはあらざるなり。その将の寒暑飢飽を知ること審かにして，労苦を見ることの明らかなるがためなり」（以上，励軍第二三。立将第二一も参照）。これまでにも，何度も出てきた，将帥の人間味が兵士の心をとらえ兵士の積極性を引き出すがゆえに，軍事上の効果が挙がるという議論，『呉起』において前述したところの，アレクサンドロス大王やハンニバル，ウァレリウス・コルウィヌスらにも見ら

れた姿勢を評価する議論である。

　これも，道徳の効用を説く議論だからといって，〈偽善的な道徳論だ〉と短絡的に考えてはならない。もしそうなら，カント的な行為の他には道徳はないことになってしまう。しかも，『六韜』は，「将，仁ならざれば則ち三軍親しまず。将，勇ならざれば則ち三軍鋭ならず。将，智ならざれば則ち三軍大いに疑う。将，明らかならざれば則ち三軍大いに傾く〔動揺する〕。将，〔判断力が〕精微ならざれば則ち三軍その機を失ふ〔……〕」(奇兵第二七)とする。すなわち，仁・勇・智・明・精微などの徳性の強調は，偽善的行使のできないvirtù に関わるものであり，この点からも，上の言明は，真摯な道徳尊重を根底に置いた議論だと言える。

　こうした道徳論と関連づけて位置づけると，『六韜』の人間観が，前述のような，士民に対する警戒論にもかかわらず，一面的に悲観的なものでないことも明らかとなる。臣下・兵士は，リーダーの道徳上評価される行為や徳性に感動しその人格に魅せられて「この人となら一緒に死んでもよい」と考えるようになる。そうした人間の素直な道徳感情が，主従の基礎に欠かせないと考えるのである。人間は，怠けたり相手をだましたりする存在であるが，また同時に，道徳や理想に敏感に反応する存在でもある，との見方である。「戦ふに必ず義を以てするは，衆を励まし敵に勝つ所以なり」(同上) も，自分たちが大義名分によって，道徳のために戦っているという確信が，兵士の結束・士気高揚には欠かせない。人とは，そのような道徳に敏感な存在でもある，という認識である。

　(vi)　紀律化　　徹底した練習を通じて，金鼓の合図や旗による信号で機敏に分合し攻撃に出，退却するよう部隊を訓練するべきである。そのための訓練手法としては，それらの基本をまず一人が十人に教える。つぎにこの十人が一人十人ずつで百人に教え，それら百人が一人十人ずつで千人に教える。こうして全部隊を改造していく (教戦第五四)。統合のためにはまた，次のような非情な損得勘定でもって紀律化が図られる：「罰審かなるを以て，禁ずれば止まり令すれば行はると為す。故に一人を殺して三軍震るる者はこれを殺し，一人を賞して萬人説ぶ者はこれを賞す。殺するは大を貴び〔地位の高い者をみせしめに殺すと効果がある〕，賞するは小を貴ぶ〔広く褒賞の希望を与えることになる〕」(将威第二二)。刑罰の一般予防の効果を，巧みに利用するのである。

6. 2. 6 『三略』

『三略』[*216] は体系的ではなく，諸命題が上・中・下略の3巻に雑多に配分されている。その思想と思考は，これまで検討した，『孫子』以下の軍事学書と驚くほど共通している。次のように，である。

(1) 合理的な思考

(a) 動態論的なものの見方と変幻自在　ものごとは，普段に変化する；それゆえそれに機敏に即応する姿勢が必要である：「天地の神明，物と推移し，変動して常なし。故に因りて転化す。事の先と為らず，動けば輒ち随ふ。故に能く無彊を図制し〔……〕」(上略219頁)。この引用文の後半部分は，『老子』の「吾不敢為主而為客」に対応している。戦闘において自分たちが先に動くと，自分たちはその動きを前提にしてその後も動かなければならなくなる。これは，選択の余地を狭める。これに対してこのときには敵は，まだ動いていないので，チャンスを見つけてそれに適した出方を選べる。そうした相手の自由，動きの多様性に対しては，こちらは動いているので即応しきれない。それゆえ，効率的である機敏な行動ができるためには，まず先に相手を動かすべきだ，と言うのである。

(b) 観察の重視　変幻自在さのためには，次のように，敵の状態を観察しそれに対応して動くことが肝腎である：「兵を用ふるの要は，必ず先ず敵情を察し，その倉庫を視，その糧食を度り，その強弱を卜し，その天地を察し，その空隙を伺う」(上略239-240頁)。こうして確認した敵の状態に応じて，「敵強ければこれに下り〔下手に出〕，敵佚すれば〔余力があれば〕これを去り，敵陵げばこれを待ち〔戦意が高ければ，時を稼ぎ〕，敵暴なればこれを綏んじ，敵悖ればこれを義し，敵睦めばこれを携す」(上略223頁)，と。臨機応変に動くのである。

上のことは，優れた士を選ぶときにも当てはまる。相手が実際にはどういう性質・主義の人かを観察し，それに応じてその心をとらえる呼びかけ方を工夫するのである。すなわち，「清白の士は，爵録を以て得べからず。節義の士は，威刑を以て脅かすべからず。故に明君，賢を求むるには，必ずその以す所〔業績〕

---

*216)　岡田脩・萩庭勇『六韜・三略』(明徳出版社，1979年)。以下，頁番号を本文中に記す。

を観てこれを致す。清白の士を致すには，その礼を修め，節義の士を致すには，その道を修む。而る後，士，致すべくして，名，保つべし」（下略264-265頁），と。このように優れた士の琴線に触れうるためには，リーダーは自分自身が徳ある人であり，それを場に応じて正しく行使できる，多面的な存在でなければならないのである。

(c) 多元的で柔軟な思考　　リーダーは，多様な性質の部下を得，適材適所で用いることができる，複合的な思考の人でなければならない：「智を使ひ，勇を使ひ，貪を使ひ，愚を使ふ。智者は，その功を立てんことを楽ひ，勇者は，その志を行なはんことを好み，貪者は，その利に趨かんことを邀め，愚者は，その死を顧みず。その至情に因りてこれを用ふ。これ軍の微権なり」（中略249頁），と。「柔は能く剛を制し，弱は能く強を制す。〔……〕この四者を兼ねて，その宜しきを制す」（上略219頁）という有名な語も，部下のそれぞれの資質が，それぞれに生かせるという思考に関わる。

これはさらに，「能く柔に能く剛なれば，その国弥々光あり，能く弱に能く強なれば，その国弥々彰はる。純ら柔に純ら弱なれば，その国必ず削らる。純ら剛に純ら強なれば，その国必ず亡ぶ」（上略221頁）と，柔と剛とを，弱と強とをバランスよく巧みに使い分けるべきだという思考にもつながる。

また，「威なければ則ち国弱く，威多ければ則ち身蹶く」（中略251頁）と，自分のあり方についても，多様な要素を併せもち，それらの間でバランスをとりつつ効果を挙げる思考も重要である。

このように軍事学的・政治論的思考は，先に何度も見てきたように，ものの一面に凝り固まり自由な判断を失う「惑溺」を嫌う，とされるのである。[217)]

(d) 脱宗教化　　「巫祝を禁じて，吏士のために軍の吉凶を卜ひ問ふことを得ざらしむ」（中略250頁）とは，孫武・孫臏らに見てきた，将帥の精神の柱の一つである「世界の脱魔術化」である。

---

*217)　福澤の「惑溺」概念の根底には，強力な実学の思考がある。しかし考えてみれば，軍事学ほど実学を地でいった思考はない。福沢の思考が古代軍事学に影響を受けたかどうかはともかく，実学思考の背景に軍事学の伝統があったことは否めない（注206）参照）。

(2) 将帥の徳性

『三略』で——『六韜』と並んで——目立つのは,徳性の強調である。たとえば,先にも見たように,仁や知性のあるリーダーのみが,仁や知性のある有能な部下を擁することができる:「軍勢に曰く,「義士を使ふには財を以てせず。故に義士は,不仁者のために死せず。智者は,闇主のために謀らず」と。主は,以て徳なかるべからず。徳なければ則ち臣叛く」(中略251頁)。同じく,「将に慮なければ,則ち謀士,去り,将に勇なければ,則ち吏士,恐る。将,妄りに動けば,則ち軍重からず。将,怒りを遷せば,則ち一軍懼る」(上略237頁)ともある。さらに,「礼崇ければ,則ち智士至り,禄重ければ,則ち義士死を軽んず。〔……〕それ人を用ふるの道は,尊ぶに爵を以てし,賑はすに財を以てすれば,則ち士,自ずから来る。接するに礼を以てし,励ますに義を以てすれば,則ち士それに死す」(上略226・227頁),と言う。豊かな徳性の将帥の許には,多士済々の人材が集まる,類は友を呼ぶ,のである。

『三略』はまた,徳性・人間味のある将帥だけが,部下のやる気を引き出せる,とする:「それ将帥は必ず士卒と滋味を同じうし,安危を共にすれば,敵乃ち加ふべし。故に兵,全勝あり,敵,全囚あり。むかし良将の兵を用ふるや,箪醪を饋るものあり。これを河に投ぜしめ,士卒と流れを同うして飲む。それ一箪の醪は,一河の水を味すること能わず,しかるに三軍の士,ために死を致さんと思ふものは,滋味の己れに及べるを以てなり」(上略227頁)。将帥の思いやり,心意気に魅せられて,〈この人となら死んでも良い〉という気になるのである:「軍讖に曰く,「良将の軍を統ぶるや,己を恕りて〔自分のことと同じように他人をおもいやって〕人を治む」と。恵を推し恩を施せば,士の力,日に新たなり。〔……〕身を以て人に先んず〔将帥が先頭に立って攻撃する〕,故にその兵,天下の雄となる」(上略232頁),というのも,同じ意である。

これらにおいては,単にジェスチャーとしての道徳性が求められているのではない。そのような表面的なものは,死を賭して苦労をともにする臣下・臣民は,すぐに見破る。リーダーが徳性の人であって初めて,共感にもとづく協働がかちとれる。「主は,以て徳なかるべからず。徳なければ則ち臣叛く。以て威なかるべからず。威なければ則ち権を失ふ」(中略251頁),とあったのは,徳,道徳性と,威,統率力とを兼ね備えておけ,ということである。

第6章 東洋の古典軍事学:政治的思考の水脈 241

しかし，徳と威さえ備わっておれば，自然に士を得るということではない。きっかけをつくる工夫が必要なのである：「賢を求むるに徳を以てし，聖を致すに道を以てす。賢去れば，則ち国微となり，聖去れば，則ち国乖く。微は危の階にして，乖は亡の徴なり。賢人の政は，人に降るに体〔外面的服従〕を以てし，聖人の政は，人に降るに心〔内面的服従〕を以てす。体もて降れば，以て始めを守るべく〔服従に入る契機となる〕，心もて降れば，以て終りを保つべし〔心服が最後まで持続する〕。体を降すには礼〔礼物〕を以てし，心を降すには楽〔家族生活・職業・地域集団・政治などをエンジョイでき，心が喜びで充ちること〕を以てす」（下略257頁）。すなわち，リーダーの細やかな配慮があってはじめて，士はかれの許に集まり，そこに留まる。したがって，効果的な軍事を遂行するためには，善政もまた欠かせない。

　臣民に福利を保障して国を安定させれば，強い下級兵士たちも得られる：「下を下とする者は，耕桑を務め，その時を奪はず，賦斂を薄くし，その財を匱しくせず，徭役を罕にし，それをして労しめざれば，則ち国富んで家娯しむ。然る後に士を選んで以てこれを司牧す」（上略225頁）。逆に，「上，虐を行へば，則ち下，急刻なり〔残虐となる〕。賦重く斂数々にして，刑罰極りなければ，民，相残賊す。これを亡国と謂ふ」（上略241頁）。

　こうして安民追求が，軍事学における重要な原則である：「軍讖に曰く，「師を興すの国は，務めて先づ恩を隆んにす。攻め取るの国は，務めて先づ民を養ふ。寡を以て衆に勝つものは，恩なり。弱を以て強に勝つものは，民なり」と」（上略239頁）。『政治の覚醒』に見たように，西洋の軍事学の古典は共和政を前提にし，したがって筆者の言う意味での「国民主義」（市民に私的・公的な自由を保障してこそ，祖国愛をもった強い兵士が確保できるとする思想）と結びついていた。中国の軍事学の古典には，この共和主義的自由の思想は，もちろんない。しかし中国では，同様な論理が，安民の立場として発現していたのである。ここでも安民は，単なるジェスチャーであってはならない。そうであっては，効果は少ない。軍事学という一見，強面である学は，こうして道徳重視の学でもあり，人間的な政治をも帰結するのである。

(3)　知謀

　徳の強調が目立つ『三略』においても知謀は，重視されている：「英雄の心

を攬り，衆と好悪を同じうして，然る後これに加えるに権変を以てす。故に計策にあらずんば以て嫌を決し疑を定むるなし。譎奇にあらずんば，以て姦を破り寇を息むるなし。陰謀にあらずんば，以て功を成すことなし」（中略252頁）。

(4) 紀律

　既述のように，部下から畏れられる将帥であってはじめて，軍は統制を得る：「将，威なければ，則ち士卒，刑を軽んず。士卒，刑を軽んずれば，則ち軍，伍を失す。軍，伍を失すれば，則ち士卒逃亡す」（上略・231頁）。では，「威」はどうすれば得られるか。この点は次の引用が示している：「軍讖に曰く，「軍は賞を以て表となし，罰を以て裏となす」。「賞罰明らかなれば，則ち将の威，行はる」（上略232頁）。「将は命を還すことなく，賞罰必ず信あること，天のごとく地のごとく，乃ち人を御すべし。士卒，命を用ひ，乃ち境を越ゆべし〔他国へ進撃できる〕」（上略229頁），と。すなわち厳格なルールが，肝腎なのである。その限りでは，軍事学は法家の思想に近づく。

(5) まとめ

　以上のように『三略』においても，人間でありつつ，同時に，ライオンであり，狐であるリーダーだけが，戦いに勝つ，とされる。ここでもリーダーは，①戦闘の舞台の地理的・気候的条件，両国の民の生業上の必要性・条件を冷静に観察し，かつ②知謀を駆使して，効果的に戦い，③また紀律によって軍を統合し，同時に，④自制心を発揮して相手に対し公正で人間味をもった存在であり続けることによってはじめて，広範な支持を得る。「将は能く清く，能く静かに，能く平かに，能く整ひ，能く諫を受け，能く訟を聴き，能く人を納れ，能く言を採り，能く国俗を知り，能く山川を図り，能く険難を表し，能く軍権を制すべし。〔……〕」（上略234頁），とあるように，西洋の軍事学におけると同様，強力な複合性，それを構成する諸要素間のバランス・内的緊張が，東洋でもリーダーに求められる思考態様なのである。

6.2.7 おわりに

　古代中国においては，一方で儒家が徳治主義や安民主義を，他方で法家が紀律論・マキァヴェッリズムや君主至上を説いた。軍事学者たちは，これらの諸契機をともにその思考の中に組み込んだ。しかもそれは，安易な折衷論とし

てではなく，軍事遂行上，必須の条件としてである。すなわち理由は，① 紀律が真に効果あるためには，リーダーと兵士の間に信頼関係があって，兵士が心服していることが欠かせないこと，② 真に有徳なリーダーであって初めて，マキァヴェッリズムを行使しても人びとから軽蔑されないこと，③ マキァヴェッリズムに溺れることのない自制があること，④ 兵士は，リーダーに心服していて初めてかれのためには死をも辞さない気持ちになるものであるが，そうした心服はリーダーが有徳であるところでのみ，生じるということ，にあった。このように考える軍事学者たちは，それゆえ，道徳と軍事・政治をめぐって，相反するものを同時に見ることを重視した。この複合的な思考の点でもかれらは，単純思考に偏した『韓非子』などとは異なる。

　中国古代の軍事学は，そのほかにも，実際の軍事そして政治を有効に担いうる，合理的で柔軟な実践知・政治的思考を準備した。今日の日本でも『孫子』らの古典が，そういう実践の場で重視されるのは，そこに展開するこうした思考の力に着目してのことである。

6.3 ——近世日本の軍事学[*218)]

6.3.1　はじめに

　上で見たように中国軍事学の古典は，古代ギリシャ・ローマ以来マキァヴェッリまでの西洋軍事学と驚くべき共通性を有していた。具体的には共通点として，① リアリスティックで合理的な思考態度，② それを支える動態論的・機能論的・多元的な思考，③ マキァヴェッリズムとリーダーの徳性・道徳尊重とが当該主体において共存している点（そこでは徳性は，マキァヴェッリズムの行使をコントロールするうえで欠かせないものだとされ，道徳や正義尊重は，兵士・臣民や他の国の人びとの心服を得るためにも欠かせないとされた）。④ 法・紀律重視，があった。ここでは次に日本近世の軍事学（上記の観点から見て興味深い五つの家訓・兵法書）を対象にし，西洋の軍事学の古典の思想と思考との比較，古代中国の軍事学の比較，そして日本の軍事学同士の比較を進める。上記の諸特徴は日本

---

*218）「近世日本の軍事学」（『早稲田法学』87巻3号，2012年，所収）を改訂したもの。

の軍事学においても確認できるのであって，そのことのもつ意味を考察することが，本項の重要課題である。

6.3.2 『朝倉敏景十七箇条』

越中守護朝倉敏景（孝景, 1429-81年）が書いたとされる『朝倉敏景十七箇条』[*219]は，武家の家訓の一つである[*220]。その特徴は，西洋的に言えば「賢明」（prudentia）の徳の重視，すなわちまた合理主義の精神，にある。加えて敏景は，リーダーに人間味・正義の尊重をも強く求めている。これらの点を見ていこう。

(1) 実用指向

敏景は，「於朝倉之家宿老を不可定。其身の器用忠節によりて可申付之事」と言い，また「代々持来候などとて，無器用の人に，団〔国〕并に奉行職被領間敷事」と言う。これらは，家柄よりも，実際に確認できる能力と忠誠度とに応じて地位を与えよという，業績主義的な人事原則の宣言である。

敏景の実用指向は，人ばかりでなく物に対しても見られる。「名作の刀脇指等，さのみ被好間敷候。其故者，仮令万疋〔疋は銭貨を数えるときの単位〕太刀刀を持たりとも，百疋鑓百丁には勝れ間敷候。然れば万疋を以百疋の鑓を百丁求め，百人に被持候はば，一方は可相防事」とあるのがそれである。名刀一本ではなく実際に役立つ戦闘用の槍百本を，という立場である。

行為や思考の原則を，具体的な状況に応じて柔軟に適用していこうという姿勢も，実用指向の一環と言えよう。これはたとえば，「たとひ賢人聖人の語を学び，諸文を学したるとも，心へんくつにては，不可然。論語などに，君子不

[*219] 小澤富夫『武家家訓・遺訓集成』（ぺりかん社, 1998年）。吉田豊編『武家の家訓』(徳間書店，1972年)。

[*220] 家訓を遺すことは，近世日本の武家の伝統であり，『六波羅殿御家訓』，『竹馬抄』，『伊勢貞親教訓』，『北条早雲二一箇条』，『直茂公御壁書』，『朝倉宗滴話記』など多数のものがある。これらはたいてい，平常時においてどのように家を取り仕切るかを中心課題とし，尊敬されるリーダーとして徳性を磨くことを中心メッセージとしている。それゆえこれらは，西洋の「君主鑑」に対応するものであり，したがって「君主鑑」で柱となっている「四元徳」（「自制」（temperantia）・「正義」（iustitia）・「勇気」（fortitudo）・賢明（prudentia）を強調している（加えて「人間味」（humanitas）も重視する）。本章で扱う『朝倉敏景十七箇条』もこの一つであるが，本文で述べるように，上記のものとは性質を異にする点もあるのである。

重時は威なしなどとあるをみて，ひとつにおもきと計と心得てはあしかるべく候。おもかるべきかろかるべきも，時宜時刻によつてふるまひ肝要也」という言葉に現れている。伝統的に軍事学で重視されてきた，自制・バランス化による臨機応変の思考である。

(2) 合理主義

　西洋古典やマキァヴェッリの軍事学や，『孫子』をはじめとする中国古代の軍事学について，われわれは「世界の脱魔術化」を問題にした。同様な合理主義的姿勢も，敏景に見られる：「可勝合戦可取城攻等の時，吉日を選び，方角を考て時日を移事甚口惜候。如何に能日なるとて，大風に船を出し，大勢に出向はば，不可有其甲斐候。仮令難所悪日たりとも，細かに虚実を察て，密々に奇正を整へ，臨機応変して，謀を本とせば，必可被得勝利事」。ここには，長い間日本の上層部を支配し続けてきた陰陽思想に対する醒めた態度が出ている。そして，これはまた，われわれのこれまでのタームで言えば，たとえ運命が人間を支配しているとしても，人間が賢明を働かし工夫して主体的に行動すれば（上にあったところの「細かに虚実を察て，密々に奇正を整へ，臨機応変して，謀を本とせば」）その支配に対処できるとする，マキァヴェッリの運命論につながる立場でもある。[221]

(3) 情報収集の重視

　「年中に三箇度計，器用正直ならん者に申付，国をめぐらせ，四民諸口調を

---

*221)　陰陽思想に対する同様の醒めた態度は，鍋島直茂（1538-1618年）の『直茂公御壁書』にも見られる。「囲占は運につき候間，差立て用ゐ候はば大いに迦れあるべし」（占いの結果はその時の偶然（運）であるので，信用しすぎるな）。ここには，〈宇宙には或る法則が貫徹しておりそれを読み取るのが占いだ〉という観念はなく，逆に法則を否定し，〈すべては偶然によっており，それゆえ行動に際しては，何が起きても対応できる，人間の理性と主体性が決定的である〉とする立場がある。1569年に大友宗麟が6万の大軍で佐嘉城を囲み城内で「降伏開城」の声が高まったとき，陰陽道に対するこの醒めた見方の直茂は，くじ占いを提案すると同時に，占いをする僧侶に「抵抗篭城が神慮だ」と判定するよう密かに厳命し，そうしたかたちで得た「占い」の結果によって人心をまとめたという（吉田編（前掲注219））『武家の家訓』270頁）。素行が「天の時は天の命也，更に不可按量」と言い，「我が作法正しからずして只天の時を量らば，何ぞ知ることを得べけん哉」と述べているのも，将帥の上記思考の延長線上での，天人相関思想否定の言明である（素行『兵法或問』（山鹿兵学全集刊行会『山鹿兵学全集』1916年）344-345頁）。

聞き其沙汰可被致候。少々形を引替て，自身巡検も可然事」とあるのは，巡察吏・密偵によって国内の民の生活状況や意見をキャッチし，その情報を国政に反映させよということである。敏景は，君主がその一環として直接，変装して庶民の中にまぎれこめとも言う。また「天下雖為静謐，遠近の諸国に置目付常可被為窺其風儀事」とあるのは，普段からスパイを使った情報網を他国内にも張って，その動向や民情を探れということである。

(4) リーダーの徳性

敏景は，しかし合理主義だけで十分だと考えていたわけではない。かれは，リーダーに対し次のように道徳・正義尊重を求めるのでもあった。

(a) 人間味　「家中諸奉公人の内，仮令不器量無朝榜〔不調法〕に候とも，一心健固の輩には，別して可被加愛憐候」とは，〈まじめに励む者は，たとえ力量がなくとも，温かい眼で見てやれ〉という，主君の人間味を基盤にした人間関係樹立の重視である。

(b) 正義　かれは，君主が事件を処理するときの公正さを次のように強調しもする：「無奉公の者と奉公の族と同□鷹苔はれ候ては，奉公の人いかでかいさみ可有事」。公正な業績主義が，臣下のやる気を起こさせるということである。この公正さについては，かれはまた次のようにも言う，「諸沙汰直奏之時，理非少も被曲間敷候。若役人等私を致す之旨被聞及候はば，堅可被処同罪候。」・「しよじうつろをぎんみ申候沙汰致候へ場，他国之悪党出ぬものなり。みだりがはしき所としられ候へば，他家より手を入ものにて候。〔……〕よきをばほめ，あしきをば退治し，理非善悪をただしくわくべきもの也」。公正な政治が確保できておれば，他国の介入も防げる，と考えるのである。

6.3.3 『朝倉宗滴話記』

朝倉教景（宗滴は法名。1474-1555年）は，上記朝倉敏景（孝景）の末子8男に生まれ，全盛期の朝倉家を支えた人物である。かれが遺した『朝倉宗滴話記』（『宗滴様御雑談共はしばし萩原覚』）は，「武者は犬ともいへ，畜生ともいへ，勝事が

---

*222）『日本教育文庫』（訓誡篇の中巻，同文館編集局，1910年）。吉田編（前掲注219））『武家の家訓』。

本にて候事」という，マキァヴェッリズム的言明で有名である。

　しかしながら，この家訓は，他方では，ウソは味方に対してのみならず敵に対してもつくなと，説いている。マキァヴェッリズムを使って一時の成果を挙げても，それによって信用されなくなることの害のほうが，長い眼で見るともっと大きい；それゆえ無用にマキァヴェッリズムには訴えるな，と宗滴は言うのである：「仁不肖に不寄，武者を心懸る者は，第一うそをつかぬ物也。聊もうろんなる事なく，不断理致義を立，物恥を仕るが本にて候。其故は一度大事の用に立つ事は，不断うそをつき，うろんなるものは，如何様の実義を申候へども，例のうそつきにて候と，かげにて指をさし，敵御方共に信用なき物にて候間，能々たしなみ可有事」。これは，冒頭に示した「武者は犬ともいへ，畜生ともいへ」とは一見矛盾する言説である。知謀による戦術を採る時には，どうしてもウソ，マキァヴェッリズムに訴えることが必要になる。この点を「うそをつかぬ物也」とどう結びつけるかは，重要である。しかし，『朝倉宗滴話記』自体には，この点への言及はない。[223]

　この点は，次のように考えるべきであろう。すなわち，『政治の覚醒』や本書**6.2**で述べてきたが，勝つためにもっとも大切なのは，（世論の支持とともに）従者・臣民からその献身的な働きを引き出すことである。そしてそのためには――マキァヴェッリやクセノフォンが強調したように――主君が従者に対しても正義を尊重し恨みを買わず，人間味があり従者から親しまれ，かつその高い徳性に

---

*223)　道徳と軍事上の反道徳との緊張は，ほぼ同じ頃に書かれた武田信繁の『古典厩より子息長老江異見九十九箇条之事』(1558年)には不十分ながら窺われる。すなわち，信繁も，一方では「不可人之贔屓偏頗事」といった正義尊重や，「夫凡可加情事」とか「対下人寒熱風雨之時，可憐愍事」といった人間味，「下々之批判能々聞届，縦如何様腹立候共，堪忍以隠密可工夫事」といった自制の重視を説く。そして，うそをつくなという誠実の徳について言う：「毎遍不可虚言事。神詫曰，雖非正直一旦之依怙，終蒙日月之憐。但武略之時者，可依時宜歟。孫子曰，辞実而撃虚」。ここの，「但武略之時者，可依時宜歟」という限定の仕方，とくに「歟」の字に注意しよう。ここでは，他方で，軍事においては道徳原則に固執せず，状況の必要に応じて柔軟に扱ってよい，という問題が提起されている。それが『孫子』に依拠して述べられていることにも，注意したい（小澤富夫（前掲注219））『武家家訓・遺訓集成』124頁以下）。ただし信繁のように〈虚言はただ武略の場合にのみ，時宜によって許される〉とするだけでは，軍事だけでなく政治においても，道徳にもとる行為に出ることが避けられないという現実が，扱えなくなる。

248

よって尊敬され軽蔑されないことが，欠かせない。主君はマキァヴェッリズム
に訴えることも必要だが，それに訴えて行動してもなお人びとの信望を喪うこ
とがないためには，高い徳性の人であることが欠かせない，ということである。

　実際，『朝倉宗滴話記』の全体は，このような徳性論を基軸にする。たとえ
ば宗滴は，「内之者には，おぢられたるがわろく候，いかにも涙を流し，いと
をしまれたるが本にて候由，昔より申伝候。左様に候はでは，大事之時身命を
捨，用に難立候事」と言う。これは，主君がその徳性によって従者との間に打
ち立てた信頼関係が，従者から自発的な献身を得るうえで欠かせない，という
立場である。マキァヴェッリの強調したように，〈君主は，畏れられるとともに，
（尊敬され）愛されることが肝腎〉なのである。[*224)]

　以下，この点を見ていこう。

(1) 正義

　臣下を公平に扱い，臣下の権利を尊重することが大切である。従者は，理由
なく差別してはならない：「召出す風情，又は聊の物をたべさせられ候とも，
一人二人執分たるやうにはすべからず候」。従者を呼び出したり物を与えると
きに，依怙贔屓するな，というのである。この点は逆に，罰を加えるときに
は，身分の上下を問わずその罪に応じた罰を科すべきことを意味する：「生付
どん性たる者は，真実無如在事候間，不便之至に候，如形心得たる者，我知慧
ほど人は有間敷と身をゆるし，比興無理非道を仕候はば，一段おどけ者にくき
心中可為重罪事也，但上下によるべからざる事」。また，才能がなくとも一生
懸命にやっている者は，暖かく見守ってやれ，という人間味と，才能があって
もそれを鼻に掛けている者などは，その不法非道なことをやらかした場合には，
身分を問わず重く罰せよと言う。以上が，公平に関する正義尊重の姿勢であ
る。

---

*224)　「しかし，文字通りに犬であり畜生である武将はこの戦い〔戦国の世〕から消えて
　いった。犬ともいえ畜生ともいえ勝つことが本だといいはなった宗滴も，きびしく自己
　を規正し，そのありのままの自己〔自尊と自己客観視〕を以て立つ武将であった。血な
　まぐさい戦乱の中に，きびしい姿勢が生れてきたのである」（相良亨『武士道』，塙書店，
　1968年，30頁）。すなわち宗滴は，「武者は犬ともいへ，畜生ともいへ，勝事が本にて候事」
　の適用を，実際には限定的にのみ考えていたのである。

他方，臣下の権利を尊重する正義は，「内輪の者所持の馬鷹，其外太刀長刀絵讃唐物以下，無理に所望有間敷事」とあるように，従者・臣民が所持するものを正当な理由もなく奪うな，ということに見られる。また，「ちりぢりとしたる，道なき事の欲心，又は被官家来之者に不謂儀申掛，つり貪可押領欲の所存，若時より努努無之候，然間扶持せざる陣衆被官人等，我々代にて余多出来候」。主君が正義を尊重し自制して統治してきたので，朝倉家には多くのよそ者がすすんで従者になろうとしてやって来た，と言うのである。

(2)　人間味

　『朝倉宗滴話記』は，〈主君は，温かく親しみやすく丁寧で寛大であれ〉，〈愛される人であれ〉と繰り返し説く。たとえば，主君たるものは，「内の者能々なりたち候やうにと，不断心懸看経」するべきである。すなわち，忠義を励んで死去した者の遺族を保護する，実子のない者には養子を手配してやる，などの心配りをすることである。そうすれば，かれらは「忝存候て，身命を軽んずる」・「悉身命を捨，御みかた仕たる」のであり，また「内輪の者は不及申，他家より忠節奉公可仕とて，可然者共出来候事」となる。人は，主君の本心からの人間味には，本心からの献身によって応えようとするのだ，と見るのである。

　また，「山城にても，平城にても，むたひに責べき事，大将のふかく也，其故は可然兵共，目之前にて見殺物にて候。是又分別之第一也」とある。これは，兵力を無駄に消耗させるな，という功利的な計算論ではなくて，「目之前にて見殺物にて候」とあるように，部下の命を消耗品のように扱うような，無慈悲なことはしてはならない，という人間味重視の立場である。

　宗滴は，人間味をもつべき原則を敵に対しても実践すべきだとしている。「先年加州湊川を被越，御合戦候時，被討捕頭数五百余に候，其内に一向幼少なる首をば撰び出され，彼取手を被召寄，直に被返遣候事。但前々足軽合戦之時は御撰なき事」とあるのは，加賀一向衆との戦いのあと，戦場に横たわる，敵の少年兵たちの死体の収拾を許した人間味である。

　親しみやすさ・慇懃さの強調も，この関連で説かれている。これらも従者との一体性を確保するために重要なこととされる：「国郡を持つ大名，武者を心懸，器用の名執する人は，天下共に同物也。第一近く軽〔親しみやすく質素〕也。まづ我身の不弁を閣き，内之者時宜調へ候やうに，普く不便がり，公界へはば

をさせ，末々迄も威勢有やうに崇敬候へば，諸事に付て徳多き也。執分いかな
る長陣，又は俄の晴役の時も，主人の雑作不入候事」。普段から親しみやすい
態度で相手の面倒を看てやっておれば，いざというときに相手も必ず応えてく
れる，と。人間味・道徳性を基盤にした信頼関係が戦う際の支えになる，とい
う見方である。

　同様なことは，「英林様御身上，奇特に神変難計事多く候といへども，第一
慇懃を以て国を治めさせらるる由，年寄共申候つる。諸侍への儀は不及申，百
姓町人風情迄も，御懇切之御文言，宛所なども過分忝様に被遊候に付て，悉身
命を捨，御みかた仕たるよしの事」とも，述べている。宗滴が普段から慇懃に
従者や領民に心配りしていたことが，かれらの心をとらえ，宗滴に対するかれ
らの献身の念をたかめた，という指摘である。

(3)　自制

　主君は，従者の身に配慮して自制をすることが肝腎である。主人は従者の至
らぬ所を我慢し，従者は主人の至らぬ所を我慢する。これが，相互の信頼関係
の基盤を成す：「人をつかふに，二人こらへ候者あれば，譜弟の者を召仕れ候
也。其故は，先内之者不届事を主人こらへ候，又主人に対し述懐を内之者こら
へ候，如此互にこらへぬき候へば，子飼のもの余多出来，大事之時用に立候」。
こうしたかたちで譜代との信頼関係を永らく築き上げてきたことによって，朝
倉家は統治の確かな基礎を固めえた，と言うのである。

　宗滴は，他方では，従者から侮られることを，国が乱れる原因としてなにより
も警戒すべきだとする：「内之者にあなどらるると，主人心持出来候はば，
はや我心狂乱したるよとさとるべし」。そして，このような侮りを避けるため
には，主君は，スキを見せないように自戒しなければならない。たとえば，「大
事の合戦之時，又は大儀なるのき〔退き〕口〔＝退却〕などの時，〔敵軍は〕
大将之心持見んために，士卒をして種々にためすものに候，聊も弱々敷体を見
せず，詞にも出すべからず，気遣油断有間敷候事」ということである。危機の
時こそ，弱さを見せないよう注意すべきなのである。

　こうしてリーダーには，すぐれた戦闘能力とともに高い倫理性・徳性が，そ
してこれら両項の共存を支える，緊張感をもった強力な自制が，必要なのであ
る。

6.3.4 『甲陽軍鑑』

小幡景憲（1572-1663年）が，武田信玄（1521-73年）に関わる古史料をもとに
書いたと言われる書『甲陽軍鑑』[*225]（信玄伝が中軸となっている）を，われわれの観
点から整理しよう。

この書においても，リーダーがもつべき徳性に関する議論が骨格を成してい
る。われわれのこれまでの言葉に関連させれば，その徳性のうちの第一は賢明
であり，第二は正義，第三は人間味であり，第四はこの人間味とは反対方向に
向かうものである峻厳さ（怒り）であり（峻厳さは，戦争と紀律に関係する），第
五はそれらのバランシングを支える自制である。

(1) 賢明

この徳性は，第一に，客観的で鋭い認識の能力に関わり，第二に，知謀の能
力に関わる。

(i) 客観的で鋭い認識の能力　これに関連して強調されているものには二
つがある。その第一は，自軍・敵軍・戦場などの正確な認識である：「敵のつよき，
よはきの穿鑿あり，又は其国の，大河大坂，或は分限の模様，其家中，諸人の
行儀作法，剛の武士，大身小身ともに多少の事，味方物頭衆に，よく其様子を
しらせなさるる事」（品第三九：『甲斐叢書』第4巻465頁），すなわち，敵の得意
とするところや弱点，生活の態様，行状，敵国の地勢などについて正確な情報
を集め，それを各指揮官に徹底してわきまえさせておくべきだというのである。

情報収集の重要性について『甲陽軍鑑』はまた，「大人数，小人数に負，誤
十五ヶ條の事」（大部隊が小部隊に敗ける原因となる15の誤りについて）と題する箇
所で，第一の誤りとして「敵の強に付，其手柄の動，能つもりなき事」，第四
の誤りとして「寒国，山川遠慮なき事」，第六の誤りとして「見かたの諸勢，
ひんふく，能沙汰なき事」，第七の誤りとして「みかたの諸勢，善悪作法，大
将御存知なき事」を挙げている（末書九品之八：第5巻252頁）。つまり警戒すべ
きは，① 敵の実力を侮ること，② 寒い国を攻めるのに，その地形を調べず行軍・
戦闘すること，③ 自軍内の武器食糧調達状況や紀律が徹底しているか否かを
調べず，そのため問題点に対する適切な手当てを怠ること，などである。

[*225]　『甲陽軍鑑』（『甲斐叢書』第4，5巻，第一書房，1974年）。

信玄は，情報収集を重視し，(a)「耳聞」と称する特務機関を置き，また(b)「す
っぱ」なるスパイを活用（これを「計策」と呼ぶ）した，と『甲陽軍鑑』は言う。
　(a)「耳聞」は，「御傍ちかき，おく近習の内にて，無二無三に，御屋形御用に，
たち申すべく候と存る，わかものを，御覧じ付，六人ゑらび出し，耳聞と思召し」
とあるように（品第五三：第5巻111頁），用間は，ここでも（『孫子』，クセノポン
が描くキュロス王などに見たのと同様），リーダーに心酔し心からかれを敬愛する
部下の青年たちとの深い信頼関係を前提にしたものであった。
　(b)「すっぱ」とは，「出家町人百姓などの，才覚あるものを，常に恩をあた
へて後，敵国へ」スパイとして派遣することである（品第四一：第4巻539頁）。
ここでも，信玄とかれに服従する者たちとが永年にわたって築き上げた信頼関
係が，基盤となっている。信玄が「すっぱ」を利用した情報戦で成果を挙げた
有名なの事例としては，天文11（1542）年3月の甲信国境瀬沢峠での信州勢と
の戦闘がある。かれはこれに先立ち，敵の動きを詳らかに調査していた：「信
濃の国より，かかへ置き給ふすつは七十人の内より，三十人足手すくやか成者，
ゑらび出し，妻子を人質にとり，〔……〕村上方へ十人，頼茂方へ十人，小笠
原方へ十人，指越し様子を見候て，二人づつ罷帰り，此方より出むかひ候，侍
に申渡し，すつは共は，又敵地へ罷越候へど，晴信公すつは共に，直に仰付け
られ，指越給う」（品第二二：第4巻209頁）。これから分かるように，信玄のも
とには信州内から採用した，信州での情報収集のためのスパイだけでも70人
いる。信玄は，かれらを直接指令していた。しかし信玄はその際，かれらから
その妻子を人質に取ってもいた，と言うのである。
　「すっぱ」は，また謀略機関でもあり，信玄は，敵国領主の堕落状況をつか
み，その情報を敵国に広めて人心の離反を促したり，「敵の内に，邪欲の者を，
きききはめ，引物色々をもつて，其国をしたがうる」（買収で内通者を得る）と
いった作戦にも使った（品第四一：第4巻539頁）。
　『甲陽軍鑑』は，正確な認識の重視に関係して，信玄の実証的な態度を強調
している：「各々の中に，委しく見覚へて，申上候者の候時，其所を度々見た
るか，又御供の時計りにて，見覚へたるかと，重ねて度々御尋ね有て，左様の
儀，幾度もかさなりて，よく申人を，他国へ検使に差越境る日などの，やうを
見せ給ふ」（品第五三：第5巻111頁）。どういうかたちで情報を収集したか，実

際に繰り返し見たかを確認し，鋭い認識力をもつとの心証を得られた者を探索者に採用するという，慎重な姿勢である。

信玄はまた，繰り返し尋ね，その前後矛盾から，相手の言っていることの真偽を判断する手法を従者の値踏みにも使った，と『甲陽軍鑑』は言う：「たとへば，御前衆，親の煩ひなどあれば，彼煩ひ申候様子を，委しく問ひ給ひ，其者の親に孝不孝をしろしめさるる」（同上）。警察での尋問がそうであるように，繰り返し微に入り細をうがって尋ねれば，ウソであればあるだけ，前言と後言で内容に大きな食い違いが生じる，ということを活用したのである。

『甲陽軍鑑』における実証的な態度は，さらに物事を論じる際に，ケースに分けその一つ一つを検討していくことにも現れている。たとえば，敵については，強敵・大敵・小敵・弱敵・若衆（未熟な軍隊）の五種類に分け，さらにこれらそれぞれの組合せも考えて得たタイプに応じて，敵を見分けるべきことを説いている（品第四三）。

(ii) 人の目利　賢明の徳性は，第二には，人を見る目としてある。『甲陽軍鑑』は，領国をもつ大将にとって大切な三つの条件として，「人の目利」，「国の仕置き」，「大合戦勝利」を挙げている（『信玄全集』末書上巻之六：第5巻353頁）。すなわち，良い人事をおこなうこと，国の政治を上手に取り仕切ること，そして重要な戦闘に勝つことである。このうちの第一の，「人の目利」とは，「大将の人を能，目利して，其奉公人得物を，見知て，諸役を被仰付事」（品第四一：第4巻539頁）とあるように，すぐれた部下を選び適材適所で配置するリーダーの能力の問題である。

この点に関して『甲陽軍鑑』は，「人を見そこのふ邪道七ツの事」において，部下の人選にさいしてリーダーの犯しがちな七つの典型的な誤りを指摘する。たとえば，「油断の人を，よく静かなる人に見そこのふなり」，「ひよんな者を，能はやき人に見そこのふなり」，すなわち，ぼんやり者を冷静な人物と，あわて者を機敏な人物と見る誤りである。リーダーはまた，追従者を警戒しなければならない。追従者をちゃんと識別できないと，「礼物つかふ人ばかり立身して，本のよき者は，おし付けられ，心いさむ事なくさながら其大将へ，無沙汰申し，ゆくゆく用にも，立まじきと思ふなり」（品第四一：第4巻540頁）。追従者に心を奪われると，真の能力者が駆逐される危険が生じる，と言うのである。マキ

ァヴェッリが『君主論』第23章で論じている，「どのようにして追従者を避けるべきか」等と共通する問題である。

人選に当たって信玄がとった基本姿勢の一つは，徹底した（今日的に言えば）機能論的なものの見方にあった，と『甲陽軍鑑』は述べている。信玄の言として，「いやしくも晴信，人のつかひやふは，人をばつかはず，わざをつかふぞ」（品第三十：第4巻304頁），人物の善し悪しは，その具体的な働きによって判断する，という思考態度がそれである。

信玄はさらに，人間を一つのモノサシで測って選ばず，多様な人材を受け入れ，適材適所に配置する度量の大きさをもっていた，と言う：「或夜信玄公宣ふは，渋柿をきりて，木練（こねり）をつぐは，小身成者の，ことわざなり，中身よりうへの侍，殊に国持人は，猶以て渋柿にて，其用所達すること多し，但徳多と申て，つぎてある木練を，きるにはあらず，一切の仕置，かくの分なるべきかと，のたまふなり」（品第四十：第4巻473頁）。渋柿か甘柿かの二者択一ではなく，両方を受け入れ，それぞれの特性を生かしていく，という態度である。信玄はまたこうも言った，とある：「国持大将，人をつかふに，ひとむきの侍を，すき候て，其崇敬する者共，おなじ行儀，作法の人ばかり，念比して，めしつかうこと，信玄は大に嫌たり」（品第四十：第4巻482頁）。自制に支えられた，自分の好みに偏らぬ人選，多様性の重視である。

(2) 知謀

『甲陽軍鑑』においても（西洋古典やマキァヴェッリ，『孫子』等と同様）賢明は，知謀（知略と計策）にも関わっている。『甲陽軍鑑』は，軍法（兵法）とは，武略，知略，計策の三つを効果的に使い分けるところにあるとし，その内の知略について次のように説明している。

「さて智略は，よき大将有て，みだるる敵を，真にあてがひ，大将なくて，みだるる敵を，味方も乱れて，あてがひ，大将ありて真なる敵は，味方みだれて，臆意真にあてがひ，大将なくて，真なるをば，位をもって，これをつめ，敵をそそりたて，はたらく敵を見合，はんとをうち，かまり〔忍びの者。伏兵に使う〕をもって，殺し随へ，或は敵の内に，帰伏の侍を，まねき，或はみかたに謀ある，勇士を近付，敵国へさしつかひ，其行を能くききとりて，其敵を全く亡す事，是れ先，大形智略のもとなり」（品第四一：第4巻539頁）。

すなわち『甲陽軍鑑』にとっての知略とは，敵の状態や動き，状況に応じて，正攻法・奇襲戦法・陽動作戦・ゲリラ戦・謀略戦などもっとも効果的な手を使い，またスパイによる情報収集を重視することである。

　信玄が実際に知謀によって戦果を挙げた有名な事例としては，まず，(a)天文6年（1537）の初陣での，海野口城に対する攻略が挙げられる。この城は守備が堅固であったので，父の信虎は，てこずった挙げ句，今回は兵を引き上げることにした。このとき信玄はしんがりを志願し，退却の素振りをして途中で急遽，海野口城に引き返し，（武田勢が退却したと考えて油断してしまった）敵に奇襲をかけ，あっという間に城を落とした（品第三）。(b)信玄はまた，天文11年の信州勢の侵攻に対し，甲府の防衛に専念する素振りを見せ，〈武田勢は甲府近辺に到るまでは抗戦して来ないつもりだ〉と見て油断しつつ進軍してくる敵を，国境地帯で奇襲して撃破した（品第二二）。(c)信玄は，さらに天文13年には，諏訪頼重を攻め，降伏した頼重を甲府に移し，監禁後に殺害した（品第二四）。(d)天文15年の，武田家の家臣，真田隆幸が謀った村上義清勢攻略も，注目に値する。隆幸は或る仲間と密かに計って，その仲間が義清に「真田の山城をともに攻略しよう」ともちかけるようにさせた。この誘いに乗った義清は，その配下の精鋭部隊500人を派遣した。かれらが真田の山城内に首尾良く突入したあと，隆幸はその仲間と示し合わせていたとおり，城内で袋のネズミの義清軍に攻撃をかけ，殲滅した（品第二七）。

　知略を効果的に使えるには，① 敵の組織状況や心理状況についての正確な認識と機転，② 訓練と紀律の徹底によって軍の機動性を確保していること，が前提になる。しかし，決定的なのは，③ ウソをつき相手を錯誤に陥れ，それに乗じて撃破する技術，マキァヴェッリズムである。今日の道徳観からすれば，こういう「正正堂堂」原則に反する行為は許されない。しかし，軍事学においてはこれこそが，リーダーのvirtù の一つとして，賢明の中身を成していたのである。詭道による勝利は，味方の生命と財産とを大幅に節約したうえでのものだからである。

(3) 正義・紀律

　『甲陽軍鑑』は，信玄の公正な態度についても特記している。同書によれば，「信玄公，忠節忠功の武士には，大身小身によらず，尊き卑にもよらず，其身の手

柄次第に，御感状，又御恩も被下候故，人の贔屓，とりなしも，少として不叶故，諸人後ぐらき事，少もなく候なり」（品第三九：第4巻465-466頁）。リーダーの公正さが団結の要である，と言うのである。『甲陽軍鑑』は，また言う：「侍の事は，申に及ばず，大小上下ともに，武士たらん者の，手柄，上中下をよくわけて，又無手柄をも上中下をよく分て，鏡にて物のみゆる様に，大将の私なく，なさるる事」（品第四一：第4巻539頁）。その人にその人が値するものを帰属させる正義である。同様に，次のようにもある，「右の兵手柄のうへ，恩をあたへ給ふ事，手柄上中下のごとく被下，同言葉の情も，其手柄に随て，大将のなさるべく候事」（同上）。人の功績や無功績，それらの程度を，身分に関係なく公正に評価することが大切であり，そのためには「鏡にて物のみゆる様に」，すなわち主観を入れずに，かつ機能論的なものの見方を発揮して，人をその働きに即して評価できなければならない。この点では，正義は賢明によって支えられている，と言えよう。

　正義は同時に，紀律（「法度」）を確立するうえでも重要である。リーダーが法を尊重しないということは，不法・不正が罰せられず，むしろその不法・不正によって利益を得ようとする者をはびこらせることとなるからである。「善悪のさた，大将みだりなれば，家中の奉公人衆，善も知らず，悪も存ぜず，贔屓々々に，物をいひ，忠節なき者共，或は功もなき，よわき人々，善悪同事のせんさくを，よろこび，忠節忠功の奉公人をそねみ，よくはいはずして，結句そしるさほうなれば，如件の心ばせにては，よき法度をあしきと，存ずるに付，聞べきやふ，更になくて，法度をそむけ共，右の賄賂にて，事相頼〔済〕むにより，法度を破る，奉公人共おほき事」（品第四一：第4巻541頁）になる，ということである。

　公正と法度は，このように政治の場において，善行を励まし悪行をくじくために必要であるが，それはまた軍事の場でも重要である。先にも述べたように，戦闘を知略（知謀）によって効果的に遂行するためには，軍の機動性が枢要である。軍隊がこの機動性を発揮するためには，うまく組織され統率がとれ訓練されていることが欠かせない。機動性や統率は，もちろん知略のためだけではなく，一般的な戦闘行為や，また行軍・退却などにおいても，決定的に重要である。

そしてこの統率に欠かせないのが，紀律（軍法）である。『甲陽軍鑑』は，言う：「如此よき軍法と云ふ此元を尋るに，大将のさいはいを，能とり給うふ事，肝要なり。よきさいはいの，其もとは，よき法度なり」，「法度きかざれば，（軍法悪し），軍法あしければ，合戦に，勝利をうしなふ事，うたがひなし」（品第四一：第 4 巻539頁，542頁），と。紀律の第一の基盤は，厳格なルールである。そして，このルールを生かすのは，リーダーの普段の公正な振る舞い，ルール尊重の態度，不正に対するかれの厳格な姿勢が日頃から人びとに認識されていることなのである。

(4) 慈悲と怒と自制

われわれの考察にとって重要なのは，慈悲（人間味）と怒（峻厳さ）が相並べて論じられている点である。『甲陽軍鑑』は，慈悲について言う：「大将慈悲を，なさるべき儀，肝要なり」（品第四一：第 4 巻540頁）。慈悲の具体例としては，上杉勢を倒した後，その子孫に対して信玄がとった寛大な措置が挙げられよう：「上野をとり，上杉則政公の御しそく，龍若殿兄弟の，吊〔弔〕を仰付られ，寺々へ御ふせなされ候事。〔……〕是にて上杉殿，先方衆，信玄公へひとしほ，したしみ申候事」（末書九品之二：第 5 巻206頁）。これは，敵に対して，人間味ある態度を取ったことによって，その敵の心をとらえ，自発的な帰順を得たということである。『政治の覚醒』で見た，スキピオやゲルマニクスの姿である。

こうした人間味が，それがもたらした良い結果と結びつけて書かれているからといって，「仮言命法的な思考だから偽善的だ」と単純に決め付けることはできないだろう。信玄の人間的な大きさに鑑みるに，これはこれで，信玄の人間味の自然な発露だと見ていいだろう。同様に，「大将慈悲を，なさるべき儀，肝要なり」という提言も，そうしないと政治や軍事の場において，人びとの離反を生み，支配に支障が生じるという功利判断と結びついてはいるものの，やはり真摯に道徳尊重を説いたものでもあると見ていいだろう。偽善であっては，すぐに見抜かれるからである。

『甲陽軍鑑』は，同時に，リーダーがあまりに人間味があって甘くなりすぎてはならず，しかるべき「怒」が必要であることをも強調する：「大将のいかり給ふ事，余になければ，奉公人，油断ある物なり，油断あれば，自然に分別ある人も背き，上下共に，費なり又其嘆にも，奉公人科の，上中下によつてあ

そばし，又ゆるす事も，あるべき事，是法度のもと也」（品第四一：第4巻540頁）。「分別のある」人間でも，しかるべき時に引き締めてやらなければ，気分がゆるんでしまう。したがって，緊張感と紀律が欠かせない。そしてそのためには，必要な警告とサンクション，その第一弾として，主人が怒りを適正に加えることが必要なのである。

「怒」は，敵に対しても——他方の人間味とともに——場合によっては必要となる。『甲陽軍鑑』は，「信玄公，人の国をとりて，その先方衆仕置なされ候二ヵ条の事」と題して，上述の上杉家の残党に対する寛容な措置と対比して，信玄が信州勢に対して，その抵抗を理由にして採った峻厳な措置を扱っている：「逆心おこるゆへ，岩井入道をたをし，組衆をも，ことごとく御たやしなされ候て，右の村上先祖のみやをも，すこしもなく焼くづし，社領，寺領御をとし候ゆえ，かさねて謀叛，河中島衆，をこす事これなく候」（末書九品之二：第5巻206頁）。容赦ない，徹底的殲滅・破壊である。そして，それがここでは，抵抗の芽を摘み，信州の平和確立に貢献した，と言うのである。

信玄の「怒」が無情なところにまでいたった代表的ケースとしては，他にも次のようなものがある。(a)かれは，実父信虎を駿河の今川家に追放し，終生，その帰国を認めなかった。[*226] (b)かれは上述のように，降伏した諏訪頼重を甲府に招いて殺害し，その一族を殲滅したが，その際，頼重の14歳の娘を自分の妾にし，四男勝頼を産ませた。(c)かれは，長男義信を謀反の動きを口実に監禁し，のちに自害させた，等々である。

『甲陽軍鑑』で，信玄の人間味と峻厳さとが相並べて扱われているのは，リーダーには，慈悲と怒が状況に応じて巧みに組み合わされなければならない，という点を強調するためである。マキァヴェッリが言っていた，「〔君主は，〕みずから豊かな人間味や度量の広さの範を示すべきである。それでいて，君主の厳然たる威光をたえず堅持していかなければならない。なぜなら，この最後のものは，いかなるばあいでも，けっしてゆるがせにしてはならないからである」（『君主論』第21章）と，同趣旨のものである。

---

*226) 父信虎を追放した，信玄のこのクーデタ行為は，トラウマとなってかれを苦しめた。かれの素行がその直後に荒れたのも，かれが31歳で出家したのも，この罪悪感がかれを責め立てた結果だと言われる。

そして，こうしたバランシングを可能にするのは，リーダーが内面において緊張感をもち続けていることであり，それを支える自制の能力である。信玄の自制に関わる記述は多い。ここでは，『石水寺物語』が伝える信玄の言葉：「人は只，我したき事をせずして，いやと思ふことを仕るならば，分々躰々，全身をもつ〔身を全うする〕べし」（品第四十：第4巻473頁）を挙げておく。

(5)　まとめ

　以上に窺われる『甲陽軍鑑』の人間観は，〈人間というものは，スキさえあればすぐ裏をかく，ずるがしこい，性悪の存在である〉とするような単純なものではない。どんな真面目な人間でも，しかるべき紀律がなくなればたるんでしまうし，悪いことにも染まるようになる。逆に，悪い人間であっても，訓練・紀律によってその悪を抑え良い方に向かわせることはできる。人間という者は，悪を犯し，また悪に染められやすいが，しかし同時に，正義や道徳に対する感受性をももち，自分が正義や道徳にかなった生活をしていること，ないし他からそう評価されることに喜びを感じもする存在である。人間を，〈本性的に善か悪か〉ではなく，多元的で可能性・可塑性をもったものとして，『甲陽軍鑑』は扱っている。これは，特別の人間観というものではない。それは，われわれ自身がもっている人間観であるし，また，筆者が『政治の覚醒』において示したように，西洋の古来多くの軍学書からも読み取れる人間観でもあるからである。

　『甲陽軍鑑』の基本姿勢もまた，〈君主は人間であるとともに，狐とライオンでもなければならない〉と言う，マキァヴェッリのテーゼに内容的に照応している。リーダーは，正義・道徳と人間味と峻厳さと認識の鋭さ・知略とを併せもった複合的人間でなければならない，というメッセージである。

6.3.5　『兵法家伝書』

　柳生宗矩（1571-1646年）が1632年に書いた『兵法家伝書[*227]』は，「刀二つにてつかふ兵法」・「一分の兵法」，すなわち剣術の書である。しかし後述のように，宗矩によれば，これらは精神的態度や思考方法の点で，「大なる兵法」・「大分の兵法」，すなわち軍隊による戦闘のための兵法と通じあう。後述する宮本武

---

*227)　柳生宗矩『兵法家伝書』（渡辺一郎校注，岩波文庫，2003年）。本文中に頁数を示す。

蔵もまた，その『五輪書』で，「一人と一人との戦ひも，万と万との戦ひも同じ道なり」（『五輪書』地の巻）と言っている。したがってわれわれは，両著を軍事に関する考察対象にし，そこから精神的態度や思考方法を析出して比較検討する。

(1) 鋭い認識・機敏な行動

宗矩によれば，闘いにおいて大切なのは，相手の心と体の動きとを素早く正確に把握し，それに即応していくこと，「わが心のうちに油断もなく，敵のうごき，はたらきを見て，さまざまに表裏をしかけ，敵の機を見る」（15頁）ことである。

認識の的確さについては，まず「色に就き色に随ふ」という表現が興味深い。これは，敵の心理・それによる動きを正確につかみ，それに応じて動くことである。そしてそのためには，「少しも我をたてず，能敵にまかせた位にな」る（柳生十兵衛の語），つまり主観を制し客観的認識に徹し，相手の動きに即すことが必要である。動かない敵に対しては，さぐりを入れてそこから相手の心を読み取ることも大切である。「待なる敵に，こちらからさまざまに色をしかけて見れば，又敵の色があらはれる也。その色にしたがひて，勝つ也」（40頁）ということである。これは，われわれがこれまでに中国の軍事学の古典や『甲陽軍鑑』に見てきたところのものである。

敵の認識は，敵がそのときどきにもつ心理を読み取るばかりではなく，相手の動きを観察してその背後にある作戦，手の内を鋭く読み取るところまでいかなければならない。これを「手字種利剣」と言う。これがいかに重要かは，次の言明から分かる：「百様の構あり共，唯一つに勝つ事。右きはまる所は，手字種利剣，是也。百様千様にをしへなし，ならひなして，身がまへ，太刀がまへ，百手につかひなすも，此手字種利剣一つを眼とする也」（65頁）。

こうしたかたちで敵をとらえる際にとりわけ重要なのは，（われわれの言葉で言えば）動態論的・多元的なものの見方である。これはたとえば，斬り合いのなかで相手の心・自他の関係が，次のように双方の動きのたびに別のものに転化することをわきまえ，その変化を洞察してそれに即応することである。こうした機転を利かせることを，「心をかへす」と言う。

「一太刀うつて，うつたよとおもへば，うつたよとおもふ心がそのままそこにとどまる也。うつた所を心がかへらぬによりて，うつかりと成りて二の太刀を敵にうたれて，先を入れたる事も無に成り，二の太刀をうたれて負也。心をかへすと云ふは，一太刀うつたらば，うつた所に心ををかず，うつてから心をひつかへして敵の色を見よ」（83頁）。

「うたれた敵は，いかり猪とおもふべし。われはうつとおもふて，心をとどめて油断する。敵はうたれて，気が出ると覚悟すべし。又うたれたる所を敵ははや用心するを，われは前の心にてうつて，うちはずす物也。うちはずせば，こして敵が我をうつべし。心をかへすとは，わがうつた所に心をとどめず，心を我身へひつとれと云ふ儀也」（84頁）。

自分が太刀打とったとしても，その動作と結果とに心が固着して次の展開に機敏に移れなくては，敗れる。敵は打たれて緊張・発憤し激変するものである。そこで，自分がその動作の瞬間に〈敵の気を読み，次の動きを判断し，それに対応しうる次の手に移行すること〉がなければ，形勢はたちまち逆転する。

同じ手を続けて使うと，今度はそれに対応する動きを準備した敵に打ち外され裏をかかれて打れる。相手自身も，相手と自分の関係も，それゆえ自分の立ち位置も，不断に変化するものとしてダイナミックにとらえること，自分自身，自分とその客体の関係を不断に相対化し，次々と局面に即して移っていくことが大切なのである。

このような認識を可能にする精神的態度として，宗矩は，能楽における「二目遣」を兵法に導入する：「猿楽の能に，二目つかひと云ふ事あり。見て，やがて目をわきへうつす也。見とめぬ也」（41頁）。すなわち，一つの事物や一つの側面のみに執着するのでなく，すばやく目を移して他の側面，全体状況の中で次の動きの先をも読み取ること，これも動態論的・多元的な認識態度である。

このような認識のためには，その根底において精神の固着化・執着を避け流動自在である心が欠かせない。宗矩がこの書で重ねて強調している「何事も心の一すぢにとどまりたるを病とする也」（51頁），「兵法の，仏法にかなひ，禅に通ずる事多し。中に殊更著をきらひ，物ごとにとどまる事をきらふ。尤も是親切の所也。留まらぬ所を簡要とする也」（111頁），ということがこれに関連している。仏教，とくに禅における任運自在の心，すなわちものに執着せず自然な心ですべてに徹し，すべてを受け容れて生きることに，兵法はつながって

いると言うのである。能や禅の思想の深みを剣の道と結びつけた点は、『兵法家伝書』の特徴である。宗矩は、このような態様で、剣法の思想・思考を芸術・宗教の極みにまで高めようとしている。これが、これまでの殺人刀に対する、かれの活人剣の思想である[*229]。

相手の心の動態に機敏に即応していこうとする思考は、身構えに関しても現われている。体の動きにおいても、一方への重点の定着・傾向の固着を避けること、そのことによってダイナミックな動きを確保することを尊ぶのである。とくに足の運びが重要である。「歩みは、早きもあしく、遅きもあしし。常のごとくするすると何となき歩みよし。過ぎたるも及ばざるもあしし、中をとる也。早きは、おどろきふためく故也。おそきは、憶して敵をおそるる故也」（72頁）と。

さらに、体の部分間、および動作とその時の心持ちとの間に、相反する二つの動きをともに作動させる緊張性をもって立つ、ダイナミックな精神のあり方も大切である。そのようなものとしては、「懸」と「待」の絶妙の組合せが問題になる。「懸」とは「一念にかけてきびしく切ってかか」ろう・打ち込もうとする態勢のことであり、「待」とは相手の動きを「きびしく用心して」待ち構えている態勢のことである。宗矩によれば、「水鳥の水にうかびて、上はしづかなれども、そこ〔水中〕には水かきをつかふごとくに」、これら相反する二要素は、一方を身足（外）に他方を心と太刀の手（内）というかたちで配分しつつ共に働かせる必要がある。一方の力だけになり、たとえば内外がともに意気込んでしまったら、一途になってバランス化を失い、相手の攻撃に対応できない（「内外ともにうごけば、みだるる也」）からである（50頁）。

宗矩の新陰流では相手を先に動かすことが極意だが（これは、本章6.2.6で『三略』（上略）等に見た思考である。それは、『老子』の「吾不敢為主而為客」に対応していた）、

---

*228） 後述のように、宮本武蔵も心の固着を嫌う。かれはこれを、「いつく」こと、また「かたよる心」として、警戒する。

*229） 柳生宗矩の師匠であった、臨済禅の沢庵和尚が寛永年間に書いたとされる『不動智神妙録』（池田諭訳、徳間書店、1970年）は、この流動自在な心について言う、「仏法にては、此止りて物に心の残ることを嫌被申し候。〔…〕たてきつたる早川へも玉を流す様に乗つて、どつと流れて少しも止る心なきを尊び候」（44-45頁。鎌田茂雄『正法眼蔵随聞記講話』（講談社学術文庫、1987年、262頁、参照）。

第6章　東洋の古典軍事学：政治的思考の水脈　263

その際の効果的な動き方は，叙述の「懸」・「待」の巧みな組み合わせにある。それには，(a)太刀を「待」にし，身は「懸」にするか，逆に，(b)太刀を「懸」にしつつも身を「待」にするか，がある。(a)では身の「懸」によって，(b)では太刀の「懸」によって，相手が動く。そこを，「待」に依拠して，待ち構えたところによって，打つのである。

ここでも「一方にかたまりたるはあしし。陰陽たがひにかはる心持を思惟すべし」であって，対立するもの，静と動との組み合わせによって，精神と行動の動きの柔軟さを確保するのである。この緊張を活用した動きも，練習によって完全に身につければ，自然に可能となる。習熟が，機動性をもたらすのである。「此けいこつもりぬれば，内心外ともにうちとけて，内外一つに成りて，少しもさはりなし」である（48-51頁）。

宗矩が「平常心」を尊ぶことも，これに関連している。この平常心は，長い訓練のたまものとして，技がすっかり身につき，心身一つとなり，相手の動きに応じて必要な動作が自然に瞬時に出てくる状態にまで達した達人の有り様である（「いつとなく功つもり，稽古かさなれば，はやよくせんとおもふ事そそとのきて，何事をなすとも，おもはずして無心無念に成」る。58頁）。無心無念（不自然な意識化作用がなく，精神が軽やかに動く状態）にあるため，心には固着がない。身体もまた，自然に機敏に動く。こうしたかたちで自由であってこそ，流動自在の刀使いが可能になるのである。ここにも，禅の心が働いている。

以上のような，認識と行動・精神的態度に関する議論には，これまでに本章でしばしば登場してきたものと共通の，動態論的・多元的なものの見方や，精神の緊張に支えられた柔軟な思考，それに立脚した行動の機敏性が見られる。これは，西洋では，すぐれて賢明の徳性に関わる事柄であるが，また，上述の「懸」と「待」の議論などは，勇気と自制の徳性に関わっている。

(2) 知謀

宗矩は言う：「表裏は兵法の根本也。表裏とは略也。偽りを以て真を得る也」（32頁）。かれは，また言う：「人をも一おどろかしおどろかすが手立也。おもひもかけぬ事をしかけて，敵をおどろかすも表裏也，兵法也」（33頁）。ここで表裏とは，自分の手を隠しまた相手を欺いてその意表を突いて勝つ，かけひき・知謀，「かくしたばかる心」である。宗矩によれば，仏教における「方便」，神道にお

ける「神秘」、兵法における「武略」は、ともに謀りごと・知謀によって相手を思い通りに動かして効果を挙げる手法である。ここではそれらについての具体例はあまり示されていない。しかし、意表を突く動作やリズムの急変によって相手をはっとさせ、かれの集中していた心、心のリズムを乱して、一瞬のスキを突いて勝つこと、たとえば「扇をあげて見せ、手をあげて見するも、敵の心をとる也。わが持ちたる太刀を、ほかとなぐるも兵法也」（33-34頁）ということが、その例示である。

(3)　兵法と政治

　上で見たように、宗矩は、かれの兵法が単に剣術にだけではなく、軍隊による集団戦にも妥当するものだとしていた。しかし、かれによればそれ以上に、兵法は、日常生活における立ち居振る舞い・交際のあり方にも関わり、それゆえ政治行動の指針ともなるものであった。

　それは、「機」と「用」の関係として明らかになる。かれは、「常々内に機を具せざれば、大用はあらはるまじき也」（104頁）と言っている。「機」とは心の動きのことであり、「内に機を具」すとは、敵の動き・場の状態を正確につかみ、それに対応できる心の構えをしていることである。また、用とは、「つけ、かけ、表裏、懸待、さまざまの色をしかけなどする事」、すなわち知謀やかけひきを含む、戦闘上の効果的な諸行為である。したがって上の言葉は、正確な状況把握による準備が戦闘上の行為を効果あらしめるということを意味している。それゆえそれは、宗矩のこれまでに見てきた議論を総括するもの、すなわち『兵法家伝書』の真髄に当たる言葉である。

　さて、この兵法の精神は、日常生活における立ち居振る舞いに関して、次のようなかたちで生きてくる。

　　「座敷になをるとも、上を先ず見て、左右を見て、上より自然落つる物あらばと心懸け、戸障子のきはになをるとも、ころびかせんと心にかけ、〔……〕門戸を出で入るとも、出で入るに付けて心をすてず、常々心にかくる、是皆機也。此機常に内にある故に、自然の時、きどくの早速出で合ふ、是を大用と云う」（104頁）。

　すなわち、行住坐臥のあらゆる場で、あらかじめ周囲の状況や相手の動きを読み取っておく。こうした心の緊張・準備、上述の「二目遣」があれば、何か

異変が起ってもそれに対して，機敏に有効な対応ができる。兵法で鍛えた者は，このように日常生活においても，スキのない態度になれるのである（逆に言えば，行住坐臥の姿勢において訓練しておくことが，剣の道の訓練でもあるのである。これも，禅の道である）。

　宗矩はさらに，兵法と政治論の同一性という，われわれの中心問題のひとつについても，次のようなかたちで明確な言説を発している。

　　　「国の機を見て，みだれむ事をしり，いまだみだれざるに治むる，是又兵法也。〔……〕受領・国司・代官・地頭の，私ありて，下のなやみとなる事，尤も亡国の端也。此機をよく見て，彼受領・国司・代官・地頭の私に，国を亡ほされぬ謀，是立相の兵法に手字種利剣の有無を見るがごとし。よく心をくだきて見るべきにや。是兵法の大機なる物也。又君の左右に佞人ありて，上にむかふ時は道ある風情をなし，下をみる時は目をいからかす。此人に手をつかねざれば，よき事をあしきに申しなし，罪なき者はくるしみ，罪ある者は却而ほこる。此機を見る事，手字種利剣よりも大切也」(22-23頁)。

「国の機」とは，政治上の兆候のことである。日頃これを正確に感知し，そこから大きな動きを読み取り準備すること，政治家としてのこの精神的態度をもつべきことが，「是又兵法也」の一つである。また，受領・国司・代官・地頭などが不正を働いているのを，小さな兆候から鋭く見破り，それに的確に対応すること，これが，兵法において敵の手を見抜き機敏に対応する手字種利剣と同一のものであり，それ以上に大切なのだと宗矩は言う。

　以上のように『兵法家伝書』では，軍事学がそのまま政治の思考と行動とに生きている。マキァヴェッリにおける，政治論と軍事学の同一性，政治論に与える軍事学の影響という事実を傍証するものをも（その軍事学の思想と思考方法とともに），このようにしてわれわれは，柳生宗矩に見出すのである。

6. 3. 6　『五輪書』

　宮本武蔵（1584頃-1645年）が，熊本の西方の山，金峰山の西麓にある岩窟，霊巌洞に籠り1643年頃から書き進めた（とされる）『五輪書』[230]は，かれの剣法（一

---

*230)　宮本武蔵『五輪書』（渡辺一郎校注，岩波文庫，1985年）。魚住孝至校注『定本五輪書』（新人物往來社，2005年）。

分の兵法）・兵法（大分の兵法）の根底にあるものを端的に示す書物として重要である。この書においても，(1)戦いに勝つ（人を斬り殺す）ために必要な合理的態度，とくに客観的な認識・動態論的で多元的な思考，(2)行動における合理性，(3)知謀，そしてそれらを可能にするための流動自在な心，および(4)徳性の高さ，が柱となっている。

(1)　客観的な認識・動態論的で多元的な思考

　武蔵においてもこれは，すぐれて賢明の徳性に関わる。斬り合いにおいては，まず戦いの場の特徴をとらえることが大切である。これは，「場のくらいを見わくる」こと，すなわち置かれた場の特徴を客観的に見極め，「場の徳を用て，場のかちを得る」こととして示されている（79-81頁）。たとえば，（フロンティヌス（Sextus Julius Frontinus, 40頃–103）や孫子にもあったように，）太陽の位置に注意する（太陽を背にして立つ。夜は明かりを背にする）。場の特徴を判断し，敵をその行動に障害が発生しうる場の方へ，足場の悪い方へと向かわせる。

　また，斬り合いでも戦争でも，相手の性格，長所・短所，調子の変化，作戦などを見抜くことが大切である。この認識を武蔵は，「景気を見る」ないし「知る」と呼んでいる。かれによればこの「物事の景気」は，「我智力つよければ，必ずみゆる所」である。見るべきなのは，次のようなことである。

> 「景気を見るといふことは，大分の兵法にしては，敵のさかへおとろへを知り，相手の人数の心を知り，其の場の位を受け，敵のけいきを能く見うけ，我人数何としかけ，此兵法の理にて慥（たしか）に勝つといふ所をのみこみて，先の位をしつてたたかふ所也。また一分の兵法も，敵のながれをわきまへ，相手の人柄を見うけ，人のつよきよわき所を見つけ，敵の気色にちがふ事をしかけ，敵のめりかりを知り，其間の拍子をよく知りて，先をしかくる所肝要也」（88-89頁）。

　このうち，敵の変化に注意し，その崩れを鋭くとらえて撃つことが，別の箇所で「くづれを知る」と呼ばれて，とりわけ重視されている：「大分の兵法にしても，敵のくづるる拍子を得て，其間をぬかさぬやふに追ひたつる事肝要也」（91頁）。

　敵をこのようにその内面まで見抜けるためには，第一に，「敵になる」ことが大切である（92-93頁）。これは，「我身を敵になり替わりて，思ふべきと云所」である。すなわち，敵の立場で状況を見，そのなかで（敵の）心理の動きを確

実に推し量る。たとえば，夜盗は押し入られたわれわれにとって恐ろしいもの
だが，押し入った夜盗にしてみれば，強者が何人いるか分からないし，勝手も
知らない他人の家に一人だけで侵入したわけで，心細いにちがいない。こうし
た心理を読み取って，相手の行動態様を予測するのである。第二に，敵の心が
分からない時は，こちらから動いて探りを入れる（＝「かげをうごかす」）こと
が必要である。

(2) 行動における合理性と機動性

　ここで行動における合理性の重視とは，ある準則・技法に金科玉条的に固執
するのでなく，置かれた場においてもっとも効果的な行動を柔軟に選ぶ，自由
な姿勢を言う。武蔵は，太刀構えについて，この点を次のように述べている：

> 「太刀のかまへを専にする所，ひがごとなり。世の中にかまへのあらん事は，敵の
> なき時の事なるべし。其子細は，昔よりの例，今の世の法などとして，法例をたつる
> 事は，勝負の道には有るべからず。其のあいてのあしきやうにたくむ事なり」(123頁)。

　たとえば，長い太刀を使う流派，短い太刀を使う流派に関して，武蔵は，太
刀が短くて勝った例，短くて不利になった例，また大は小を兼ねる例もあるの
だから，長いがよいか・短いがよいかに関しては，いちがいには言えない；そ
れゆえ，こうした「かまえ」で流派を立てて立場を固定化し，一つの行動態様
に固着すること（＝「かたよる心」）は問題だ，と批判する（115頁以下）。

　武蔵のこのような発想も，われわれには既に親しい。マキァヴェッリが，〈人
間について，性悪か・性善かに固執しないで，状況のなかで変化するものとし
て対応すべきこと〉を説き，また〈道徳か・非道徳かについても，一面的にそ
れに固執しないで，状況に応じて使い分けること〉や，〈騎馬を使うか・歩兵
を使うかについても，地形によって変わるのだから，一概に言えないこと〉を
説いたときの発想，『戦争の技術』で，「あらゆる病を一律に制する処方箋はな
い（〔non〕e una regola, che serva a tutti quelli modi)」と述べたときの思考，がそれ
であった。

　これらで働いているのは，動態論的・機能論的な思考である。

　また，行動の機動性については，まず，(a)「山海の心」が興味深い。これは，
ワン・パターンではない流動自在な攻撃の提唱である。それは，敵との駆け引

きとしては，後述の知謀にも関わる次のような行動様式になる：「敵にわざを
しかくるに，一度にてもちいずば，今一つもせきかけて，其利に及ばず，各別
替りたる事を，ほつとしかけ，それにもはかゆかずば，亦各別の事をしかくべ
し。然るによつて，敵山と思はば海としかけ，海と思はば山としかくる心，兵
法の道也」（106頁）。自由な心で，次々と新手の攻撃を仕掛けていくのである。

　武蔵はまた，(b)「四手をはなす」ということも，これと関わらせて説いてい
る。「四手」とは，敵と自分の間で戦局が膠着した状態を指す。この場合には，
「はやく心をすてて，敵のおもはざる利にて勝事専也」（93頁）である。すなわち，
発想を機敏に転換し，敵が予想しない手を使ってその意表を突くことである。

　(c)「あらたになる」ということも説かれている。これは，膠着状態において，
とっさに発想を転換し，敵にとって想定外である攻撃に出ることである。

　(d)「鼠頭牛首」も，同様の転心の術に関係する。これは，「いかにもこまか
なるうちに，俄に大きなる心にして，大小にかはる事，兵法一つの心だてなり」
（108頁）とある。すなわち戦闘においては，鼠のように注意深くスキのない行
動が必要であるが，他方では牛のような心で大所高所から状況判断することを
忘れず，その見地から戦術をすばやく転換して主導権を握ることが大切だとい
うのである。

　このような認識と行動をとれるためには，内的なバランスを保持する力量と，
主体の内面に発生する固着に警戒する自由さとが肝腎である。先に柳生宗矩は，
これらを，「懸待一如」とか，「何事も心の一すぢにとどまりたるを病とする也」
とか，「二目遣」とかとして論じていたが，武蔵はこれを，「いつく」こと，ま[231]

---

*231)　武蔵は，兵法書を書くに当って，熊本藩主の細川忠利から（秘本である）『兵法家伝書』
　　を借りて読んだとされる（忠利は，武蔵を熊本に招聘した）。武蔵には，「万と万との戦
　　ひ」や政治に関する記述はない。しかしかれは，戦いの点で思考方法・「道」は同じと考
　　えた。武蔵は先に引用した箇所の他でも，「大分之兵法，一身之兵法ニ至迄，皆以テ同意
　　ナルベシ〔同様に妥当する〕」（「三十五ヶ条之書」），「兵法之道為ルコト，偶敵相撃シテ，
　　利ヲ己ニ得ルトキハ，則チ三軍之場ニモ又移スベシ」・「剣ハ一人ノ敵，而シテ万ヲ撃ツ
　　コトヲ学バン」（五方之太刀道），と述べている。かれはまた『五輪書』において，戦術
　　を「大分の兵法」と「一身の兵法」とにともに妥当するものとして並列させて論じている（火
　　の巻）。『兵法家伝書』と『五輪書』の相似点については，赤羽根龍夫『宮本武蔵を哲学する』
　　（南窓社，2003年）251頁以下。

第6章　東洋の古典軍事学：政治的思考の水脈　269

た「かたよる心」の問題性として論じている。

「いつく」とは，居着く，すなわち一つのことに固着して動きのとれないことを意味する（先に言及した，福沢諭吉の「惑溺」に当たる。われわれは，そうした心の固着への警戒が孫武を初めとする中国古代軍事学でも柱の一つであったことを，先に見た）。心のこの固着とは対照的なのが，内に相異なる要素を共存させ，それらの間で不断にバランスをとることによって，柔軟かつ自由な，流動自在な心を得ることであった。武蔵はこの状態を，〈「常の心」を失わない「用心」たる「心の持ちやう」〉として，次のように描いている。

「心を広く直にして，きつくひつぱらず，少しもたるまず，心のかたよらぬやうに，こころをまん中におきて，心を静かにゆるがせて，其ゆるぎのせつなも，ゆるぎやまぬやうに，能々吟味すべし。静かなる時も心は静かならず，何とはやき時も心は少しもはやからず，心は躰につれず，躰は心につれず，心に用心して，身には用心をせず，心のたらぬ事なくして，心を少しもあまらせず〔……〕」(43頁)。

自然体でありながらも不断に内的に緊張し，そのことによって動的であり続ける，心身の有り様である。すなわち，柳生宗矩の「懸待一如」等を連想させる内面的緊張，それに支えられたバランシングの提唱である。このようなかたちで内に動態論的・多元的思考が働いているからこそ，認識と行動においても，（バランシングに支えられた）機動性が可能になる。

しかもこのような状態は，そうなろうと常に意識する段階に留まっていては，達せられない。そうなろうと狙うところへ，意識が固着してしまうからである。大切なのは，不断の鍛練の結果すっかり心身についた動き（としての「型」）である。これを備えて初めて，流動自在になれる。宗矩においてそうであったように，精神の自由を得るための緊張性は，意識しないところにまで体質化した緊張感であってこそ，ダイナミズムにつながるのであった。

(3) 知謀

武蔵の兵法においても知謀が重視されていることは，既に見たところからも推測しうる。武蔵は知謀の要素を含んだ剣の技として，次のように多様なものを提示している。

(a) 「おびやかす」 これは敵にさまざまな攻撃を与風しかけて，そのエネルギッシュな動きで相手を心理的に萎縮させ，そのことによって相手の心が固

着ないし動揺した一瞬を狙って決定打を浴びせる技法である：「一分の兵法に
しても，身を以ておびやかし，太刀を以ておびやかし，声を以ておびやかし，
敵の心になき事，与風しかけて，おびゆる所の利を受けて，其侭かちを得る事
肝要也」（99頁）。

　(b)「うつらかす」　はやる敵に対しその調子がはずれるよう，ゆったりと
向かい，敵がそれに影響されて気を緩め，緊張を解いたその一瞬のスキを突く
技法である：「大分の兵法にして，敵うわきにして，ことをいそぐ心のみゆる
時は，少しもそれにかまはざるやふにして，いかにもゆるりとなりてみすれば，
敵も我事に受けて，気ざしたるむ物なり。其うつりたるとおもふ時，我方より
空の心にして，はやくつよくしかけて，かつ利を得るものなり」（96-97頁）。先
にあった，「敵の心をたやし」に当たる。

　(c)「かどにさわる」　敵の身体の一部を打ち，「其躰少もよはくなり，く
づるる躰になりて」，すなわち敵が体勢を崩して即応できなくなったとき，そ
の一瞬を突く技法である（100-101頁）。

　(d)「うろめかす」　敵を狼狽させて調子を狂わせ，その動揺から生じるス
キを突く技法である：「うろめかすといふは，敵に慥なる心をもたせざるやう
にする所也。大分の兵法にしても，戦いの場におゐて，敵の心を計り，我兵法
の智力を以て，敵の心をそこ爰となし，とのかふのと思はせ，おそしはやしと
思はせ，敵うろめく心になる拍子を得て，慥に勝つ所を弁ゆる事也」（101頁）。

　(e)「三つの声」　構えている敵の防御の調子（リズム）をはずさせ，それ
によって乱れ崩れて出たスキを突く技法である。「打つと見せて，かしらより
ゑいと声をかけ，声の跡より太刀を打出すもの也」（103頁）。

　(f)「底を抜く」　敵が形勢不利な状態にあるとき，その敵は強い緊張・敵
愾心・闘志によって刃向かってくるから，危険である。こういうときには，こ
ちらがすばやく転心して，敵の緊張をほぐす，あるいは肩すかしを食らわす。
そしてそこに出たスキをすばやく突く。「底を抜くといふは，敵とたたかふに，
其道の利を以て，上は勝つと見ゆれ共,心をたへさざるによつて,上にてはまけ,
下の心はまけぬ事あり。其義におゐては，我俄に替りたる心になつて，敵の心
をたやし,底よりまくる心に敵のなる所,見る事専也」（106-107頁）。これは，〈包
囲した敵には逃げ道を開けておいて討て：進退極まった敵にまともにぶつかる

な）（＝「囲師必闕，窮寇勿迫」），という東西の軍事学に共通な教訓である。複眼的認識に立って，敵の心中で動く相異なる二つの心理的要素に目を向け，そのアンバランス化による崩れを利用するのである。

⑷ 徳性の強調

以上のような精神的態度を保持できるためには，人は単に高度の技のみならず，高い徳性をも身につけておく必要がある，と武蔵もまた考えている。たとえば，⒜上述の内面的なバランシングを保持するためには，一面化せず自分を客体化できる自制が必要である。これはわれわれがさまざまな軍事学書で，自制の徳性としてとらえてきたものである。また，⒝敵の前でまごつかず，その動きを冷静に認識しさまざまの手を使って動かし，スキを突くためには，心のゆとりが必要だが，これは，戦闘の中でも余裕をもてる，勇気と賢明・自制の徳性に関わっている。

武蔵はさらに，必要な徳性について，「我兵法を学ばんと思ふ人は，道をおこなふ法あり」として，九つの心がけを説いている。そのうち，第一に挙げるのは，「よこしまになき事をおもふ所」であり，すなわち物事の道・道義にかなった生き方をし，そのことによって心の静かさを確保することを大切にする態度である。これは，自己客観化の姿勢，および正義の徳に関わる。また，第五の徳性は，「物毎の損徳をわきまゆる事」であり，ものごとが自分にとってどう役立つか・邪魔になるかを鋭く判断し，不必要なものを去る，賢明と自制に関わることがらである。第六は，「諸事目利を仕覚ゆる事」であり，ものごとの鑑識力の訓練が重視されている。第七は，「目に見えぬ所をさとつてしる事」，すなわち推測能力の訓練，また，第八は，「わづかなる事にも気を付くる事」という，細心の注意力である。第五から第八は，賢明の徳に関わる。そして第九は，「役にたたぬ事をせざる事」という，機能論的に合理的な態度である（36-37頁）。

武蔵には他にも，「独行道」と称する，かれの精神の高貴さが浮き出た文書もある（164頁以下）。ここでは，「世々の道をそむく事なし」・「よろずに依怙の心なし」と，かれの正義や，それを支える自制の思想，「我，事におゐて後悔せず」・「仏神は貴し仏神をたのまず」・「身を捨ても名利はすてず」などの自尊意識など，道徳上評価される態度がさらに鮮明である[232]。

武蔵は，戦闘に必要な精神的態度を，人生の生き方としても貫いているので

ある。

6.3.7 素行・徂徠・常朝

　江戸期の兵法書でも，『五輪書』までは，戦争や斬り合いの実戦経験者ないしその伝記作者が，近未来に実戦に関わるであろう者たちに向けて経験を語る，という性格が強かった。また，これらでは，リーダーのあり方論を機軸とし，徳性と賢明さ・知謀，自制，自立を中軸にした精神や，柔軟な思考，機動的な行為態様の重視が中心となっていた。

　これに対して，次の世代に属す山鹿素行（1622-1685年）や荻生徂徠（1666-1728年）の軍事学では，中国軍事学と日中の軍事史の本格的な研究を踏まえた理論化が鮮明になる。このことがどういう特徴ある動向をもたらしたかを，概観的に見ておこう。

(1) 荻生徂徠

　徂徠は，単に中国の古典軍事学や，中国・日本の戦史だけでなく，中国明朝において発達した最新の軍事学の成果をも取り入れ，いわば科学的・技術的に高度な，近世軍事学の構築を進めた。かれがとくに追究したのは，将帥・兵士の技や徳性論よりは，軍の合理的編成（採用・部隊構成・階級制など）・紀律化・軍事訓練，輜重や野営陣地の組織論，工学技術を駆使した築城・攻城・大型軍船や実戦・籠城戦のやり方などが主軸となった軍事学の構築である。

　これは，第一に，一人ひとり優れた戦士を前提にしていた伝統的軍事が，太平の世となり基盤を喪失したからである。今やサムライやその従者は，戦闘経験がなく，鍛錬を受けずにその職にある。こうしてかれらは，戦闘者的精

---

*232) 「独行道」は，引用した五つの他に，次の16の，武蔵の深い道徳性，精神性を示すことばを加えたものから成る。「一，身にたのしみをたくまず」。「一，身をあさく思，世をふかく思ふ」。「一，善悪に他をねたむ心なし」。「一，いづれの道にもわかれをかなしまず」。「一，れんほの道思ひよるこころなし」。「一，私宅におゐてのぞむ心なし」。「一，一生の間よくしん思はず」。「一，心つねに道を離れず」。「一，物毎にすきこのむ事なし」。「一，常に兵法の道をはなれず」。「一，自他共にうらみかこつ心なし」。「一，身ひとつに美食をこのまず」。「一，末々代物なる古き道具を所持せず」。「一，わが身にいたり物いみする事なし」。「一，兵具は格別，よの道具たしなまず」。「一，道においては死をいとわず思う」。「一，老身に財宝所領もちゆる心なし」。

神，過酷さに耐える精神と肉体を喪ってしまった。このような新しい時代に必要なのは，そうしたダメなサムライどもを使っても，すなわち誰が戦闘員となろうとも，組織化と紀律化によってかれらを効果的に動かせる制度の整備である。加えて第二に，豊臣秀吉の朝鮮侵略軍が明国の戦争技術の前に敗退したことに見られるように，これまでの日本の軍事学が前提にしていた，将帥の心がけ論，個人の技論（軍略中心）では，限界があることが明らかとなったからである。[233]

　徂徠はこうした観点から，明の軍事学者，兪大猷，戚南塘の軍法的軍事学（技術と紀律化＝節制との重視）を――中国・日本間での地理・軍の規模・兵器・兵の質・社会のあり方のちがい等を踏まえ実用主義の立場から工夫を加えつつ――導入し，軍事学を革新しようとした（徂徠の『鈐録』・『鈐録外書』[234]参照）。軍事学のこのような高度化は，『政治の覚醒』で見たように，古代ローマでも，（まだ共和政の軍の記憶が鮮明であった頃の軍事学者である）フロンティヌスと，（帝政が確立し・技術も向上した体制下で思考した）ウェゲティウス（Flavius Renatus Vegetius, 383-450）とのちがいとしてあった。

　武士や兵士をどのように有効に管理し使役するか，を重視する上記の方向は，さらに政治の場のあり方論ともなり，士民をいかに効果的に統治するかを柱とした，法律による厳格な統制・紀律化による士民の馴化策が前面に押し出される。[235]この方向への動きは，徂徠においては（後述の素行においても），全体としては法家，とくに『韓非子』の思考や（反）道徳論，法律・紀律への一面化を帰結した。

　これらは，古代・中世の軍事学に対する近世的軍事学樹立への動きであると位置づけることができる。[236]

---

*233)　徂徠は，「北条流の三戦」（敵をうまく動かすことによって勝つ技法）について，「尤モヨキナレドモ只合戦ノ心持ヲ云タルマデノコトニテ，大形ハ柳生流ノ剣術ヲ合戦ニ取ナシテ説キタルナルベシ」（『鈐録』第12巻（『荻生徂徠全集』第6巻，今中寛司・奈良本辰也編，河出書房新社，1973年，427頁））と述べている。前述した柳生新陰流の極意も，最新の工学的技術を駆使した戦闘重視の徂徠には，単なる心がけ論に過ぎないと映ったのである。

*234)　ともに（前掲注233））『荻生徂徠全集』第6巻所収。

*235)　野口武彦『江戸の兵学思想』（中央公論社，1991年）；前田（前掲注215））『近世日本の儒学と兵学』；前田勉『兵学と朱子学・蘭学・国学』（平凡社，2006年）。

*236)　徂徠のこの軍事学近代化への意欲，〈実用性重視の立場から，伝統的な思想や理論↗

しかしながら徂徠は,他方では,若いときからの『孫子』研究等に影響されて,伝統的な軍事学の思考にも多く依拠している。すなわちかれは,戦闘のリーダーたちに対して,それら軍事学の古典の思考を活用して生き戦うよう求めてもいる。具体的には,たとえばかれは,(a)人間も自然も「活物」であり,それゆえ動態論的・多元的な思考が欠かせないこと,(b)人力には限りがあるが,主体的努力によって局面打開は可能なこと(「作為」の主体性),(c)客観は主観から独立している。したがって,主観主義的に対処するのでなく,敵と味方,戦いの場の客観的認識を踏まえ合理的に向かう姿勢が欠かせないこと,(d)道徳と,軍事・政治とは別の論理で考える必要があるが,同時に,人びとからリーダが道徳上評価されること(すなわちリーダーに徳性があること,人間味や正義を尊重すること)が,軍事においても政治においても,きわめて重要でもある,と説き続けた。[*237] 徂徠における「政治の発見」は,ここにもルーツをもつ。軍事学の勉強が,かれにおける政治の覚醒を可能にしたのである。この点は,マキァヴェッリにおけると同様の構造である。

(2) 山鹿素行

　徂徠に44年先行する素行は,まだ徂徠のようには明の工学に定礎した軍事学を展開するような段階にはいなかったが,それでもかれは,中国・日本の古典的な軍事学や戦記から多くを学んで,軍事学を学問化した。

　素行においては,軍事学の機軸はリーダーのあり方・考え方論であり,したがって,軍事学は徳性論と深く結びついていた。かれは,軍事リーダーには,高い徳性が欠かせないことを強調する。かれによれば,そのことを抜きにした軍隊は,暴力と詭道のゆえに「凶器不祥に陥る」(『兵法神武雄備集　奥義五篇自序』)

↖が時代遅れであると見,その革新のために外国の発達した技術を積極的に継受し,それを日本の特殊性に応じて改変しつつ活用していこうとする態度〉は,その後の蘭学の姿勢にも通底するものであった。源了円は,「杉田玄白が蘭学にはいり,その正しさを認めるにいたった動機として,徂徠の『鈐録外書』を読んだことがあげられる」と指摘していたが(前掲注215)『徳川合理思想の系譜』中央公論社,1972年,100頁),実際,徂徠と玄白の間には,上の点でその進取の精神に顕著な共通性が確認できる。

*237)　徂徠は,朝鮮を侵略した秀吉軍が現地で「人ヲ切殺シ玉帛ヲ乱妨スルコトヲ先トシ」ために,民衆の反感を買い,明が加勢したとたん敗退を余儀なくされたと指摘している。『鈐録』第19巻(前掲注233))『荻生徂徠全集』第6巻559頁)。

ばかりか，徳性を欠いたリーダーによる軍事行動は，兵士の離反を招き軍隊内での団結を欠くことになり，うまく機能しえない。

　かれはまた，「文武は車の両輪」とし，文治か武断かの二者択一ではなく，文治にも武力が欠かせないし，武力を行使する際にも道徳が欠かせない，と考えた。[*238] かれは，軍事論そのものにおいては，古代中国の軍事論にならって，マキァヴェッリズム，合理的思考，軍法・紀律化の重要性を説いているし，国内統治論（政治論）としてもこの紀律化を徹底させ，民衆を厳しい法によって統治すべきだとした。しかしこれらは，かれの意識のなかでは，かれが儒者として道徳性を重視したことと，上に見たようなかたちで結合されていたのである。

　素行は，その道徳論を「士道」論において全面的に押し出し，一般の武士に向けて，主君にどのように忠実に仕えるか，家をどう守るか，どのように百姓の模範とし立派に行動し，名誉を尊び美しく生きるか（死ぬか）を熱心に説いた。そして，主君に仕える武士として身だしなみ，日常の品位ある（威儀を正した）生き方の中身まで細かく規定した。これもまた，古代・中世的軍事学に対する近世的軍事学樹立への動きである。

(3)　山本常朝

　以上の二人に対して山本常朝（1659-1719年）——徂徠の同時代人——はその『葉隠』において，徂徠が向かった，最新の軍事技術を重視する（一匹狼的サムライに期待しない）軍事学とは正反対に，逆に，客観的状況や行動の結果を無視するところまで，武士の能動性を一面的に押し出した。それは常朝が，江戸中期の太平の世にあって失われていく——これは徂徠の認識でもあった——武士の野生性を，第一には，「武士道と云ふは死ぬことと見付けたり」ということばにまで先鋭化された，捨て身の姿勢，死の美学にまで行為態様を純化するかたちで取り戻そうとしたからである。『葉隠』は，犬死をも辞さない，美しく生きる（=死ぬ）ことの自己目的化によって，武士の主体化を追求した書なのである。常朝は，第二に，あたかも浄土真宗での阿弥陀如来へのひたすらな欣求を想起させるような，主君へのひたすらな献身，忠誠を前面に押し出す。これらはともに，武士道の極端な主観化である。

---

*238)　素行（前掲注221）『兵法或問』331頁。

このような常朝からすれば，われわれが扱ってきた古代中国・近世日本の古典兵法書だけでなく，徂徠の軍事学に見られるような，紀律化・技術重視の合理性追求の姿勢や，素行の「士道」論に見られるような，冷静沈着の取り澄ました紳士的姿勢もまた，あまりにも理屈っぽい，計算高いものと映ったことであろう。常朝より70年あとに生まれた本居宣長（1730-1801年）が理屈っぽい議論や功利計算を「漢心」として拒絶したのと同様，常朝は，そうした類の姿勢を，「上方風の打ち上がりたる武道」と称して排斥する。常朝は，「武道に於いて分別出来れば早おくる也」と述べている。

　以上の点で『葉隠』的「武士道」は，われわれが扱ってきた武士の「清濁併せ呑む」，複合的な思考の生き様とは，異質である。このような『葉隠』的単純思考に依拠して戦うのであっては，第二次大戦下の日本軍や三島由紀夫に見られたような結末を迎えることは，避けられないであろう。[*239)]

　もっとも，『葉隠』の忠誠もまた，〈主君への忠実さ・服従〉を第一とする点では，士道におけると同様な時代意識を示しているのではある。

6.4 ——おわりに

　以上，（古代ギリシャ・ローマからマキァヴェッリまでの西洋軍事学の思考との比較を念頭に置きつつ）近世日本の軍事学を考察した。この視点によって，近世日本の軍事学においても，客観的で合理的で柔軟な思考が重視され，かつ知謀によ

---

*239)　『葉隠』は，忠節を説くのだが，その忠節の極みは「大忠節」にあるとする。これは，家老となって主君のそばで不断に助言・忠告することによって主君の統治に実際に貢献することである。かれがこのような役職にあれば，かれは藩の経営，政治や軍事において合理性・客観性重視を貫いたことであろう。そして，そうした経験を踏まえて書物を残しておれば，その中身は『葉隠』とは異質・正反対のものとなったことであろう。しかし主君の鍋島光茂（1632-1700年）は山本常朝がまだ小姓のときに死去した。このため常朝は，家老となって政治的・軍事的に奉仕することができず，出家・隠遁し主君を追慕する日々を送ることになった。これが，かれの言う「忍ぶ恋」の精神，すなわち一方的に心から奉仕する態度，である。このような環境下で語られたのが『葉隠』の内容である。『葉隠』の，政治・軍事の実践的合理性——古代中国・近世日本の軍事学の伝統——を否定した，主観主義の屈折した武士道は，こうした下級の侍の「片想い」の所産である。相良亨『武士の思想』（ぺりかん社，1984年）199頁参照。

り相手を欺く・相手の意表を突くマキァヴェッリズムとともに，西洋の伝統である「四元徳」に対応する徳性がその骨格を成していることが明らかになった。近世のサムライは，客観性と主体性，敵と味方と自分の間で緊張した意識をもちつつ，戦争と政治の現実を生きたのである。上の視点はまた，『兵法家伝書』や『五輪書』をも，そうした思考の伝統の中に位置づけることによって理解する道を開いた。

　日本では，とりわけ『孫子』や『兵法家伝書』，『五輪書』などをめぐっては，第一に，それらが示している戦争の技術や，将帥のあり方が，古くから修養の本としても読まれてきたという伝統がある。人はそこから，単に戦闘のテクニックだけではなく，人生の生き方への指針・経営の哲学を読み取ろうとしてきたのだ。[*240] これは，古典に向き合ううえでの重要な一つの立場ではある。しかし，修養・処世訓の書として読めば，どうしても生きるうえで直接役立つことの伝達にしか関心が寄せられない。このため，それらに思想分析を加えること，その全体構造や思考方法の特徴，西洋の対応物との比較などによる広い視野での分析が疎かになった。

　第二に，これらの軍事学書を考察の対象とするときには，「武士道」の書ないし武士の倫理の表出物として位置づけることが多かった。そうした視座からの考察ではそれらは，どうしても「日本固有の思想」を表出した書としてしか扱われず，このため西洋や中国の対応する書との比較によって考察することができなくなる。この考察傾向はまた，それらを道徳論の書として理解する傾向を強めることとなり，加えて，神道や，仏教・儒教・道教のエキスの絶妙の結合によってそれらが形成されたものとして，対象をより強く「日本固有のもの」

---

*240)　日本で現代においても顕著なこの傾向とは対照的に，西洋では古代の軍事学書や，それを復活させたマキァヴェッリの『戦争の技術』が，修養・処世訓の書として読まれることはなかった。そもそも，その思考や倫理学的問題提起などが立ち入って考察されることすら，なかった。確かに『戦争の技術』は，のちにリプシウス（Iustus Lipsius, 1547-1606）によって紀律化の思想形成に発展させられ，そのなかで「不動心」(constantia) の徳性が強調させることにもなった。しかし，それでも，日本で今日も見られるような，全人格的な主体形成に資する書物として珍重されることは，なかった。西洋においては，軍事学と修養・処世訓とはまったく無関連であり，それゆえ軍事学の古典は，日常生活の場ではいわば「忘れられた思想書」としてあり続けてきた。

と見て，美化することになった。

　ところで，西洋でも日本でも，軍事学のこのダイナミックな思考は，近代に入ると政治の場において活用されるようになる。西洋で近世に近づいた頃に，軍事学の古典を学び，そこから得た知を実際に政治論に応用したのは，マキァヴェッリであったが，近世日本では荻生徂徠が中国の軍事学の古典と明代の軍事学とを学び，その知を政治に応用した。このことが荻生徂徠における「政治の発見」を可能にした。そして，われわれは近代日本においては，福沢諭吉の政治思想をもっている。その際われわれは，この福沢の思考が（われわれが見てきたところの）中国古代・日本近世の軍事学の思考に近似していることに驚かされる。これはとりわけ，丸山眞男がとらえた福沢の「哲学」（プラグマティズムの先駆思想）と向きあうとき，強く印象づけられる。日本において東洋古代ないし日本近世の軍事学的思考の継承者の一人として，福沢諭吉がいたのではないか，との思いが起こるのである。丸山が近代日本の政治思想上の重要人物を，徂徠と福沢に見出し，この福沢を自由ないしプラグマティズムと結びつけつつとらえてきたのは，軍事学において発達したプラグマティカルな思考を徂徠と諭吉とが継承していた事実を踏まえると，偶然ではないと思われる。

第**7**章

良寛の生： その作品から考える[*241)]

7.1——問題提起

(1) 「良寛」と聞くと，村の子供たちと無心に遊ぶ好々爺の乞食僧をイメージするだろう。

　子供らと　手毬つきつつ　霞立つ　永き春日を　暮らしつるかも　　　(651)[*242)]
　霞立　永き春日に　子どもらと　遊ぶ春日は　楽しくあるかな　　(112)
　霞立つ　永き春日に　飯乞うと　里にい行けば　里子供　今は春べと　うち群れ
　て　み寺の門に　手毬つく　飯は乞はずて　そが中に　うちもまぢりぬ　その中に
　一二三四五六七　汝は歌ひ　我はつき　我は歌ひ　汝はつき　つきて歌ひて　霞立つ
　永き春日を　暮らしつるかも　子供らと　手まりつきつつ　此の里に　遊ぶ春日は
　暮れずともよし　(65)
　鉢の子に　菫たむぽぽ　こき混ぜて　三世のほとけに　奉りてな　　　(651)
　飯乞ふと　わが来しかども　春の野に　菫摘みつつ　時を経にけり　　　(562)

といった歌から浮き上がる姿だ。

　良寛と親交のあった解良叔問の子で，良寛より52歳年下の解良栄重が書いた『良寛禅師奇話』には，子供たちと色々な遊びを楽しんでいる良寛の姿，かれの人間味や純粋さが，その奇行とともに記録されている（それらのどれが事実だったかについては別途検討を要するが）。たとえば，良寛は，「手マリヲツキ」，ハジキヲシ，若菜ヲ摘ミ，里ノ子供トトモニ群レテ遊」んだのだが，その子供

---

*241)　「その作品に見る良寛の生」（『早稲田法学』第92巻3号，2017年，所収）を改訂したもの。

*242)　以下，和歌については谷川敏朗校注『校注　良寛全歌集』（春秋社，1996年）の和歌の番号を記す。

*243)　子供との遊びのうちでとりわけ有名な「毬突き」には，特別に禅的意味があったか。確かに，たとえば後述する貞心尼の『蓮の露』には，次のような贈答歌が記録されている：↗

たちとの遊びの中では，次のような光景が目撃されている。

　　「地蔵堂ノ駅ヲ過レバ，児輩必ズ相追随シテ，良寛サマ一貫ト云フ。師ハ驚キテ後
　　口ヘソル。又二貫ト云ヘバ，又ソル。二貫三貫ト其数ヲ増シテ云ヘバ，師ハヤヤソリ
　　反リテ，後口ヘ倒レントス。児輩コレヲ見テ喜ビ笑フ。〔……〕是ハ一年，人ノ物ヲ
　　セリ売リスルヲ，師ガ立チヨリテ見ル。声高ク其ノ値ヲ云フ。師ハオドロキテ反リカ
　　ヘル。尓後コノ戯ヲナスト云フ。」

次のような記録もある。

　　「師ノ至ル里毎ニ，児輩多ク群ヲナシテ戯ヲナス。何レノ里ニヤ，師ハ児童トアソビ，
　　能ク死者ノ体ヲナシ路傍ニフス。児童或ハ草ヲ掩ヒ，木ノ葉ヲ覆テ葬リノ体ヲナシテ
　　笑ヒタノシム。後ニ狡猾ノ児アリ，師ガ死者ノ体ヲナセバ，手ヲ以テ鼻ヲツマム。師
　　モ久シキニ堪ズシテ蘇生スト。」

良寛の親戚で与板の名家山田家の当主杜皐（とこう）も，

　　はつとれの　鰯のやうな　良法師　やれ来たといふ　子等が声々

と，良寛と子供たちとの交りを詠っている。
　　良寛はまた，自然の中での清貧な隠遁生活の充足感・静寂の美を，われわれ
に教えてくれる。

　　🔽「師常に手毬をもて遊び玉ふとききて
　　　　これぞ此のほとけのみちにあそびつつつくやつきせぬみのりなるらむ　貞心尼
　　　御かへし
　　　　つきて見よひふみよいむなやここのとをとをとをさめて又始まるを　師」（『良寛全
　　　集』大島清作編，岩波書店，1929年，286頁）。
　　一二三……と何度も手毬突きをくり返すその動作は，すべてをそれに集中させる只管打
　　坐・心身脱落の姿勢につながっているのである。良寛自身，
　　　袖裏繡毬直千金　謂言好手無等匹　可中意旨若相問　一二三四五六七　　（58）
　　と詠んでいる。したがって禅的意味は，否定できない。だが，①それが良寛と子供との
　　毬突き遊びの一側面に過ぎず，良寛はまた，遊び自体を楽しんでいたのではないか，②
　　良寛と子供との遊びには本文にあるように多様な形態があったのであって，毬突きはそ
　　れらの一つに過ぎないのだから，かれの禅の実践が遊びについてはどこまで及んだのか
　　は，別途問われなければならない。筆者としては，禅的解釈は後付けであり，われわれ
　　は良寛の遊びに子供好きの温かさ，素直さを見てよいと思う（なお注283），284）も参照）。

草の庵に　足さしのべて　お山田の　かはずの声を　聞かくしよしも　　（1240）

　　（「草の庵に　足さしのべて　小山田の　山田のかはづ　聞くが楽しさ」ともある）

わが宿の　竹の林を　うち越して　吹きくる風の　をとの清さよ　　（212）

わが宿の　軒ばの峯を　見わたせば　霞に散れる　山桜かな　　（129）

あしびきの　国上の山の　時鳥　今を盛りと　ふりはへて鳴く　　（189）

夜もすがら　寝覚めて聞ば　雁がねの　天津雲井を　鳴き渡るかな　　（234）

草の庵に　寝ざめて聞けば　あしびきの　岩根に落つる　滝つ瀬のをと　　（355）

つれづれと　眺め暮らしぬ　古寺の　軒端を伝ふ　雨を聞きつつ　　（416）

といった一連の和歌が，それを語っている。

　良寛の人間味はまた，かれが70歳の時に30歳の美しい尼，貞心尼に出会い，かれが死去するまでのその後の4年間，師弟の深い心の交りを続け美しく輝いた有名なエピソードからも確認できる。

　良寛の短歌，俳句，墨跡は，このような人柄・その生の表出物である。これがその時代以降，文人たち，とりわけ明治以来の知識人の癒しとなり，幸せとは何か・豊かさとは何かを人びとに考えさせてきた。

　（2）　しかしわれわれは，良寛の伝記をひもとくとき，その人生において次々と不幸がかれに襲いかかっていたことに（後述のようにかれが近隣農村の人びとの多くの不幸・貧困を目撃し心を寄せていたこととともに），印象づけられずにはおられない。

　新しい良寛研究の成果[*244]をも踏まえつつまとめると，生家橘屋（山本家）[*245]は，すでに良寛が生まれる頃，次のような情況下にあった：橘屋には跡取りがなか

---

*244)　磯部欣三『良寛の母おのぶ』(恒文社，1986年)。田中圭一『良寛の実像』(ゾーオン社，1994年；刀水書房，2013年)。

*245)　橘屋は，出雲崎一の名門で，名主，神主を歴任するとともに，廻船問屋を営み，また佐渡からの金・銀の荷揚げを一手に引き受けていた（出雲崎は佐渡渡航の要所で，金の陸揚げ港として栄えてきた）。橘屋はさらに，北国街道の宿場の本陣でもあった。このような橘屋だったが，しかしすでに良寛の生誕前後から傾きを早めていた。出雲崎は港湾が狭いうえに岩礁が多く，大型船の入港が困難であった。このため隣接する良港の村，尼瀬との競争に敗れつつあった。橘屋は，家運に陰りが濃くなっていき，ついには尼瀬の名家で廻船問屋を営んでいた京屋，および出雲崎でのライバルである（もう一人の有力者）敦賀屋に蹴落とされるかたちで瓦解してしまう。

ったので，のちに良寛の母となるおのぶ（旧説では「秀」ないし「秀子」）を佐渡・相川の橘屋（出雲崎橘屋の分家筋）から養女にとった。やがて彼女は，のちに良寛の父となる新次郎（新津の大庄屋桂家の非嫡出子）と婿入り結婚をし，3 年後に良寛（幼名は栄蔵）を出産する。しかしこの新次郎は，桂家の跡取りである兄が出家してしまったため実家に呼び戻される。良寛の実父母はこのようなかたちで，かれの生誕後まもなく離婚させられたのだった。

その後おのぶは，与板の新木重内（以南。旧説では，かれが良寛の実父とされた）と婿入りの再婚をする[*246]。良寛自身はというと，結婚したが半年で離婚を体験し，

---

*246）　上記のように新説では，良寛の実父は新次郎であって，以南は良寛の継父であったとされる。しかし，良寛の作品からは，以南が実父であり由之以下の弟妹が実の弟妹であったと考えるのが素直な読み方である，との印象を筆者はどうしても受ける。たとえば，円通寺での修行時代初期の作とされる，次の長歌がそうである。
　　うつせみは　常なきものと　村肝の　心に思（も）ひて　家を出で　親族（うから）を離れ　浮雲の　空のまにまに　行水（ゆくみず）の　行方も知らず　草枕　旅行く時にたらちねの　母に別れを　告げたれば　今は此世の　名残とや　思ひましけむ　涙ぐみ　手に手をとりて　我面を　つくづくと見し　面影は　猶目の前に　あるごとし父にいとまを　請ひければ　父が語らく　世を捨てし　捨てがひなしと　世の人に言はるるな努（ゆめ）と　言ひしこと　今も聞くごと　思ほえぬ　母が心の　睦まじき其の睦まじき　み心を　はふらすまじと　思ひつど　常哀れみの　心持し　うき世の人に　向かひつれ　父が言葉の　いつくしき　このいつくしき　み言葉を　思ひ出でては　束の間も　法の教へを　くたさじと　朝な夕なに　戒めつ　これの二つを　父母が　形見となさむ　我が命　此世の中に　あらむ限りは　　（45）
　ここの「父」は以南である。良寛はそのやさしい励ましの言葉を心に深く刻み，修行の励みとしたのである。たとえ以南が継父であったとしても，この長歌の限りでは，実母に対してと変わらぬ心の通いが「父」にも感じられる。
　他にも，「父の書けるものを見て」と題した和歌，
　　みづくきの　跡もなみだに　かすみけり　ありし昔の　ことを思へば（1267）
は，以南の自筆の句「朝露に　一段ひくし　合歓の花」に書き添えた歌で，「父」とともに暮らした若き日々を思い出して涙する良寛の姿には，しみじみとした親子の情が感じられる。良寛はこの短冊を生涯手元に置いていた。
　　極楽に　わが父母は　おはすらむ　けふ膝もとへ　行くと思へば　　　　（1306）
でも，「父」は実母と並ぶ，心の人である。
　加えて，良寛の感覚の繊細さ，作品の高貴な雰囲気も，以南の俳句がもつ雰囲気と通底している。以南の俳句とは，
　　淡雪に　杉の実まじる　雫かな
　　冬の月　竹よりすべり　落ちぬべし
　　雲間から　星もこぼれて　時雨哉

また以南への反発もあって18歳頃に突如,名主の地位を(以南とおのぶとの実子)由之に譲って出奔し,まもなく出家する。

　良寛が26歳の時に,母おのぶが49歳で病死した。良寛は,岡山県玉島にある円通寺で修行中だったので,死に目に会えなかった。37歳の時には,以南が遍歴の後,京の桂川で入水する旨の手紙を残して行方不明となってしまった(享年60歳。出家して高野山に入ったとも言われる)。良寛41歳の時には末弟の香(澹齋)が,同じ京の桂川で入水した(病死説もある。享年32歳)。2年後には,もう一人の弟宥澄が病死している(享年31歳)。そして良寛53歳の時に,弟由之は,出雲崎町民から代官所に,上納金を私物化したとして訴えられた。由之は敗訴し,財産没収の上,所払いとなった。橘屋は瓦解となり,実家の人びとも離散してしまう。由之は自暴自棄となって「大酒飽淫」の乱れた生活に陥ってしまった。[*248]

　良寛の実家に限っても,このように悲劇が相次いだのだった。神経が極端に細い良寛だった。しかも以南・由之の破滅には,かれの出奔が確実にその原因の一端を成していたのである。

　(3)　かれの作品,とくに500近い漢詩には,良寛の好々爺ぶりや「吾唯知足」[*249]

　☒　水仙花　さはれば玉の　ひびきあり
　　　朝露に　一段ひくし　合歓の花
　　　そこふむな　ゆうべ蛍の　ゐたあたり
　といったものである。

*247)　以南は,すぐれた俳人・文人であったが,出雲崎の人びとからは,その激しやすい気性のゆえに嫌われていた。以南は,1775年7月11日に,出雲崎町の名主見習役となった良寛を立ち会わせたうえで,節句祝儀の件で敦賀屋のまだ若い主人・富取長兵衛を激しく叱責した。長兵衛は,三峰館(本書297頁)で良寛のきわめて親しい学友だった。その1週間後の7月18日早朝,18歳の良寛は突如,家禄を弟の由之に譲るとの書置きを残して家を出てしまった。

*248)　良寛は,由之の傷心ゆえのこの放蕩ぶりに心を痛め,「[そのような生活を]ゆめゆめすごさぬよふに　あそばさるべく候」と諫める手紙を送っている。谷川敏朗校注『良寛の書簡集』(恒文社,1988年)11頁。

*249)　谷川敏朗校注『良寛全詩集』(春秋社,1998年。新装版,2014年)。以下,漢詩については同書の詩番号を記す。良寛は詩論として,詩の形式やアイデアを尽くしても,「不写心中物　雖多復何為」(206)だと論じている。自分が深く考えること・感じることを込めてこそ,詩歌となると言うのである。実際かれの詩歌には,そうした自己の深い感慨や思索が鮮明に出ている。

のイメージにはそぐわない，多様な心の動きが表されている。それらには――四季の美や心の静かな動きとともに――独り暮らしで病気がちである老いの身の孤独と不安（たとえば，詩番号18・105・132・137・334），多くの別離，それにともなう強い無常感などが主題化されているし，1828年の三条大地震（351・352），旱魃・台風（2），冷害・信濃川の大氾濫（103）などの天災，農民の貧困（260），うち続く農民一揆（69），退廃した世相の批判・仏教界や文芸界の批判（102・133・261）などが記録されているし，さらには冬の草堂で病ゆえに動けず飢餓の危険にさらされていたこと（307）なども描かれている[*250]。直腸ガンに苦しんだ晩年まで続く座禅の実践（310・335・336・347・424・425），厳しい自省（68・94・315・333），道元に対する敬慕・燃える求道心（317・318）も，際立っている。

（4）自身が悲劇に次々と見舞われ，また世の悲惨さをも多く体験し，孤独を愛しつつもその孤独に苦しみ，加えて，自分に対する厳しい姿勢・一途な求道心をもち，同時代の仏教界を激しく批判する人が，他方では自然美と民衆との交わりを愛する温かい愛の人であり，かついろいろ奇行・風狂をも見せた。かれのこうした多元性は，どういう構造を成していたのだろうか。

相馬御風は，この点に迫った最初の人である。その著『大愚良寛』（1918年）[*251]における御風の結論は，次の通りである：良寛は表面においては「魯鈍疎懶」・「「昂昂乎として囚はれなかった」自由の人」であったが，「内部的にはむしろ痛ましいまでに敏感な神経の顫動を感じて居た人」（59頁）・「悩める人」だった。良寛は，そうした自分の現実を正視して絶望するという，「あらゆるものに対して空観をいだくより外に仕方なき境地まで行った」（同上206頁）。そしてこのゼロの地点から再出発し，その「強き生の愛着」（91頁）をエネルギーにして，一歩一歩進んでいった。こうして良寛は，「弱きに徹して強くなる道を選」ぶことによって，自由な人となりえた，と。

---

*250）良寛の和歌にも，天然痘の流行や旱害の悲惨，犠牲者への同情，無常感が詠われている。しかし，和歌や俳句では，その形式からして思想を展開するのは難しい。かれの和歌は，品格が有り，淡泊・平易・自然体であり，かつやさしさに溢れている点で，かれの体質をよく物語っているのではあるが。谷川校注（前掲注242）『良寛全歌集』452頁以下。

*251）相馬御風『大愚良寛』（1918年，増刷第2版，考古堂書店，2006年）58頁以下および他の頁。

御風は，失意のうちに34歳で都落ちし人生問題で煩悶している自分を良寛や一茶に重ね，この「弱きに徹して強くなる」ことに自己救済の道を見出したのだった。だが当の良寛自身はと言えば，記録が残っている，帰郷の前の時期以降そうだが，時には自分の不完全さ・孤独・先の不安を詠うこともあったし，亡き親族や友を思い出して涙することはあったが，しかしそれらゆえに自分に失望したりつぶれるばかりになったりしたわけではない。時には天変地異・人びとの困窮を嘆き，沈んでしまって空観・諦観を詠うこともあったが，しかしそれらによって心を乱され尽くしてしまうことはなかった。一方で弱さを見せつつ詠う時もあったが，かれは，他方ではさっと禅境に入り，書物や書道に沈潜し，また自然の美しさ・人びととの交わりを心より楽しむのでもあった。良寛は，近代人的に自我の分裂が気になり・人生論問題に悩み・「なんとか強い自分になりたい」との意識に取り憑かれつつ生きた人ではない。

　表面においてだけではなく内部的にも，また内面においてとともに行態全体においても，良寛は，感受性は強いが腹の据わった静かな強さの人であり，それゆえにおおらかで飄々としていたようである。そしてそうした良寛は，おそらく円通寺時代にはかなりできあがっており，五合庵時代には固まっていた。[252]

　御風の『大愚良寛』は実証研究に根ざしつつ良寛の人間性・実存に迫った作品として，筆者も高く評価する。けれども良寛が──その前期において/もしくは生涯にわたり，その内面において──「悩める人」・「弱きに徹して強くなる道を選んだ」[253]人であったかどうかは，良寛を考える際の中心問題ではないよ

---

*252)　長谷川洋三『良寛禅師の悟境と風光』（大法輪閣，1997年）第3章。御風は，良寛の「廓然無礙な風格」が円通寺時代中の第三期，34歳頃以降にはできあがっていたとしている。（前掲注221））『大愚良寛』73頁以下。

*253)　御風が，①良寛はその前期においては「悲痛哀傷」の人であり自分の悩み・内なる矛盾・不徹底さに苦しめられたが，後年それを脱却したと見ているのか，それとも，②後期においても内面と外面とで分裂があったと見ているのか，御風の議論からは明かではない。もし①であるとすれば，（前期・後期においてともに）内面と外面とでのちがいを論じる必要はないし，また後期と前期はいつ分かれるのかが問われる。もし②であるとすれば，内面には「悲痛哀傷」があるものの，良寛はそれを脱却する思考をももっていたことが明かであるから，その内面の構造を示す必要がある。筆者は，この点に関しては，良寛は後期においてもその内面に「悲痛哀傷」をもっていたが，同時にそれを相対化する強い心をももっていた，と見る。

うに思われる。[*254]

　では，この点を前提にした場合，良寛のこうした特性を支えていたのは何な
のか。それは，生来の自然態なのか，意識的克己なのか，禅の修行の結果得た
精神状態なのか。本章は，良寛の生の一つひとつの重要なポイントを着実に押
さえたうえで，それらから，上記の視点に関連して浮かび上がる，かれの思考
構造を——膨大な量の先行業績にできるだけ多く学びつつ——考察することを
課題とする。

7.2 —— 人間味

　冒頭に述べた良寛の人間味について，もう少し敷衍しておこう。良寛の温か
さ・純粋さは，大人たちとの交わりの場で一層はっきり目撃された。

　ある時，島崎の名家・木村家（のちに良寛がその屋敷の一隅で晩年を過ごすこと
になる）の跡取り息子が極道して勘当された。周りの人びとが父親に，勘当を
解くよう説得したが，埒が明かなかった。そのときにたまたま木村家を訪れた
良寛は，周りから頼まれて父親を説得し，最終的には勘当を取り消させること
に成功した。下記の手紙は，結果をその息子に知らせながらかれをやさしく説
諭した手紙である（良寛は息子とも懇意であった）。息子はこの手紙に深く感動し
正道に立ち返ったという。

> 「周蔵殿　良寛　此度　貴様かんどうの事ニ付　あたりのものどもいろいろわびい
> たし候へども　なかなか承知無之候　私も参りかかり候故　ともどもにわびいたし候
> へバ　かんどうゆるすことに相なり候　早速御帰候而可然候　さて御帰被成候て後ハ
> ふつがうの事なきよふに御たしなみ可被成候　第一あさおき　親の心にそむかぬ事
> し事も手の及だけつとめて可被遊候　其外の事も　御心づけ可被遊候　かさねていか
> よふな事でき候とも　わびごとハかなはず候間　さよふにおほしめし可被成候　以上
> 四月十四日　　良寛」[*255]

---

*254)　ただしこの御風も後年には，良寛の芸術から浮かび上がる特徴について，「いかな
　　るものにもとらわれずに無礙に生きた——それが良寛和尚の真面目ではなかったか」とも
　　述べている（相馬御風『一茶と良寛と芭蕉』1925，新版，恒文堂，1997年，152頁）。こ
　　れは，的確な把握だと思われる。

親父殿への自分の働きかけが功を奏したことが，良寛にはさぞうれしかったのだろう（実際には，父親は本気で勘当する気はなかったが後に引けず，良寛をうまく利用してよりを戻したのだそうである）。そしてそれとともに，息子とその親それぞれへの細かな心配りが読み取れる。

　かれの最晩年のことであるが，ある人が激しい雪の中を使いの者を送って揮毫を依頼してきた。良寛はこれに対し，次のような書簡をしたため手渡している。

> 「雪の中に人を被遣候ども　近ごろは物書事すべて不出来候　筆ものこらずきれはて候　たとひ有ても　手にとらず候　何処から参り候とも　みなみな如此候　以上　霜月四日」[256]

使いの者の苦労に対する配慮，依頼主の切実さに対する顧慮からのことであろう，断り方に誠意があふれ出ている。揮毫を断られた人物も，このようなやさしさが込められた直筆の手紙を受け取れば，揮毫をはるかに超えた，高価なものを得たと喜んだことであろう。この時の依頼主は，長岡藩主であったと言われる。それが事実なら，「何処から参り候とも　みなみな如此候」という表現には，良寛の毅然とした，人間皆平等の姿勢を読み取ることにもなる。

　村人たちは，このような良寛に親しみ，かれの全部を受け入れた。

　『良寛禅師奇話』は，次の光景を伝えている，

> 「中元前後，郷俗通宵ヲドリヲナス，都テ狂フガ如シ。師ハ是ヲ好ム。手巾ヲ以テ頭ヲツツミ，婦人ノ状ヲナシ，衆ト共ニヲドル。人ハ師ナル事ヲ知リ，傍ニ立チテ曰ク，コノ娘子品ヨシ，誰ノ家ノ女ト。師ハ是ヲ聞キ悦ビ，人ニ誇リテ曰ク，余ヲ見テ誰ガ家ノ女ト云フト。」

かれの素直な性格，それを温かく受け入れる村人たちの姿が鮮やかだ。

　良寛においては，その奇行さえほほえましい。

> 「師ハ曾ツテ，茶ノ湯ノ席ニ列ル事アリ。所謂濃茶也。師ガ呑ミホシテ見レバ，次客席ニアリ。口中含ム所ヲ碗ニ吐キテ与フ。其ノ人，念佛ヲ唱テ呑ミシト語ラレキ。」

---

*255）　谷川校注（前掲注248））『良寛の書簡集』182-183頁。

*256）　谷川校注（前掲注248））『良寛の書簡集』384-385頁。

次のエピソードも，同種のものである。

「同ジキ席ニヤ，鼻クソヲ取リテ，ヒソカニ坐右ニオカントス。右客袖ヲヒク。左
ニオカントス。左客又袖ヲヒク。師ハ止ムコト得ズ，是ヲ鼻中ニ置シト云フ。」

国上山の草堂では良寛は，一人で次のような，これまた子供ぽい失敗をやらか
している。

「師ガ国上ノ草庵ニ在リシトキ，竹筍厠ノ中ニ生ズ。師ハ蝋燭ヲ点シ，其ノ屋根ヲ
ヤキ，竹ノ子ヲ出サントス。延ラ厠ヲヤケリト。」

　事実かどうかはともかく，その純粋さ，周りの人びとの包容の姿勢がほほえ
ましい。良寛は，ユーモアがあり，戯けることのうまい人でもあった。多くの[*257]
奇行は，そのまっすぐさと戯けとから解すべきものとしてあるが。

7.3 ——無一物と孤独・不安

　良寛は18歳前後の出奔後，22歳のときに大忍国仙について得度し，国仙の
玉島・円通寺に入山した。以後11年の間，かれは懸命に修行した。後にこの円
通寺時代を回顧して良寛は，

従来円通寺　幾回経冬春　門前千家邑　乃不識一人　衣垢手自濯　食尽出城闉　曽読
高僧伝　僧可可清貧　　（1）

と詠んでいる。寺に籠りきりで，玉島の町には食べものがなくなったときに乞
食にいくだけだったので，親しくなった人はいなかった，と。
　かれは33歳の時に，国仙から印可証明を受けた。国仙はその1年後に死去し
た。良寛は，国仙が亡くなる前後から諸国への行脚を始めていたが，かれの死後，

---

*257)　このような良寛の姿は，次のような幼少期のエピソードと関係するのかもしれない。
　すなわち口碑によると，良寛はある日，父親から「親を反抗的な，上目遣いの目でにら
　みつけると，ヒラメになるぞ」と叱られた。かれは，本当にヒラメになるのだと思い込み，
　そうなったときにはすぐに海に飛び込もうと波打ち際にじっと立っていたという。かれ
　は幼少期以来，「昼行灯」と呼ばれてきたとも言われる。

第7章　良寛の生：その作品から考える　289

完全な行脚生活に入った。諸国遍歴をした後，良寛は38歳の頃に郷里に戻り，10年間寺泊周辺の寺々を転々としながら乞食生活をした。国上山の中腹にある国上寺の住職の隠居所，五合庵には40歳の頃に入ったが，5年後にはいったんそこを寺に明け渡して出，47歳の頃に再入居して定住した。59歳の頃には，体が弱り始めたこともあって，山麓の乙子神社社務所に移り，10年間そこで暮らした。

　かれは，その清貧のさっぱりした隠遁生活を，次のように詠っている：

索索五合庵　実如懸磬然　戸外杉千株　壁上偈数篇　釜中時有塵　甑裏更無烟　唯有東村叟　頻叩月下門　　（34）

山深く，茅葺きの簡素な五合庵で，乏しい独り暮らしが続いている。食べるものに事欠くことさえある。それでも，近くの村の友人が訪ねてきてくれ，美しい月が照らす山並みを一緒に見ながら楽しい時を過ごす，と。次の歌も，前向きで，かつ美しい：

少小拋筆硯　窃慕上世人　一瓶与一鉢　游方知幾春　帰来絶巘下　静卜草堂貧　聴鳥充絃歌　瞻雲為四隣　巌下有清泉　可以濯衣巾　嶺上有松柏　可以給柴薪　優游又優游　薄言永今晨　　（84）

少年の頃，学者になろうとしたこともあったが，心の中では釈迦への敬慕が強まった。そして僧侶となり幾年月，乞食行脚の暮しをした。こうして故郷に戻り，国上山の草庵で独貧で暮らしている。鳥の声が周りに溢れ，いろんな雲が訪ねてきてくれる。近くの泉で衣服を洗い，山の枯れ木を薪に使う。悠々自適のこの暮らし。さあ今朝も，ゆったりした日を始めよう，と。[*258)]

　草庵での清貧枯淡の生活とはいっても，良寛は苦行一辺倒の不自然な生き方はしなかった。むしろその生活ぶりは，余裕・中身の充実を感じさせるものだった。かれは，地元の文人肌の名士たち，富豪層や医師，住職たちと親交し，しばしば歓待されまた訪問を受けた。かれの書簡集からは，良寛がそのパト

[*258)]　良寛のこうした隠遁志向の根底に有るものとして，石田吉貞『良寛』（塙書房，1975年）は曹洞宗の万元恵海の影響を強調し，川内芳夫『良寛と荘子』（考古堂，2002年）281頁以下は荘子の思想的影響を強調する。

ロンとなってくれた裕福な知人たちから様々なものを贈られていたことが分かる。贈物の多様性と，それへの喜びぶり，そうした交流から生まれた作品群の[*259]質と量からも，良寛が峻厳一途の隠者ではなく，好みも豊かな，生をエンジョイする人間味のある，柔軟思考の人だったことが分かる。

　しかしながらこの隠者的生活は，孤立のゆえに，病気の時には孤独死の危険，冬期には饑餓死の危険が迫り，長雨の時期や嵐で閉じ込められた日々には抑うつ状態に陥る，過酷なものだった。そうでなくとも，傷病・孤独・不安がしばしば襲った。かれが永らく住んだ国上山中腹の草庵はもちろんのこと，乙子神社社務所にしても，集落を離れ孤立した小さな住まいである。越後の厳冬に，そのようなところで独り暮らしをすることには，想像を絶する困難があっただろう。

　実際，乙子神社期での厳冬期，食糧が尽きて思案のあげく手紙を託して知人に緊急の援助を請うという事態も起きている：

蕭条三間屋　摧残朽老身　況方玄冬節　辛苦具難陳　啜粥消寒夜　数日遅陽春　不乞斗升米　何以凌此辰　静思無活計　書詩寄故人　　（307）

良寛は，托鉢で得た米を粥にして飢えを凌いできた[*260]。その米も，厳しい寒さの中でもう尽きてしまった。しかしかれは，病のため立ち上がれず，里に托鉢にいけない[*261]。この危機に直面して良寛は思案のあげく，上記漢詩の手紙を人に託し，知友に援助を求めたのである。「摧残朽老身」（無残に壊れていく老身），「辛苦具難陳」（辛さがどうしようもない）に，その窮状がコンデンスされている。

---

*259)　良寛が友人たちから贈られた物としては，酒，煙草，米餅，百合根，砂糖，さらには鮒や金銭などがあった。このうちの酒については，友人の半僧に宛てた手紙に，「先日海松（みる）たまわり，久々にて賞味致，其日ハ不覚大酔仕候　以上」とある（谷川校注（前掲注248））『良寛の書簡集』347・348頁）。友人宅ではもちろんのこと，草庵でも独り酒を楽しみ酩酊することもあったのだ。

*260)　この粥のうすさは，
　　　我だにも　まだ食ひ足たらぬ　白粥の　底にも見ゆる　影法師かな　（998）
　　と詠われている。

*261)　数多くの手紙から分かるように，良寛はたびたび風邪を引き，下痢をし，皮膚病にかかり，足をくじいて歩けなくなる等の疾病を重ねた。

寒さと空腹は，次のようなかたちでも襲った：

青天寒雁鳴　空山木葉飛　日暮烟村路　独掲空盂帰　（53）

良寛は，托鉢で一日を費やしたが，何も得られず空っぽの鉢の子をささげたま
ま，暗くなった山道をとぼとぼ帰っている。強い寒風が，木の葉を巻き上げる。
疲れた身体でさらに山を登り，昼も食べず夜も十分食べられないまま，ひとり
寝なければならないのだ（他に，105・334）。
　長期間，病で動けず食べることができなかった記録もある：

あしびきの　山田の田居に　我をれば　昨日も今日も　訪ふ人はなし　（555）

この歌は1月16日に友人宛てに託されものである。ここで良寛は，年末から
この日までの20日間を，病で動けないまま独り過ごしていたのである。

飯乞ふと　里にも出でず　なりにけり　昨日も今日も　雪の降るれば　（884）
埋み火に　足さしくべて　臥せれども　今年の寒さ　腹に通りぬ　（867）
いかにして　暮らしやすらむ　これまでは　今年の冬は　まこと困りぬ　（889）

といった歌も，同様な情況下のものである。

草の庵に　立居てみても　術ぞなき　海人の刈藻の　思ひ乱れて　（549）

は，雪ないし雨に閉ざされた時の歌だろう。狭小な草庵の中に閉じ込められた
日々がいつ果てるともなく続けば，誰でも一種の閉所恐怖症に襲われる。まし
てや人との連絡も途絶え，しかも激しい吹雪，深い雪ないし豪雨に閉じ込めら
れた暗い毎日では，不安と孤独でどうしようもない気持ちが出てきて，立った
り座ったり，じっとしておられなくなるのだ。

今よりは　古里人の　音もあらじ　峰にも尾にも　雪の積もれば　（360）
わが宿は　越の白山　冬ごもり行き来の人の　跡かたもなし　（546）
わが庵は　国上山もと　冬設けて　日にけにみ雪の　降るなべに　ふるさと人の　を
ともなし　行き来の道の　跡もなし　浮き世をここに　門さして　飛騨の工が　うつ
なはの　ただ一すじの　岩清水　そを命にて　あらたまの　今年の今日も　暮らしつ
るかも　（576）

とあるように美しい雪景色の中ではあるが，その隠遁の生活は命を懸けた孤立
状態下でのものだったのだ。

　悟りを得て腹が据わり強い意志力をもった良寛ではあった。しかし雨が降り
続く暗い日や，身を刺す寒さ，深雪の日には，孤独感と，自分の末路を考えて
の不安が，かれを襲った：

　　六十有余多病僧　家占社頭隔人姻　巖根欲穿深夜雨　燈火明滅孤窓前　　　（334）

60歳を越えてしまった自分は，病気がちの僧である。住んでいるのは，乙子
神社境内の草庵だ。国上山住まいの頃よりは集落に近づいたが，それでも人家
から離れた杜の中だ。人がわざわざ訪ねてくれるのは，まれのこと。この先，
病気や怪我，さらには老いによって，歩くこともままならなくなったら，自分
はどうなるのか。今夜の雨は，巨岩を穿つほどに激しい。孤立したこの草庵の
窓辺で，灯りが心細く明滅する，と。しきりにゆらぎ今にも消えそうな灯火は，
良寛の弱々しい，老いた命を象徴しているかのようである。
　同じ乙子神社期には，次のようにもある：

　　四大方不安　尽日倚枕衾　竹傴積雨後　牆頽碧蘿陰　幽径人跡絶　空階蘚華深　寂蓼
　　有如箇　何以慰我心　　　（253）

梅雨の鬱陶しい時期に，良寛は草庵で病気になった。起き上がることができな
い。神社の杜の深い竹藪は雨で重くなってうなだれ，朽ちた垣根は生い茂った
かずらに被われてしまった。こんな日だ，この杜に足を運んでくれる人は望め
ない。濡れた苔が，花をいっぱいに咲かせている。寂しく暗いこのような日を，
わたしは何によって心を充たせばよいのか，と。老いた独り暮らしの身で病む
ことの苦しさと不安，それによってますます募る孤独感が，梅雨の中の暗いじ
めじめ感と重なって詠われている。

　　昏夢易驚老朽質　燈火明滅夜過央　撫枕静聞芭蕉雨　与誰共語此時情　　　（250）

人は老いると，眠りが浅くなる。良寛は今夜も，夢に驚いて夜半過ぎに目覚め
てしまった。もう一度寝ることができない。ゆらゆら消えそうな灯火のもと，

枕によったまま芭蕉を叩く雨の音を聞いている。この寂しさを語り合う人もいない。ここでも，今にも消えそうな灯火が，かれの心を象徴してゆらいでいる。

　この頃の和歌にも，「老い」や「病い」・「朽ち」が次のように詠われている。

　　をつつにも　夢にも人の　待たなくに　訪ひ来るものは　老にぞありける　　（951）
　　国上の　山の麓の　おと宮の　森の木下に　庵して　朝な夕なに　岩が根の　こごし
　　き道に　爪木こり　谷に下りて　水を汲み　一日一日に　日を送り　送り送れば　い
　　たづきは　身に積もれども　うつせみの　人し知らねば　はてはては　朽ちやしなま
　　し　岩木のもとに　　（903）

孤独死の強まる予感がここでも，良寛の心に重くのし掛かっている。国上山の草庵でも良寛は，

　　和泉なる　信田が森の　葛の葉の　岩の間に　朽ち果てぬべし　　　（492）

と詠んではいた。しかしそれでもこの歌からは，挑戦しようとする心の強さが感じられる。それがかれを支えて来たのだった。その良寛も，この乙子神社期に入って，かなり体力・気力を落としたようである。

　寂しさについては，国上山草庵期の次のような詩がある。

　　孤峯独宿夜　雨雪思消然　玄猿響山椒　冷澗閉潺湲　窓前鐙火凝　牀頭硯氷乾　徹夜
　　耿不寝　吹筆聊成篇　　（137）

　深い山中の草庵で，良寛は今夜も独りぼっちだ。雨混じりの雪に，心は沈んでしまう。遠く猿の声が，山中に響く。谷川の流れは，氷結して音を失った。窓辺の灯火は，凍てついたかのように動かない。枕元の硯の墨さえ凍結するほどの寒さに，良寛はいつまでも眠れない。そしてとうとう床を離れ，凍ってしまった筆の先に息を吹きかけて詩を綴り始めるのだった。

　　世の人に　まじはる事の　憂しとみて　ひとり暮らせば　寂しかりけり　　（491）

この歌でも良寛は，世捨て人として決意を固めた身に襲ってくる孤独感を噛みしめている。

　親友の阿部定珍に送ったこの歌は，病んで永らく里にも出られなかった時の

294

ものである。

　他にも，孤独を憂いた歌は数多い。

　み雪降る　片山かげの　夕ぐれは　心さへにぞ　消えぬべらなり　　（392）
　山里の　あはれを誰に　語らまし　稀にも人の　来ても訪はねば　　（385）

托鉢からの帰りにも，良寛は寒さの中で突如，孤独感に襲われる。

　秋気何蕭索　出門風梢寒　孤村烟霧裏　帰人野橋辺　老鴉聚古木　斜雁没遥天　唯有
　緇衣僧　立尽暮江前　　（18）

托鉢で歩き回って疲れたこの身に，秋の夕暮れの寒風が容赦なく吹きつける。
遠くには，夕餉の煙が被う小さな村落が見える。仕事を終えた農夫が，橋の上
を家に帰っていく。老いたカラスが枯れ木で啼き，雁たちが遙かな空を落ちて
いく。暮れなずむこの河の畔に立っているのは，ぼろを着た独りぼっちの坊主。
これから遠く，あの山の中腹まで，暗い道を登っていかねばならないのだ，と。

　痴頑何日休　孤貧是生涯　日暮荒村路　復揭空盂帰　　（370）

郷里に帰り着いてすぐの頃の詩と言われる。良寛は詠う：この愚かでかたくな
な性格はいつになったら直るのだろうか。自分は貧しい独り身の生活を選んだ。
だが，窮乏化激しい村々だ。托鉢で一日歩いたものの，また今日も空っぽの鉢
の子を捧げて，自分は日暮れの道をとぼとぼ帰っている，と。

　次の長歌で良寛は，雨が続く秋，寒風に襲われて寝ることもできず苦しんで
いる：

　神無月　時雨の雨の　おとつひも　昨日も今日も　降るなべに　森の紅葉は　玉ほこ
　の　道もなきまで　散りしきぬ　夕さりくれば　さすかけて　つま木たきつ　山たづ
　の　向かひの岡に　小牡鹿の　妻呼びたてて　鳴く声を　聞けば昔の　思ひ出に　う
　き世は夢と　知りながら　憂きにたへねば　さむしろに　衣片敷き　うち寝れば　板
　敷きの間より　あしびきの　山下風の　いと寒く吹きくるなべに　有り衣を　有りの
　ごとごと　引かづき　こひまろびつつ　ぬば玉の　長きこの夜を　いも寝かねつも
　（841）

漢詩でも，秋の夜長の独り寝の辛い様を記録している：

第7章　良寛の生：その作品から考える　　295

秋夜夜正長　軽寒侵我茵　已近耳順歳　誰憐幽独身　雨歇滴漸細　虫啼声愈頻　覚言不能寝　側枕到清晨　　（118）

　薄い布団に寒さがしみこんで来て，寝付けない。老いが深まっていくのに，こうして独りで暮らす身だ。これから，自分はどうなるのだろうか……。それでも，やがて雨がやんだ。軒を落ちる雨だれの音が聞こえだし，虫たちが頻りに啼きだした。それを聴きつつ，良寛は静かに心を持ち直していく。

　こうした孤独な中で，良寛は自分の今を見つめ，その修行の足りなさを痛感する。そしてそうした暗さの中でも，小さな一歩一歩を重ねて，前に向かって進んでいこうとする：

少年捨父走他国　辛苦画虎猫不成　有人若問箇中意　只是従来栄蔵生　　（315）
四十年前行脚日　辛苦画虎猫不似　如今嶮崖撒手看　只是旧時栄蔵子　　（333）

これら二つの詩で良寛は，自虐的なまでに自分を見ている。若い時わたしは父に背いて家を飛び出した。そしてそれ以降今日まで40年間，立派な悟道者になろうと懸命に修行をしてきた。しかしその努力も，結局のところ実らなかった。年月は重ねたものの，ここにこうしているのは，幼い栄蔵のままの自分だ。「虎」になろうとの強い意欲で来たものの，結局は「猫」にしかなれなかった，と。この詩には，単に謙虚に留まらない，良寛の自分への深い失望が出ている。かれは，悠々自適，自己放下，好々爺だけの人では決してない。

国上山下是僧家　麁茶淡飯供此身　終年不遇穿耳客　只見空林拾葉人　　（68）

　良寛はこの詩でも，厳しく自分を省みる。国上山の庵で，清貧生活を続けつつ座禅修行を重ねてきた。が結局，悟りを得られはしなかった。今ここで動いているのは，枯れ木の山で落ち葉をかき集めるただの一老人だ，と。[*262]

---

*262）「穿耳客」を悟った人，「拾葉人」を他の説を受け売りする人とし，自分は素晴らしい禅者にまみえず，会うのは愚者ばかりだと仏教界を批判した詩だとの解釈があるが（長谷川（前掲注252））『良寛禅師の悟境と風光』117頁），このような解釈では，この詩の前半で乙子神社の草庵における自分の精進を語ることとの関連が理解できなくなるし，良寛が出会った人，知人たちをも実は軽蔑していたことになり，不自然である。そもそも，↗

少小学文懶為儒　少年参禅不伝燈　今結草庵為宮守　半似社人半似僧　　（331）

　この詩で良寛は，自分を顧みて自嘲している。大森子陽（徂徠学を修めた北越四儒の一人）の漢学塾・三峰館で学んだが儒者になる気にはなれず，円通寺に入り以後永く修行した；しかし結局，法系を伝える者とはなれなかった；今は乙子神社の境内に住んで，半分神官・半分僧侶の宙ぶらりん人間の有り様だ，と。
　かれは和歌でも，

　法の道　まことは見えで　昨日の日も　今日も空しく　暮らしつるかな　　（473）
　何ゆへに　我身は家を　出しぞと　心に染めよ　墨染めの袖　　（464）

と自分を詠う。

　身をすてて　世を救ふ人も　在すものを　草の庵に　ひまもとむとは　　（1077）

の歌は，山中の草庵で清貧枯淡の生活をしていること自体を，世のため人のため捨て身で尽くしている人びとと比べて「安易だ」と自嘲対象にした歌である。

　しかしながらわれわれは，自嘲しつつも自分の現在の生き様を受け入れ，前向きに進む良寛をも，この関連で見ておかなくてはならない。
　たとえば次の詩では良寛は修行の日々を回顧し，「自分はもともと，伸びる材のものではなかったのだ」と評価するのだが，しかしまた，出来が悪いなら悪いなりに独り静かに信仰生活を続けていこうとの決意をも新たにしている：

珊瑚生南海　紫芝秀北山　物固有所然　古来非今年　伊昔少荘時　飛錫游千里　顔叩古老門　周旋凡幾秋　所期在弘通　誰惜浮漚身　歳不与我共　已矣復何陳　帰来絶巘下　采蕨供昏晨　　（94）

　若かった頃は，悟りを求め全国を旅し諸処の高僧に教えを受け，厳しい修行をも続けてきた。そうした懸命の日々を重ねはしたが，その成果はまだ得られていない。だがこれも，もって生まれた筋の悪さのゆえなのだ。嘆いてみても，

　Ｎそのような侮蔑の表明は，良寛の他の作品にはない。「拾葉人」に関しては，同じ乙子神社期の和歌に「乙宮の　杉の陰道　踏み分けて　落葉拾うて　この日暮しつ」とある。「拾葉人」は，良寛のことであると思われる。ここでは，谷川敏朗の校注に従う。

第7章　良寛の生：その作品から考える　297

仕方がない。珊瑚は南国の温かい海で少しずつ増え，紫芝は北国の高山で少し
ずつ成長する。自分は，めぐりめぐって故郷の地，国上山の山懐にある。ここ
に腰を据え，蕨を夕べの供花としつつ暮らし，小さくとも確実な成長を積んで
いくしかない，と。自分の成長のなさへの嘆きとともに，そのような無力の者
であるならば，そのような者として一歩一歩の小さな歩みを大切にしよう，と
の覚悟を示した詩である。

　次の詩には，冬の到来を物語る夕暮れの烈風に突如襲われ，一瞬ひるみなが
らも，意志の力でその風に向かって歩みだす良寛の姿が，しっかりと描かれて
いる。

　終日望烟村　展転乞食之　日落山路遠　烈風欲断髭　衲衣破如烟　木鉢古更奇　未厭
饑寒苦　古来多如斯　（132）

　一日，村々を托鉢して廻ったあと，草庵へ帰ろうとして山路で日が暮れてし
まった。庵までは，まだまだ遠い。突如，激しい寒風が吹き付けてきた。烈風
に煽られる衣はボロボロ。見れば，（托鉢用の）木鉢もすっかり古びてしまった。
年老いても，自分はこんな格好で生きていることだ……。それでも良寛は，先
人たちはこの貧しい孤独を生き抜いたのだと，一瞬のひるみを切り返し，上の
庵へと再び歩み出すのだった。

　良寛が親しんだ中国の伝説的な僧である寒山（良寛はかれの詩とその清貧枯淡
の脱世間的な禅的生活を愛した）も，

　黙黙永無言　後生何所述　隠居在林藪　智境何由出　枯稿非堅衛　風霜成天疾　土牛
耕石田　未有得稲日

と詠っている。ただ独り，語り合う者ももたず修行するだけでは，修行して得[263]
たものを後世に残すことのないままに自分は消えてしまう。深い山野に隠れて
棲むだけでは，真理をどうやって世に伝えられよう。隠者然として痩せ衰えて
いるのも，思えば健康なことではない。雨風にさらされ身体に支障をきたすの
が，落ちだ。牛の土人形が石田を耕しても実りがないのと，同じことだ，と。

───────────────────────────

　*263）『寒山詩』（太田悌蔵校注，岩波文庫，1996年）。

この寒山詩にも自分に対する厳しい検証・自省・自嘲が見られる。懸命の修行の成果を誰にも伝えられないのでは無意味だ，との思いがよぎる。しかし寒山は，それでもその無意味さを受け入れ，只管打坐の「なり切る心」で独り「隠れて生きる」ことを止めなかったのだ。

寒山と良寛はともに，孤独も自分への失望も，こうしたかたちでの作詩によって耐えていったようでもある。

7.4 ——社会との関わり

隠遁者のような生活ぶりだったが，かれは人びとの貧困，災難，暴動等に深く関わっていた。

1783年には岩木山，続いてアイスランドのラキ山とグリムスヴォトン山，浅間山が大噴火を起こし，そのことも原因して天明の大飢饉が深刻化した。ひどい不作はその後も続き，1810年には越後地方でも窮乏化した民衆による打壊しが激化した。1814年にも，各地で一揆や打壊しが発生した。ちょうどフランス革命と重なる時代だ。このときの村々の様子を良寛は，描いている：

可嘆世上人心険　不知何処保生涯　夜夜前村打鼓頻　盗賊徘徊百有餘　　（69）

我が草庵の下の村で，夜ごとに太鼓が激しく打たれる。百人もの「盗賊」が村々を襲いまわっており，村人が警戒警報を発しているのだ。だがその「盗賊」とは，困窮のあまり打ち壊しに出た農民たちのことである。人びとの窮乏化は，この時代に極度に達した。

むらぎもの　心をやらむ　方ぞなき　あふさきるさに　思ひ乱れて　　（934）
かくばかり　憂き事知らば　奥山の　草にも木にも　ならましものを　　（938）
我が袖は　しとどに濡れぬ　うき世の中の　ことを思ふに　　（942）

は，良寛がこうした窮乏の人びとを思いやって深く心を痛めている歌である。

---

*264）　不思議なことにこの後約30年の間，大噴火が相次いだ。すなわち，1812年にカリブ海のスーフリエール山が，1814年にはフィリピンのマヨン山が大噴火し，1815年には史上最大規模の噴火であるジャワ島タンボラ山の噴火が起こっている。

これに対し，

　領ろしめす　民が悪しくば　我からと　身を咎めてよ　民が悪しくば　　（941）

は，民をこのような窮乏に追いやっている為政者に対する警告の歌である。
　良寛が貧しい人びととどのように個人的に関わっていたかについては，次の
歌がその一端を語っている。

　神無月の頃　旅人の蓑一つ着たるが　門に立ちて物乞ひければ　古着ぬぎて取らす
　さて　その夜　嵐のいと寒く吹きたりければ
　たが里に　旅寝しつらむ　ぬば玉の　夜半の嵐の　うたて寒きに　　（844）

良寛は，物乞いする者に自分の着ている物を与えた。ところが夜になって，嵐
が襲ってきた。その寒風につけても良寛は，去っていった貧者のことを思いや
っているのである。
　この事件には後日談がある。良寛は，冬が近づいたのに衣を失ってしまい寒
さが耐えられないとして，友人に次のような援助を乞う手紙を送っている。

　　「寒天の節如何御暮被遊候や。野僧無事に居過候。然ばもめん衣なくいたし，不自
　由に候。もめん二たん　墨染になし被遣可被下候。ひとへに頼入候。以上　十月五日
　　*265)
　良寛」

　良寛はまた，「盗人に　取り残されし　窓の月」と詠んでいる。かれはこれを，
乙子神社の草庵に入ってきた貧しい盗人に，わざと眠り込んだふりをして夜具
を剥いでもっていかせたあとで詠んだ。夜具さえ盗らせ何もなくなってしまっ
たが，月だけは盗り残されて窓の上で煌々と輝いている，と。
　次のような手紙も遺っている。正月４日にはじめて乞食に里に出たときのこ
と，良寛は，夫が行方不明となり幼子たちをつれて物乞いして暮らす女性に出
会った。自分には金銭がなく援助できなかった良寛は，友人の解良叔問宛てに
次のような手紙を書き，その女性にもたせやった。

　　「叔問老　良寛　　是はあたりの人に候。夫ハ他国へ穴ほりに行きしが，如何致候

────────────

　*265)　谷川校注（前掲注248)）『良寛の書簡集』372頁。

300

やら去冬は帰らず。こどもを多くもち候得ども，まだ十よりしたなり。此春は村々を
乞食し而，其日を送り候。何ぞあたへて渡世の助にもいたさせんとおもへども，貧窮
の僧なれバ，いたしかたもなし。なになりと少々此者に御あたい可被下候。　　正月
四日」。[*266]

　良寛はまた別の日には，どの宿でも泊めてもらえず困っている貧しい旅人と
出会い，手にもっていた品の包み紙に，「此人　一夜御とめ可被下候　　良寛」
としたためてもたせ，富裕な知人のところに送っている。ここにも良寛の身近
の貧困，それに関わるかれのやさしさ，細やかな心遣いが伝わってくる。[*267]

　かれのような隠遁者でも，こうした窮乏と至るところで出会っていたのであ
る。

　疫病や天災も，かれが住む地域をしばしば襲った。良寛は，その度に人びと
の苦しみに心を痛め，また多くの悲しい別離を体験した。たとえば1818年に
は天然痘の大流行があり，付近の村々でも多くの人が死亡した。この出来事に
関わって良寛は，「去年は疱そうにて子供さはにうせにたりけり。世の中の親
の心に代はりて詠める」との詞書きをしたうえで，多くの和歌を詠んでいる：

　あづさ弓　春も春とも　思ほへず　過ぎにし子らが　ことを思へば　　（580）
　いつまでか　何嘆くらむ　嘆けども　尽きせぬものを　心まどひに　　（584）
　思うまじ　思うまじとは　思へども　思い出だして　袖しぼるなり　　（589）

1828年11月12日には，三条大地震があった。死傷者は3000名を越え，全壊・
焼失した家屋は1万余戸に達した。この地震を詠った，かれの和歌がある：

　うちつけに　死なば死なずて　永らへて　かかる憂き目を　見るがわびしさ
　（1081）

地震で多くの人が亡くなったが，自分は生き残った。このため自分は，人びと
の悲惨を目撃し心を痛めている，と。

　良寛はこの時，地震で子供を失った，前述の親友の山田杜皐に手紙で

---

*266)　谷川校注（前掲注248))『良寛の書簡集』135頁。

*267)　谷川校注（前掲注248))『良寛の書簡集』390頁。

「災難に遭時節には災難に遭がよく候。死ぬ時節には死ぬがよく候。是はこれ災難
をのがるる妙法にて候」

と述べている。こういう中身の手紙は，親しくない者がもらうと冷たく響くだ
ろう。しかし，人を見て法を説け，である。心からの友人には，不幸を自らに
しっかり受け止めて立ち直る姿勢を促すものと，また，仏教の教え，良寛がた
どり着いた後述の「騰騰任天真」の立場からの励ましとなるだろう。しかも杜
皐は，良寛が地震の犠牲となった多くの人びとの悲惨な状態を目の当たりにし
て悲しみを溢れさせていたことをよく知っているのだ。

1829年5月には，越後地方が台風に見舞われ，その後さらに大旱魃が襲っ
てきた。冷害・信濃川の大氾濫については，良寛の次のような詩がある。

凄凄芒種後　玄雲鬱不披　疾雷振竟夜　暴風終日吹　洪潦襄階除　豊注湮田苗　里無
童謡声　路無車馬帰　江流何滔滔　回首失臨沂　凡民無小大　作役日以疲　畛界知焉
在　堤塘竟難支　小婦投杼走　老農倚鋤睎　何幣帛不備　何神祇不祈　昊天杳難問
造物聊可疑　孰能乗四載　令此民有依　側聴野人話　今年黍稷滋　人工倍居常　寒暖
得其時　深耕兮疾耘　晨往夕顧之　一朝払地耗　如之何無罹　　（103）

ものすごく不気味な夕暮れの後，台風が襲い，ついに信濃川が氾濫した。濁
流が田畑の作物を呑み込み，村々に襲いかかった。今年は農民たちがとりわけ
一生懸命に働き，実りの秋を迎えようとしていたのだったが，その努力の結晶
が一瞬にして無に帰してしまった，と。

さらにその翌年の1830年6月にも大旱魃が襲った。良寛は，何日も続く日
照りで苦しんでいる農民たちに同情して，次のような一連の歌を詠っている：

今日の日を　いかに消たなむ　うつせみの　うき世の人の　いたましくも惜し
（1137）
鳴る神の　音もとどろに　ひさかたの　雨は降り来ね　我が思うとに　　（1138）
我さへも　心にもなし　小山田の　山田の苗の　しほるる見れば　　（1152）
あしびきの　山田の小父が　ひねもすに　い行きかひらへ　水運ぶ見ゆ　　（1153）
ひさかたの　雲の果たてを　うち見つつ　昨日もけふも　暮らしつるかも　　（1155）

同年の9月には，稲の収穫を迎えて長雨が異常なまでに続いた。このときにも
かれは，農民たちに同情して詠っている：

ひさかたの　雲吹き払へ　天つ風　うき世の民の　心知りせば　　（1160）

　　秋の雨の　日に日に降るに　あしびきの　山田の小父は　奥手刈るらむ　　（1165）

　　奥手刈る　山田の小父は　いかならん　ひと日も雨の　降らぬ日はなし　　（1167）

　これらは，直腸ガンが悪化して良寛が危篤になる2ヶ月前の歌である。良寛
は，そのような重症のなかでも，困窮している人びとへのやさしさを失わなか
った。

　良寛には，激しい世相批判，さらに文芸界や仏教界の現状に対する批判も，
見られる。当時の仏教界の堕落に対する批判には，次のようなものがある：

　自澆風蕩淳　不知幾日子　書生偏流文　釈氏固執理　寥寥千載下　無人論斯旨　不如
　従児童　遅日打毬子　　（261）

　良寛は言う，人間関係が殺風景化して温かい気持ちが無くなっている。学者
は形式主義にとらられ，僧侶は自派の教説に固執する。こうして永らく，その
もっとも大切なものが失われつつあるのだ。そこでわたしは，春の日差しの中
で子供たちといっしょに毬で楽しく遊んで，その自分の自然さを大切にしてい
くのだ，と。真摯な究理・求道の姿勢から来る，文芸界・仏教界批判である。
　次のような社会批判の言辞も見られる。貧富の差の激しい現状を目撃し，良
寛は書く：

　富家不急費　日々輸無究　貧士為口腹　区々東西走　安省不急費　不沾貧士喉　彼此
　互分憂　生民有余祐　　（260）

　富んだ人びとは，無駄なものに費出して暮らしている。他方，食うものさえ
ない貧しい人びとは，飢えをしのぐものを求めてさまよう。富んだ人がその無
駄な出費分を同情心をもって飢えた貧民に与えれば，みんなが食を得て生存で
きるのに，と（他に，102・133）。これらにも，良寛の，社会的不公正への厳し
い姿勢と，かれの温かいが芯に強いものをもった性格とが出ている。

7.5 ——行禅・求道

　良寛は，日々座禅に勤しんだ。雪に閉ざされた中でも，孤独に苦しむときにも，重病に苦しんだその晩年においても，かれは静かな庵で座禅三昧に入っていく。その様なときには，孤独感や老いゆく不安・虚しさの意識でつぶされそうな弱気の良寛は，もうすっかり消えている。修行で鍛え上げた，不動の精神が，かれを支えるのだ。おのれの弱さや矛盾を気にして悩む近代的自我は，良寛のものではない：

　千峰凍雲合　万径人跡絶　毎日只面壁　時聞灑窓雪　　（185）

　五合庵時代，友人の鈴木隆造に贈った詩である。山々は動かぬ重い雪雲に被われ，雪が激しく降り続く。山の中腹でのまったくの孤立状態が，永く続いているのだ。恐怖と寂しさに押しつぶされそうな，その情況下で，しかし良寛は淡々と，面壁の日々を重ねていく。

　孤独下での只管打坐は，乙子神社に移ってからも続く：

　国上山下乙子傍　幽径苔滑少人行　陰虫切切吟四壁　驟雨蕭蕭灑草堂　世上栄枯飽看却　夢中迷悟曽商量　孤坐寥寥過半夜　香炉烟消冷衣裳　　（335）

　国上山に抱かれた乙子神社の杜，独りだけの秋の雨夜だ。静かな闇の中で虫たちがしきりに鳴く。人の訪れは絶えて久しく，孤独感が募る。だが良寛は，世の栄枯盛衰に流されないで生きることを大切にし，満ちたりた心で深夜の座禅にいそしむ：

　回首七十有余年　人間是非飽看破　往来跡幽深夜雪　一炷線香古匆下　　（347）

冬の深夜，雪はますます激しさを増し，人の訪れは当分なくなった。物音しない庵に独りあって，良寛は60余年の人生を振り返り，俗世を離れて静かに生きられることの幸せを噛みしめる。そしてその満ちたりた心で，香りの良い線香をくすぶらせつつ坐りやがて静かな境地に入っていく。

　梅雨の暗い日にも，良寛は座禅に励む：

蕭蕭黄梅雨　山村少人行　檐前木葉暗　屋後急渓声　経従埃塵埋　雨注蜘蛛縈　日日
空窓下　孤坐消幽香　　（336）

　雨が降り続き，人の訪れは途絶えてしまった。山中の小さな庵は，濃い緑の
木々に被われ昼なお暗い。後方では，水かさを増した谷川が音を高めた。蜘蛛
の巣が雨に濡れて光る窓辺で，良寛は線香の煙とともに禅境に入っていく。
　次も，長雨の季節の座禅の詩だ：

我従来此地　不知幾青黄　藤纏老樹暗　渓蔭脩竹長　烏藤爛夜雨　裰裟老風霜　寥寥
朝又夕　為誰払石床　　（310）

　良寛は，木や竹が生い茂った山中の草庵で，重ねて来た修業の日々を静かに
振り返り，その稔りの乏しさを感じつつ，朝夕に座禅の時を重ねる。それは，
誰のためか，何のためか。座禅することが求道者としての自分の生そのものだ
から，と言うほかないであろう。
　良寛は，孤独な静かな草庵での読書（や詩作，習字等）をこよなく愛した。知
人から借りてきた書物を，楽しんで読んだ。前述のように，老いた身での孤立
した生活はかれを不安がらせはしたし，里人たちとの交わりを断れる深雪や
長雨の季節は，かれを孤独にした。しかし良寛は，また他面ではその孤独を愛
してもいた。かれの人生の師であった松尾芭蕉にとってそうだったのと同様，
貧しい中での孤独感は良寛にとってこよなき芸術・思索の源泉・意欲の源であ
った。[*268]
　雪ですべてが閉ざされた夜や雨の降る宵は，とりわけ貴重な読書の時間とな
った：

玄冬十一月　雨雪正霏霏　千山同一色　万径人行稀　昔游総作夢　草門深掩扉　終夜
焼梢柚　静読古人詩　　（119）

　厳冬の越後だ。何日も激しい風と雪が続く。雪に閉ざされた草庵を訪れてく
れる人は，およそない。花を愛で子供たちと遊んだ日々は，遙かな思い出とな

─────────────

　*268)　竹村牧男『良寛の詩と道元禅』（大蔵出版，1978年）。

ってしまった。良寛は，いろりで薪が燃える音を聞きながら，古い代の詩文を読んで，独りの静かな夜を過ごす。

　雨夜の静寂下の読書は，かれの心を充たしてくれるこよなき糧だった。寒山の詩を吟じつつ良寛はほっとする：

　終日乞食罷　帰来掩蓬扉　炉暁帯葉柴　静吟寒山詩　西風吹夜雨　颯颯灑茅茨　時伸双脚臥　何思復何疑　　（112）

　貧しい乞食僧の生活ではあるが，美しい自然の中での古典に親しむ生活で心は満ちたりている。激しい風雨に打たれつぶれそうな頼りないこの草庵。しかし独りゆったりと足を伸ばし仰向けになれば，充ちたりた気分がとても快い，と。

　春まだき薄ら寒さの草庵でも，かれは書物を手に静かな時を過ごす：

　此生何所似　騰騰且任縁　堪笑兮堪嘆　非俗非沙門　蕭蕭春雨裡　庭梅未照莚　終朝囲炉坐　相対也無言　背手探法帖　薄云供幽閑　　（413）

一体，自分のこの生き方は，どう評価すればよいものなのか。自分は，自由に，こだわることなく生きてきた。出家した身でありながら，僧侶としての在るべき生が送れているわけではない。自分は，いったい何なのか。もう暦の上では春だというのに，梅はまだまだ咲かない。一日中，独り静かにいろりの火にあたりながら，とり出した書道の手本を使って字の練習をする。じっくりとこの寂しさがもつ情趣を味わいつつ，自分は過ごしている，と。孤独の中での自省も，ここでは前向きの意識に基盤を置いている。

　こうしたかたちで深い孤独をも楽しむ姿勢もまた，自分の弱さが気になって悪戦苦闘する近代人の自我などとは異質である。[269]

　良寛は，道元に対する深い敬慕をもち続けた。その晩年においても，道元に導かれ生きようと努めた。「読永平録」と題した漢詩から，このことが読み取

---

[269]　この点については荒井魏も，「御風の見方は一面当たっているかも知れない。が，弱さ以上に，良寛さんの場合，強さ，激しさが出家の背景にあった可能性はないだろうか」と指摘している（荒井魏『良寛の四季』（岩波現代文庫，2008年）63頁。

れる：

春夜蒼茫二三更　春雨和雪灑庭竹　欲慰寂蓼良無由　背手摸索永平録　明窓下几案頭
焼香点燈静被読　身心脱落只貞実　千態万状竜弄玉　出格機檎虎児　老大風像西竺
憶得疇昔在円通時　先師提持正法眼　当時洪有翻身機　為請拝閲親履践　転覚従来独
用力　自茲辞師遠往返　吾与永平何有縁　到処奉行正法眼　従爾以後知幾歳　忘機帰
来住疎嬾　今把此録静参得　廻与諸方調不混　玉兮石兮無人問　五百年来委塵埃　職
由是無択法眼　滔滔皆是為誰挙　慕古感今労心曲　一夜燈前涙不留　湿尽永平古仏録
翼日隣翁来草庵　問我此書因何湿　欲道不道意転労　意転労兮説不及　低頭良久得一
語　夜来雨漏湿書笈　　　（317）

　春の宵の静かな草庵，雪交じりの雨が篁に注ぐ。寂しさを慰めるもののない
まま，『永平録』を手に取る。線香の煙がかそかにくゆる窓辺で，それをひもとく。
進むにつれて読み浸り，道元の清澄で厳格な姿，身心脱落に関する深い思想が
身にしみいってくる。そして道元の教えに導かれつつ自分は修行してきたのだ
と，その日々を懐かしく思い出す。だが今日，その道元の教えが世にすっかり
忘却されているのだ。なんと，惜しむべきことよ。良寛は深い悲しみに襲われ
て，思わず涙をあふれさせ，書物を濡らしてしまった。明くる日に，村の友人
がやってきて，書物が濡れているのを見て不思議に思い，理由を問う。良寛は
本当のことを話すことができず，「昨夜の雨漏りで，すっかり濡れてしまった」
と答えた。
　この詩には良寛の，道元に対する深い帰依，真摯な求道，老いてなお続く学
びの姿勢が鮮明に出ている。

7.6 ——悟境の射程

　良寛の行態を，かれが修行で達した悟境[*270]の観点から考えるのは，かれの経歴
を踏まえると自然なことである。同時代にも良寛の行態とその悟りとの結び
つきに関する証言が，次のように見られる。すなわち，前述のように良寛は，

---

*270)　ここで悟境とは，あることを契機にして突如，身心脱落の体験をした大悟の瞬間の
　　　ことだけではなく，その体験を踏まえつつその後に続く修行生活の中で固まっていく任
　　　運自在による，精神と性格全体の軽やかさ・強さを指す。

1790年，33歳の時に国仙から印可証明を受けたが，その時国仙が良寛に与えた偈文は，次のようなものであった：

附良寛庵主　良也如愚道転寛　騰騰任運得誰看　為附山形爛藤杖　到処壁間午睡閑[*271]

良寛よ，おまえは実に静かで心がゆったりしている。すべてを大自然の大きな動きに任せて悠然としたおまえの生き様は，他人から理解され難いだろうが，大したものだ，と。国仙は良寛の複雑な性格を鋭く読み取り，的確に表現している。「愚」であることは，良寛の元々の性格（真面目さ・一途さ・寡黙・詩人気質）であるとともに，身心脱落，任運自在の態様でもあることを，国仙は証言している。

同様な証言が，もう一つある。大忍魯仙という，良寛と深い交わりがあった僧（良寛より23歳年下で，出雲崎の隣村・尼瀬に生まれ深谷の曹洞宗の寺の住職であった）が，1805年刊のその詩集『無礙集』中の「良寛道人を懐ふ」という詩において，

　　「良寛老禅師，愚の如く痴の如し。身心総て脱落，何物か又疑うべけん。名利の境に住まず，是非の岐に遊ばず。朝には何処に向ってか往き，夕には何処に向ってか帰る。かの世人の誉るに任せ，かの世人の欺くに任す。師曾て吾が盧に到り，吾れに微妙の辞を告ぐ。吾れ又久しく病いを抱え，師に因って既に医すを得たり。其の恩や実に限りなく，何を以てか又之に報いん」

と詠んでいる。[*272]この詩は大忍25歳の時の詩であり，それゆえ良寛は48歳頃であった。ここで大忍は，壮年期の良寛の，愚直で魯鈍に見え名利・分別を超越した飄々たる姿が，身心脱落によるものであると見ている。

さらにもう一つ，良寛の若い時の行態と悟境の結びつきの特徴を語る資料がある。良寛より18歳若い文人の近藤万丈が，37歳頃の良寛らしき人物に土佐[*273]

---

*271)　竹村（前掲注268))『良寛の詩と道元禅』125頁。

*272)　小松正衛『良寛さま』（保育社，1985年）38頁。

*273)　偶然にも，近藤万丈の生家は，円通寺時代の良寛のすぐ身近にあった。すなわち，現在も営業を続ける，倉敷市玉島阿賀崎の旧家，菊地酒造である。場所は，里見川を昭和橋で渡ってすぐ，円通寺参道登り口の十字路を北へ30メートルほどいったところである。この通りには旧問屋街の大店が並ぶ。

高知で出会った時の記録が，それである。万丈はその随筆集『寝覚めの友』に，次のように書いている：

　　「おのれ万丈よはひいと若かりしむかし，土佐の国へ行きしとき，城下より三里ばかりこなたにて雨いとう降り，日さへくれぬ。道より二丁ばかり右の山の麓に，いぶせき庵の見えけるを行きて宿乞ひけるに，いろ青く面やせたる僧のひとり炉をかこみ居しが，喰ふべきものもなく，風ふせぐべきふすまもあらばこそといふ。雨だにしのぎ侍らば何か求めんとて，強てやどかりて，小夜更くるまで相対して炉をかこみ居るに，此僧初めにものいひしより後は，ひとこともいはず，座禅するにもあらず，眠るにもあらず，口のうちに念ぶつ唱ふるにもあらず何やら物語りても，只微笑するばかりにて有りしにぞ，おのれおもふにこは狂人ならめと，其夜は炉のふちに寝て暁にさめて見れば，僧も炉のふちに手枕してうまく寝居ぬ。扨明けはてぬれど，雨は宵よりもつよくふりて立出づべきやうもなければ，晴れずともせめてしも小雨ならんまで宿かし給はんにやといふに，いつまでなりともと答へしは，きのう宿かせしにもまさりて嬉しかりし，ひの巳の刻過ぐる頃に麦の粉湯にかきまぜてくらはせたり。扨その庵のうちを見るに，ただ木仏のひとつたてると窓のもとに小きおしまづき 据て其上に文二巻置きたる外は何ひとつたくわへもてりとも見えず，このふみ何の書にやとひらき見れば，唐刻の荘子なり。そが中に此の僧の作と覚しくて，古詩を草書にてかけるがはさまりてありしが，から歌ならはねば，其巧拙はしらざれども，その草書や目を驚かすばかりなりき。よりて笈のうちなる扇ふたつとふで，賛を乞ひし言下に筆を染めぬ。ひとつは梅に鴬の絵，ひとつはふじのねを描きしなりしが今は其賛はわすれたれど，富士の絵の賛の末に，かくいふものは誰ぞ，越州の僧了寛書スとありしを覚え居ぬ。其日もまた暮れちかきに雨は時しくにふりてやまざれば，その夜もきのふのごとく，僧とともに炉のかたはらにいねしが，明れば雨は名ごりなくはれて日の光かがやきぬ。例の麦の粉くらひて，二夜の報謝にいささか銭をあたへけれどかかるもの何せんとてうけひかず，其こころざしに戻らんも本意ならねば，引かへて紙と短尺とを与へけるをば，よろこびてうけ納めぬ。[……][*274]」

　ここには，その清貧枯淡な生活（空っぽの室内，粗食，金銭への無頓着といった）や，こちらが話しても一言も返さずただ穏やかに微笑する寡黙さが描かれている。このような良寛が万丈に，「こは狂人ならめ」との印象を与えたのであるが，良寛のこのもの静かさは，後のかれについて解良栄重が『良寛禅師奇話』において，「師，常ニ黙々トシテ動作閑雅ニシテ余有ルガ如シ」，「其飲食起居舒ロ

---

*274)　相馬（前掲注254)）『一茶と良寛と芭蕉』131-132頁より引用。

ニシテ愚ナルガ如ク」と書いたところと重なる。これが大悟による生の雰囲気であること，禅の修行を重ねた者の，精神の定まりであることは，前述の，国仙の「良也如愚道転寛」，大忍の「愚の如く痴の如し」が指摘する雰囲気と通底していることからも推測できる。

同時にここでの若い良寛には，困っている旅人を泊めてやり食事を与えるやさしさが出ており，修行中とはいえ，沈黙行を金科玉条とし木石のように無反応になった人ではない温かさも見られる。後年における良寛の行態は，既にここに認められると言える。

ところで万丈は，他方では，ここでの良寛に『荘子』への傾注，書道，とくに草書の秀逸さ，漢詩の研鑽など——これまた後年の良寛と変わらない姿である——をも見ている。実際，これに続くすぐ後の時期，良寛の初期の和歌や漢詩からは，自然の現象に対する敏感な感覚，旅の苦しさへの芸術的反応，歌枕の内面化（歌枕のメッセージを思想において受け止める姿勢）などが読み取れる。

良寛は，漢学を大森子陽の下で6年間学んだことによって，またかれの生家が——以南（注216）参照）や弟の由之や香，妹・みか等の俳句や和歌からうかがえるように——上品で繊細な歌の心が豊かな世界であったことによって，すでに出家前から感受性の高い，文芸にも向かう若者としてあった。加えて，禅宗僧侶の間では修養として漢詩，和歌，茶道，華道等を学ぶことが伝統であり，とくにかれが師事した国仙は堂上派風の和歌を詠む教養人でもあったから[*275)]，良寛も光照寺に入った18歳頃以来，さらには円通寺で過ごした11年間，それらの文芸によっても人格形成をしえた。後述のように，そうした教養が，かれの繊細さ，もののあわれへの感覚，および禅の修行とあいまって，良寛独自の悟境をもたらした。

万丈が土佐で出会った良寛は——その後の，そしておそらくその前の良寛とも変わりなく——静かな枯淡と温かさ，敏感な感受性との複合性に生きていたと言うべきであろう。

この最後の点との関連で，良寛の仙桂再評価に言及しておこう。良寛が円通寺で修行していた頃，15歳先輩の修行僧に仙桂という人物がいた。良寛はそ

---

*275)　荒井（前掲注269））『良寛の四季』134頁。

の晩年に，この仙桂が逝去したとの報に接し次のような詩を詠んでいる：

仙桂和尚真道者　貌古言朴客　三十年在国仙会　不参禅不読経 不道宗文一句　作園
蔬供養大衆　当時我見之不見　遇之遇之不遇　吁嗟今放之不可得　仙桂和尚真道者
（479）

　仙桂は，風貌が冴えず木訥のうえ，典座職に徹し，食事作りとそのための野
菜栽培に専念し，このため座禅も読経もせず，議論もしなかった。当時自分は，
この仙桂を見てもただ無視するばかりだった。しかし自分はこの年になって初
めて，このようなかたちの修行の道を黙々と歩んだ仙桂こそが真の道者である
と考えるようになった，と言うのである。この詩は，良寛の精神が深まった証
として研究者の間で高く評価されている。しかし良寛がこの詩を書いた後，そ
の生き方を変え仙桂に近づいたかといえば，そうではなかった。そもそも典座
職が重要な修行の道であることは道元がその体験を通じて重視しているところ
だから，円通寺にあって良寛がそれを知らなかったはずはない。かれは，あえ
て仙桂とは異なった生き方を是として来たのである。しかも良寛は，上記のよ
うに，座禅をとってみても，経典や宗門の原典・詩文への傾注，一途な学びの
姿勢をとってみても，およそ仙桂とは異なった生き方をし続けた。かれの体質
からして良寛は，仙桂の自己にこだわらない強い生き方にあこがれはしても，
そうしたかたちで無に徹し，行禅や作務・典座だけで生きられる人ではなかっ
た。上の詩はそれゆえ良寛が円通寺にあって文芸にも秀でたエリート僧として
修行し，仙桂のような人は眼中に置かなかったことへの反省と，今でも文芸・
交際等を断ち切れず仙桂的には生きられないことへの思い，あるいは仙桂が実
践したような，人知れず自分の道をゆき天命をまっとうすることへの決意を，
詠んだと理解すべきであろう。
　悟境・只管打坐とはいっても，良寛のケースはあまりにも多彩で，感情豊か
で，ユニークであったから，仙桂的生ではありえないのである。

　ここで悟境と性向との関係について考えておこう。見性を得て以前とはすっ
かり人が変わった，といったケースもあるかもしれない。そのようなケースに
属す禅者同士ならば，見性後相互に同じような雰囲気・性向を醸し出す可能性

第7章　良寛の生：その作品から考える　311

も高い。たとえば任運自在の心によって，「如愚道転寛」，「愚の如く痴の如し」，「こは狂人ならめ」といった様相を共に呈する，ということがありうるかもしれない。しかし歴史上の多くの禅者を見ても，それぞれが個性をも際立たせている。このことは，各人の個性や環境等がその大悟に作用し，かつその後の悟境の有様を規定したからだと考える他ない。

　上のことはたとえば，生き様に多くの点で似ているところのある，一休宗純と良寛との比較から一段と鮮明になる。すなわち，①二人はともに，禅の道の達人であり，共通の師道元と同様，閑地を求めそこにおいて清貧枯淡な生を生きた。②文芸にひいで，感受性も豊かであった。③変人性ないし風狂性が強かった。④遁世者として生きつつ民衆と親しく交わるが，他方では同時代の腐敗した仏教界を厳しく批判した（一休は先輩の養叟たちをその「堕落」のゆえに激しくののしり，良寛も道元の教えを忘れているとして仏教界を批判した）。⑤悟者であるはずなのに，一休が先輩その他に対しておこなった攻撃の仕方は激烈を極めている。一休はまた，「女犯」に耽溺した。他方の良寛は，悟者であるはずなのに，孤独・生来への不安を生々しく記録している。⑥ともに後年は浄土教への傾斜，すなわち「禅浄一致」の立場を強め，またその他の宗派や神道にも開かれた心を示した。⑦飲酒肉食をタブー視しなかった。⑧ともにその晩年において美しい若い女性との深い交渉があった。すなわち一休は森女と同棲し，良寛は貞心尼と師弟関係を固めた。これら①〜⑧のすべてが，両者の――悟境と切り離せない――心の寛さ・自由さを示していると言えるだろう。

　しかし二人の間には，相互に大きく異なる点もある。一休が激しい攻撃性をもち，偏執的なまでに風狂の人であったのに対し，良寛には攻撃的な性向が無

---

*276）　一休が建仁寺における修行時代の15歳の時につくった詩「春衣宿花」は，洛中で愛吟されたという。

　　　吟行客袖幾詩情　開落百花天地清　枕上香風寐耶寤　一場春夢不分明

　　花見の晴れ着を着て，桜が満開のこの地を歩くと，詩情があふれ出す。あちこちで桜が花びらを舞い散らしている光景は，すがすがしい。花の下に伏すと，その香に包まれる。うっとりとして，花の世界を夢の中で見ているのか現でか，もう分からなくなった，と。その早熟の文才とともに，自然との一体感，美への高い感受性がうかがえる。二橋進『一休　狂雲集』（徳間書店，1974年）24頁。

*277）　高文漢「中世禅林の異端者――一休宗純とその文学」（国際日本文化研究センター，日文研フォーラム報告書第104回，1998年）。

い（かれには堕落した仏教界や俗界に対する批判の詩はあるが）。良寛は，肩を張らず自然に生き，かなり無抵抗主義的であり，また強い美的感覚の人であり，かつ全体に素直さ・温かさの人である。そして良寛のこのような傾向性は，かなりの程度，生来のものであった。

　偉大な大悟者同士として相似た性向を示す二人ではあるが，しかし本来の性格等が作用して，大悟後の行態を異ならしめた点は，否定できないだろう。

　この問題に関連して，良寛と道元とを比較考察した長谷川洋三の議論をここで扱っておこう。その『良寛禅師の真実相』）の第7章「道元禅師との相違」において長谷川は，道元が「情の表出を極度に警戒しておられた」のに対し，良寛は「馥郁とかおる梅花の花にじっとしてはおられなくな」り酒に酔ったまま詩を書くような「自由自在」の人であった，と言う（長谷川は，「道元禅師には情趣や色どりが欠け，良寛禅師にはそれが満ちあふれていた」とも言う）。そしてこの関連で長谷川は，「魂の最深部にある菴摩羅識（清浄識＝佛性）」が目覚めさえすれば，五感が感受する五識は「成所作智」という佛智へと昇華するのであり，良寛はその「成所作智」と第六識の「妙観察智」とをともに目覚めさせえたがゆえに，あのような独特の詩を書くようになった，とする（同書105頁）。長谷川のこの見方だと，良寛の作品はすべて——その孤独感や不安，虚しさの意識の詩も含め——「成所作智」と「妙観察智」の表出物だということになってしまう。

　良寛の作品にその悟境が直接/間接に関わっているのは確かだろうが，問題は，どの作品には悟境がどの程度直接に作用しており，どの作品には間接的にしか作用しておらず，さらにどの作品にはほとんど作用していないか，の識別だ。その悟境が語られており，かつ悟境の雰囲気が漂っている，という意味で悟境と結びつけなくては理解できない作品も，良寛には確かにある。だが，悟境とは結びつかない作品も，数多くあるのだ。

　悟境の表出として受け止めるべき歌には，次のようなものが入るだろうか：

---

*278）　長谷川洋三『良寛禅師の真実相』（改訂版，木耳社，2005年）。

第7章　良寛の生：その作品から考える　313

生涯懶立身　騰騰任天真　囊中三升米　爐邊一束薪　誰問迷悟跡　何知名利塵　夜雨草庵裏　雙脚等閑伸　　（114）

この有名な詩において良寛は，雨夜の五合庵でその独り暮らしを顧み，最上の充足感を味わっている：立派な人になろうと努めるようなことは，自分の生き方ではない。起こることを素直に受け容れて，自然の動きのまま自分は生きる；さっぱりとした空っぽの草庵，ここでゆったり暮らすのだ，と。「騰騰任天真」とは，禅道において身心脱落の境地を指すから，この詩にはかれの高い禅の境地が表出している。だがかれは，それを自分の昔からのものぐさ癖と重ねて描いてもいる。[*279]

　他にもこの「騰騰任天真」の自在さないし禅的清澄感は，次のような作品に表出している。

　　草の庵に　足さしのべて　お山田の　かはずの声を　聞かくしよしも　　（1240）
　　詫びぬれぞ　心は澄めり　草の庵　その日その日を　送るばかりに　　（417）
　　淡雪の　中に建てたる　三千大千世界　またその中に　淡雪ぞ降る　　（681）
　　むらぎもの　心楽しも　春の日に　鳥の群れつつ　遊ぶを見れば　　（722）
　　濁る世を　澄めともよはず　わがなりに　澄まして見する　谷川の水　　（413）
　　山かげの　岩間を伝ふ　苔水の　かすかに我は　すみわたるかも　　（384）
　　岩が根に　したたる水を　命にて　今年の冬も　しのぎつるかも　　（565）
　　自従一出家　任運消日子　昨日住青山　今朝遊城市　柄衣百余結　一鉢知幾載　倚錫吟清夜　舖蓆月裡睡　誰道不入数　伊余身即是[*280]　　（97）
　　我従住此中　不知幾箇時　困来伸足睡　健則著履之　従他世人讚　任儞世人嗤　父母所生身　随縁須自怡[*281]　　（107，他に112，既述の114，286，413等）

---

*279）　このような良寛だったが，それでも生きるためには様々な仕事があり，忙しかった。かれは，解良叔問宛の手紙で，次のように告白している。「先日はてぬごひ　とふゆ　菊落手仕候　今朝は御手紙　辱拝見仕候　僧も一両日以前帰庵仕候　何やかやとり乱　冬のしたくも　いまだととのはず候　少し間に成候ハバ　参上仕度候　山住の身さへ閑ならぬに　世に交る人ハ　いかがあるらむと　おしはかられ候　何事を営むともしもなけれども　閑にくらす日こそすくなき。」冬が近づけば，薪集めをし味噌やつけものその他を一人でつくらねばならなかった。草庵暮らしの隠者でも，行脚・托鉢や法要の他に，親戚の冠婚葬祭に出ることもしばしばあった。里人から読経を頼まれることも多かった。

*280）　出家して以来，自分は大自然の動きに従って生きてきた。昨日は山に住み，今朝は村々を巡る。袈裟はボロボロ，鉢の子もずいぶん古ぼけた。星空の下を錫杖をついて吟じ歩き，月の下で蓆を敷いて寝る。人びとは奇人だと言うが，これが自分だ。

しかしこうした調子の和歌は，それほど多くはない。漢詩にはかなりあるが，こういう心境の表出でないものも多い。

　良寛の作品の圧倒的な部分は，次のような雰囲気をもったものである。これらでも，任運自在が美の感覚，喜び・悲しみ・孤独等の意識を昇華させ歌に結晶化させたとは言える。しかしこれらに見られる喜び・悲しみ・孤独等自体は，悟境がもたらしたものではない。それは良寛の人としての感慨や思いが表出したものである。これらの調子の多数に及ぶ作品については，「背後に悟境の原理があって，それが規定しているはずだ」などという読み方をせず，かれの生のもう一つの表出として素直に読みとるべきだと思う：

月はよし　風は清けし　いざともに　おどり明かさむ　老いの名残に　　（1214）
久方の　長閑き空に　酔ひ伏せば　夢も妙なり　花の木の下　　（708）
さすたけの　君がすすむる　うま酒に　我酔ひにけり　そのうま酒に　　（705）
さすたけの　君と語りて　うま酒に　あくまで酔へる　春ぞ楽しき　　（709）
あすよりの　後のよすがは　いざ知らず　今日の一と日は　酔ひにけらしも
（1269）
何事も　みな昔とぞ　なりにける　花に涙を　注ぐけふかも　　（1036, 637）
奥手刈る　山田の小父は　いかならん　ひと日も雨の　降らぬ日はなし　　（1167,
1165）
小夜嵐　いたくな吹そ　さらでだに　柴の庵は　淋しき物を　　（930）
さびしさに　草の庵を　出て見れば　稲葉押しなみ　秋風ぞ吹く　　（816）
秋の野に　うらぶれをれば　小牡鹿の　妻よびたてて　来鳴きとよます　　（541）
也与児童闘百草　闘去闘来転風流　日暮寥々人帰後　一輪名月凌素秋　　（59）
冬夜長兮冬夜長　冬夜悠々何時明　燈無焔兮炉無炭　只聞枕上夜雨声　　（361）

これらは明らかに，悟者でなければ詠めない詩歌，作者の悟境を踏まえないと理解できない作品ではないだろう。これらの良寛の詩歌に溢れ出ている寂しさ，人びとと交わることの喜び，春を待つ切実感等は，たとえば西行の歌に似ると同時に，その切実さ・生々しさが西行におけるよりはるかに強い。しかしそれは，二人が同じ隠遁者であるが良寛には悟境があった，ということとは無関係であ

---

*281）　私がこの世に生まれてもう何年になるか。疲れたら足を伸ばしてくつろぎ，元気になれば履を履いて出かける。人びとが褒めようと嗤おうと，これが自分だ。仏縁に従い，楽しむだけだ

第7章　良寛の生：その作品から考える　315

ろう。二人を分けているのは，西行では（新古今集の歌人たちの傾向が幾分かは作
用し）当時の審美感が意識的に表現されている面があるのに対し，良寛では——
——推敲・工夫が重ねられてはいても——感慨は身心の底から素直に湧き出てい
るということに求められるべきであろう。良寛は見性の人であった。しかしそ
れでも，見性後もなお消えない，生活苦・孤独・自己凝視・求道心・感じやす
さ・喜びの感情等がかれに作用し，かなりの詩歌はそうした生を表出させてい
る，と考えるべきであろう。[*282)]

　しかも長谷川の前述のような議論の仕方だと，道元やその他の多くの禅者は
「成所作智」にまで達しなかったがゆえに情緒ある詩を書くにはいたらなかっ
た，との帰結になる。[*283)]だが，道元等の悟りが良寛のそれに比べ足りなかったとか，
悟りには上・中・下の等級があり，良寛以外の人が得たのは別の，相対的に低
い悟りだったとかとは考えにくい。むしろ，禅者たちはともに大悟した，しか
し何かが作用してその後の経過の中で行態を相互に異ならしめた，と考える方
が妥当と思われる。[*284)]では，そのちがいをもたらしたのは何か。それはやはり見
性の前からあって見性後にも作用した，芸術的感性のちがい，感じやすさ・や

---

*282）　中村宗一はその『良寛の偈と正法眼蔵』（誠信書房，1984年）30頁以下において，
　　解脱の芸術の特徴として，静寂，素朴，無相，天真，幽玄，枯高の六つを挙げている。
　　上に見た良寛の諸作品にもこれらの性格が雰囲気としてあることは，ある程度認められ
　　る。しかしそれらで主題となっているのは，良寛の孤独，喜び，春を待つ心，春のうれ
　　しさなどであり，解脱の観点からだけで解釈することはできない。

*283）　ちなみに長谷川は，良寛の遊び・庶民との付き合い等についても，それらの根底に
　　は「十牛図」第十図入鄽垂手（にってんすいしゅ）の実践があると言う（長谷川（前掲注252））『良寛禅師の悟
　　境と風光』第6章。長谷川は同書で，良寛の奇行や「破戒」をもかれの悟りから説明する）。
　　だとすると，禅者は多いが良寛のような子供・大人との交わりは見られないのであるから，
　　良寛はここでも特別の悟者だということになる。長谷川の言うような入鄽垂手を実践と
　　して追求しようとの意識（無意識）が，良寛にあったかも知れない。しかしこの点につ
　　いても，子供・大人との交わりのどこまでがそれに関係するのか，の問題がある。しか
　　も，良寛が布袋そのものになったとするのは不自然であろうし，布袋は良寛のようには
　　弱さを詠わない。老年になるほど良寛には心の弱さが募るが（石田（前掲注258））『良寛』
　　334頁以下），これも「布袋」では説明がつかない。

*284）　長谷川自身は，前掲注278）『良寛禅師の真実相』166頁以降でこうした議論に反論し，
　　良寛のように「三昧を得た人の場合，遊戯をしてもそれが弘法になる」，遊戯者の側面に
　　もその佛徳力が自ずと現れている，とする。この論理でいけば，良寛の詩歌も，その大
　　悟で得た才能の表出だということになる。

さしさ・人恋しさ，芸術等に関わるバックグラウンド（経歴・家系），社会的地位（組織に責任をもつか否か等）のちがい，さらには一事への徹底性の強弱，関心事のちがい等と考えられよう。[*285]

実際，長谷川は，以前の『良寛の思想と精神風土』（早稲田大学出版部，1974年）では，良寛と道元との和歌を比較して，「自然をうたう時の良寛には，僧侶らしさや隠者らしさは微塵もない。多感な詩人的感情が働いているのみであり，その心情を率直に吐露しているのである」とし（同書152頁），その原因を「自由人の面影」と「多彩な詩人的感覚」の強さ（同書71頁）とに求めていた。そしてそこでの長谷川は，悟りについて「工夫弁道するには，各々の気質と批評精神によらねばなしえぬ」とし，その結果「人［は］それぞれの悟りに至りうる」としていた（同書177頁）。気質や姿勢が，悟境の態様の差をもたらすというのである。この上に立って長谷川は，道元が詩歌で厳格に心情表出を避けようとした理由，その「厳しく張りつめた規制と行持の世界」（同書71頁）への徹底の背景には，かれの出自，父親が出世のために次々と高貴な女性たちを，肉体関係を結んで利用し続けた，その業の深さへの嫌悪があったとする（同書178頁以下）」。[*286]

---

*285) ただし，『傘松道詠集』の作品が道元のものであったとしたらではあるが，道元にも次のような叙情豊かな歌がある。

　　ながつきの　紅葉の上に　ゆきふりぬ　見る人たれか　ことの葉のなき
　　冬草も　見えぬゆきのゝ　しらさぎは　おのがすがたに　身をかくしけり
　　やまふかみ　みねにも尾にも　聲たてゝ　けふもくれぬと　日ぐらしのなく
　　我庵は　こしのしらやま　冬ごもり　凍もゆきも　くもかゝりけり
　　あづさ弓　はるのあらしに　さきぬらん　峯にも尾にも　はなにほひけり
　　をやみなく　ゆきはふりけり　たにの戸に　はる來にけりと　鶯のなく
　　やまのはの　ほのめくよひの　月影に　ひかりもうすく　とぶほたるかな
　　また見んと　おもひし時の　あきだにも　今宵のつきに　ねられやはする　（以上，鷲尾順敬・大久保道舟校註『傘松道詠集』）

道元の母方の祖父は前摂政関白の藤原基房であり，父・通親の家系とともに和歌に精通していた。これが，道元の芸術的感性の豊かさをもたらした。

では道元はなぜ，芸術を遠ざけようとしたか。この点について西野妙子はその『良寛，その心性』（国文社，1981年）86頁以下で，「道元は己れの才を知りながらすべて小さきものを捨てて仏祖道を歩んだ」と説いている。曹洞宗の開祖として教説を建て組織を担う立場からそれ以外のものを捨てた道元と，ひとり自由に生きつつ仏の道を実践する良寛とでは，芸術への傾斜に差が出ることとなったのだろう。

第7章　良寛の生：その作品から考える　317

人びとの行動をその思想（良寛についてはその悟りの風光）から説明したくな
るのは理解できるが，しかし思想外的要素がもつ意味も，無視できないのであ
る。

　なお，この点に関してはまた，身心脱落こそが，各人がもともともっていた
体質を素直に——規矩に従いつつ——前面に押し出すことをもたらしたという
面も，併せて考えておくべきだと思われる。どう坐るべきか，どういう結果を
得るべきかなどにこだわらず，ただ坐ること，そのことに身を託すことが只管
打坐である。そしてその積み上げによって，とらわれなくなり万法に証せられ
て生きることが可能となる。ここでは，その場その場の機（新たな情況・巡って
来た季節・出会う人等）に，抗わず自在に自分を合わせ，軽やかに徹することに
なる。また，自分の地を自然に押し出すことになる。[*287]この結果，もともと人な
つっこいやさしい者は，そうした地がさらに前面に出，厳しい人は，その厳し
さが冴えてくる。[*288]先に引用した「生涯懶立身　騰騰任天真」の詩（114）は，良
寛が不自然に無理することを好まなかった（生涯懶立身）と同時に，それが悟
境とも重なり合えた（騰騰任天真）ことを物語っている。良寛において悠然と
した自在さは，修行を通じて身につけた身心脱落によって昇華され，かれの筆
跡や和歌が示しているような，強靱だが，澄み切った，こだわりのない自然体
をかれにもたらした。このことにより，かれは，本来の自分の文人気質を存分
に発揮させ，また世間の常識をも軽やかに越えた自然な，心やさしい行態で子
供や大人と交わった。[*289]こうしたかたちで良寛は，湧き上がってきた情趣や思惟

---

*286)　長谷川は，道元は，「道詠」にこだわったため，「詩歌には心の自由な流れがない。
　　その結果,その詩歌はあまり上等とは言えない」と述べている。長谷川（前掲注252)）『良
　　寛禅師の悟境と風光』206頁。

*287)　石田（前掲注258)）『良寛』292頁以下。石田の著書にはこの良寛論を書き上げる1
　　週間前に出会ったが，もっとも共振した良寛研究書であった。

*288)　加えて，見性後も共同生活を続け，組織に属しそれを統率し，それゆえ紀律を押し
　　出しつつ生きる道元と，山中の隠遁生活にあって孤独を噛みしめつつ自由に生きる良寛
　　とでは当然，峻厳さ，自然美への感覚，自分への眼，人びととの交際の中身等に差が出
　　てくる。石田（前掲注258)）『良寛』306頁以下。

*289)　竹村（前掲注268)）『良寛の詩と道元禅』121頁以下。「良寛は種々の葛藤を載断し，お
　　もうこともいとうこともない造作なき世界に常に遊戯しつつあった」151頁，「良寛の，↗

を素直に詠い描き，また人や動物に温かい心で接した，という面は確かにある。

　この点では悟境が基底において働いているとは言える。しかしそれは，悟境が悟境以前のもの（生得の個性）を発揮させたということであって，達した特殊な悟境が作品を生み性格付けているということではない。

　逆に，禅者良寛を非禅者の道者，たとえば聖フランチェスコ（Francesco d'Assisi, 1181-1226）と比較するならば，どうだろうか。二人は確かに，驚くべき近似性を次の点でもっている。すなわち，①若いときはともに放蕩に走ったが，しかしやがて突如決意し，父母・家族を捨てて乞食による孤独で貧しい求道生活に入った。そしてその中で，回心体験を得た。②抗うことがなく，風雨も寒さも暴力も空腹もその身に受け容れた。③貧者・病人に優しい手を差し伸べた。④花を愛し，太陽ないし月を愛した。フランチェスコは小鳥に説法し，狼を諭した。良寛は，雀や犬に慕われた。[*290] ⑤自然の美しさを愛し讃美した。二人はともに，情感の人であったし，そうした自然に神の創造ないし仏性を看て，その美しさに喜びを感じ，またそこにものごとの真を感得したのであった。⑥腐敗した宗教界の現状に対し批判の姿勢をもっていたが，他方では無抵抗の姿勢で無理解な人びとと接した。⑦聖フランチェスコのそばには美貌の聖キアラがおり，晩年の良寛のそばには美貌の貞心尼がいた。

　もっとも二人には，相互に相異なる点も，次のようにある。①青年期において，聖フランチェスコは騎士にあこがれ，戦役に加わった。良寛は，学業に励んだ。②聖フランチェスコは，出家後一貫して常に仲間と一緒に行動したのに対し，良寛は，基本的には孤独であった。[*291] ③良寛は文芸を愛し，また酒・たばこ・うまいものをも愛した。聖フランチェスコには，良寛に見られたような生の肯定，文芸への傾倒，人びとに溶け込んで遊ぶ朗らかさは見られない。

　　力をいれずこころをもついやさない涼しい生涯には，無限に懐かしいものがある。」161頁，
　　と竹村は言う。

*290）　相馬（前掲注254））『一茶と良寛と芭蕉』140頁以下。

*291）　聖フランチェスコについては，拙著（前掲注193））『法思想史講義』上；石上イア
　　ゴルニッツァー美智子『良寛と聖フランチェスコ──菩薩道と十字架の道　仏教とキリス
　　ト教の関係について』（考古堂書店，1998年）。

第7章　良寛の生：その作品から考える　319

当然のことながら，聖フランチェスコは上記のような相似た点を禅的悟りの結果として得たのではない。だとしたらそのような近似の原因は——禅の思想や見性の力というよりも——二人の性格がもともと（＝それぞれの若いときから，ないし潜在的に）似ていたことに主要な原因を求めるほかない。もっとも聖フランチェスコの場合，その青年期に（対ペルージャ戦での虜囚体験とその後の大病後に）突然の大きな回心があった。この回心後，それまでの享楽的で野心家であったかれは，人が変わってしまったという。しかし，その変化はおそらく表層におけるものであったのだろう。その前期，享楽的で野心家であった時期においても，かれは根底においては後の時期の聖フランチェスコの性向をもっていた（それゆえ，前期には自分の行動とあるべき自分の予感との落差に疑問をもちつつ生きており，それがやがて回心の力となって働いた），と考えるべきであろう。[*292)]

　次の点も，問題になる。人は，一回の悟り体験——それを得るには数年，数十年の修行を要する大変なことなのだが——によってその人格を完全に改造されるといったものではないだろう。そもそも禅の世界では，一回の悟り体験によって修行は終わるのではなく，その後には悟後の修行，聖胎長養が必要だとされる。このことは，一回の悟りで人がまったく出来上がり一つの然るべき型へと入っていくものでないことを意味している。悟りは生涯を掛けて追求するものであるとしたら，人生途中で悟りによって禅者が相互に同じになるということは，ありえない。

　聖胎長養を重視した一人が，白隠である。かれは大悟し正受の印可を受けた後，何度もの見性体験を重ねることとなった。かれは晩年，その人生を振り返って「大悟十八度，小悟数知らず」と語ったと言われる。かれならずとも，禅の修行者はその生涯において大悟を１，２回，小悟を数回，得るそうである。

　白隠はまた，大悟の後，「禅病」（一種の精神疾患，ノイローゼ）にかかっている。

---

　*292)　仏教とキリスト教と宗教は異なっていても，最高水準の回心は同じ方向に人を改造する，という見解もある。石上が（前掲注291)）『良寛と聖フランチェスコ』で良寛と聖フランチェスコの共通性を論じる際に前提にしたのもこれである。しかし，二人以外にもすぐれた回心者はいたが，かれらすべてが同じ性向の人となったというものではない以上，この回心論は正しくないだろう。

この事実は——修行の激しさが精神面にもたらすマイナスとともに——一回の悟り体験で人が完全に出来上がるものでないことを如実に示している。悟り体験は，その人の心身の一部を変える，とくに任運自在の精神を獲得させるとしても，それが身心全部を規定し尽くすといったものではないであろう。最初の悟りによっても変わらなかった自分がまだ残っている。それゆえ自分の中に不安定さが自覚され，それに対する焦りも嵩じていく。だからこそ白隠のような人においても，さらに苦闘が始まり，時には修行が精神の病をもたらすということだ。

　良寛もまた，このような関係において，自分の中にまだ克服されないものが強く働いているとの，未完成の意識をその生活基盤にしつつ生涯を送った。かれが円通寺時代，あるいはその後の時期（とくに国上山草庵期）において大悟したのは事実だとしても，そこでかれが禅者として確立したとして，その後の作品を悟境に還元させて描くのは，かれの自覚にも，事実にも反するだろう（そもそもかれが国上山で草庵暮らしを始めたのは，悟りの後に辺鄙の地に籠って修行する聖胎長養の実践のようにも思われる）。

　良寛は，一方では，見性したところに出てくる生き方を基盤として新たに生きた。五合庵の良寛は，確かに，

　峯の雲　谷間の霞　立ちさりて　春日に向ふ　心地こそすれ　　（476）
　捨てし身を　いかにと問はば　久方の　雨降らば降れ　風吹かば吹け　（493）

と澄んだ心を晴れ晴れと詠いえた境地にあった（前述。314頁の詩歌をも参照）。しかし，他方では，自分はなお修行が足りないと意識していた。多くの詩においてかれは，道が遠いうえに自分の性格である自然さや天衣無縫の享楽人性ゆえに，完成は難しいと詠っている。たとば，同じ，五合庵の良寛が，

　法の道，まことは見えで　昨日の日も　今日も空しく　暮らしつるかな　　（473）

と，日々努力はするものの確信が得られていないと，自信のなさを深く嘆息しているのである。かれはまた，

　あしびきの　山田の案山子　汝さへも　穂拾ふ鳥を　守るてふものを　　（345）

第7章　良寛の生：その作品から考える　321

とも詠んでもいる。この歌は，道元の

　守るとも　おもはずながら　小やまだの　いたづらならぬ　かゞしなりけり　　（『傘
松道詠』）

を踏まえていると言われるが，道元の歌が悟った自分への確信に満ち，その意
識で案山子を上から目線で見ているのに対し，良寛は案山子にも劣る無用者の
自分を見つめ嘆息している。ここには大悟の自信は，感じられない。

　古に　ありけん人も　我ごとや　ものの悲しき　世を思ふとし　　（487）

も，悟りとは異質の，心の乱れの日々を詠った歌である。
　乙子神社期にも，

　闇路より　闇路にかよふ　我なれば　月の名をさへ　聞き分かぬなり　　（885）
　いかにして　誠の道に　かなひなむ　千歳のうちに　ひと日なりとも　　（933）[293]
　夢の世に　亦夢結ぶ　旅の宿　寝覚淋しふ　物や思わる　　（937）
　むらぎもの　心さへにぞ　失せにける　夜昼いわず　風の吹ければ　　（1008）

などとある。これらも，悟りの清澄さとは結びつかない，気持ちの沈み，自分
への失望，心の動揺の歌である。晩年に近づくにつれ，そうした意識が次第に
強まってもいる。
　良寛の詩でもっとも強い虚しさの意識を漂わせているのは，次の詩である。

　従我来此地　不記将来時　荒蕪無人掃　鉢嚢即塵委　孤燈照空壁　夜雨灑閑扉　万事
　共已矣　吁嗟又何期　　（423）

自分は，この土地に来てから，何をしてきたのか。庭は手入れもなく荒れ果て，
托鉢の道具には塵が積もっている。一つだけの灯りが空っぽの部屋を映し出し，

---

*293)　西野妙子は，（前掲注285))『良寛，その心性』204頁以下で，この和歌をめぐって，
良寛が「苦しんでいる有様がよくわかる」とした上で，次のように述べている。「しかし
これで良寛が悟境にいなかったとするのは間違っている。悟境に，一瞬の迷いもないと
いうのは，絵空事の餅のようなもの。悟得了するといっても，それは苦悩もさらなる修
行も，共に受了する事だと思いたい。淋しさも愛も和も，厳粛もすべて含めての悟境で
ある。」孤独・不安・迷いをも自然態で受け容れるのが悟境だ，という見方である。

激しい雨が庵に叩き付ける。もうすべてが終わってしまった。自分に今さら何ができるのだ，と良寛はすっかり落ち込んでいる。

　良寛はさらに，その強い執着の心——悟りの清澄な落ち着きとは結びつかない——をも何かにつけて示している。かれは，友人との交歓・子供との遊び・村人たちとの盆踊りなど交わりを楽しみ，自然の美しさをそれ自体として愛した人であって，それは壮年期以後ますます強くなった。春に対し，若菜摘み・花見に対し，貞心尼に対し，見たさ会いたさに心せく気持ちを，良寛は詠う：

　我が宿の　軒端に春の　立ちしより　心は野べに　ありにけるかも　　（1189）
　何となく　心さやぎて　寝ねられず　明日は春の　初めと思へば　　（577）
　賤が家の　垣根に春の　立ちしより　若菜摘まむと　しめぬ日はなし　　（563）
　いざ子供　山べに行かむ　桜見に　明日とも言はば　散りもこそすれ　　（698）
　[貞心尼へ]　君や忘る　道や隠るる　このごろは　待てど暮らせど　をとづれのなき　（1076）
　[貞心尼へ]　あづさゆみ　春になりなば　草の庵を　とく出て来ませ　逢ひたきものを　　（1182）

悟りは，かれのこのような執着を消し去ることはできなかったし，消し去る必要もなかった。世に交わり自然に接するのは，悟りの人として「同事の行」の実行であったという面はあるかも知れない。しかしかれはやはり，禅者然ととり澄ましているには，あまりにもこの世の諸物への執着を強くもっていた。
　同年代の狂歌師・朱楽菅江が，

　執着の　心や娑婆に　のこるらん　よし野の桜　さらしなの月

と辞世の歌を陽気に詠んだのと同様，乙子神社期以降の良寛は，

　亡き跡の　記念ともがな　春は華　夏如帰鳥　秋は椛葉　　（1158）

とその晩年に詠んだ。

　風は清し　月はさやけし　いざともに　おどり明かさむ　老いの名残りに　　（1214）

の歌も，悲しいまでにこの生を，過ぎ行く夏とともに，愛おしむ歌である。

　かれはその最後まで，自然美・人びとを愛し，それらへの執着心をもち続けたのである。

7.7 ──むすび

　良寛の人格・行態には，相互に対立的と見える多様な要素が共存している。ここでまとめ挙げると，次のようになる。

　①かれは，あえて人里を離れた山中ないし神社の深い杜内で孤独な暮らしの日々を送り，自分にはこれこそが性に合うのだと見ていたが，その反面で村に出て人びとと交わり，訪問客が来るのを希求し，また旧友，地方・中央の文人・名士との深い親交を楽しんだ。孤独に苦しんだがゆえに交わりを求めた，あるいは孤独と交わりの双方が好きだったと言えるが，他方では，世捨て人として孤独であることにこだわる思考ではなかったとも言える。

　②山の上で世捨て人として暮らしたが，麓の村々を襲う嵐や旱魃地震，病いや飢饉や打ち壊し，仏教界の荒廃，時代の激動など人びとの生活に心を寄せた。

　③冬の寒さに凍えつつも独り座禅をする日々を重ねるような自分に厳しく自己紀律で生きながら，その反面で庶民や子供に対してやさしく，季節の変化に敏感な，自然に溶け込むような細やかな詩情を湛えた作品を残した。修行面では厳格だったが，あふれ出る詩情や悲哀感なども示した。曹洞禅の修行の実践と，人間味，詩情，雑念等が共存していた。

　④厳しい自己追及，自虐に至るまでの自己直視の人であったが，その反面，型破りの天衣無縫ぶりをも示した。一事への集中が他において弛緩・無関心をもたらしたと言えるが，まるでちがう二側面が共存していたとも言える。

　⑤乞食に頼りつつ草庵での極貧生活を送り続けたが，その反面で草庵を訪れる裕福な親友たちが運んでくれる，ないし各村の裕福な知人宅でかれらが出してくれる，酒肴やご馳走，お菓子をこよなく愛した。飢えていたがゆえに食べる楽しみを大切にしたとも言えるが，隠者の暮らしに徹しきろうとするような肩肘張った生き方はしなかったとも言える。

　⑥すべてを自然の流れに任せる「騰騰任天真」を体現し，それを生きたが，

他方では突如出奔するとか，突如越後に帰郷して定住するとか，故郷に帰って住み始めた際，実家には頑として近づかなかったとかと，こうと決めればそれを断行する強い意志の人でもあった。またそうした悟境にありながら，惚れ込んだ師（道元，国仙，大而宗龍等）に激しい傾注を示すとか，美貌の貞心尼に深く心を開くとかというように，特定のことには，覚りを開いた後にも強い執着心を示しもした。

　これらそれぞれ，ことの一面とその反面が不思議な共存を見せている。しかしこうしたことは，かれにとって深刻な矛盾，アンビバレンス，自己分裂をもたらすものではけっしてなかった。かれの動き方の根底には，それぞれの局面に徹する姿勢，夢中になる傾向，即物性，まっすぐな態度が働いていたのであった。そしてものごとへの集中が，局面局面でかれの書いたものに素直に反映されたのだ。かれはこうしたかたちで，多様な思いを重ねつつ軽やかに生きた。そしてそれらを，根底においては，鍛え上げられた只管打坐・任運自在の身心が支えていた。

　かれはこの点で，近代人か前近代人かの問題を超えた，独特の自由人としてあったのである。

---

*294)　荒井（前掲注269）『良寛の四季』103頁以下。

*295)　諸説を総合すると，良寛は1785年，28際の時，亡くなった母の3回忌のため帰郷し，その機会に現新潟県新発田市の紫雲寺村観音院の住職であった宗龍（当時68歳）の（最後の）第33回目安居（5月）に参加した。良寛がのちに貞心尼に語ったところによれば，かれはこれを契機に宗龍の人徳に惚れ込み，「どうぞ一度相見いたしたく思」うようになった。良寛は1787年30歳の時，単独で行脚を始め，その機会に観音院でも修行し宗龍に面会しようとした。しかし宗龍はこの時にはすでに隠居し，別所に籠もり面会謝絶となっていたため，良寛は意を決してある夜，高塀を越えその別所に侵入し，置き手紙を手水鉢の上に置いた。それを読んだ宗龍は翌日に良寛を招き，良寛に以後「勝手次第」での面会を許した。

▶── 人名索引

*外国語表記は，出てくる最初のページに示す。

▶▶あ行

アウグスティヌス　　151
アクイナス，トマス　　66, 151
朱楽菅江　　323
朝倉敏景　　245ff.
朝倉教景（宗滴）　　247ff.
アリストテレス　　51, 65, 85, 129, 151
有地亨　　138
イエス　　10
石田吉貞　　318
板橋亮平　　190
一休宗純　　312
伊藤博文　　181
色川大吉　　180
ヴィーコ　　47ff.
ヴェーバー，マリアンネ　　99, 104
植木枝盛　　179, 185
ウェゲティウス　　33ff., 195ff.
ヴォルフ　　41, 67
エラスムス　　51
エンゲルス　　114
大森子陽　　310
荻生徂徠　　204f., 207, 233, 273ff., 279
小幡景憲　　252

▶▶か行

甲斐道太郎　　176
加古祐二郎　　64
ガリレイ　　26
ガレン　　51
川島武宜　　162
寒山　　298
カント　　42, 55, 58ff.
韓非　　218ff., 233,
キュロス大王　　30
クセノフォン　　33, 35, 195ff.
クラウゼヴィッツ　　36
グロティウス　　38, 75, 81, 172

ケアード　　87f.
ゲーテ　　99
解良叔問　　280, 300, 314
解良栄重　　280, 309,
ケルゼン　　42
呉起　　212ff.
国仙　　289, 308, 310
近藤万丈　　308ff.

▶▶さ行

西行　　315f.
サヴィニー　　94
佐々木毅　　31f.
真田隆幸　　256
ジーベルト　　135f.
シェークスピア　　51f.
シェリング　　127
司馬遷　　216, 229
シュトラウス，レオ　　25, 54
シュミット，カール　　228
ジュリュー　　71
シュレッツァー　　130
荀子　　220
スキピオ　　30
杉田玄白　　233, 275
鈴木安蔵　　179, 185
スピノザ　　40f.
スミス，アダム　　18f., 21, 129
戚南塘　　274
セルヴァンテス　　52
仙桂　　310f.
ソーカル　　45
曹操　　208
相馬御風　　285ff.
宗龍　　325
孫臏　　208ff.
孫武　　196ff.

327

▶▶た行

太公望呂尚　230
沢庵　263
武田信玄　252ff.
武田信虎　256, 259
武田信繁　248
田中麻紗巳　206
ダンネンバウアー　143
貞心尼　280ff., 323, 325
デカルト　27f., 39f.
トゥールミン　56
道元　316f.
ドノー　172

▶▶な行

鍋島直茂　246
南原繁　31
西野妙子　317, 322
ノージック　173

▶▶は行

白隠　320
長谷部恭男　191
長谷川洋三　313ff.
バルドゥス　171
バルトールス　171
樋口陽一　186
フィーベーク　49
フィヒテ　58ff.
フィルマー　70
プーフェンドルフ　67, 81, 86
福沢諭吉　279
福田歓一　31
フランチェスコ　319f.,
プラトン　65, 123
ブルンナー，オットー　148
ブロック　149
フロンティヌス　33ff., 195ff., 267
ヘーゲル　1, 58ff.
ベーコン　26
ベンタム　41
ボアズ　76
ボッシュエ　70
ホッブズ　16ff., 25ff., 40f., 71, 76, 81, 86

▶▶ま行

松尾芭蕉　305
マキァヴェッリ　25ff., 175, 195ff., 233, 278
松村一人　119
丸山眞男　218, 232, 279
マルクス　2
マンデヴィル　17
三島由紀夫　277
水本浩　176
見田石介　119
源了円　275
美濃部達吉　182ff.
宮本武蔵　266ff.
村上嘉隆　119
孟子　220
本居宣長　277
元田永孚　181
モンテーニュ　52
モンテスキュー　71

▶▶や行

柳生宗矩　260ff.
山鹿素行　273ff.
山本以南　283f., 310
山本常朝　276f.
山本由之　283f., 310
山脇直司　32
湯浅邦弘　216
愈大猷　274

▶▶ら行

ラートブルフ　61, 64
ラウナー　118
ラムゼイ　70
ラレンツ　135f.
リプシウス　278
良寛　280ff.
ルカーチ　59, 100f., 115ff., 119, 124
ルター　13, 51, 67, 154ff.
ルソー　14, 71f., 82f., 98
ロールズ　190
魯仙　308
ロック　18f., 41, 67, 71, 83, 86, 172

▶── 事項索引

▶▶あ行

愛　62, 96ff., 109, 112ff., 120ff., 129ff.
愛国心　109
アテネ　6f.
安民　204, 211, 215, 237, 242
「家」　7, 13f., 61, 87, 132, 134, 136, 139f., 147f., 158, 167
イエナ期　120ff.
遺言の自由　136f.
意思説　41
一物一権主義　162
五日市憲法草案　180
いつく　269f.
ヴィクトリア時代　177
烏雲　231
エポケー　53
『エミール』　42, 72, 82, 98, 103f.
エリート主義　53f., 56
円通寺　284, 289, 310f.
オオカミ　29
親子関係　71, 83, 105, 132ff.

▶▶か行

蓋然性　49
活人剣　263
下級所有権　171
家訓　245
家産制　181, 183, 185
家族
　──・市民社会　139
　──の崩壊　139
　──論　61
家長　14
　──の支配構造図　167
活物　275
家庭の不可侵　20
カノン法　66, 75, 150, 152
家父長権論/家父長主義/家父長制　82, 104, 106, 132f., 144, 147, 153, 155, 158
神観念の進化史　12

神の道具　11
鴨川　2f.
漢心　277
幾何学　26, 40f.
既成性　112
キツネ　28
機と用　265
詭道　204
機能論的思考　31, 195ff., 223, 255, 268
客観性重視　197ff., 209, 212, 214, 219f, 252, 261, 267f.
旧ヨーロッパ実践哲学　85f., 93
教会の自由　11
共同体/共同性　58f., 92, 95, 109, 140
共同防衛　4f.
切り捨て思考　41
紀律/紀律化　36, 195ff., 202ff., 205ff., 212, 217f., 238, 243, 257ff., 260
近世自然法　18, 67, 172
均分相続　138
君主鑑　245
経験論　26
契約　150, 152
ゲヴェーレ　168
古ゲルマン　143
ゲルマン法　168
原因
　いろいろな──　50
　究極の──　50
厳格さ　259
懸待一如　269f.
懸と待　263f.
憲法草案要綱　185
賢明　198ff.
権利の一般概念　172
『鈴録』・『鈴録外書』　274
公私の区別　221
合理的姿勢　198ff., 246
功利計算　41
功利主義　41
国体明徴　185

『国富論』　18
五合庵　290
心をかへす　261
個人の尊厳　11
古代ローマ法　163, 165
古代共和政の再現　19
古代軍事学　33ff.
国家の装置性　27
国家法人　182
古典的政治学　62
個別性の原理　123, 141f.
コモン＝センス　48
コモン＝ロー　48, 55
婚姻契約/婚姻契約論　62, 65, 70, 75, 152
婚姻の目的　64, 68, 93, 150
婚姻法　61

▶▶さ行

サクラメント　152f., 155ff.
山海の心　268
参験　223, 230
三分割制　176
シヴィック＝ヒューマニズム　14, 19, 34, 174
ジェントルマン　18, 22, 177
自我の覚醒　10
只管打坐　281, 304, 325
私擬憲法　179f.
子女の生殖　64ff., 93, 150
自制/自己制御　198ff., 202f., 211, 244, 246,
　251, 255, 258, 260, 272
自然権　173
自然状態　17
自然と作為　232f.
自治団体　14f.
『実在哲学』　124ff., 138
ジッペ　143ff.
実用指向　245
私的所有の正当化　172
私闘　7
士道論　276
事物のもつ論理　195ff.
市民社会　129
市民法とブルジョワ法　163
社会契約　17, 27
社会進化論　42

自由な意志　109
自由な主体・所有の自由・契約の自由　163,
　166
柔軟な思考　53, 230f., 240, 264, 291
守株の宋人　223, 228f.
手字種利剣　261
上級所有権　171
商品交換の論理　162ff.
『所有権法の理論』　162
所有権　18
　　――の公的規制　164, 169f.
　　――の絶対性・観念性・円満性　162, 166,
　　169
新カント派　42
信教の自由　20
親権　83f.
　　家のための――　84
　　親のための――　84
　　国のための――　84, 106
　　子のための――　84
新自由主義　21f.
心身脱落　281, 308, 314, 318
新プラトン主義　151
新ヘーゲル主義　135f.
人倫（Sittlichkeit）　109,　115
枢機卿制　16
スパイ　205, 253
スパルタ　5f.
性悪論・性善論　25, 31f., 36, 40, 206f., 218,
　229f.
正義尊重　35, 202, 205, 211, 244, 249, 256f.,
　275
政教分離　20
聖胎長養　320f.
性的共同体　64
性的傾向性　73, 98
制度としての婚姻　152
制度体保障　19f.
生の哲学　115
世界の脱魔術化　198ff., 223, 240, 246
先占論　172
宋襄の仁　224
想像力　50
道徳尊重　35, 195ff., 202, 210, 215, 237f.
双務契約　15

ソーカル事件　45

鼠頭牛首　269

▶▶た行

多元的思考　31, 33, 35, 53, 195ff., 240, 260f.,
　264, 267, 275

橘屋（山本家）　282, 284

単婚小家族
　家父長制的——　61, 108, 143f., 149
　近代的——　61, 123, 130, 140

単純思考　219, 225, 229, 277

知謀　204, 214, 224, 234ff., 242, 255, 270

チュービンゲン期　112

調和的世界観　25, 27

デジタル思考　44, 56

デモクラシー　53

テロス　66ff.

天皇機関説　182

怒　258

ドイツ観念論　60f.

動態論的思考　31, 33, 35, 195ff., 209, 222,
　239, 261, 264, 267f., 275

騰騰任天真　302, 314, 318, 324

東洋大日本国国憲按　179f.

独行道　272

徳　性　35, 195ff., 202, 210, 215, 237f., 241,
　247, 249, 272, 275

トピカ法学　48f., 55

ドン＝キホーテ　52

▶▶な行

内面の自由　11

二者択一　44, 207, 219, 221, 225ff., 276

任運自在　307f., 315, 321, 325

『人間学』　74

人間味　202, 206f., 215f., 237, 241, 250, 259,
　275, 287ff.

ネオコン　54

▶▶は行

売官制　15

『葉隠』　276f.

博物学　39

『蜂の寓話』　17

ハムレット　51f.

東エルベ社会　85

必然性　65f., 69f.
　——の認識による自由　160f.

人さまざま　52f.

人に従うよりも神に従え　13

人を見る目　254

批判的合理主義　43

フィレンツェ共和国　34

風林火山　201

フェーデ　8, 147

複合的思考　31, 33, 35f., 212, 219, 229, 240,
　244, 260, 277

夫権論/夫権主義　78, 81ff.

不写心中物　雖多復何為　284

二目遣　262, 265, 269

物象化現象　85

フランクフルト期　112

フランス人権宣言　162

プロテスタント/プロテスタンティズム　13,
　19

分割所有権　171

分業　18

分析的思考　197ff.

文武は車の両輪　276

平常心　264

兵法と政治　265

ペルシャ戦争　4

ベルン期　112

ヘレニズム　7

ペロポンネーソス戦争　6f.

変幻自在　200ff., 213, 230f., 262

弁証法　100, 116ff., 138, 140
　存在の——　119
　認識の——　119

法共同体　8

法則（世界史の）　1f.

法治国家　187f.

法治主義　184, 187f.

『法哲学』　109, 129ff.

法と経済学　43

法の支配　8, 16, 187

僕婢契約　85

ポストモダニズム　43f.

保存の契機　116ff., 127

事項索引　331

▶▶ま行

マーヌス　169
マキァヴェッリアン＝モーメント　175
マキァヴェッリズム　31, 35f., 195ff., 224, 236, 248f.
道　204f., 209
ミネルヴァの梟　1
民法の構造　164
矛盾のたとえ話　226f.
黙契　71
目的/目的論　66ff., 127, 141, 151
モデル　44f.
モラリスト　24, 37

▶▶や行

野獣　28
有機体　92, 94
有機的共同体　88f., 140f.
四元徳　202, 211

▶▶ら行

ライオン　28
立憲主義
　――と社会契約論　192ff.
　――とデモクラシー　191f.

　――とリベラリズム　188ff.
　――の再登場　186
リバータリアニズム　173
リベラリスト　53
リベラル＝アーツ　37, 54, 56
『良寛禅師奇話』　280, 288, 309
良心の覚醒　10
臨機応変　200ff., 239, 246
レーン契約　15
連帯・社会連帯　11, 21
ロックナー判決　174
ロマン主義者　101, 111, 115
論理実証主義　43

▶▶欧文 (a, b, c……)

Casti Connubii　153
constantia　278
dominium　7
eleutheria　4
Familie vs Haus　134
kyria　7
Munt　7, 169
quasi pactum　71
self love　10, 17, 40,
universitas　15

◆著者紹介

笹倉 秀夫（ささくら・ひでお）

略歴

1947年　兵庫県に生まれる
1970年　東京大学法学部卒業
現　在　早稲田大学法学学術院教授

主要著書

『近代ドイツの国家と法学』1979年，東京大学出版会
『丸山眞男論ノート』1988年，みすず書房
『法の歴史と思想』〈共著〉1995年，放送大学教育振興会
『法哲学講義』2002年，東京大学出版会
『丸山眞男の思想世界』2003年，みすず書房
『法思想史講義　上・下』2007年，東京大学出版会
『法解釈講義』2009年，東京大学出版会
『政治の覚醒』2012年，東京大学出版会
『法学講義』2014年，東京大学出版会

思想への根源的視座　Studies on Legal and Political Ideas

2017年11月10日　初版第1刷印刷
2017年11月20日　初版第1刷発行

著　者　笹　倉　秀　夫

発行所　(株)北大路書房
　　　　〒603-8303　京都市北区紫野十二坊町12-8
　　　　電　話　(075)431-0361(代)
　　　　F A X　(075)431-9393
　　　　振　替　01050-4-2083

企画・編集制作　秋山　泰（出版工房ひうち：燧）
装　丁　　上瀬奈緒子（綴水社）
印刷・製本　　シナノ書籍印刷（株）

ISBN 978-4-7628-3001-3　C3032　Printed in Japan©2017
検印省略　落丁・乱丁本はお取替えいたします。

・ JCOPY 〈㈳出版者著作権管理機構 委託出版物〉
本書の無断複写は著作権法上での例外を除き禁じられています。
複写される場合は，そのつど事前に，㈳出版者著作権管理機構
（電話 03-3513-6969,FAX 03-3513-6979,e-mail: info@jcopy.or.jp）
の許諾を得てください。

法への根源的視座

Criticism of Some Legal theories

笹倉　秀夫　著　（早稲田大学教授）

法と法学の多領域にわたるプロブレマティークに論究する論文集

　「法の賢慮」をあらわす「Jurisprudence」(法学)を，インターディシプリナリーに探究する著者の集大成論集。法哲学／法思想・政治思想など，学問をポリフォニックに渉猟しつつ，該博な知をもって論究。

　本書『法論編』では，「正義論」から「良心論」「法の擬制論」「権利論」「責任論」「法／法学の再定位」まで，法という規範・思考の根源にあるものをクリティカルに剔抉する。

★目次：：：：：：：：：：：：：：：：：：：：：：：：：：：：：：：：：

第1章　正義の構造：サンデル，ロールズ，井上達夫から考える
第2章　「良心」とは何か：憲法19条の考察
第3章　法と擬制：末弘厳太郎『嘘の効用』・来栖三郎『法とフィクション』考
第4章　「責任」について：歴史からの考察
第5章　国家法人と個人：日本国による戦時犯罪への国家賠償をめぐって
第6章　法と権利：法が先か権利が先か
第7章　法解釈論と法の基礎研究：平井宜雄『損害賠償法の理論』考
第8章　民主主義科学者協会法律部会50年の理論的総括：現代法論を中心に
第9章　「法学」なるものの再考／再興

▶A5判，横組み，上製・カバー巻き　　308頁　　本体価格　6000円